A SAGRADA FAMÍLIA

Karl Marx e Friedrich Engels

A SAGRADA FAMÍLIA

ou

A crítica da Crítica crítica
contra Bruno Bauer e consortes

Tradução e notas
Marcelo Backes

Título original: *Die heilige Familie oder Kritik der Kritischen Kritik*
(*Gegen Bruno Bauer und Konsorten*), Berlim, Dietz Verlag, 1965.
Copyright da tradução © Boitempo Editorial, 2003

Tradução e notas	Marcelo Backes
Revisão	Maurício Balthazar Leal e Leticia Braun
Capa	Antonio Kehl
	sobre caricatura de Loredano
Editoração eletrônica	Renata Alcides
Edição	Ivana Jinkings
Editora assistente	Sandra Brazil
Coordenação de produção	Livia Campos
Assistência de produção	Camila Nakazone

CIP-BRASIL. CATALOGAÇÃO NA FONTE
SINDICATO NACIONAL DOS EDITORES DE LIVROS, RJ

M355s

Marx, Karl, 1818-1883

A sagrada família, ou, A crítica da Crítica crítica contra Bruno Bauer e consortes / Karl Marx e Friedrich Engels ; tradução, organização e notas de Marcelo Backes. - 1.ed. revista. - São Paulo : Boitempo, 2011.
(Coleção Marx-Engels)

ISBN 978-85-7559-032-4

1. Bauer, Bruno, 1809-1882. 2. Materialismo. 3. Idealismo. 4. História - Filosofia. I. Engels, Friedrich, 1820-1895. II. Título. III. Título: A crítica da Crítica crítica contra Bruno Bauer e consortes.

11-1536.
CDD: 335.411
CDU: 330.85

É vedada a reprodução de qualquer parte
deste livro sem a expressa autorização da editora.

1ª edição: agosto de 2003; 1ª reimpressão: março de 2009
1ª edição revista: abril de 2011; 1ª reimpressão: maio de 2013
2ª reimpressão: novembro de 2014; 3ª reimpressão: abril de 2016
4ª reimpressão: novembro de 2017; 5ª reimpressão: abril de 2019
6ª reimpressão: outubro de 2020; 7ª reimpressão: novembro de 2021

BOITEMPO
Jinkings Editores Associados Ltda.
Rua Pereira Leite, 373
05442-000 São Paulo SP
Tel.: (11) 3875-7250 / 3875-7285
editor@boitempoeditorial.com.br
boitempoeditorial.com.br | blogdaboitempo.com.br
facebook.com/boitempo | twitter.com/editoraboitempo
youtube.com/tvboitempo | instagram.com/boitempo

SUMÁRIO

Nota à edição 8

Nota à tradução 9

Prólogo (Friedrich Engels e Karl Marx) 15

Capítulo I
"A Crítica crítica sob a feição do mestre encadernador"
ou a Crítica crítica conforme o senhor Reichardt
(Friedrich Engels) 17

Capítulo II
"A Crítica crítica" na condição de "moinhotenente" ou a Crítica crítica
conforme o senhor Jules Faucher (Friedrich Engels) 21

Capítulo III
"A profundidade da Crítica crítica"
ou a Crítica crítica conforme o senhor J. (Jungnitz?)
(Friedrich Engels) 27

Capítulo IV
"A Crítica crítica na condição de Quietude
do conhecer" ou a "Crítica crítica"
conforme o senhor Edgar 29
    1. "A union ouvrière" de Flora Tristan (Friedrich Engels) 29
    2. Béraud acerca das mulheres da vida (Friedrich Engels) 31
    3. O amor (Karl Marx) 31
    4. Proudhon (Karl Marx) 34

Capítulo V
A "Crítica crítica" na condição de merceeira de mistérios
ou a "Crítica crítica" conforme o senhor Szeliga (Karl Marx) 69
    1. "O mistério do selvagismo na civilização"
    e "o mistério da ausência de direitos no Estado" 70

2. O mistério da construção especulativa 72
3. "O mistério da sociedade culta" 76
4. "O mistério da probidade e da devoção" 85
5. "O mistério, uma zombaria" 88
6. A pomba do riso (Rigolette) 91
7. O estado universal dos Mistérios de Paris 93

Capítulo VI
A Crítica crítica absoluta ou a Crítica crítica conforme
o senhor Bruno 95
    1. Primeira campanha da Crítica absoluta (Karl Marx) 95
    2. Segunda campanha da Crítica absoluta (Friedrich Engels) 110
    3. Terceira campanha da Crítica absoluta (Karl Marx) 117

Capítulo VII
A correspondência da Crítica crítica 165
    1. A massa crítica (Karl Marx) 165
    2. A "massa acrítica" e a "Crítica crítica" (Friedrich Engels) 170
    3. A massa crítica-acrítica ou a Crítica e o "Couleur berlinense"
    (Karl Marx) 177

Capítulo VIII
Caminho terreno e transfiguração da "Crítica crítica" ou "a Crítica
crítica" conforme Rodolfo, príncipe de Geroldstein (Karl Marx) 185
    1. A metamorfose crítica de um açougueiro em um cão,
    ou o Chourineur 186
    2. A revelação do mistério da religião crítica ou Fleur de Marie 189
    3. Revelação do mistério do direito 200
    4. O mistério revelado do "ponto de vista" 214
    5. Revelação do mistério da utilização dos instintos humanos,
    ou Clémence d'Harville 217
    6. Revelação do mistério da emancipação das mulheres,
    ou Louise Morel 218
    7. Revelação dos mistérios da economia política 220
    8. Rodolfo, "o mistério revelado de todos os mistérios" 224

Capítulo IX 235
O juízo final crítico (Karl Marx) 235
Epílogo histórico 237

Índice onomástico 239

Índice de personagens literárias, bíblicas e mitológicas................... 256

Relação geral das obras citadas
(mencionando as já traduzidas no Brasil) 260

Periódicos e artigos 265

Cronologia resumida de Marx e Engels 267

NOTA À EDIÇÃO

Com este livro a Boitempo dá sequência ao projeto de publicar – em novas traduções, todas do alemão, anotadas e comentadas – a obra de Karl Marx e Friedrich Engels. Este projeto teve início com a publicação da edição comemorativa dos 150 anos do *Manifesto Comunista*, em 1998, na qual além de uma introdução que situa historicamente esse panfleto, ressaltando a atualidade e a força do texto, seis especialistas refletem sobre suas múltiplas facetas. Depois de *A sagrada família* publicaremos – sempre com o mesmo padrão de qualidade – os *Manuscritos econômico-filosóficos de 1844*, *A ideologia alemã* (pela primeira vez completa em língua portuguesa), *O Dezoito Brumário de Luís Bonaparte*, um capítulo inédito de Marx sobre o trabalho e outras obras dos dois autores, escritas em conjunto ou individualmente.

A tradução rigorosa e fluente de Marcelo Backes foi confrontada com diversas edições, entre elas uma francesa, uma italiana e uma inglesa. Além do aparato organizado pelo tradutor – notas, índice onomástico, índice de personagens literárias, bíblicas e mitológicas, relação das obras citadas, sempre que possível acompanhadas pela referência da edição brasileira ou em português –, incluímos uma cronologia resumida de Marx e Engels, com informações úteis ao leitor, iniciado ou não na obra desses filósofos.

A sagrada família é um livro polêmico, que assinala em tom sarcástico o rompimento dos autores com a esquerda hegeliana. E por fazer uma abrangente exposição da história do materialismo, é indicado por muitos especialistas como sendo ideal para se iniciar a leitura da obra de Marx e Engels. Mais de um século e meio depois de publicado pela primeira vez, na Alemanha, o texto guarda a beleza e o vigor que o elevaram à posição de um clássico, apresentado com orgulho pela Boitempo ao leitor brasileiro.

Ivana Jinkings

NOTA À TRADUÇÃO

DA ORGANIZAÇÃO

A presente tradução vem acompanhada de um *Índice onomástico* e outro de *Personagens literárias, bíblicas e mitológicas*. Além desses índices, há também uma *Relação geral das obras citadas* e outra de *Periódicos e artigos*; sempre que possível, são mencionadas as edições consultadas por Marx e Engels na elaboração de sua crítica e uma ou mais traduções brasileiras dessas obras. Pela escassez de obras traduzidas no Brasil – algumas dessas publicações inclusive não estão mais disponíveis no mercado – o leitor poderá se dar conta da nossa indigência no que diz respeito à tradução dos clássicos.

As notas de rodapé são comuns a todas as boas traduções, já que reproduzem os comentários de edições alemãs. As notas específicas desta edição se ocupam em traduzir as expressões ou citações estrangeiras não alemãs (feito pela edição da Dietz Verlag), a esclarecer a procedência das citações de Marx, a referir os textos aos quais os capítulos se dirigem e a fazer comentários gerais acerca do conteúdo do livro e da forma de abordagem encaminhada por Marx e Engels.

DA FORMA GRÁFICA

A tradução mantém a forma gráfica do original alemão. Quer dizer, os itálicos de Marx e Engels são rigorosamente respeitados; e apenas aparece em itálico na tradução aquilo que os autores destacaram em itálico no original. As palavras estrangeiras (do francês e do latim, sobretudo) são mantidas sem destaque em meio ao texto, evidenciando a naturalidade – aliás intencional – com que Marx e Engels faziam uso delas.

Se os autores destacam o título de uma obra ou o nome de um jornal com aspas, eles são destacados com aspas na tradução – mesmo quando isso for de encontro às normas editoriais geralmente aplicadas pela Editora –, também no sentido de preservar a importância do destaque itálico, fundamental na compreensão de algumas das passagens do livro. Se esses títulos ou nomes aparecem sem destaque, eles também são traduzidos sem destaque.

Nota à tradução

Tudo o que for traduzido do francês ao alemão, no original, é traduzido do alemão ao português, sem a mediação primordial do original francês, inclusive para salientar as péssimas traduções – coisa que Marx e Engels deixam claro – encaminhadas pelos autores analisados na obra. Quer dizer: em certas ocasiões foi necessário o esforço de deixar ruim no português aquilo que havia sido mal traduzido do francês ao alemão...

DE ALGUNS CONCEITOS FUNDAMENTAIS

Entäußerung. O conceito marxiano – já hegeliano, já fichteano – *Entäußerung* foi traduzido, preferencialmente, por "alienação". No idealismo alemão – particularmente em Hegel e Fichte –, *Entäußerung* significava o processo de submeter a própria atividade à uma juridicidade alheia. Fichte foi quem introduziu o termo na filosofia alemã. Para fazer do sujeito transcendental de Kant, que era uma mera instância formal, um todo da – e na – realidade inteira, Fichte opôs a objetividade – o "não-eu" – ao sujeito transcendental kantiano, definindo essa mesma objetividade como a *Entäußerung* ("alienação", talvez "exteriorização") do eu autônomo. Para Fichte, no momento em que o "eu" logra entender que essa objetividade é a sua própria *Entäußerung,* ele a entende como superada (*aufgehoben*) (*Lição científica,* Werke. Band 1, 165).

Na *Fenomenologia do espírito,* Hegel transforma a *Entäußerung* em um conceito central para a identificação – almejada – entre a substância e o objeto, ou seja, entre a objetividade e a autoconsciência. Em Marx, *Entäußerung* às vezes adquire a qualidade de sinônimo de *Entfremdung* ("estranhamento").

Após discussão com Jesus Ranieri, também tradutor de Marx – e depois da profunda análise das traduções de Marx já encaminhadas no Brasil, mérito de Ranieri –, estabeleceu-se a conveniência de diferenciar dois conceitos que não são necessariamente idênticos – mas inclusive se apresentam com significado distinto por vezes –, ainda que costumem ser traduzidos sob uma só palavra: "alienação".

Ademais, a opção de traduzir *Entäußerung* preferencialmente como "alienação" sustenta, em português, o conteúdo etimológico do substantivo alemão, que expressa um movimento de remeter "para fora" a partir de um ponto inicial, realizar uma "expulsão", um "esvaziamento", uma "ação de transferência". Duas outras versões do significado de *Entäußerung* poderiam ser "extrusão" (cf. Paulo Meneses em seu *Para ler a fenomenologia do espírito,* São Paulo, Loyola, 1985, e também sua tradução da *Fenomenologia do espírito,* Petrópolis, Vozes, vol. I, 1992; vol. II, 1993) e "exteriorização". A última opção também chega a ser usada – por vezes – nesta tradução, a fim de precisar a ação concernente à realização do homem, o ato de colocar-se para fora de si no intuito de se objetivar por meio do trabalho num produto de sua criação.

Entfremdung. Na presente tradução, este segundo conceito foi traduzido preferencialmente por "estranhamento", a fim de – inclusive – estabelecer a já referida distinção entre *Entäußerung* e *Entfremdung*. Por vezes, em todo caso, a tradução por "alienação" é absolutamente necessária, devido à concretude pressuposta pelo termo na acepção marxiana, sobretudo quando o autor fala de *Selbstentfremdung,* caso em que "autoestranhamento" seria impossível. Marx desenvolveu o conceito de *Entfremdung* notadamente em sua polêmica com a filosofia clássica alemã de Hegel, Feuerbach e Hess, na crítica da economia política inglesa de James Mill e na análise do socialismo utópico francês de Proudhon (caso da presente tradução, sobretudo).

Voltando à concretude do conceito *Entfremdung* em Marx, ela é tanta que em sua obra tardia a palavra é substituída, muitas vezes, por conceitos como *Verdinglichung* ("coisificação"), *Vergegenständlichung* ("objetificação", se tomada *ipsis verbis*) ou *Verselbstständigung* ("autonomação", esta última não tão "concreta"). Marx e Engels chegam a brincar com a carga idealista do termo e, ao usar um dos três termos que acabamos de referir, apõem uma afirmativa irônica: "*Entfremdung,* a fim de que os filósofos nos compreendam".

Aufhebung. O termo filosófico tradicional *aufheben* sempre teve o sentido de "negar" – em oposição ao conceito *setzen,* em alemão. Na concepção especulativa de sua dialética – e ao que tudo indica em oposição a Fichte –, Hegel transformou *Aufhebung* em um conceito bem mais abrangente, que une em si a negação e a afirmação como partes de um todo. Por conseguinte, Hegel fez de *Aufhebung* – declarando-o inclusive – um dos conceitos "mais importantes da filosofia". Na *Lógica,* Hegel esclarece: "*Aufheben* tem sentido duplificado na língua, de modo que significa tanto como *conservar, preservar, fazer* cessar, *dar um fim*" (*Lógica* I, Capítulo 1.3., Nota).

Marx criticou a inversão metafísica de Hegel – que pensa tudo de cima para baixo, assenta aquilo que produz na condição de produzido – e chega a afirmar que o próprio conceito de *Aufhebung* é apenas teórico e não tem nada de prático. Marx vê na *Aufhebung* hegeliana "todas as ilusões da especulação" e a "raiz do *falso* positivismo de Hegel ou de seu criticismo *apenas* aparente" (*Manuscritos,* MEGA – "Marx-Engels Gesamtausgabe" – I. 2., 299). Para completar, Marx afirma que na realidade o ato da *Aufhebung* deixa seu objeto onde está, ainda que pense tê-lo suplantado. De modo que em Marx *Aufhebung* adquire, segundo vários

Nota à tradução

teóricos marxistas, um significado bem mais concreto de eliminação prática de situações ou condições pouco adequadas às novas – e aliás racionais – exigências societárias.

A tradução de *Aufhebung* para línguas bem menos potentes do que o alemão em termos especulativos se torna difícil e a variabilidade de soluções encontradas é a mais perfeita demonstração disso. O inglês usa *sublate*, *absorb*, ou *superseding* (esta última de longe a mais satisfatória, e aliás um tanto próxima do conceito original alemão); o francês usa *suppression*, *dépassement* ou *enlèvement*; o italiano *soppressione* e *superamento* e o espanhol usa *superación*, por vezes *abolición* até.

No português as opções usadas ao longo dos anos também foram várias. Certo é que não existe nenhuma palavra capaz de reunir a multiplicidade de sentidos contidos na síntese dialética de *Aufhebung*. Esclarecendo o verbo *aufheben* linguisticamente, ele significa "levantar" (qualquer coisa do chão), "guardar" (no sentido de "conservar" um objeto, por exemplo) e "suspender" (a revogação da vigência de uma lei, por exemplo; essa é a acepção em que o verbo é mais usado, cotidianamente). A mesma é a opinião de Viktor von Ehrenreich (Conferir: "K. Marx: trabalho alienado e superação positiva da autoalienação humana", *Manuscritos econômico-filosóficos de 1844*, in Florestan Fernandes (org.), Coleção Grandes Cientistas Sociais, vol. 36, São Paulo, Ática, 1989, tradução de Viktor von Ehrenreich, nota 87 do tradutor, p. 164.)

Na maior parte das vezes o substantivo *Aufhebung* foi traduzido por "superação" ou "supressão" no Brasil: ambas as opções abrangem apenas parcialmente o sentido do original alemão. "Transcendência" é outra forma que às vezes aparece; a opção me parece insuficiente para designar a concretude do processo histórico e dialético que envolve o conceito original.

"Suprassunção", a opção preferencialmente adotada na presente tradução – depois do já referido debate com Ranieri –, é a palavra que mais se aproxima de abranger as diferentes facetas do conceito dialético original: a eliminação, a manutenção e a sustentação qualitativa do ser que suprassume. (Nesse sentido, conferir também: H. C. Lima Vaz, *Antropologia filosófica II*, São Paulo, Loyola, 1992, especialmente capítulo III da segunda seção.) Se *Aufhebung* significa, em seu sentido pleno, "superar", "subsumir" e "reter traços" em direção à fase seguinte do processo dialético – salto com conservação, conforme já se disse – "suprassunção" não está longe de alcançar a integridade deste conceito.

Ainda assim as opções "superação" e "suspensão" não são descartadas e, quando *Aufhebung* se limita a determinar um ato pontual (uma fase que se mostra concretamente superior à anterior, no primeiro caso; o ato de levantar e abolir algo, no segundo caso), lanço mão dessas opções simplificadas (ver, a respeito dos textos que fazem uso de *Aufhebung* como suprassunção: H. C. Lima Vaz, *Antropologia filosófica II*, cit., passim; *Escritos de filosofia II: ética e cultura*, São Paulo, Loyola, 1988, p. 242 e ss.; J. H. Santos, *Trabalho e riqueza na fenomenologia do espírito de Hegel*, São Paulo, Loyola, 1993; e no que toca à alusão da forma global da *Aufhebung* no âmbito da subjetividade moral, Marcos Lutz Müller. "Racionalidade da ação e direito da subjetividade na *Filosofia do direito* de Hegel", in *Racionalidade e ação. Antecedentes e evolução atual da filosofia prática alemã*, Porto Alegre, Ed. da UFRGS/Goethe Institut, 1992, especialmente p. 149 e ss. E, a respeito de *Aufhebung* como *transcendência*, I. Mészáros, *Marx: a teoria da alienação*, tradução de Waltensir Dutra, Rio de Janeiro, Zahar, 1981, principalmente caps. VII e VIII).

Marcelo Backes
Freiburg, junto à Floresta Negra,
outubro de 2002.

Obs.: A pesquisa nas traduções brasileiras foi toda ela encaminhada por Jesus Ranieri. Os parênteses que referem pesquisas bibliográficas em obras brasileiras podem ser encontrados também na obra *Manuscritos econômico-filosóficos*, traduzida pelo mesmo Ranieri e publicada na Boitempo em 2004. (N.E.)

PRÓLOGO

O *humanismo real* não tem, na Alemanha, inimigo mais perigoso do que o *espiritualismo* – ou *idealismo especulativo* –, que, no lugar do *ser humano individual e verdadeiro*, coloca a *"autoconsciência"* ou o *"espírito"* e ensina, conforme o evangelista: "O espírito é quem vivifica, a carne não presta". Resta dizer que esse espírito desencarnado só tem espírito em sua própria imaginação. O que nós combatemos na Crítica *baueriana* é justamente a *especulação* que se reproduz à maneira de *caricatura*. Ela representa, para nós, a expressão mais acabada do princípio *cristão-germânico*, que faz sua derradeira tentativa ao transformar *a crítica* em si numa força transcendental.

Nossa exposição se atém principalmente ao "Jornal Literário Geral"[1] de *Bruno Bauer* – e seus oito primeiros cadernos estavam a nosso dispor –, porque é ali que a Crítica baueriana, e com ela o despropósito da *especulação alemã como um todo*, alcançam o ápice. A Crítica crítica[2] (ou seja, a crítica do "Jornal Literário") torna-se tanto mais instrutiva quanto mais converte a inversão da realidade, empreendida através da filosofia, na mais plástica das comédias. Veja-se, por exemplo, *Faucher* e *Szeliga*. O "Jornal Literário" oferece um material à luz do qual também o grande público poderá ser informado a respeito das ilusões da filosofia especulativa. E é essa a finalidade de nosso trabalho.

Nossa exposição naturalmente é condicionada por seu *objeto*. Em regra, a Crítica crítica se encontra *abaixo* das alturas alcançadas pelo desenvolvimento teórico alemão. A natureza de nosso objeto justifica, portanto, o fato de *aqui* não *avaliarmos* esse mesmo desenvolvimento.

---

[1] Em alemão "Allgemeine Literatur-Zeitung", órgão mensal, editado pelo hegeliano Bruno Bauer em Charlotemburgo, Berlim, entre dezembro de 1843 e outubro de 1844. (N.T.)

[2] Em alemão: *kritische Kritik*. Para diferenciar o substantivo do adjetivo – em português ambos são escritos de maneira exatamente igual, ao contrário do que acontece no alemão –, manteremos o primeiro em maiúscula. Além da diferença, estará sendo mostrada a ênfase especial e a análise diferenciada – e crítica – que Marx e Engels dão à Crítica de Bruno Bauer e seus consortes. (N.T.)

Karl Marx e Friedrich Engels

A Crítica crítica obriga, muito antes, a mostrar a validade dos resultados já disponíveis *como tais*, opondo-os aos resultados que ela alcançou.

É por isso que antepomos essa polêmica aos escritos propriamente ditos, nos quais nós – cada um por si, entenda-se[3] – haveremos de expor nossa visão positiva, e com ela nossa atitude positiva ante as novas doutrinas filosóficas e sociais.

Engels – Marx
Paris, setembro de 1844

---

[3] A autoria específica dos artigos aparece definida no Índice. *A sagrada família* é o resultado do trabalho conjunto de Marx e Engels e foi encaminhada a partir do segundo encontro dos dois pensadores, em agosto de 1844, em Paris. A contribuição de Marx é bem maior – e a avaliação é apenas volumétrica – que a de Engels, e reúne suas anotações acerca dos *Manuscritos econômico-filosóficos* bem como suas anotações acerca da Revolução Francesa. O livro é – descontadas as duas contribuições de Marx aos *Anais franco-alemães* (*Deutsch-Französische Jahrbücher*), quais sejam: "Crítica da filosofia do direito de Hegel. Introdução" e "Sobre a questão judaica" – o único escrito rigorosamente filosófico do período precoce publicado pela intervenção direta dos autores. Obras como os *Manuscritos de Paris* (*Pariser Manuskripte*), *Sobre a crítica do Estado de direito hegeliano* (*Zur Kritik des Hegelschen Staatsrechts*, 1843, publicada apenas em 1927), de Marx, ou até mesmo *A ideologia alemã* (*Deutsche Ideologie*, 1846, publicada apenas em 1932), que os dois também escreveram juntos, seriam publicadas apenas postumamente. *A sagrada família* apareceria já em fins de fevereiro de 1845. (N.T.).

I

"A Crítica crítica sob a feição do mestre encadernador" ou a Crítica crítica conforme o senhor Reichardt

(Friedrich Engels)

A Crítica crítica, por mais que se considere acima da massa, sente uma compaixão infinita pela mesma massa. Foi tão grande o amor da Crítica pela massa que ela enviou seu próprio filho unigênito a fim de que todos os que crerem nele se salvem e gozem as venturas da vida crítica. E eis que a Crítica se torna massa e habita entre nós, e nós vemos na sua magnificência a magnificência do filho unigênito do pai. Quer dizer, a Crítica torna-se socialista e fala de "escritos sobre o pauperismo"[1]. Ela não vê um assalto no fato de querer ser igual a Deus, mas apenas renuncia a si mesma e assume a feição de mestre encadernador, rebaixando-se ao nível mais absurdo – sim, ao absurdo crítico em línguas estrangeiras. Ela, que em sua pureza virginal e celeste, retrocedia assustada diante do contato com a massa pecadora e leprosa, dominou-se a ponto de dar importância a *"Bodz"*[2] e *"todos* os escritores-fonte do pauperismo, marchando há anos passo a passo com o mal de nossa época"; ela desdenha escrever aos eruditos especializados e escreve para o grande público, afasta todas as expressões de caráter estranho, todo o "cálculo latino, todo o jargão corporativo" – tudo isso ela afasta dos escritos de *outros,* pois seria querer pedir demais desejar que a Crítica se submetesse, ela mesma, a "este regulamento da administração". Todavia até mesmo isso ela chega a fazer – em parte, pelo

---

[1] O título refere-se às contribuições de Carl Reichardt, publicadas nos cadernos I e II do *Allgemeine Literatur-Zeitung (Jornal Literário Geral),* respectivamente de dezembro de 1842 e janeiro de 1844. (N.T.)

[2] Pseudônimo que Reichardt inventou para Charles Dickens. *Boz,* na verdade. (Nota do Editor Alemão.)

menos – desembaraçando-se com admirável facilidade, se não das palavras em si, pelo menos de seu conteúdo; e quem haverá de acusá-la de fazer uso da "grande pilha de palavras estrangeiras ininteligíveis", se ela mesma nos obriga a chegar a essa conclusão através de manifestações sistemáticas que dão conta de que essas palavras permaneceram ininteligíveis também para ela? Algumas provas dessa manifestação sistemática:

Por isso lhes são abomináveis as *instituições do pauperismo*.

Uma lição de responsabilidade, na qual toda emoção do *pensamento humano se converte na imagem da mulher de Ló*.

Sobre a pedra que coroa este *edifício artístico*, de fato *rico em convicções*.

Este é o conteúdo fundamental do testamento político de Stein, que o grande estadista entregou antes mesmo de se despedir do serviço ativo do governo *e de todos seus escritos*.

Este povo não possuía *ainda nenhumas dimensões* para uma liberdade tão ampla.

Porquanto ele, no fim de seu escrito publicista, *parlamentou* com relativa certeza, assegurando que falta apenas confiança.

Ao juízo varonil que levanta o Estado, que sabe elevar-se acima da rotina e do temor pusilânime, que se forjou na história e se nutriu com viva intuição nas instituições públicas estrangeiras.

A educação de uma beneficência nacional geral.

A liberdade permaneceu morta *no seio da missão popular prussiana*, sob o controle das autoridades públicas.

Publicística orgânico-popular.

Ao povo, ao qual também o senhor Brüggemann distribui a *certidão de batismo de sua emancipação*.

Uma contradição bastante vivaz contra as demais *determinações*, proclamadas na obra com respeito aos dotes vocacionais do povo.

O egoísmo enfadonho dissolve todas as *quimeras da vontade nacional* com rapidez.

A paixão de adquirir muito etc., esse era o espírito que permeou toda a época da Restauração e que se *integrou* aos novos tempos com *uma quantidade bastante significativa de indiferença*.[3]

O obscuro conceito de significação política, passível de ser encontrado na *nacionalidade prussiana de caráter rural*, descansa sobre a lembrança de uma grande história.

---

[3] As construções bizarras do senhor Reichardt são um dos pontos criticados com dureza por Engels, autor deste capítulo. (N.T.)

A antipatia desapareceu e converteu-se em um estado de exaltação completa.

Cada qual a seu modo ainda *expôs*, nesta maravilhosa transição, *a perspectiva de seus especiais desejos.*

Um catecismo em untuosa linguagem salomônica, cujas palavras esvoaçam leves como pombas e se elevam – frufru! – à região do páthos e dos *aspectos tonitruantes.*[4]

Todo o *diletantismo* de um *abandono de trinta e cinco anos.*

As *condenações* demasiado *vivazes* dos cidadãos através de um de seus antigos comitês até poderiam ser aceitas pela tranquilidade de ânimo de nossos representantes, caso a concepção de Benda acerca do regime municipal de 1808 não laborasse por uma *afecção conceitual muçulmana* sobre a natureza e o emprego da ordem citadina.

E a intrepidez estilística do senhor Reichardt anda lado a lado com a intrepidez do raciocínio em si. Ele é capaz de entabular transições como as que seguem:

O senhor Brüggemann... ano de 1843... teoria do Estado... todo o probo... a grande modéstia de nossos socialistas... milagres naturais... exigências a serem expostas à Alemanha.... milagres sobrenaturais... Abraão... Filadélfia... maná... mestre-padeiro... mas *porque* nós estamos a falar de *milagres, Napoleão* logrou etc.

Depois dessas amostras, não é de estranhar – nem um pouco, aliás – que a Crítica crítica sempre ofereça uma "explicação" à frase que ela mesma considera um "modo popular de se exprimir". Pois ela "apetrecha seus olhos com a força orgânica de penetrar o caos". E, sendo assim, resta dizer que nem mesmo o "modo popular de se exprimir" da Crítica crítica pode restar incompreensível no final. Ela se dá conta de que o caminho dos literatos permanece torto, caso o sujeito que o trilha não se mostrar forte o suficiente a ponto de conseguir endireitá-lo e, por isso, atribui com naturalidade "operações matemáticas" ao escritor.

Per si se compreende, e a história, que prova tudo o que per si se compreende, prova também isso: que a Crítica não se torna massa a fim de permanecer massa, mas para libertar a massa de sua massificação massiva, ou seja, para elevar o modo popular de se exprimir na linguagem crítica da Crítica crítica. Este é o estágio mais estagiário da humilhação, quando a Crítica aprende a linguagem popular das massas e transcende esse jargão tosco para o cálculo superabundante da dialética criticamente crítica.

---

[4] Outro aspecto criticado é o nefelibatismo pseudopoético de construções como a presente, cheias de pomposidade e vazias de conteúdo, até ridículas. A relação da "Crítica crítica" com a "massa" é ironizada com virtuosismo; a primeira está para o Deus cristão, que sente piedade ante a limitação da segunda, os mortais, ou seja, a massa. (N.T.)

II

"A Crítica crítica" na condição de "moinhotenente"[1] ou a Crítica crítica conforme o senhor Jules Faucher

(Friedrich Engels)

Depois de a Crítica ter se rebaixado até o absurdo em línguas estrangeiras, de ter prestado à autoconsciência os serviços mais essenciais, e ao mesmo tempo ter libertado o mundo do pauperismo através disso, ela se rebaixa também ao *absurdo* na *práxis* e na *história*. Ela se apossa das *"questões inglesas do dia"*[2] e nos oferece um *esboço da história da indústria inglesa,* que é genuinamente *crítico*.

A Crítica, que se basta a si mesma, que se completa e encerra-se em si mesma, naturalmente não pode reconhecer a história tal como ela de fato aconteceu, pois isso significaria reconhecer a massa ruim em toda sua massificação massiva, quando se trata justamente de libertar a massa da massificação. Com isso, a história é libertada de sua massificação, e a Crítica, que adota uma atitude *livre* em relação a seu objeto, grita para a história: *tu deves ter ocorrido de tal ou qual modo!* As leis da Crítica têm, todas elas, efeito *retroativo; antes* de seus decretos, a história ocorria de modo bem diferente do que passou a ocorrer *depois deles*. Eis aqui por que a história massiva, a chamada história *real*, desvia-se de maneira significativa da *crítica*, que passa a acontecer a partir da página 4 do Caderno VI do "Jornal Literário Geral".

---

[1] No original: *Mühleigner*. A palavra é um neologismo irônico criado por Engels a fim de traduzir literalmente a expressão inglesa *mill-owner* (proprietario de fábrica, fabricante). Com ela, Engels chacoteia – e chicoteia – Jules Faucher, colaborador do *Jornal Literário Geral*, que em seus artigos para o jornal alemão usava palavras formadas ao modo da língua inglesa, que ele estava longe de conhecer tão bem quanto pretendia, conforme fica claro. Ao final do capítulo a chacota continua. (N.T.)

[2] *Englische Tagesfragen*, no original. Título de um artigo de Jules Faucher, publicado nos Cadernos VII e VIII do *Jornal Literário Geral* (junho e julho de 1844). (N.T.)

Karl Marx e Friedrich Engels

Na história massiva não houve *nenhuma cidade fabril* antes de haver *fábricas;* mas na história crítica, na qual o filho gera o próprio pai – coisa que já acontecia em *Hegel,* aliás –, *Manchester, Bolton* e *Preston* são florescentes cidades fabris, antes mesmo de se ter pensado em fábricas. Na história real, a *indústria de algodão* foi criada sobretudo graças à *"Jenny"* de *Hargreaves* e à *"throstle"* (máquina hidráulica de fiar) de *Arkwright,* ao passo que a *"mule"* de *Crompton*[3] não foi mais que um aperfeiçoamento da Jenny através do princípio descoberto por Arkwright; mas a história crítica sabe distinguir, despreza a unilateralidade da Jenny e da throstle e dá a coroa à mule, fazendo dela a identidade especulativa do extremo. Na realidade, a invenção da throstle e da mule trouxe consigo de imediato a *utilização da força hidráulica* para esse tipo de máquinas, mas a Crítica crítica diferencia os princípios amontoados e confusos da história bruta e faz com que a utilização apareça apenas bem mais tarde, como se fosse algo bastante particular. Na realidade a descoberta da máquina a vapor *precedeu* todas as descobertas acima citadas, mas na Crítica vemos que ela ocorre no *final,* na condição de coroa para o todo.

Na realidade, a *aliança de negócios* entre Liverpool e Manchester foi, em seu significado atual, a consequência da exportação de mercadorias inglesas; na Crítica essa aliança de negócios é a *causa* desse fenômeno e ambas – aliança e exportação – a consequência do fato de aquelas duas cidades serem vizinhas. Na realidade, quase todas as mercadorias saem de Manchester, passam por *Hull* ao continente; na Crítica elas passam por *Liverpool.*

Na realidade há, nas fábricas inglesas, todas as *gradações* de *salário,* de um e meio xelim a 40 xelins e inclusive mais; na Crítica paga-se apenas *um* salário ao trabalhador: 11 xelins. Na realidade a *máquina* substitui o *trabalho manual;* na crítica ela substitui o *ato de pensar.* Na realidade uma *união* dos trabalhadores com o objetivo de aumentar o salário é permitida na *Inglaterra;* mas na Crítica ela é proibida, uma vez que a massa tem, ela mesma, de perguntar à Crítica, se quiser se permitir tomar uma atitude. Na realidade o *trabalho na fábrica fatiga* de maneira significativa o trabalhador e origina enfermidades típicas – há, inclusive, várias obras medicinais que tratam exclusivamente dessas enfermidades; na crítica "o esforço excessivo não impede nem estorva o trabalho, pois a força é empreendida toda ela pela máquina". Na realidade a máquina é uma máquina; na Crítica ela é dotada de *vontade,* pois, uma vez que ela não descansa, o trabalhador também não pode descansar e torna-se súdito de uma vontade estranha.

---

[3] Entre 1738 e 1835 foram feitas várias descobertas no que diz respeito à mecanização da atividade de fiar, todas elas de grande importância no desenvolvimento do capitalismo. Em 1764 foi a referida "máquina de Jenny", de James Hargreaves, aperfeiçoada entre 1769 e 1771 por Richard Arkwright. Em 1779, a "máquina de mule" ou *Hand-Mule,* de Samuel Crompton. Em 1825 foi a vez da *self-acting mule* ou *self-actor* (algo como a "autoativa"), a máquina de fiar automática de Richard Roberts. (N.T.)

A sagrada família

Mas isso ainda não é nada de mais. A Crítica não se contenta com os *partidos massivos* da Inglaterra; ela cria novos, ela cria um *"partido fabril"*, pelo que a história por certo haverá de lhe agradecer. Por outro lado, ela atira fabricantes e trabalhadores de fábrica em *um* único montão massivo – e por que a gente haveria de se preocupar com pequenezas do tipo – e decreta que os trabalhadores de fábrica não contribuíram para o fundo da *Anti-Corn-Law-League*[4] não devido a sua má vontade e ao cartismo, como pensam os fabricantes estúpidos, mas apenas devido à pobreza. Mais adiante ela decreta que com a abolição das leis inglesas acerca dos grãos, os assalariados agrícolas terão de resignar-se com uma redução de seu salário, ainda que nós gostaríamos de observar com humildade que essa classe miserável não pode prescindir de um centavo sequer daquilo que hoje ganha, sem ver-se condenada a morrer de fome. Ela decreta que nas fábricas da Inglaterra são trabalhadas *dezesseis* horas, mesmo que a legislação simplista e desprovida de espírito crítico da Inglaterra tenha providenciado para que não se possa trabalhar mais do que doze horas por dia. Ela decreta que a Inglaterra tem de ser uma imensa oficina para o mundo, ainda que os americanos, alemães e belgas – massivos e desprovidos de espírito crítico – pouco a pouco deteriorem os mercados ingleses um a um através de sua concorrência. Ela decreta, enfim, que a *centralização da propriedade* e suas consequências para as classes trabalhadoras não são conhecidas nem pelas classes possuidoras nem pelas desprovidas de posses na Inglaterra, mesmo que os estúpidos cartistas acreditem conhecê-las muito bem e os *socialistas* já pensem ter apresentado há tempo e no detalhe essas consequências, quando até mesmo tories e whigs[5] como *Carlyle, Alison* e *Gaskell* já tenham demonstrado ter conhecimento desses resultados em suas obras.

---

[4] "Liga contra a Lei do Grão", associação de livre-comércio fundada em 1838 pelos fabricantes Cobden e Bright em Manchester. A assim chamada "Lei do Grão", que objetivava cercear – conforme o caso, proibir – a entrada de cereais estrangeiros, foi implantada na Inglaterra para defender os interesses dos grandes proprietários de terras, dos lordes rurais. A Liga exigia completa liberdade comercial e lutava pela extinção da "Lei do Grão" com o objetivo de reduzir os salários dos trabalhadores e enfraquecer as posições políticas da aristocracia rural. Em sua luta contra os proprietários de terra, a Liga tentou explorar as massas trabalhadoras. Mas justamente naquela época os adiantados trabalhadores ingleses começavam a trilhar o caminho que levava a um movimento independente e marcadamente político, o cartismo (cujo programa estava inscrito na chamada *Carta do Povo*). A luta entre a burguesia industrial e a aristocracia rural terminou em 1846 com a aceitação do programa para a abolição da *Corn-Law*. Depois disso a Liga acabou se dissolvendo. (N.T.)

[5] *Whig*: o termo nomeia os membros de um dos dois grandes partidos políticos da Inglaterra do século XVII; eram não conformistas que rejeitavam o poder absolutista do rei e opunham-se aos *tories* (do partido conservador); a palavra, originalmente pejorativa, significava "ladrão de cavalo". (N.T.)

Karl Marx e Friedrich Engels

A Crítica decreta que a *proposta de lei de dez horas* encaminhada por lorde *Ashley*[6] constitui uma frouxa medida de juste-milieu[7] e que o próprio lorde Ashley seria uma "imagem fiel da ação constitucional", ao passo que os fabricantes, os cartistas, os proprietários de terras, curto e grosso, toda a massificidade da Inglaterra, vêm considerando até agora a dita medida como a expressão por certo mais moderada possível de um princípio marcado pelo radicalismo, uma vez que dispõem o machado sobre a raiz do comércio exterior, alcançando com isso a raiz do sistema fabril; mais que dispor o machado, aliás, eles cravam-no profundamente dentro dela. Mas a Crítica crítica considera-se melhor ajuizada a respeito. Ela sabe que a questão das dez horas foi tratada ante uma "Comissão" da Câmara dos Comuns, apesar de os jornais acríticos quererem nos fazer crer que essa "Comissão" constituiu a *Câmara em si*, ou seja, que foi um *"Comitê da Câmara inteira"*; mas a Crítica necessariamente tem de suspender essa bizarria da Constituição inglesa.

A Crítica crítica, que *gera* ela mesma a *estupidez da massa* – sua antagônica –, gera também a estupidez de sir James Graham e põe em sua boca, através do esclarecimento crítico da língua inglesa, coisas que o acrítico Ministro do Interior jamais disse, a fim de que a sabedoria da Crítica refulja de modo tanto mais brilhante ante a estupidez de Graham. Ela afirma que Graham teria dito que as máquinas das fábricas estariam desgastas em doze anos, pouco importando se funcionassem durante dez ou doze horas diárias, razão pela qual o projeto de lei das dez horas diárias impediria os capitalistas de reproduzir em doze anos, mediante o trabalho das máquinas, o capital investido nelas. A Crítica pretende mostrar que, desse modo, pôs uma conclusão falaciosa na boca de sir James Graham, pois uma máquina que trabalhar diariamente um sexto a menos do tempo normal com certeza haverá de poder ser utilizada por um tempo maior.

Por mais correta que seja essa observação da Crítica crítica, inclusive contra sua própria conclusão falaciosa, há que se concordar, por outro lado, com sir James Graham, uma vez que ele mesmo disse que a máquina teria de funcionar tanto mais rápida sob um regime de dez horas, trabalhando mais, ao cabo, do que faria sem a redução do tempo – coisa que até mesmo a Crítica refere no Caderno VIII, página 32 – e que diante dessa premissa o

---

[6] A luta pela restrição legal do trabalho diário a dez horas já começara na Inglaterra no final do século XVIII e compreendia grande parte do proletariado a partir dos anos 1830. Uma vez que os representantes da aristocracia rural estavam dispostos a explorar essa solução popular em sua luta contra a burguesia industrial, passaram a defender a "proposta de lei de dez horas" no parlamento. O movimento em favor da lei era encabeçado – no parlamento – por lorde Ashley, cognominado *"tory* filantrópico". (N.T.)

[7] Em francês, no original. *Ipsis verbis*, "justo meio". (N.T.)

tempo de desgaste acabaria sendo o mesmo, ou seja, doze anos. Isso tem de ser reconhecido, tanto mais porque esse reconhecimento acaba contribuindo para a fama e a glorificação *"da* Crítica", uma vez que apenas *a* Crítica e tão somente a Crítica inventou essa conclusão falaciosa para em seguida, ela mesma, dissolvê-la. A mesma generosidade ela demonstra em relação a lorde *John Russel*, a quem ela atribui, sub-repticiamente, o propósito de mudar a forma política de governo e do sistema eleitoral, do que somos obrigados a concluir, de duas, uma: ou que o afã da Crítica em produzir necessidades é extraordinariamente grande, ou que lorde John Russel tornou-se um Crítico crítico de uma hora para outra.

Mas grandiosa de verdade a Crítica torna-se apenas na fabricação de estupidezes, ao descobrir que os trabalhadores da Inglaterra – trabalhadores que em abril e maio realizaram meetings atrás de meetings[8], apresentaram petições em cima de petições, e tudo em favor do projeto de lei das dez horas, eles que estavam tão agitados como já há dez anos não estavam, e isso de uma ponta dos distritos fabris até a outra –, ao descobrir que esses trabalhadores, portanto, tinham apenas um "interesse *parcial*" na questão, ainda que esteja demonstrado que "também a redução legal de tempo de trabalho tenha ocupado sua atenção"; e quando, sobretudo, ela termina fazendo a grande, a maravilhosa, a inaudita descoberta de que "a ajuda aparentemente mais imediata que representa a abolição das leis relativas à entrada de grãos absorve e seguirá absorvendo a maior parte dos desejos dos trabalhadores, até que a realização desses desejos, que evidentemente já não podem mais ser postos em dúvida, lhes demonstre na prática a inutilidade desses mesmos desejos". E logo os trabalhadores, acostumados a, em todos os meetings públicos, jogar púlpito abaixo aqueles que pregam a abolição da Lei do Grão, logo eles que alcançaram fazer com que a Liga contra a Lei do Grão não se atreva a celebrar um só meeting público nas cidades fabris, logo eles que consideram essa Liga seu único inimigo e que, durante a discussão da lei das dez horas, como quase sempre ocorreu anteriormente em semelhantes questões, foram apoiados pelos tories. Não deixa de ter lá sua beleza verificar também que a Crítica consegue descobrir que "os trabalhadores seguem deixando se seduzir pelas amplas promessas do *cartismo"*, que no fundo não é mais do que apenas a expressão política da opinião pública entre os trabalhadores; e vê-la dar-se conta, nas profundezas de seu espírito absoluto, de que "as duplas tendências partidárias, a política e a dos proprietários de terras e de moinhos, *já não* marcham mais juntas e estão longe de coincidir uma com a outra", sendo que até agora não era conhecido que a tendência política

---

[8] Em inglês no original. Marx e Engels fazem uso de expressões estrangeiras conhecidas com a maior naturalidade, sem o menor destaque, conforme o leitor certamente já constatou. (N.T.)

dos proprietários de terra e de moinhos, dado o reduzido número das duas classes de proprietários e os direitos e a legitimidade política de ambos (exceção feita ao restrito número de pairs[9]), era tão abrangente, a ponto de, em vez de representar a expressão consequente, a ponta dos partidos políticos, coincidiam em absoluto e inclusive se identificavam totalmente com essas tendências políticas. Ademais é bonito de ver a Crítica crítica atribuindo aos partidários da abolição da Corn-Law a presunção de que ignoram que, ceteris paribus[10], a baixa do preço do pão acarretaria também, necessariamente, a baixa dos salários e de que tudo seguiria igual a antes; enquanto essas gentes esperam, aceitando a baixa dos salários e com isso dos custos de produção, que ocorra uma ampliação do mercado e através dela uma diminuição da concorrência entre os trabalhadores, do que resultaria, no final, a manutenção de um salário mais alto do que agora em relação aos preços do pão.

A crítica, movendo-se com beatitude artística na livre criação de seu antagônico, o absurdo, a mesma crítica que proclamava há dois anos: "A Crítica fala alemão, a teologia latim"[11], essa mesma Crítica agora aprendeu *inglês* e chama os proprietários de terra de "terratenentes" (land-owners), os fabricantes de "moinhotenentes" (mill-owners) – mill é, na língua inglesa, qualquer fábrica, cujas máquinas são impulsionadas a vapor ou pela força das águas –, os trabalhadores de "mãos" (hands), ao invés de "ingerência" diz interferência (interference) e, levada por sua infinita comiseração pela língua inglesa, regurgitante de massificidade pecaminosa, a Crítica se concede o direito de melhorá-la, inclusive, e acaba com a pedanteria que faz os ingleses assentar o título de "sir" ante os *prenomes* de cavaleiros e baronetes. A massa diz: "sir James Graham"; a Crítica: "sir Graham".

Que a Crítica crítica recria a língua e a história *inglesas* por *princípio* e não por *leviandade*, haverá de ser provado em breve através da *profundidade* com que ela trata a *história do senhor Nauwerck*.

---

[9] Mais uma vez em inglês no original. *Par*: membro da Câmara dos Lordes na Inglaterra. (N.T.)

[10] Em latim – e sem destaque – no original. "Mantidas as mesmas circunstâncias". (N.T.)

[11] Citação conhecida da obra de Bruno Bauer intitulada *Die gute Sache der Freiheit und meine eigene Angelegenheit*, Zürich und Winterthur, 1842. (N.T.)

III

"A PROFUNDIDADE DA CRÍTICA CRÍTICA" OU A CRÍTICA CRÍTICA CONFORME O SENHOR J. (JUNGNITZ?)[1]
(FRIEDRICH ENGELS)

A querela infinitamente importante do senhor *Nauwerck* com a Faculdade de Filosofia de Berlim não poderia passar ao largo da avaliação da Crítica crítica; ora, ela passou por experiência semelhante e tinha de tomar os fados do senhor Nauwerck como pano de fundo e através disso destacar com força tanto maior sua *horrorosa destituição de Bonn*[2]. Uma vez que a Crítica está acostumada a considerar a história de Bonn como *o* acontecimento do século e já escreveu a "Philosophie der Absetzung der Kritik" (Filosofia da Remoção da Crítica), era de se esperar que ela construísse filosoficamente a *colisão* berlinense de um modo semelhante, indo até o mais ínfimo dos detalhes. Ela prova a priori que tudo tinha de ocorrer tal como ocorreu, e não de outro modo, a saber:

1. porque a Faculdade de Filosofia tinha de "colidir" não com um lógico e metafísico, mas justamente com um filósofo do Estado;

---

[1] O capítulo tratará do artigo "O senhor Nauwerck e a Faculdade de Filosofia", assinado apenas por um "J" – a inicial de Jungnitz – e publicado no Caderno VI do *Allgemeine Literatur-Zeitung* (maio de 1844). (N.T.)

[2] *"Bonner Entsetzung"*, no original. O jogo de palavras é brilhante. O verbo "entsetzen" pode significar tanto "destituir" quanto "horrorizar". Com relação ao fato: o governo prussiano suspendeu temporariamente a licença de professor de Bruno Bauer – que é a quem se refere o "sua", pois ele é o chefe da "sagrada família" – junto à Universidade de Bonn em 1841, devido a seus escritos críticos em relação à religião. Em março de 1842 ele foi afastado definitivamente da Universidade. O horizonte provinciano da "Crítica crítica" é ridicularizado ao extremo na denúncia de um probleminha de ordem privada que é elevado por seus discípulos à categoria de "acontecimento histórico--universal". (N.T.)

2. porque essa colisão não poderia alcançar a dureza e a decisão que teve o conflito da Crítica com a teologia na Universidade de Bonn;

3. porque a colisão na verdade era uma coisa bem boba, uma vez que a Crítica já havia concentrado todo seu valor, todos seus princípios na colisão de Bonn, razão pela qual a história universal apenas poderia converter-se em plagiária da Crítica;

4. porque a Faculdade de Filosofia se sentiu atacada, ela mesma, nos escritos do senhor Nauwerck;

5. porque não restou ao senhor N(auwerck) outra coisa a não ser renunciar voluntariamente;

6. porque a Faculdade tinha de defender o senhor N(auwerck), caso não quisesse capitular ela mesma;

7. porque a "cisão interna na essência da Faculdade tinha de manifestar-se necessariamente de tal modo", concedendo e tirando a razão ao mesmo tempo, tanto ao senhor N(auwerck) quanto ao governo;

8. porque a Faculdade não encontrou nenhum motivo nos escritos de N(auwerck) que justificasse seu afastamento;

9. que é o que condiciona toda a obscuridade de todo o processo;

10. porque a Faculdade "na condição de entidade científica (!), se acredita (!), no direito (!), de enfocar o assunto, tomando-o pelo miolo"; e enfim

11. porque ainda assim a Faculdade não quer escrever do mesmo modo que o senhor N(auwerck).

A Crítica crítica resolve essas importantes perguntas em quatro páginas, com rara profundidade, demonstrando a partir da Logik (Lógica) de Hegel por que tudo ocorreu assim e por que nenhum deus poderia intervir mudando o ocorrido. Em outra passagem a Crítica diz que não foi reconhecida ainda nenhuma época histórica; a modéstia impede-a de dizer que reconhece perfeitamente pelo menos a sua própria e a colisão de Nauwerck, que, embora não sejam épocas, *fazem* época segundo seu ponto de vista.

A Crítica crítica, que "suprassumiu"[3] o "momento" da *profundidade* dentro de si, tornar-se-á *"Quietude do conhecer"*.

---

[3] Ver "Nota à tradução" na parte atinente aos "conceitos fundamentais" (*Aufhebung*). (N.T.)

IV

"A Crítica crítica" na condição de quietude do conhecer ou a "Crítica crítica" conforme o senhor Edgar

1. "A Union ouvrière" de Flora Tristan[1] (Friedrich Engels)

Os socialistas franceses afirmam: O trabalhador faz tudo, produz tudo, e apesar disso não tem nenhum direito, nenhuma propriedade, enfim, não tem nada. A Crítica crítica responde através da boca do senhor *Edgar*, a *Quietude do conhecer* personificada:

> Para poder criar tudo, é necessária uma consciência mais forte do que a consciência do trabalhador. Apenas invertida é que a sentença seria verdadeira: O trabalhador não faz nada, por isso não tem nada, mas ele não faz nada porque seu trabalho é sempre, permanentemente, um trabalho concreto, diário, limitado apenas a suas necessidades mais pessoais.

Aqui a Crítica atinge a completude ao alcançar aquela altura da abstração na qual ora considera como "algo", ora como *"tudo"*, exclusivamente as criações de seu próprio pensamento e as generalidades contrárias a toda a realidade. O trabalhador não cria nada, porque cria apenas "unidades", quer dizer, objetos físicos, tangíveis, desprovidos de espírito e de crítica, objetos que são um verdadeiro horror aos olhos da Crítica pura. Tudo o que é real, tudo o que é vivo é acrítico, massivo e, portanto, "nada", ao passo que apenas as criaturas ideais e fantásticas da Crítica crítica são *"tudo"*.

O trabalhador não cria nada, porque seu trabalho é sempre, permanentemente, um trabalho concreto, diário, limitado apenas a suas necessidades

---

[1] Nesta seção é analisada e citada a resenha de Edgar Bauer sobre a obra *L'union ouvrière* (A união obreira), de Flora Tristan, editada em Paris no ano de 1843. O artigo de Edgar Bauer foi publicado no Caderno V do *Jornal Literário Geral* (abril de 1844). (N.T.)

mais pessoais; ou seja, porque as ramificações concretas e combinadas do trabalho, dentro da atual ordem universal, encontram-se separadas, postas em oposição umas às outras; resumindo, porque o trabalho não está *organizado*. A própria sentença da Crítica, caso a interpretarmos segundo o único sentido racional que pode ter, exige a organização do trabalho. Flora Tristan, em cujo julgamento essa grande sentença logrou alcançar a luz do dia, postula o mesmo e, por causa dessa insolência – ou seja, por se antecipar à Crítica crítica –, é tratada en canaille.[2] O trabalhador não cria nada; esta sentença é, aliás – se prescindirmos do fato de que o trabalhador *individual* não produz nada que seja *total*, o que representa uma tautologia –, completamente maluca. A Crítica crítica não cria nada, o trabalhador cria tudo, e tudo de forma tal que enche de vergonha toda a Crítica, também em suas criações espirituais; os trabalhadores franceses e ingleses dão testemunho disso. O trabalhador cria até mesmo o *ser humano*; o Crítico permanecerá sempre um ser inumano, para o que lhe resta, por certo, a satisfação de ser um Crítico crítico.

> Flora Tristan nos dá um exemplo daquele dogmatismo feminino que pretende possuir uma fórmula e a modela para si a partir das categorias do existente.

A Crítica crítica não faz mais do que modelar para si "fórmulas a partir das categorias do existente", quer dizer, da existente filosofia *hegeliana* e dos existentes esforços sociais; fórmulas, nada mais que fórmulas, e apesar de todas as suas invectivas contra o dogmatismo ela condena-se a si mesma ao dogmatismo, ao dogmatismo *feminino*. Sim, ela é e continuará sendo sempre uma mulher velha: a filosofia *hegeliana* emurchecida e enviuvada, que maquia e adorna seu corpo ressequido a ponto de alcançar a abstração mais asquerosa, olhando de soslaio por todos os cantos em busca de um cliente[3].

---

[2] Outra expressão francesa. O apuro argumentativo é grandioso... O assunto é uma obra francesa, criticada por um autor alemão, e Engels revida usando uma expressão francesa para caracterizar a atitude do crítico alemão. *En canaille* – que diretamente significa "de modo canalha" – significa também "depreciativamente", em sua versão mais atenuada. (N.T.)

[3] Uma das críticas mais duras de Marx e Engels à "Sagrada família" reside no fato de ela ter sido um simples complemento da concepção hegeliana da História. Em termos políticos era de fundo conformista e, portanto, negava a realidade – ainda de ponta-cabeça –, repudiando qualquer mudança na ordem social e econômica vigentes. A "Sagrada família" no fundo acreditava que a barreira decisiva a bloquear o desenvolvimento alemão estava nas ideias dominantes, sobretudo no que diz respeito à religião, e não na ordem social reacionária, vigente na época. No posfácio à segunda edição de *O capital*, escrito em 1873, Marx diria: "O aspecto mistificador da dialética hegeliana já foi criticado por mim há cerca de trinta anos, em uma época em que ainda estava em moda". (N.T.)

2. Béraud acerca das mulheres da vida (Friedrich Engels)

O senhor Edgar, que apenas uma vez sentiu compaixão pelas questões sociais, mete seu bedelho também nas *"condições das prostitutas"* (Caderno V, página 26).

Ele critica o livro de Béraud, comissário da polícia de Paris, sobre a prostituição, porque lhe interessa "o *ponto de vista"* a partir do qual "Béraud concebe a posição das mulheres da vida ante a sociedade". A "Quietude do conhecer" fica admirada com o fato de ver que um homem da polícia tem um ponto de vista policial e dá a entender à massa que esse ponto de vista é de todo errado. O seu próprio ponto de vista... *ela* não dá a entender. Naturalmente! Quando a Crítica crítica decide interessar-se pelas mulheres da vida, ninguém pode exigir que isso ocorra em público.

3. O amor (Karl Marx)

A fim de atingir a perfeição da "Quietude do conhecer", *a* Crítica crítica tem de procurar desembaraçar-se, antes de tudo, do *amor*. O amor é uma paixão e não há nada mais perigoso para a Quietude do conhecer do que a paixão. Eis aqui o motivo pelo qual, a propósito dos romances da senhora Von Paalzow – que ele garante ter "estudado *minuciosamente"* –, o senhor Edgar logra manter o domínio sobre "uma *criancice* semelhante ao *chamado amor"*. Uma coisa dessas é um pavor e um horror, que atiça a Crítica crítica à fúria, tornando-a quase amargamente biliosa, levando-a à loucura inclusive.

> O amor... é um deus cruel que, assim como toda a divindade, quer possuir o homem por inteiro e não se mostra satisfeito antes de ter sacrificado não apenas sua alma, mas também seu ser físico. Seu culto é o sofrimento e o ápice desse culto é o autossacrifício, o suicídio.

A fim de metamorfosear o amor em "Moloch", no diabo em carne e osso, o senhor Edgar transforma-o primeiro em um deus. Feito deus, quer dizer, transformado em um objeto teológico, ele passa com naturalidade ao domínio da *Crítica da Teologia*, além do que, deus e o diabo jamais andam muito distantes um do outro, conforme se sabe. O senhor Edgar transforma o amor em um deus e em um "deus cruel", seja dito, ao fazer do *homem enamorado*, ou seja, do amor *do homem,* o homem *do amor,* ao colocar o *"amor"* à parte do homem como ser, autonomizando-o. Através desse simples processo, através dessa metamorfoseação do predicado no objeto, podem-se transformar criticamente todas as determinações essenciais e todas as manifestações da essência do homem em *não essência* e em *alienações* da essência. Dessa maneira, por exemplo, a Crítica crítica faz da crítica, enquanto predicado e atividade do homem, um sujeito à parte, que diz respeito apenas a si mesmo e é, por isso, *Crítica crítica:* um "Moloch" cujo culto é o autossacrifício, o suicídio do homem, ou seja, da *capacidade humana de pensar*.

"Objeto", *exclama a Quietude do conhecer*, objeto, é esta a expressão correta, pois a amada só é importante para o amante – o feminino na condição de amante pouco importa – enquanto *esse objeto externo* de sua *afecção anímica*, enquanto objeto no qual ele quer ver seu próprio sentimento egoísta satisfeito.

Objeto! Pavoroso! Não há nada mais condenável, mais profano, mais massivo do que um *objeto* – à bas[4] o objeto! Como poderia a absoluta subjetividade, o actus purus,[5] a crítica *"pura"* não ver no amor a sua bête noire[6], seu satanás em carne e osso; o amor, que é o primeiro a ensinar de verdade ao homem a crer no mundo objetivo fora dele, que não apenas faz do homem um objeto, mas também do objeto um homem?

O amor, conforme prossegue a Quietude do conhecer, totalmente fora de si, nem sequer se contenta sem transformar o ser humano na *categoria de "objeto"* para o outro ser humano, mas inclusive o transforma em um objeto *determinado e real*, ou seja, *neste* objeto individual-mau (vide a "Fenomenologia" de Hegel[7] acerca do Este e do Aquele, na qual se polemiza também contra o *"Este"* mau), *externo*, um objeto não apenas interior e esquecido no cérebro, mas também manifesto e aberto aos sentidos.

Amor
Não vive *apenas* encastelado no *cérebro*.

Não, a amada é *objeto sensual* e a Crítica crítica exige, pelo menos – quando tem de se rebaixar ao reconhecimento de um objeto –, um objeto *insensato*. Mas o amor é um *materialista acrítico, acristão*.

No fim das contas o amor chega a transformar o homem *"neste objeto externo da afecção anímica"* de outro homem, no objeto sobre o qual este outro homem satisfaz seu sentimento *egoísta*; sentimento *egoísta* porque *procura sua própria essência* no outro homem, e assim não deve ser. A Crítica crítica é tão *livre* de qualquer *egoísmo*, que para ela todo o caráter abrangente da essência humana *se reduz a seu próprio eu*.

O senhor Edgar naturalmente não nos diz através do que a amada se diferencia dos restantes "objetos externos da afecção anímica, nos quais

---

[4] Abaixo. (N.E.A.)

[5] Ato puro. (N.E.A.)

[6] Em francês no original e sem a nota explicativa do editor. "Besta negra". Note-se como a argumentação marxiana se encaixa com perfeição no desenvolvimento anterior de Engels, autor das seções 1 e 2 do capítulo IV. (N.T.)

[7] Referência à "Phänomenologie ..." (Fenomenologia do espírito), de G. W. F. Hegel. A primeira edição da obra foi publicada em 1807. Para os trabalhos n'*A sagrada família*, Marx utilizou a segunda edição, de 1841, publicada em Berlim. (N.T.)

os sentimentos egoístas dos homens se satisfazem". O espirituoso, plurívoco e eloquente objeto do amor consegue dizer à quietude do conhecer apenas o esquema categórico: "esse objeto externo da afecção anímica", assim como o cometa, por exemplo, não revela ao filósofo especulativo da natureza mais do que a "negatividade". Ao fazer do outro homem o objeto externo de sua afecção anímica, o homem até lhe confere "importância", conforme a própria Crítica crítica confessa, mas essa importância é, por assim dizer, uma *importância objetiva*, ao passo que a importância que a Crítica confere aos objetos não é nada mais do que a importância que ela confere a si mesma, e que por isso também não comprova sua competência no *"ser exterior* e mau", mas no *"nada"* do objeto criticamente importante.

Todavia, se a quietude do conhecer não possui nenhum *objeto* no homem real, ela possui, de outra parte, uma *coisa* na *humanidade*. O amor crítico "se *guarda*, sobretudo, de esquecer a *coisa* ao tratar da pessoa, coisa que não é outra senão a coisa da humanidade". O amor acrítico não separa a humanidade do ser humano pessoal e individual.

> O amor em si, na condição de paixão *abstrata*, a gente não sabe de onde ele vem e ele vai sabe-se lá para onde e é incapaz de angariar o interesse de um desenvolvimento *interior*.

O amor é, aos olhos da Quietude do conhecer, uma paixão abstrata segundo a terminologia *especulativa*, que considera o concreto como abstrato e o abstrato como concreto.

> No vale ela não nasceu
> Donde ela veio, ninguém viu;
> Mas seu rastro logo se perdeu,
> Quando a moça se despediu.[8]

O amor é, para a abstração, "a moça do estrangeiro", sem passaporte dialético, e por isso é expulsa do país pela polícia crítica.

A paixão do amor é incapaz de angariar o interesse de um desenvolvimento *interior*, porque ela não pode ser construída a priori, porque seu desenvolvimento é um desenvolvimento real, que ocorre no mundo dos sentidos, entre indivíduos reais. Porém o interesse principal da construção especulativa é o "de onde" e o "para onde". O "de onde" é, por sinal, a *"necessidade* de um conceito, sua prova e dedução" (Hegel). O "para onde" é a determinação "através da qual cada um dos elos individuais do sistema circulatório especulativo, na condição de animado pelo método, é ao mesmo tempo o começo de um novo elo" (Hegel). Portanto, o amor apenas mereceria

---

[8] Trecho do poema de Schiller "Das Mädchen aus der Fremde" (A moça do estrangeiro). (N.T.)

o "interesse" da crítica especulativa caso seu "de onde" e seu "para onde" fossem passíveis de ser construídos a priori.

O que a Crítica crítica quer combater com isso não é apenas o amor, mas tudo aquilo que é vivo, tudo que é imediato, toda experiência sensual, toda experiência *real*, inclusive, da qual não se *sabe* com antecipação o "de onde" e o "para onde".

O senhor Edgar se *estatuiu* plenamente como "Quietude do conhecer", mediante a dominação do amor, e agora pode comprovar sua competência junto a *Proudhon*, demonstrando a grande virtuosidade do conhecer, para a qual o *"objeto"* já deixou de ser *"este objeto externo"*, cometendo uma *falta de amor* ainda maior em relação à língua francesa.

4. Proudhon (Karl Marx)

Não foi *Proudhon*, mas o *"ponto de vista* proudhoniano" que escreveu a obra intitulada Qu'est-ce que la propriété?[9], segundo os informes da Crítica crítica.

> Eu principio minha exposição do ponto de vista proudhoniano com a caracterização de seu [a partir de seu ponto de vista, portanto] escrito "O que é a propriedade?"

Uma vez que apenas os escritos do "ponto de vista crítico" possuem caráter por si mesmos, a caracterização crítica tem de começar, obrigatoriamente, dando um caráter a esse escrito proudhoniano. O senhor Edgar dá um caráter a esse escrito ao meter os pés pelas mãos, *traduzindo-o* ele mesmo. E por certo lhe dá um *mau* caráter, uma vez que o transforma num *objeto "da* Crítica".

O escrito de Proudhon é submetido, pois, a um ataque duplo por parte do senhor Edgar, um deles *implícito*, em sua tradução caracterizadora, o outro *explícito*, em suas glosas críticas marginais. E nós haveremos de demonstrar que o senhor Edgar é ainda mais destrutivo quando traduz do que quando glosa criticamente.

---

[9] Referência à obra *Qu'est-ce que la propriété? Ou recherches sur le principe du droit e du governement* (O que é a propriedade? Ou investigações acerca do princípio do direito e do governo) de Pierre-Joseph Proudhon, filósofo francês. A obra provocou grande controvérsia ao ser publicada devido a seus ataques agudos à propriedade privada. Marx faz uma análise crítica global da obra em seu artigo "Sobre P.-J Proudhon" ("Über P.-J. Proudhon"), escrito sob a forma de carta ao redator Schweitzer, do jornal "Social-Demokrat", em 1865. O artigo de Edgar Bauer intitulado "Proudhon", que Marx passa a criticar a seguir, foi publicado no Caderno V do *Jornal Literário Geral*, de abril de 1844. (N.T.)

A sagrada família

Tradução caracterizadora número 1

Eu não quero [ou seja, o Proudhon traduzido criticamente não quer][10] "oferecer nenhum sistema do novo, eu não quero nada mais do que a abolição do privilégio, a aniquilação da escravatura... Justiça, nada mais do que justiça, é isso o que eu penso.

O Proudhon caracterizado se limita a "querer" e "pensar", porque a "boa vontade" e a "opinião" acientífica são atributos característicos da massa acrítica. O Proudhon caracterizado se apresenta tão cheio de humildade, conforme aliás convém à massa, e subordina aquilo que quer àquilo que *não* quer. Ele não ousa querer dar um sistema do novo; ele quer menos, ele inclusive não quer *nada mais* do que a abolição do privilégio etc. Além dessa subordinação crítica da vontade, que ele tem, à vontade, que ele não tem, suas primeiras palavras já se caracterizam por uma falta característica de lógica. O escritor que abre seu livro proclamando não querer oferecer um sistema do novo por certo dirá o que ele quer oferecer: seja algo velho provido de sistema, seja algo novo desprovido de sistema. Todavia o Proudhon caracterizado, que não quer *oferecer* um sistema do novo, quererá ele *oferecer* a abolição dos privilégios? Não. Ele a *quer*.

O Proudhon *real* diz: "Je ne fais pas de système; je demande la fin du privilège" etc.[11]; quer dizer, o Proudhon real esclarece que não segue nenhum objetivo abstratamente científico, mas que impõe, de imediato, exigências práticas à sociedade. E a exigência que ele impõe não é arbitrária. Ela é motivada e justificada por todo o desenvolvimento que ele oferece, ela é o resumo desse desenvolvimento, pois: "Justice, rien que justice; tel est le resumé de mon *discours*"[12]. O Proudhon caracterizado e seu "justiça, nada mais que justiça, é isso o que eu quero dizer" cai em perplexidade, tanto mais significativa quando diz "pensar" muitas outras coisas. Segundo os informes do senhor Edgar Bauer, ele *"pensa"*, por exemplo, que a filosofia não foi suficientemente prática, e *"pensa"* em refutar Charles Comte etc.

O Proudhon crítico se pergunta: "Terá *o ser humano* de ser para sempre infeliz?", quer dizer, ele pergunta se o infortúnio é a determinação moral do ser humano. O Proudhon real é um francês leviano e pergunta se o infortú-

---

[10] A ironia crítica de Marx – é ele o autor desta seção – é grandiosa e aniquiladora. Marx – com Engels não é diferente, ainda que não seja tão incisivo e tão ferino – toma as coisas pela raiz, mina o pensamento do adversário, com toda a autoridade e toda a razão do mundo, aliás, interrompendo inclusive o discurso destacado com um comentário avassalador. (N.T.)

[11] "Eu não construo um sistema; o que exijo é o fim do privilégio etc." (N.E.A.)

[12] "Justiça, nada mais que justiça; a isso se resume o meu discurso." (N.E.A.)

nio é uma necessidade material, se ele é uma *obrigação*. (L'homme *doit*-il être éternellement malheureux?[13]).

O Proudhon massivo diz:

> Et sans m'arrêter aux explications à toute fin des entrepreneurs de réformes, accusant de la détresse générale ceux-ci la lâcheté et l'impéritie du pouvoir, ceux-là les conspirateurs et les émeutes, d'autres l'ignorance et la corruption générale etc.[14]

Porque a expressão à toute fin é uma expressão ruim e típica da massa, que não pode ser encontrada nos massivos dicionários alemães, o Proudhon crítico naturalmente deixa de lado essa determinação mais acurada das "discussões". Esse termo é emprestado à massiva jurisprudência francesa, e explications à toute fin significam discussões que cortam toda e qualquer objeção. O Proudhon crítico ofende os *"reformistas"*, um partido socialista francês[15], enquanto o Proudhon da massa ofende os fabricantes de reformas. No Proudhon da massa há diferentes classes de entrepreneurs de réformes. Estes, ceux-ci, dizem *isso*, aqueles, ceux-là, *aquilo*, outros, d'autres, *outra coisa*. O Proudhon crítico, ao contrário, faz com que os *mesmos reformistas* "acusem ora isso, ora aquilo e depois ainda outra coisa", o que, em todo caso, é um testemunho de sua inconstância. O Proudhon real, que se orienta na práxis massiva francesa, fala de "les conspirateurs et les émeutes", quer dizer, primeiro dos conspiradores e só em seguida de seu modo de agir, os motins. O Proudhon crítico, que juntou em um só monte as diferentes classes de reformistas, ao contrário, elabora uma classificação para os rebeldes, e por isso diz: os conspiradores e *sediciosos*. O Proudhon da massa fala da *ignorância* e da *"corrupção geral"*. O Proudhon crítico transforma a ignorância em estupidez, a "corrupção" em "abjeção" e por fim – assumindo o papel de Crítico crítico – também torna à estupidez *geral*. Ele mesmo dá, sem perder tempo, um exemplo dessa estupidez geral, ao empregar générale no singular, em vez de fazê-lo no plural. Ele transforma: l'ignorance et la corruption générale em "a geral estupidez e abjeção". Segundo a gramática francesa acrítica isso deveria ser escrito assim: l'ignorance et la corruption générales.

---

[13] *"Tem de ser* o homem eternamente desafortunado?" (N.E.A.)

[14] "E, sem me deter nas discussões, que cortam toda e qualquer objeção, dos fabricantes de reformas, dos quais estes responsabilizam a covardia e a falta de jeito dos poderosos, aqueles os conspiradores e motins e outros ainda a ignorância e a corrupção geral pela carestia geral, etc." (N.E.A.)

[15] Os "reformistas" eram os partidários do jornal parisiense La *Réforme,* um agrupamento político ao qual pertenciam democratas pequeno-burgueses, republicanos e também socialistas pequeno-burgueses. (N.T.)

A sagrada família

O Proudhon caracterizado, que pensa e fala de modo diferente do Proudhon da massa, também passou, necessariamente, por um *processo de formação* bem distinto. Ele "consultou os mestres da ciência, leu cem volumes da filosofia e da ciência do direito etc., e *no final* viu que nós jamais chegamos a compreender o sentido das palavras justiça, equidade, liberdade". O Proudhon real acreditava reconhecer, *desde o começo* (je crus *d'abord* reconnaître)[16], o que o crítico apenas verificou *"no final"*. A transformação crítica do d'abord em enfin[17] é necessária, porque a massa não pode reconhecer nada "de antemão". O Proudhon da massa conta expressamente como esse resultado surpreendente de seus estudos o abalou, e como não quis lhe dar confiança. Ele decidiu, por causa disso, fazer uma *"contraprova"* e se perguntou: "Será possível que a humanidade se enganou de modo geral e por tanto tempo a respeito dos princípios da aplicação da moral?" etc. Ele fez a correção de suas observações depender da solução dessas perguntas. E descobriu que na moral, bem como em todos os outros ramos do saber, os equívocos *"são degraus da ciência"*. O Proudhon crítico, ao contrário, confia desde logo na primeira impressão que seus estudos da economia política, das ciências jurídicas e semelhantes deixaram sobre ele. Claro, é natural; pois a massa não pode jamais proceder de maneira minuciosa, ela tem de elevar os primeiros resultados de seus estudos a verdades indiscutíveis. Ela "chega a suas conclusões de antemão, antes mesmo de se medir com conclusões antagônicas", por isso é que "fica claro", posteriormente, "que ela nem sequer chegou ao começo quando já acredita ter alcançado o fim".

E justamente devido a isso o Proudhon crítico segue raciocinando do modo mais infundado e incoerente:

> Nosso conhecimento das leis morais não é completo de antemão; *assim*, ele pode satisfazer por algum tempo o progresso social; mas a longo prazo nos levará por um caminho falso.

O Proudhon crítico não dá os motivos pelos quais um conhecimento incompleto das leis morais pode satisfazer o progresso social, por *um* dia que seja. O Proudhon real, depois de ter se confrontado com a pergunta acerca do se e do por quê a humanidade pôde se equivocar por tanto tempo e de modo tão geral, e depois de ter encontrado a solução de que todos os equívocos são degraus da ciência, de que nossos juízos incompletos encerram uma soma de verdades suficientes para um certo número de induções e para um determinado círculo da vida prática, acima de cujo número e além de cujo círculo conduzem teoricamente ao absurdo e praticamente à decadência, já pode afirmar que até mesmo

---

[16] "Eu acredito reconhecer *desde o começo*." (N.E.A.)

[17] "Do começo" em "no final". (N.E.A.)

um conhecimento incompleto das leis morais pode satisfazer por algum tempo ao progresso social.

O Proudhon crítico:

> Todavia, caso um novo conhecimento se torne necessário, desata-se uma luta encarniçada entre os velhos preconceitos e a nova ideia.

Mas como pode desatar-se uma luta contra um oponente que *ainda não* existe? Embora o Proudhon crítico tenha dito que uma nova ideia tornou-se necessária, ele não disse que ela já se *tornou real*.

O Proudhon massivo:

> Assim que o conhecimento superior se torna indispensável, ele *não falta jamais* [de modo que está à disposição]. *Aí então* começa a luta.

O Proudhon crítico afirma que "a determinação do homem é se instruir passo a passo", como se o homem não tivesse uma determinação bem diferente, qual seja, a de ser homem, e como se a autoinstrução "passo a passo" necessariamente o conduzisse um passo adiante. Eu posso andar passo a passo e acabar chegando exatamente ao ponto do qual parti. O Proudhon acrítico[18] não fala da "determinação", mas da *condição* (condition) para o homem se instruir, não passo a passo (pas à pas), conforme estabelece a Crítica, mas sim gradualmente (par degrés). O Proudhon crítico diz a si mesmo:

> Entre os princípios sobre os quais repousa a sociedade há um que ela não compreende, que sua ignorância corrompe e que é a causa de todos os males. E mesmo assim se *honra* esse princípio e se o quer, caso contrário ele careceria de influência. Esse princípio, pois, que é verdadeiro segundo sua *essência*, mas falso em nossa maneira de concebê-lo... qual é ele?

Na primeira frase o Proudhon crítico diz que o princípio é corrompido, mal entendido pela sociedade, o que significa que é, em si mesmo, correto. De modo redundante ele confessa, na segunda frase, que ele é verdadeiro segundo sua essência, e nem por isso deixa de repreender a sociedade por querer e honrar "esse princípio". O Proudhon da massa, ao contrário, não censura o fato de esse princípio ser desejado e honrado, mas o fato de esse princípio, *assim* como a nossa ignorância o falsificou, ser desejado e honrado. ("Ce principe... tel que notre ignorance l'a fait, est honoré."[19]) O Proudhon crítico acha que a *essência* do princípio em sua feição inverdadeira é *verdadeiro*. O Proudhon da massa acha que

---

[18] O Proudhon acrítico (em oposição ao Proudhon da Crítica, ou Proudhon crítico) é o Proudhon da massa, ou massivo, ou seja, o Proudhon *real*, deturpado pela tradução "caracterizadora" de Edgar Bauer. (N.T.)

[19] "Esse princípio... assim como nossa ignorância o fez, é honrado." (N.E.A.)

a essência do princípio falsificado está em nossa concepção falsa, mas que o princípio é verdadeiro em seu *objeto* (objet), exatamente do mesmo modo que a essência da alquimia e da astrologia está em nossa fantasia, ao passo que seu objeto – os movimentos dos astros e as características químicas dos corpos – é verdadeiro.

O Proudhon crítico prossegue em seu monólogo:

> O objeto de nossa investigação é a lei, a determinação do princípio social. Agora os políticos, quer dizer, os homens da ciência social que se acham embrulhados em (...) completa ignorância: mas como há uma realidade fundamentando cada equívoco, poder-se-á achar a verdade em seus livros, que eles trouxeram ao mundo sem mesmo saber.

O Proudhon crítico raciocina do modo mais aventureiro que se possa imaginar. Do fato de os políticos serem ignorantes e pouco claros, ele prossegue aventando, de modo totalmente arbitrário, que há uma realidade fundamentando cada equívoco, coisa que não pode ser posta em dúvida, tanto mais pelo fato de que há uma realidade fundamentando o equívoco na pessoa do equivocado. Daí, do fato de uma realidade *fundamentar* cada equívoco, ele segue concluindo que *nos livros* dos políticos pode ser encontrada a verdade. E por fim ele faz com que essa verdade seja levada ao *mundo* pelos políticos. Ora, se eles a tivessem levado ao *mundo*, a gente não precisaria procurá-la em seus *livros*!

O Proudhon massivo escreveu:

> Os políticos não se entendem uns aos outros [ne s'entendent pas]; logo, seu equívoco é um equívoco subjetivo, fundamentado neles mesmos [donc c'est en eux que'est l'erreur].

Sua mútua incompreensão demonstra sua unilateralidade. Eles confundem "sua opinião privada com a razão saudável", e "uma vez que" – segundo a dedução anterior – "cada equívoco tem por *objeto* uma verdadeira realidade, tem de ser possível de se achar a verdade em seus livros, que eles puseram ali", quer dizer em seus livros, "de maneira inconsciente, mas não levaram ao mundo (Dans leurs livres doit se trouver la vérité, qu'à leur insu ils y auront mise.)"

O Proudhon crítico se pergunta: "O que é a justiça, qual é sua essência, seu caráter, seu significado?", como se ela devesse ter um significado diferenciado e à parte de sua essência e de seu caráter. O Proudhon acrítico se pergunta: Qual é seu princípio, seu caráter e sua fórmula (formule)? A fórmula é o princípio na condição de princípio do desenvolvimento científico. Na massiva língua francesa formule e signification[20] são essencial-

---

[20] Significado. (N.E.A.)

mente diferentes. Na língua francesa crítica eles acabam se encontrando, significando a mesma coisa.

Depois dessas elucidações, por certo bem pouco objetivas, o Proudhon crítico junta todas suas forças e proclama: "Procuremos aproximar-nos um pouco de nosso objeto". O Proudhon acrítico, que já alcançou seu objeto há tempo, procura, ao contrário, chegar a uma determinação mais aguda e (mais) positiva de seu objeto (d'arriver à quelque chose de plus précis et de plus positiv).

"A lei" é, para o Proudhon crítico, uma *"determinação* do justo", já para o Proudhon acrítico ela é uma *"declaração"* (déclaration) do justo. O Proudhon acrítico combate a concepção de que o direito seja obra da lei. Contudo uma "determinação da lei" pode significar tanto que a lei é determinada quanto que é ela quem determina; já vimos, inclusive, que o próprio Proudhon crítico chegou a falar, acima, da determinação do princípio social conforme o segundo sentido. Mas estabelecer distinções tão sutis por certo é apenas uma inconveniência do Proudhon massivo.

Depois de constatar essas diferenças entre o Proudhon crítico e caracterizado e o Proudhon acrítico e real, não é de admirar que o Proudhon número I procure *provar* coisas bem diferentes do Proudhon número II.

O Proudhon crítico *"procura provar* através *das experiências da história"*, que, "quando a ideia, que nós fazemos do justo e do legítimo é falsa, *claramente"* (apesar dessa clareza ele procura dar provas) "têm de ser ruins todas suas aplicações na lei e defeituosas todas as nossas instituições".

O Proudhon massivo está bem longe de querer provar o que já é claro. Ele prefere dizer, muito antes:

> Caso a ideia que nós fazemos do justo e do legítimo fosse mal determinada, caso ela fosse incompleta ou até mesmo falsa, passa a ser *evidente* que todas as nossas aplicações legislativas são ruins etc.

O que o Proudhon acrítico quer provar, pois?

> Essa hipótese [ele prossegue] da inversão da justiça em nossa concepção, e consequentemente em nossos atos, seria um fato provado se as opiniões das pessoas em relação ao conceito de justiça e em relação à sua aplicação não tivessem sido sempre constantes, se elas tivessem passado por modificações em épocas diferentes, em uma palavra, se o progresso tivesse acontecido nas ideias.

E justamente essa inconstância, essa mudança, esse progresso "é o que a *história* demonstra através dos testemunhos mais categóricos". O Proudhon acrítico cita esses testemunhos categóricos da história. Seu duplo, o Proudhon crítico, do mesmo modo que demonstra uma tese completamente distinta como se fosse provada pelas experiências da história, também apresenta de outra maneira essas mesmas experiências.

No Proudhon real foram "os sábios" (les sages) que previram a queda do Império Romano, no Proudhon crítico foram "os filósofos". O Proudhon crítico naturalmente deve achar que os únicos homens sábios do mundo são os filósofos... Segundo o Proudhon real os direitos romanos "estavam consagrados através de uma justiça – ou através de uma prática jurídica – milenar" (des droits consacrés par une justice dix fois séculaire); segundo o Proudhon crítico, em Roma houve "direitos consagrados através de uma *equidade* milenar".

Segundo o mesmo Proudhon número I, em Roma se raciocinava conforme segue:

> Roma... triunfou através de sua política e de seus deuses, qualquer reforma do culto ou do espírito público seria uma tolice, um ultraje [no Proudhon crítico sacrilège não significa, assim como acontece na massiva língua francesa, um ultraje ao sagrado ou uma profanação do sagrado, mas apenas e tão somente um ultraje]; caso quisesse libertar os povos, ela teria de renunciar a seus direitos.

"Desse modo Roma tinha a seu favor fato e direito", acrescenta o Proudhon número I.

No Proudhon acrítico raciocina-se de um modo bem mais fundado em Roma. Detalha-se o *fato*:

> Os escravos são a fonte mais profícua de sua riqueza; a libertação dos povos seria, portanto, *a ruína de suas finanças*.

E no que se refere ao *direito* o Proudhon massivo acrescenta: "As pretensões de Roma eram justificadas através do direito dos povos (droit des gens)". Esse modo de provar o direito da subjugação está de acordo absoluto com a concepção romana de direito. Veja-se o que dizem as Pandectas[21] reais: *"jure gentium servitus invasit"*[22] (Fr. 4. D. 1. 1.).

Segundo o Proudhon crítico "o culto aos ídolos, a escravidão, a moleza" geraram "os fundamentos das instituições romanas", das instituições em geral. O Proudhon real diz:

> "Na religião, o fundamento das instituições foi o culto aos ídolos, no Estado foi a escravidão, na vida privada foi o epicurismo" (épicurisme não tem, na profana língua francesa, o mesmo significado de mollesse: moleza).

Em meio a essa situação romana "apareceu", segundo o Proudhon místico[23], "a palavra de Deus"; no Proudhon real e racional apareceu um "homem

---

[21] Conjunto das decisões dos jurisconsultos romanos mais célebres, transformadas em lei por Justiniano (c. 483-565), imperador romano do Oriente. As Pandectas constituem uma das quatro partes do Corpus Juris Civilis. (N.T.)

[22] *"Através do direito dos povos* disseminou-se *a escravidão."* (N.E.A.)

[23] A ironia é aniquiladora. Aqui, o Proudhon crítico, o Proudhon número I – o Proudhon falso da Crítica crítica – vira "Proudhon místico", coisa que ele de fato é, conforme é provado a seguir. (N.T.)

que se *dizia* a palavra de Deus". No Proudhon real esse homem chama os padres de víboras (vipères), no Proudhon crítico ele fala de um modo bem mais galante e os chama de "cobras". Lá ele fala, segundo o modo romano, de "advogados", aqui, de um modo bem alemão, em "jurisconsultos".

O Proudhon crítico, depois de ter caracterizado o espírito da Revolução Francesa como um espírito da contradição, complementa dizendo:

> Isso basta para dar-se conta de que o novo, que veio a ocupar o lugar do velho, não tinha nada de metódico e reflexivo em si mesmo.

Ora, ele tinha de invocar as categorias preferidas da Crítica crítica, o "velho" e o "novo". Ele não podia deixar de postular o absurdo de que o "novo" tinha de ter algo metódico e reflexivo *em si*, assim como alguém carrega, por exemplo, uma impureza consigo. O Proudhon real diz:

> Isso basta para provar que a ordem das coisas, que veio a ocupar o lugar das velhas, foi totalmente desprovida de método e reflexão.

O Proudhon crítico, arrebatado pela lembrança da Revolução Fancesa, *revoluciona* a língua francesa de modo tão escabroso que traduz un fait physique[24] por "um fato da física" e un fait intellectuel[25] por "um fato do bom-senso". Através dessa revolução da língua francesa, o Proudhon crítico alcança assentar a física na condição de dona de todos os fatos que sucedem na natureza. E se por um lado ele inflaciona a ciência natural, elevando-a tanto, por outro lado ele a rebaixa na mesma proporção, ao negar-lhe o bom-senso, diferenciando um fato do bom-senso de um fato da física. Do mesmo modo, ele torna dispensáveis todos os estudos psicológicos e lógicos que vêm em seguida, ao elevar o fato intelectual imediatamente à categoria de fato do bom-senso.

Uma vez que o Proudhon crítico, o Proudhon número I, nem sequer tem ideia do que o Proudhon real, o Proudhon número II, quer provar com sua dedução histórica, naturalmente também deixa de existir para ele o verdadeiro conteúdo dessa dedução, ou seja, a prova das mudanças operadas nas concepções de direito e a prova da contínua *realização* da justiça através da *negação* do direito histórico e positivo.

> La société fut sauvée par la *négation* de ses principes... et la *violation des droits* les plus sacrés.[26]

Desse modo o Proudhon real prova como, através da negação do direito romano, foi levada a cabo a ampliação do direito na *ideia cristã*, como, atra-

---

[24] "Um fato físico." (N.E.A.)

[25] "Um fato intelectual." (N.E.A.)

[26] "A sociedade foi salva pela *negação* de seus princípios... e pela *violação dos direitos* mais sagrados." (N.E.A.)

vés da negação do direito da conquista, foi aberto o caminho ao direito das comunidades, como a negação geral do direito feudalista, encaminhada pela Revolução Francesa, levou ao Estado de direito mais amplo de nossos dias.

A Crítica crítica não haveria de conceder a Proudhon, de nenhuma maneira, a fama de ter descoberto a lei da realização de um princípio através de sua negação. Sob essa formulação consciente, esse pensamento foi uma verdadeira revelação para os franceses.

Glosa marginal crítica número I

Assim como a primeira crítica de toda ciência está necessariamente implícita nas premissas da ciência por ela combatida, assim também a obra de Proudhon "Qu'est-ce que la propriété?" é a crítica da *economia política* a partir do ponto de vista da economia política. – Não necessitamos abordar de maneira mais precisa a parte jurídica do livro, que critica o direito a partir da concepção de direito, uma vez que a crítica da economia política é o que fundamentalmente interessa. – A obra proudhoniana é, portanto, cientificamente superada pela crítica da *economia política*, inclusive pela economia política conforme aparece na versão proudhoniana. Esse trabalho só passou a ser possível graças ao próprio Proudhon, do mesmo modo que a crítica de Proudhon tem como premissas a crítica do sistema mercantil[27] através dos fisiocratas[28], a dos fisiocratas através de Adam Smith, a de Adam Smith através de Ricardo e dos trabalhos de Fourier e Saint-Simon.

Todos os desenvolvimentos da economia política têm a *propriedade privada* como premissa. Essa premissa fundamental constitui para ela um fato irrefutável, que ela não submete a nenhuma análise posterior e que, ademais, conforme *Say* confessa de modo ingênuo, apenas se põe a falar "accidentellement"[29]. Proudhon, de sua parte, submete a base da economia política, a *propriedade privada*, a uma análise crítica e, seja dito, à primeira análise decisiva de verdade, implacável e ao mesmo tempo científica. Esse é, aliás, o grande progresso científico feito por Proudhon, um progresso que revolucionou a economia política e tornou possível uma verdadeira ciência

---

[27] O "sistema mercantilista" e suas implicações econômicas passaram a ser estudados a partir do século XVII, sobretudo na França e na Inglaterra. Os mercantilistas ensinavam que a mais-valia surge da troca e que a riqueza de uma nação só poderia ser alcançada com uma balança positiva no mercado de exportação e importação. A visão de Marx acerca da mais-valia e da mercadoria não era, nem de longe, tão simplista. (N.T.)

[28] Os "fisiocratas" (Quesnay, Mercier de la Rivière, Le Trosne e Turgot, entre outros) eram teóricos franceses do século XVIII. Eles consideravam a renda básica a única forma possível de mais-valia e, por isso, o trabalho rural o único trabalho realmente produtivo, o que também é profundamente ingênuo e bem distante da teoria de Marx. (N.T.)

[29] Acidentalmente. (N.E.A.)

da economia política. O escrito de Proudhon "Qu'est-ce que la proprieté?" tem o mesmo significado para a economia política moderna que o escrito de Sieyès "Qu'est-ce que le tiers État?"[30] tem para a política moderna.

Se Proudhon não concebe as outras modalidades da propriedade privada, por exemplo o salário, o comércio, o valor, o preço, o dinheiro etc. conforme aconteceu, por exemplo, nos "Anais franco-alemães" (vide o estudo de F. Engels intitulado "Esboços para uma crítica da economia política"[31]), vendo-as como modalidades da mesma propriedade privada, mas sim combate os economistas partindo dessas premissas político-econômicas, isso apenas corresponde por inteiro ao seu ponto de vista assinalado acima e justificado historicamente.

A economia política que aceita as relações da propriedade privada como se fossem relações humanas e racionais move-se em uma constante contradição contra sua premissa fundamental, a propriedade privada, numa contradição análoga à do teólogo que interpreta constantemente as noções religiosas a partir de um ponto de vista humano e justamente através disso atenta sem cessar contra sua premissa fundamental, o caráter sobre-humano da religião. Assim, na economia política o salário se apresenta no princípio como a parte proporcional que corresponde ao trabalho gasto no produto. O salário e o lucro do capital mantêm relações mútuas de amizade, aparentemente humanas, condicionado-se mutuamente. Mais tarde, porém, fica claro que a relação entre ambos é a mais hostil que possa existir, que se acham em relação *inversa* um com o outro. O valor parece ser determinado racionalmente no princípio, através dos custos de produção de uma coisa e através de sua utilidade social. Mais tarde, todavia, fica claro que o valor é uma determinação puramente casual, que não precisa guardar a menor relação nem com os custos da produção nem com a utilidade social da coisa produzida. O tamanho do salário é determinado no início através do acordo *livre* entre o trabalhador livre e o capitalista livre. Mais tarde fica claro que o trabalhador é obrigado a deixar que determinem o salário como quiserem, assim como o capitalista é obrigado a estipulá-lo em um patamar tão baixo quanto possível. O lugar da *liberdade* das partes contratantes é ocupado pela *coação*. E o mesmo ocorre com o comércio e com todas as outras relações da economia política. Os economistas políticos por vezes se dão conta, eles mesmos, dessas contradições, e o desenvolvimento delas constitui o conteúdo fundamental de suas lutas recíprocas. Mas, quando tomam consciência dessas contradições, *eles próprios* atacam a *propriedade privada* sob uma forma *parcial* qualquer, declarando-a

---

[30] "O que é o terceiro Estado?" (N.E.A.)

[31] Os *Anais franco-alemães* (*Deutsch-Französische Jahrbücher*) eram publicados em alemão na cidade de Paris, sob a redação de Marx e Arnold Ruge. Alguns dos trabalhos iniciais de Marx foram publicados nesses anais. (N.T.)

falseadora do salário racional em si – ou seja, conforme a sua noção de salário racional em si, de valor racional em si e de comércio racional em si. Dessa maneira, Adam Smith polemiza com os capitalistas de quando em vez, Destutt de Tracy com os banqueiros, Simonde Sismondi contra o sistema fabril, Ricardo contra a propriedade do solo e quase todos os economistas políticos modernos contra os capitalistas *não industriais*, para os quais a propriedade se manifesta como simples *consumidora*.

Os economistas fazem valer, portanto, ora – ainda que em momentos de exceção, nomeadamente quando atacam um abuso específico qualquer – a aparência do humano nas relações econômicas, ora – e essa é a regra geral – concebem essas relações justamente no aspecto em que se *diferenciam* aberta e declaradamente do humano, ou seja, em seu sentido estritamente econômico. Nessa contradição eles cambaleiam por aí, inconscientes.

Proudhon pôs, de uma vez por todas, um fim a essa inconsciência. Ele levou a sério a *aparência humana* das relações econômico-políticas e confrontou-as abruptamente com sua *realidade desumana*. Obrigou-as a ser na realidade o que eram nas concepções que tinham a respeito de si mesmas ou, muito antes, obrigou-as a deixar de lado as concepções que tinham a respeito de si e a confessarem sua desumanidade real[32]. Consequentemente, ele não atacou este ou aquele modo da propriedade privada, conforme o fizeram os outros economistas políticos – de modo parcial –, mas simplesmente tomou a propriedade privada em seu modo universal, apresentando-a na condição de falsificadora das relações econômicas. Proudhon desempenhou tudo aquilo que a crítica da economia política podia desempenhar do ponto de vista econômico-político.

O senhor Edgar, que quer *caracterizar* o *ponto de vista* do escrito "Qu'est-ce que la propriété?", naturalmente não diz uma palavra sequer nem a respeito da economia política nem mesmo a respeito do caráter diferenciado daquele escrito, que reside justamente no fato de ter transformado a pergunta sobre a *essência da propriedade privada* na pergunta capital da economia política e da jurisprudência. Para a Crítica crítica isso tudo é natural e inclusive compreensível em si mesmo. Proudhon não fez nada de novo com sua negação da propriedade privada. Apenas divulgou um segredo silenciado pela Crítica crítica.

---

[32] Para Marx, o escrito de Proudhon é a prova definitiva da inconciliabilidade entre humanidade e economia política. A maneira como Marx pretende superar – e supera – Proudhon é absolutamente diferente da de Bauer, aliás. Enquanto Bauer ideologiza até mesmo as questões econômicas de Proudhon, Marx transforma até mesmo as questões ideológicas do pensador francês em problemas socioeconômicos. Se Bauer é incapaz de ver o mérito de Proudhon por ter criticado a economia política do ponto de vista da economia política, Marx supera inclusive o ponto de vista limitado da economia política. (N.T.)

> Proudhon [prossegue o senhor Edgar, imediatamente após sua tradução caracterizadora] encontra, portanto, algo absoluto, um fundamento eterno na história, um Deus que guia a humanidade, a justiça.

O texto francês de Proudhon, publicado em 1840, não alcança o ponto de vista do desenvolvimento alemão do ano de 1844. O ponto de vista de Proudhon é compartilhado por um sem-número de escritores franceses diametralmente opostos a ele e, portanto, confere à Crítica crítica a vantagem de haver caracterizado os pontos de vista mais contrários com o mesmo e único rasgo da pena. Basta, ademais, implementar de modo consequente a lei estabelecida pelo próprio Proudhon, qual seja, a da realização da justiça através de sua negação, para suplantar também esse ente absoluto da história. Se Proudhon não prossegue até alcançar essa consequência é apenas porque foi contemplado com o azar de ter nascido francês e não alemão[33].

Para o senhor Edgar, Proudhon tornou-se um objeto *teológico* através do absoluto na história, a crença na justiça; e a Crítica crítica, que é ex professo[34] a crítica da teologia, agora pode apoderar-se dele para descarregar suas considerações acerca das "noções religiosas".

> A característica de qualquer noção religiosa é que estabelece o dogma de um estado de coisas no qual, ao fim, uma antítese resta na condição de vitoriosa e única verdadeira.

Haveremos de ver como a religiosa Crítica crítica formula o dogma de um estado de coisas no qual, ao fim, uma antítese, *"a crítica"*, triunfa sobre a outra, sobre "a massa", na condição de verdade única. Mas Proudhon cometeu uma injustiça tanto maior ao vislumbrar na justiça da massa um ente absoluto, um Deus da história, uma vez que a Crítica justa reservara *expressamente* para si mesma o papel desse absoluto, desse Deus da história.

Glosa marginal crítica número II

> Proudhon chega unilateralmente a suas considerações através do fato da miséria, da pobreza, na qual vê uma *contradição* à igualdade e à justiça; ela lhe empresta suas armas. E assim ele considera esse fato como absoluto e legítimo, e o fato da propriedade como ilegítimo.

A quietude do conhecer nos diz que Proudhon vê no fato da miséria uma contradição à justiça, e garante no mesmo instante que esse fato se torna, para o autor francês, um fato absoluto e legítimo.

---

[33] A ironia de Marx! Não se deve jamais esquecer a profunda ironia de Marx. (N.T.)

[34] Devido ao cargo. (N.E.A.). A expressão latina *ex professo* indica, *grosso modo*, conhecimento de uma matéria a fundo; magistralmente, por extensão. (N.T.)

A sagrada família

A economia política anterior partia da *riqueza* supostamente engendrada para as *nações* pelo movimento da propriedade privada, para chegar a suas considerações apologéticas sobre o mesmo regime da propriedade privada. Proudhon parte do lado inverso, encoberto sofisticamente pela economia política, ou seja, da pobreza gerada através do movimento da propriedade privada, para chegar a suas considerações que negam a referida propriedade. A primeira crítica verdadeira da propriedade privada naturalmente parte do fato de que sua essência contraditória se manifesta sob a forma mais tangível, mais clamorosa, que mais, e de modo mais imediato, revolta os sentimentos humanos – do fato da pobreza, da miséria.

> A crítica, ao contrário, compreende os dois fatos, o da pobreza e o da propriedade, em um só, reconhece a ligação interna dos dois, transforma-os num todo, a ponto de assim fazer perguntas a respeito das premissas de sua existência.

A Crítica, que até agora não captou nada a respeito dos fatos da propriedade e da pobreza, faz valer, "ao contrário", o ato levado a cabo por ela em sua imaginação, em detrimento do ato real e verdadeiro de Proudhon. Ela compreende *os dois* fatos em *um único* e, depois de fazer *dos dois* um *único*, passa a reconhecer a ligação interna *dos dois*. A Crítica não pode negar que também Proudhon reconheceu uma ligação interna entre os fatos da pobreza e da propriedade, uma vez que ele, justamente em virtude dessa ligação, suprime a propriedade para acabar com a miséria. Proudhon chegou a fazer mais, até. Ele provou, e no detalhe, *como* o movimento do capital gera a miséria. A Crítica crítica, ao contrário, não se deixa levar por pequenezas desse tipo. Ela reconhece que pobreza e propriedade privada são *antagonismos*: uma noção bastante divulgada, aliás. Ela *faz* da pobreza e da riqueza um *todo único*, ao qual "ela interroga *enquanto* tal sobre as premissas de sua existência"; uma pergunta tanto mais supérflua pelo fato de ela ter acabado de *fazer* "o todo enquanto tal", ou seja, transformou o ato de *fazê-lo* na premissa de sua própria existência.

Ao interrogar "ao todo enquanto tal" pelas premissas de sua existência, a Crítica crítica procura, portanto, de um modo autenticamente teológico, as premissas de sua existência *fora* do todo. A especulação crítica movimenta-se fora do objeto do qual diz estar tratando. E como *toda a antítese* não é mais do que o *movimento de seus dois extremos*, e como é precisamente na natureza desses dois extremos que reside a premissa da existência do todo, ela se escusa do estudo desse movimento real que forma o todo para poder declarar que a Crítica crítica, enquanto Quietude do conhecer, encontra-se solenemente elevada acima dos dois extremos da antítese e que sua atividade, que fez "o todo enquanto tal", passa a ser também a única capaz de suprassumir o abstrato por ela concebido.

Proletariado e riqueza são antíteses. E nessa condição formam um todo. Ambos são formas do mundo da propriedade privada. Do que aqui se trata é da posição determinada que um e outra ocupam na antítese. Não basta esclarecê-los como os dois lados – ou extremos – de um todo.

A propriedade privada na condição de propriedade privada, enquanto riqueza, é obrigada a manter *sua própria existência* e com ela a existência de sua antítese, o proletariado. Esse é o lado *positivo* da antítese, a propriedade privada que se satisfaz a si mesma.

O proletariado na condição de proletariado, de outra parte, é obrigado a suprassumir a si mesmo e com isso à sua antítese condicionante, aquela que o transforma em proletariado: a propriedade privada. Esse é o lado *negativo* da antítese, sua inquietude em si, a propriedade privada que dissolve e se dissolve.

A classe possuinte e a classe do proletariado representam a mesma autoalienação humana. Mas a primeira das classes se sente bem e aprovada nessa autoalienação, sabe que a alienação é *seu próprio poder* e nela possui a *aparência* de uma existência humana; a segunda, por sua vez, sente-se aniquilada nessa alienação, vislumbra nela sua impotência e a realidade de uma existência desumana. Ela é, para fazer uso de uma expressão de Hegel, no interior da abjeção, a *revolta* contra essa abjeção, uma revolta que se vê impulsionada necessariamente pela contradição entre sua *natureza* humana e sua situação de vida, que é a negação franca e aberta, resoluta e ampla dessa mesma natureza.

Dentro dessa antítese o proprietário privado é, portanto, o partido *conservador*, e o proletário o partido *destruidor*. Daquele parte a ação que visa a manter a antítese, desse a ação de seu aniquilamento.

Em seu movimento econômico-político, a propriedade privada se impulsiona a si mesma, em todo caso, à sua própria dissolução; contudo, apenas através de um desenvolvimento independente dela, inconsciente, contrário a sua vontade, condicionado pela própria natureza da coisa: apenas enquanto engendra o proletariado *enquanto* proletariado, enquanto engendra a miséria consciente de sua miséria espiritual e física, enquanto engendra a desumanização consciente – e portanto suprassunsora – de sua própria desumanização[35]. O proletariado executa a sentença que a propriedade privada pronuncia sobre si mesma ao engendrar o proletariado, do mesmo modo que executa a sentença que o trabalho assalariado pronuncia sobre si mesmo ao engendrar a riqueza alheia e a miséria própria. Se o proletariado vence, nem por isso se converte, de modo nenhum, no lado absoluto da sociedade, pois ele vence

---

[35] A consciência – longe da "autoconsciência infinita" e balelas do tipo, reivindicadas por Bruno Bauer – da própria miséria, da própria alienação, da própria desumanização era, para Marx, um dos pressupostos indispensáveis à suprassunção revolucionária (*revolutionäre Aufhebung*) das relações produtoras da miséria, da alienação e da desumanização. (N.T.)

de fato apenas quando suprassume a si mesmo e à sua antítese. Aí sim tanto o proletariado quanto sua antítese condicionante, a propriedade privada, terão desaparecido.

Se os escritores socialistas atribuem ao proletariado esse papel histórico-mundial, isso não acontece, de nenhuma maneira, conforme a Crítica crítica pretexta dizer que acontece, ou seja, pelo fato de eles terem os proletários na condição de *deuses*. Muito pelo contrário. Porque a abstração de toda humanidade, até mesmo da *aparência* de humanidade, praticamente já é completa entre o proletariado instruído; porque nas condições de vida do proletariado estão resumidas as condições de vida da sociedade de hoje, agudizadas do modo mais desumano; porque o homem se perdeu a si mesmo no proletariado, mas ao mesmo tempo ganhou com isso não apenas a consciência teórica dessa perda, como também, sob a ação de uma *penúria* absolutamente imperiosa – a expressão prática da *necessidade* –, que já não pode mais ser evitada nem embelezada, foi obrigado à revolta contra essas desumanidades; por causa disso o proletariado pode e deve libertar-se a si mesmo. Mas ele não pode libertar-se a si mesmo sem suprassumir suas próprias condições de vida. Ele não pode suprassumir suas próprias condições de vida sem suprassumir *todas* as condições de vida desumana da sociedade atual, que se resumem em sua própria situação. Não é por acaso que ele passa pela escola *do trabalho*, que é dura mas forja resistência. Não se trata do que este ou aquele proletário, ou até mesmo do que o proletariado inteiro pode *imaginar* de quando em vez como sua meta. Trata-se *do que* o proletariado *é* e do que ele será obrigado a fazer historicamente de acordo com o seu *ser*. Sua meta e sua ação histórica se acham clara e irrevogavelmente predeterminadas por sua própria situação de vida e por toda a organização da sociedade burguesa atual. E nem sequer é necessário deter-se aqui a expor como grande parte do proletariado inglês e francês já está *consciente* de sua missão histórica e trabalha com constância no sentido de elevar essa consciência à clareza completa.

"A Crítica crítica" não pode reconhecer esses fatos de modo algum, e tanto mais pelo fato de ter se proclamado a si mesma como o elemento criador exclusivo da história. É a ela que pertencem as antíteses históricas, a ela que pertencem as atividades de superá-las. E por isso ela emite, através de Edgar, a sua encarnação, o seguinte *anúncio*:

> Cultura e incultura, posses e carência de posses, essas *antíteses* têm de, a menos que sejam *profanadas, ficar sob os critérios e cuidados* da crítica, *total e completamente*.

A posse e a carência dela alcançaram a bênção metafísica de se tornarem antíteses criticamente especulativas. E por isso apenas a mão da Crítica crítica pode tocá-las sem cometer um sacrilégio. Capitalistas e trabalhadores não perderam nada no debate, nem devem se imiscuir em suas mútuas relações.

O senhor Edgar, bem longe de sequer imaginar que alguém possa tocar sua concepção crítica da antítese, de que esse santuário possa ser profanado, permite que seu adversário oponha uma objeção, que a rigor apenas ele poderia fazer a si mesmo.

> Será então possível [pergunta o adversário imaginário da Crítica crítica] servir-se de outros conceitos além dos já existentes da liberdade, da igualdade e assim por diante? Eu respondo [e é importante que se preste atenção no que o senhor Edgar responde] que as línguas grega e romana desapareceram quando se esgotou o círculo de pensamentos ao qual elas serviam de veículos de expressão.

Agora está claro, pois, por que a Crítica crítica é incapaz de expressar um só pensamento em língua *alemã*. A língua própria de seus pensamentos ainda não surgiu, por mais que o senhor Reichardt, através do manuseio crítico das palavras estrangeiras, o senhor Faucher através do manuseio da língua inglesa e o senhor Edgar através do manuseio da língua francesa tenham tentado preparar o advento da *nova* língua *crítica*.

Tradução caracterizadora número 2
O Proudhon crítico:

> Os agricultores partilharam a terra entre si; a igualdade apenas santificou a posse; e, nessa oportunidade, santificou a propriedade.

O Proudhon crítico faz com que a divisão da terra origine, de imediato, a propriedade do solo. Ele realiza o trânsito da posse à propriedade com a expressão "e, nessa oportunidade".

O Proudhon real:

> A agricultura serviu de base à *posse do solo*... não foi suficiente garantir o fruto de seu trabalho ao trabalhador, se não se assegurava a ele, ao mesmo tempo, o instrumento da produção. A fim de proteger o mais fraco do abuso do mais forte... sentiu-se a necessidade de traçar linhas divisórias constantes entre os possuidores de terra.
>
> Portanto, nessa oportunidade a igualdade santificou primeiramente a *posse*.
>
> Ano a ano, e com o aumento da população, viu-se que a ganância e a cobiça dos colonos cresciam; acreditou-se que era necessário pôr fim à ambição mediante barreiras novas e intransponíveis. Assim o chão transformou-se em propriedade pela demanda da igualdade... a divisão jamais foi, sem dúvida, geograficamente igualitária... mas o princípio nem por isso deixou de ser o mesmo; a igualdade havia santificado a posse, a igualdade santificou a propriedade.

No Proudhon crítico,

> Os velhos fundadores da propriedade, levados pela preocupação de sua necessidade, perderam de vista que o direito da propriedade correspondia também ao

direito de alienar a terra, de vendê-la, de dá-la de presente, comprá-la e perdê-la, o que destruía a igualdade do princípio.

No Proudhon real os fundadores da propriedade não perderam de vista o caminho evolutivo da propriedade por estarem preocupados com a necessidade da propriedade. Na verdade eles não foram capazes de prevê-lo, mas, mesmo que tivessem sido capazes de prevê-lo, mesmo assim a necessidade presente acabaria triunfante ao final. O Proudhon real é, além disso, massivo por demais e pouco crítico para contrapor ao *"direito de propriedade"* o direito de alienar, vender etc., quer dizer, para contrapor ao gênero suas próprias espécies. Ele contrapõe o "direito de *conservar* sua parte hereditária" ao "direito de *aliená-la* etc.", o que representa, sim, uma contraposição e um progresso reais.

Glosa marginal crítica número III

Pois bem, em que Proudhon baseia sua prova da impossibilidade da propriedade? Isso supera qualquer possibilidade de crença: no mesmo princípio da igualdade!

Para despertar o crença do senhor Edgar bastaria uma reflexão bem curta. Por certo o senhor Edgar não desconhece que o senhor Bruno Bauer fez da "autoconsciência *infinita*" a base de todos os seus argumentos e concebe este princípio como o princípio criador de tudo, inclusive dos evangelhos, que com sua infinita inconsciência parecem achar-se em flagrante contradição com a autoconsciência infinita. Da mesma forma, Proudhon concebe a igualdade como o princípio criador da propriedade privada, que contradiz flagrantemente a mesma liberdade. Se o senhor Edgar se detivesse um momento que fosse em comparar a *igualdade* francesa com a autoconsciência alemã, haveria de se dar conta de que o segundo princípio expressa em *alemão*, quer dizer, no plano do pensamento abstrato, aquilo que o primeiro expressa em *francês*, quer dizer, na língua da política e da visão pensante. A autoconsciência é a igualdade do homem consigo mesmo no pensamento puro. A igualdade é a consciência do homem a respeito de si mesmo no elemento da práxis, quer dizer, portanto, a consciência do homem a respeito do outro homem como seu igual e o comportamento do homem em relação ao outro homem como seu igual. A igualdade é a expressão francesa para a unidade essencial humana, para a consciência de espécie e para o comportamento de espécie próprio do homem, para a identidade prática do homem com o homem, quer dizer, para a relação social ou humana do homem com o homem. Portanto, assim como a crítica destrutiva na Alemanha, antes de avançar, com *Feuerbach*, até a visão do *homem real*, tratava de dissolver tudo o que era determinado e existente através do princípio da *autoconsciência*, assim também a crítica destrutiva, na França, tratava de dissolvê-lo através do princípio da *igualdade*.

Proudhon brada contra a filosofia, coisa que, em e para si, não podemos levar a mal. Mas por que ele brada contra ela? A filosofia, conforme ele pensa, não teria sido prática o suficiente até os dias de hoje; ela teria se assentado sob o pedestal inalcançável da *especulação* e dali os *homens* teriam lhe parecido demasiado pequenos. Eu penso que a filosofia é excessivamente prática, quer dizer, até hoje ela não foi mais do que a expressão abstrata da situação existente, e sempre se viu aprisionada em suas premissas, concebidas por ela como absolutas.

A opinião de que a filosofia é a expressão abstrata da situação existente não pertence, originalmente, ao senhor Edgar, mas a *Feuerbach*, o primeiro a caracterizar a filosofia como um empirismo especulativo e místico, provando-o inclusive. Enquanto isso o senhor Edgar aprendeu a dar a essa opinião um revestimento original e crítico. Ou seja, se Feuerbach conclui que a filosofia tem de descer do céu da especulação para as profundezas da miséria humana, o senhor Edgar nos ensina, ao contrário, que a filosofia é excessivamente prática. Na verdade, no entanto, mais parece que a filosofia, justamente porque é apenas a expressão transcendente e abstrata da situação existente, e devido a sua transcendência e abstração, devido a sua *diferença imaginária* em relação ao mundo, tinha de, por força, considerar aos homens reais como algo que se achava demasiado abaixo dela; que, por outro lado, ao não distinguir-se *realmente* do mundo, não pôde emitir nenhum *juízo real* a respeito dele, não pôde fazer valer nenhuma força diferenciativa real contra ele, razão pela qual não pôde tampouco intervir *praticamente*, tendo que se satisfazer, no máximo, com uma práxis in abstracto. A filosofia era excessivamente prática apenas no sentido de que pairava excessivamente acima da prática. Ao reduzir a humanidade a uma massa carente de espírito, a Crítica crítica nos oferece o testemunho mais categórico da infinita pequenez em que os homens reais apareciam aos olhos da especulação. E a velha especulação coincide com ela nesse ponto de vista. Leia-se, por exemplo, o seguinte trecho da "Filosofia do direito" de Hegel:

> Do ponto de vista das necessidades, o que se chama *homem* é o concreto da representação; é, pois, aqui e *somente aqui* que se fala do homem nesse sentido.

Quando a especulação fala do homem em outro sentido, não se refere ao *concreto*, mas ao *abstrato*, à *ideia*, ao *espírito* etc. Da maneira como a filosofia expressa a situação presente, nos oferecem exemplos impressionantes tanto o senhor Faucher, no que diz respeito à situação presente da Inglaterra, quanto o senhor Edgar, no que diz respeito à situação presente da língua francesa.

> De modo que também Proudhon é prático ao encontrar o conceito de igualdade na base das provas em favor da propriedade para em seguida partir do mesmo conceito e se manifestar contra a propriedade.

Proudhon faz, aqui, o mesmo que fazem os críticos alemães ao partir da representação do homem, que eles transformam em base para a existência de Deus, para em seguida se manifestar justamente contra a existência de Deus.

> Se as consequências do princípio da igualdade são mais fortes do que a igualdade mesma, como Proudhon quer elevar o princípio à força que ele repentinamente adquire?

Todas as representações religiosas se baseiam, segundo o senhor Bruno Bauer, na autoconsciência. Ela é, na opinião dele, o princípio criador dos evangelhos. Por que, então, as consequências do princípio da autoconsciência foram mais fortes do que ele mesmo? Porque, responde-se em alemão, se bem que a autoconsciência seja o princípio criador das representações religiosas, ela o é, no entanto, como uma autoconsciência fora de si, que se contradiz a si mesma, se aliena e se estranha a si mesma. A autoconsciência voltada para si própria, que se compreende a si mesma e que capta sua própria essência, é, portanto, o poder sobre as criaturas de sua autoalienação. Exatamente o mesmo é o caso de Proudhon; é natural que com a diferença de que ele fala francês e nós falamos alemão, que ele, por isso, expressa de um modo francês o que nós expressamos de um modo alemão.

O próprio Proudhon se pergunta por que a igualdade, ainda que sirva de base, como princípio racional criador que é, à fundação da propriedade, e ainda que seja o fundamento racional último para a propriedade, mesmo assim não existe, e o que existe é, muito antes, a sua negação, a propriedade privada? Devido a isso ele contempla o fato da propriedade em si mesmo. Ele prova "que na verdade a propriedade é *impossível* como instituição e princípio" (p. 34), quer dizer, que *ela se contradiz a si mesma* e suspende a si mesma em todos os pontos, que ela, para expressá-lo em alemão, é a existência da igualdade alienada, que se contradiz e se estranha a si mesma. A situação francesa real, como o ato de reconhecer esse estranhamento, indica a Proudhon, aliás com razão, a superação real dela.

Em sua negação da propriedade privada, Proudhon sente a necessidade de justificar *historicamente*, ao mesmo tempo, a existência da propriedade privada. Assim como todos os primeiros desenvolvimentos desse tipo, também o seu argumento é pragmático, quer dizer, ele parte da suposição de que as gerações passadas quiseram realizar em suas instituições, consciente e reflexivamente, a igualdade, que representa para ele a essência humana.

> Nós sempre voltamos ao mesmo ponto... Proudhon escreve no interesse dos proletários.

Ele não escreve no interesse da Crítica que se basta a si mesma, partindo de um interesse abstrato e forjado por si mesmo, mas de um interesse massivo, real e histórico, de um interesse que ele quer levar muito além da *crítica*, que ele quer levar à *crise*. Proudhon não escreve apenas no interesse dos proletários; ele mesmo é proletário, ouvrier[36]. Sua obra é um manifesto científico do proletariado francês e por isso tem um significado histórico bem diferente da obra artificial de um Crítico crítico qualquer.

> Proudhon escreve no interesse daqueles que não têm nada; ter e não ter são, para ele, categorias absolutas. O ter é, para ele, o ponto máximo, uma vez que não ter aparece, ao mesmo tempo, como o objeto máximo da meditação. Todo homem deve ter, mas tanto quanto o outro, segundo Proudhon. Pense-se, no entanto, que a única coisa que a mim interessa dentre aquilo que tenho é aquilo que eu tenho exclusivamente, aquilo que eu tenho a mais do que o outro. Na igualdade, o ter e até mesmo a igualdade serão para mim algo indiferente.

Na opinião do senhor Edgar, *ter* e *não ter* são, para Proudhon, *categorias* absolutas. A Crítica crítica vislumbra por tudo apenas categorias. Desse modo, o ter e o não ter, o salário e o soldo, a penúria e a necessidade, o trabalho por necessidade são, segundo o senhor Edgar, nada mais do que categorias.

Se a sociedade tivesse que se livrar apenas das *categorias* do ter e do não ter, quão fácil não seria a qualquer dialético, mesmo que fosse ainda mais fraco do que o senhor Edgar, alcançar a "superação" e a "suprassunção" dessas categorias! O senhor Edgar considera isso de uma pequenez tamanha que julga abaixo de sua dignidade dedicar esforço para dar a Proudhon um *esclarecimento* que fosse a respeito das categorias do ter e do não ter. Mas como o não ter não é apenas uma categoria, mas também uma realidade totalmente desconsoladora – uma vez que o homem que não tem nada não *é* nada hoje em dia, já que se acha à margem da existência de um modo geral e, mais ainda, à margem de uma existência humana, pois o estado de não ter é o estado de completo divórcio entre o homem e sua objetividade –, está perfeitamente justificado que o não ter constitua, para Proudhon, o mais alto tema de meditação, tanto mais pelo fato de ter sido meditado tão pouco acerca desse tema antes dele e dos escritores socialistas em geral. O não ter é o *espiritualismo* mais desesperado, uma irrealidade total do humano, uma realidade total do desumano, um ter assaz positivo, um ter fome, ter frio, ter doenças, crimes, humilhações, hebetismo, um ter todas as coisas desumanas e antinaturais. Mas todo o objeto que pela primeira vez é transformado em objeto de reflexão, com toda a consciência de sua importância, constitui um *objeto máximo de reflexão*.

O fato de Proudhon querer superar o não ter e a velha forma do ter é algo totalmente idêntico à pretensão de superar a atitude praticamente alienada do homem ante sua *essência objetiva*, à pretensão de superar a ex-

---

[36] Trabalhador. (N.E.A.)

pressão *econômico-política* da autoalienação humana. Mas, como sua crítica da economia política ainda está presa às premissas da economia política, vemos que a reapropriação do mundo objetivo em si é concebida ainda sob a forma da *posse*.

Com efeito, Proudhon não opõe, conforme a Crítica crítica o apresenta, o ter ao não ter, mas contrapõe a *posse* à velha forma de ter, a *propriedade privada*. Ele esclarece a posse como uma *"função social"*. Mas o "interessante" em uma função não é a exclusão do outro, mas sim realizar e exercer nossas próprias forças essenciais.

Proudhon não alcançou dar a esse pensamento a elaboração que lhe seria adequada. A ideia da "posse *igual*" é a expressão econômico-política, e portanto ainda alienada, do fato de o *objeto*, na condição de ser *para o homem*, na condição de *ser objetivo do homem* ser, ao mesmo tempo, a *existência do homem para o outro homem*, sua *atitude humana ante o outro homem*, a *atitude social do homem ante o homem*. Proudhon supera a alienação econômico-política *no interior* da alienação econômico-política.

Tradução caracterizadora número 3

O Proudhon crítico também possui um *proprietário crítico*, segundo cuja *"própria* confissão aqueles que deviam trabalhar para ele perdiam aquilo do que ele tomava posse". O Proudhon massivo fala ao proprietário massivo:

> Tu trabalhaste! Não deverás fazer jamais com que outros trabalhem para ti? Como eles haverão de ter perdido, pois, ao trabalhar para ti, o que tu soubeste adquirir quando não trabalhavas para eles?

O Proudhon crítico faz com que Say entenda "richesse naturelle"[37] como sendo "possuintes naturais", ainda que Say, a fim de evitar qualquer possibilidade de erro, declare expressamente na Epítome a seu "Traité d'économie politique"[38] que por richesse não entende nem a propriedade nem a posse, mas uma "soma de valores". Naturalmente, do mesmo modo que o Proudhon crítico é reformado pelo senhor Edgar, assim também o senhor Edgar faz com que Proudhon reforme a Say. Assim, segundo ele, Say "conclui de imediato acerca do direito de tomar um campo como propriedade", porque as terras são mais fáceis de serem transformadas em propriedade do que o ar e a água. Say, bem distante dessa opinião, ao invés de deduzir o *direito* de propriedade sobre o solo partindo da maior possibilidade de apropriar-se dele, diz expressamente: "Les *droits* des propriétaires de terres... remontent à una *spoliation*"[39] ("Traité d'économie politique", édition III, t. I, p. 136, nota.)

---

[37] "Riqueza natural." (N.E.A.)

[38] "Tratado de economia política." (N.E.A.)

[39] "Os *direitos* dos proprietários de terra têm sua origem em uma *espoliação.*" (N.E.A.)

Por isso, segundo Say, é necessário o "concours de la législation"[40] e do "droit positif"[41] para fundar o *direito* à propriedade de terra. O verdadeiro Proudhon não faz com que Say *deduza* "de imediato" o direito à propriedade de terra partindo da apropriação mais fácil da terra e do solo, mas acusa-o de fazer valer a possibilidade em vez *do* direito e de *confundir* a questão do direito com a questão da possibilidade:

> Say prend la possibilité *pour* le droit. On ne demande pas pourquoi la terre a été plutôt appropriée que la mer et les airs; on veut savoir, en vertu de quel *droit* l'homme s'est approprié cette richesse.[42]

O Proudhon crítico prossegue:

> Acerca disso *basta* observar que a apropriação de um pedaço de terra significa também a apropriação dos elementos restantes, ar, água, fogo: terra, aqua, aere et igne interdicti sumus.[43]

Bem longe de *"bastar"* ao Proudhon real o fato de observar tal coisa, ele diz, muito antes, que "chama a atenção" de passagem (en passant) para a apropriação do ar e da água. No Proudhon crítico se encontra, não se sabe por que cargas d'água, a fórmula romana da interdição. Ele se esquece de dizer quem é esse *"nós"* que é interditado. O Proudhon real fala aos que não são proprietários:

> Proletários... a propriedade nos *excomunga*, terra etc. interdicti sumus.

O Proudhon crítico polemiza, opondo-se a Charles Comte conforme segue:

> Charles Comte entende que o homem, para viver, necessita de ar, de alimento, de roupa. Algumas dessas coisas, como ar e água, são inesgotáveis em sua opinião, e permaneceriam sendo sempre propriedade comum, outras estariam disponíveis em menor quantidade e se transformariam em propriedade privada. Charles Comte prova, portanto, a partir dos conceitos de limitado e ilimitado; talvez ele tivesse chegado a um outro resultado se tivesse feito dos conceitos de dispensável e indispensável suas categorias principais.

Mas que polêmica infantil essa do Proudhon crítico! Ele sugere a Charles Comte que abandone as categorias das quais parte em sua argumentação para adotar outras categorias, a fim de que não chegue a seus próprios resultados, mas, *"talvez"*, aos resultados do Proudhon crítico.

---

[40] "Concurso da legislação." (N.E.A.)

[41] "Direito positivo." (N.E.A.)

[42] "Say confunde a possibilidade *com* o direito. Não se pergunta por que a terra foi apropriada antes do mar e dos ares; quer-se saber por força de que *direito* o homem se apropriou dessa riqueza." (N.E.A.)

[43] "Da terra, água, ar e fogo somos excluídos." (N.E.A.)

O Proudhon real não faz tais sugestões a Charles Comte; não o despacha através de um "talvez", mas bate-o com suas próprias categorias.

Charles Comte, diz Proudhon[44], parte da indispensabilidade do ar, do alimento e, conforme é o caso de algumas situações climáticas, da vestimenta, não para viver, mas sim para não deixar de viver. A fim de se conservar o homem necessita, por isso (segundo Charles Comte), apropriar-se constantemente de diferentes classes de coisas. E essas coisas não existem todas elas na mesma proporção.

> A luz dos corpos celestes, ar, água estão disponíveis em quantidade tão grande que o homem não pode aumentá-las ou diminuí-las de maneira sensível; qualquer um pode se apropriar delas, portanto, na quantidade que julgar necessária, *sem prejudicar em nada o desfrute dos demais*.

Proudhon parte, pois, das próprias determinações de Comte[45]. E prova a ele, em primeiro lugar, que também a terra é um objeto das necessidades primordiais do homem, cujo desfrute deveria estar aberto e livre a todos, segundo a cláusula do mesmo Comte, qual seja: *"sem prejudicar em nada ao desfrute dos demais"*. Mas por que, então, a terra tornou-se propriedade privada? Charles Comte responde que é porque ela *não é ilimitada*. Mas sua conclusão deveria ser a contrária, no entanto: justo por ser *limitada* é que ela não poderia ser transformada em propriedade. Com a apropriação de ar e água não se prejudica ninguém, pois sempre sobrará uma quantidade suficiente, uma vez que são ilimitados. A apropriação arbitrária da terra, ao contrário, prejudica o desfrute dos demais, justamente porque a terra é *limitada*. Seu desfrute deve, portanto, ser regulamentado a favor do interesse *geral*. A argumentação de Charles Comte leva a uma prova contrária à sua tese.

> Charles Comte, conforme deduz Proudhon [o Proudhon crítico, seja dito][46], parte da concepção de que uma nação pode ser proprietária de um território; no entanto, se a propriedade implica o direito de usar e abusar do que é seu –

---

[44] A argumentação marxiana é brilhante e ademais pontilhada de humor a cada linha. Aqui, o Proudhon "certo" e "genuíno" – antes chamado de Proudhon real, ou Proudhon massivo, às vezes de Proudhon acrítico; em oposição ao Proudhon crítico ou Proudhon caracterizado da Crítica crítica – vira, simplesmente, Proudhon, sem adjetivo nem nada. Isso porque o Proudhon real é o Proudhon que Marx conhece e analisa, o único Proudhon: simplesmente Proudhon. (N.T.)

[45] A citação acima é, diretamente, uma citação à obra de Charles Comte *Traité de la propriété*, vol. I, p. 52, Paris, 1834. Ela é registrada por Proudhon na página 93 de seu livro *Qu'est-ce que la propriété?*, edição de 1841. (N.T.)

[46] Quando Edgar Bauer ousa mencionar Proudhon na condição de simplesmente Proudhon, Marx interrompe mostrando o limite. (N.T.)

jus utendi et abutendi re sua⁴⁷ –, não se pode reconhecer a uma nação o direito de usar e abusar de um território.

O Proudhon real não fala do jus utendi et abutendi, que o direito à propriedade *"carrega consigo"*. Ele é demasiado massivo para falar do direito à propriedade que o direito à propriedade carrega consigo. O jus utendi e abutendi re sua é, na verdade, o direito à propriedade em si. Por isso Proudhon nega categoricamente a um povo o direito da propriedade sobre seu território. E àqueles que acham isso exagerado replica que, do direito imaginário da propriedade nacional sobre o território são derivados, em todas as épocas, os direitos de soberania, os tributos, as regalias, as obrigações pessoais etc.

O Proudhon real argumenta contra Charles Comte da seguinte maneira: Comte trata de descobrir como nasce a propriedade e começa pressupondo a nação como proprietária, cai, portanto, em um petitio principii⁴⁸. Faz o Estado vender terrenos, que um industrial compra transformando-os em bens; ou seja, ele pressupõe as relações de *propriedade* que pretende provar.

O Proudhon crítico joga no lixo o *sistema decimal* francês. Mantém o *franc*, mas substitui o *centime* pelo *"têrcimo"*⁴⁹.

> Quando eu, prossegue Proudhon [o Proudhon crítico], cedo a outrem um pedaço de terra, não só me privo de uma colheita, mas também despojo a meus filhos e aos filhos de meus filhos de um bem permanente. A terra não possui apenas um valor atual, tem também um valor potencial, um valor futuro.

O Proudhon real não fala do fato de que a terra tem valor não apenas hoje, mas também amanhã; ele opõe o valor pleno e atual ao valor potencial e futuro, que depende de minha aptidão para valorizar a terra. Ele diz:

> Destruí a terra, ou vendei-a, o que para vós vem a dar no mesmo; vós não vos desfazeis apenas de uma, duas ou mais colheitas, vós também destruís todos os produtos que poderíeis arrancar dela, vós, vossos filhos e os filhos de vossos filhos.

Para Proudhon não se trata de destacar o antagonismo entre uma colheita e o bem permanente – também o dinheiro que obtenho pela terra vendida pode se transformar de capital em "bem permanente" –, mas sim do antagonismo entre o valor presente e o valor que a terra pode adquirir mediante seu cultivo constante.

---

⁴⁷ "O direito de usar e abusar de suas coisas." (N.E.A.)

⁴⁸ Petição de princípio, ou seja, uso de uma sentença ainda não provada como base daquilo que se objetiva provar. (N.E.A.)

⁴⁹ Moeda de três fênigues, cunhada em prata no início, em cobre mais tarde. Vigorou até 1873. (N.T.)

O novo valor, diz Charles Comte, que incorporo a uma coisa através do meu trabalho é minha propriedade. Proudhon [o Proudhon crítico] quer refutá-lo da seguinte maneira: *Nesse caso* o homem deixaria necessariamente de ser proprietário, *portanto*, ao deixar de trabalhar. A propriedade sobre o produto não pode jamais levar consigo a propriedade sobre a matéria que lhe serve de base.

O Proudhon real:

> O trabalhador pode apropriar-se dos produtos de seu trabalho, mas eu não compreendo por que a propriedade sobre os produtos carrega consigo a propriedade sobre a matéria. O pescador que sabe pescar mais peixes do que os outros pescadores na mesma margem do rio, haverá ele de se tornar proprietário da faixa onde pesca apenas por causa de sua habilidade? A habilidade de um caçador por acaso já foi considerada algum dia como título de propriedade de um cantão de caça? A mesma é a situação do agricultor. A fim de transformar a *posse* em *propriedade* é necessária mais uma *outra condição*, além do simples trabalho em si, pois caso contrário o homem deixaria de ser proprietário assim que deixasse de ser trabalhador.

Cessante causa cessat effectus[50]. Quando o proprietário é proprietário *apenas* como trabalhador, ele deixa de ser proprietário assim que deixa de ser trabalhador.

> Por isso, segundo a *lei*, é a *prescrição* que faz cessar a propriedade; o *trabalho* não é mais do que a expressão tangível, o ato material em que se *manifesta* a ocupação.
>
> O sistema da apropriação através do trabalho [prossegue Proudhon] *contradiz a lei*, portanto; e quando os partidários desse sistema pretextam valer-se dele para explicar as leis, *contradizem-se a si mesmos*.

Consequentemente, quando, segundo essa mesma opinião, diz-se por exemplo que o arroteamento da terra "cria a plena propriedade sobre ela", isso não é mais do que uma petitio principii. Fato é que foi criada uma nova capacidade produtiva da matéria. Todavia resta demonstrar que com isso seja criada precisamente a propriedade sobre a matéria mesma. A matéria mesma, não foi o homem que a criou. Ele inclusive apenas cria a capacidade produtiva da matéria, sob a condição de a matéria existir anteriormente.

O Proudhon crítico faz de *Gracchus Babeuf* um partidário da *liberdade;* no Proudhon massivo ele é um partidário da *igualdade* (partisan de l'égalité).

O *Proudhon crítico*, que pretende taxar os honorários que *Homero* tem a receber pela Ilíada, diz:

> O honorário que eu pago a Homero e aquilo que ele *me proporciona* devem ser equivalentes. Como é que pode ser determinado o valor de seu desempenho?

---

[50] Quando cessa a causa, cessa o efeito. (N.E.A.)

O Proudhon crítico está muito acima das pequenezas econômico-políticas para saber que o *valor* de uma coisa e aquilo que ela *concede* a outrem são coisas muito diferentes. O Proudhon real diz:

> O honorário do poeta deve ser equivalente a seu *produto*; qual é, pois, o valor desse produto?

O Proudhon real parte do pressuposto de que a Ilíada tem um *preço* (ou valor de troca, prix) infinito. O Proudhon real opõe o valor da Ilíada, *seu valor* em sentido *econômico-político* (valeur intrinsèque) a seu valor de troca (valeur échangeable); o Proudhon crítico contrapõe a seu "valor interior", quer dizer, a seu valor de poema, o "valor para a permuta".

O Proudhon real:

> Entre uma recompensa material e o talento não existe nenhuma medida comum. *Nessa* relação a situação de todos os produtores é igual. Consequentemente é impossível estabelecer entre eles qualquer comparação e qualquer distinção classificatória de fortuna. (Entre une récompense matérielle et le talent il n'existe pas de commune mesure; sous de rapport la condition de tous les producteurs est égale; conséquemment toute comparaison entre eux et toute distinction de fortunes est impossible.)

O Proudhon crítico:

> A relação dos produtores é *relativamente* igual. O talento... não pode ser pesado materialmente... Qualquer comparação dos produtores entre si, qualquer *distinção exterior* é impossível.

No Proudhon crítico,

> o homem da ciência tem de *sentir-se igual* dentro da sociedade, já que seu talento e sua razão não são *mais que* um produto da razão social.

O Proudhon real não fala, em lugar nenhum, dos sentimentos do talento. Ele diz que o talento tem de se curvar sob o nível social. E tampouco afirma que o homem de talento é *apenas* um produto da sociedade, afirma, muito antes:

> O homem de talento contribuiu para produzir em si mesmo um instrumento útil... há nele um trabalhador livre *e* um capital social acumulado.

O Proudhon crítico prossegue:

> Ele deve se mostrar, além disso, satisfeito com a sociedade pelo fato de ela livrá-lo dos demais trabalhos, para poder se consagrar à ciência.

O Proudhon real não recorre em parte alguma à gratidão do homem de talento. Ele diz:

> O artista, o erudito, o poeta recebem sua justa recompensa apenas no fato de a sociedade permitir que eles se consagrem exclusivamente à ciência e à arte.

Para terminar, o Proudhon crítico opera o milagre de que uma sociedade de cento e cinquenta trabalhadores pode manter um *"marechal"* e, portanto, também um *exército*, ao que tudo indica. No Proudhon real o marechal é um *"ferrador"* (maréchal).

Glosa marginal crítica número IV

> Uma vez que ele [Proudhon] retém o conceito do salário e vê na sociedade uma instituição que nos subministra trabalho e nos paga para trabalhar, não pode considerar o tempo como a medida de pagamento, tanto menos por pouco antes ter sustentado, mostrando estar de acordo com *Hugo Grotius*, que o tempo é indiferente em relação à *validade* de um objeto.

Este é o único ponto em que a Crítica crítica faz a tentativa de solucionar sua atividade e provar a Proudhon que ele opera contra a economia política do ponto de vista da própria economia política. E, ao fazê-lo, *cai no ridículo* de uma maneira verdadeiramente crítica.

Proudhon havia raciocinado, em concordância com Hugo Grotius, que a *prescrição* não era nenhum título capaz de transformar a *posse em propriedade*, ou seja, transformar um *"princípio jurídico"* em outro, do mesmo modo que o transcurso do tempo não pode transformar a verdade de que a soma dos ângulos de um triângulo equivale a dois ângulos retos na verdade de que sua soma equivale a três ângulos retos.

> Jamais conseguireis [exclama Proudhon] que o transcurso do tempo, que por si mesmo não cria nada, não troca, nem modifica nada, possa *transformar* aquele que *desfruta* de uma coisa em seu *proprietário*.

O senhor Edgar conclui: porque Proudhon sustentou que o simples transcurso do tempo não pode *transformar* um princípio jurídico em outro, nem pode, de um modo geral, trocar nem modificar nada, ele acaba incorrendo em inconsequência ao fazer do *tempo de trabalho* uma medida do valor econômico do produto do trabalho. O senhor Edgar logra pôr em pé essa observação criticamente crítica traduzindo a palavra "valeur"[51] por "validade"[52], o que lhe permite aplicar o mesmo, com idêntico sentido, tanto à validade de um princípio jurídico quanto ao valor comercial de um produto de trabalho. Ele o logra identificando o transcurso vazio do tempo com o tempo do trabalho alheio. Se Proudhon tivesse afirmado que o tempo não pode transformar uma mosca num elefante, a Crítica crítica poderia concluir com a mesma razão: ele não pode, portanto, transformar o tempo de trabalho na medida para o salário.

---

[51] Valor. (N.E.A.)

[52] *Geltung* em alemão. Ou seja, "validade" na acepção que a palavra adquire na expressão português-brasileira "prazo de validade". (N.T.)

Que o *tempo de trabalho* que *custa* a produção de um objeto faz parte dos *custos de produção* desse objeto, que os *custos de produção* de um objeto são aquilo que ele *custa*, aquilo pelo que ele – abstraídas as influências da *concorrência* – pode ser *vendido*, essa conclusão até mesmo a Crítica crítica tem de se permitir. Segundo os economistas políticos, entram no custo de produção, além do tempo de trabalho e do material do trabalho, também a renda do proprietário de terras e os juros e lucros do capitalista. Em Proudhon esses últimos elementos desaparecem, uma vez que nele desaparece a propriedade privada. Restam apenas, pois, o tempo de trabalho e as despesas. Ao fazer do tempo de trabalho, da existência imediata da atividade humana na condição de atividade a medida do salário e da determinação do valor do produto, Proudhon faz do lado humano o fator decisivo, enquanto o decisivo para a velha economia política era o poder objetivo do capital e da propriedade do solo; ou seja, Proudhon restaura o homem em seus direitos de uma maneira ainda mais econômico-política e portanto de uma maneira ainda mais contraditória. Quão corretamente ele parte do ponto de vista da economia política, pode-se ver no fato de que o fundador da nova economia política, *Adam Smith*, exponha já nas primeiras páginas de sua obra "An Inquiry into the Nature and Causes of the Wealth of Nations" ("Investigação sobre a natureza e causa da riquez das nações") que *antes* da invenção da propriedade privada, quer dizer, sob o pressuposto da *não existência da propriedade privada, o tempo de trabalho* é a medida do *salário* e do *valor do produto do trabalho*, que naquele momento ainda não se distinguia dele.

Porém, detenha-se a Crítica crítica um momento a supor que Proudhon não partira da pressuposição do salário.... Será que ela acredita que, nessas condições, *o tempo* necessário para produzir um objeto não seria *jamais* um fator essencial na *"validade"* do objeto, que o tempo perderia sua *preciosidade*?

No que se refere à produção material direta, a decisão acerca do fato de se a gente deve ou não produzir um objeto, ou seja, a decisão acerca do *valor* de um objeto, dependerá essencialmente do tempo de trabalho que custe produzi-lo. Pois do tempo dependerá o fato de a sociedade dispor ou não do tempo necessário para desenvolver-se humanamente.

E mesmo no que toca à produção *espiritual*, não devo eu, procedendo razoavelmente, incluir no volume o projeto e o plano de uma obra do espírito, o tempo necessário para produzi-la? Caso não o fizesse assim eu me exporia, pelo menos, ao perigo de que o objeto que existe em ideia jamais se tornasse um objeto na realidade, ou seja, que só chegasse a adquirir o valor de um objeto imaginário, quer dizer, um *valor imaginário*.

A crítica da economia política do ponto de vista econômico-político reconhece todas as determinações essenciais da atividade humana, mas apenas sob uma forma estranhada, alienada, da maneira como aqui, por exemplo, transforma o significado do tempo para o *trabalho humano* em seu significado para o *salário*, para o trabalho assalariado.

O senhor Edgar prossegue:

A fim de que o talento seja obrigado a aceitar aquela medida, Proudhon *usa indevidamente* o conceito do *livre comércio* e afirma que a sociedade e seus membros individuais têm o direito de rechaçar as criações do talento.

Ao talento, que no terreno da economia política, nos *fourieristas* e nos *sansimonistas* apresenta *reclamações de honorários* exagerados e aplica a ideia quimérica que se forma de seu infinito valor como medida do *valor de troca* e seus produtos, Proudhon responde exatamente da mesma maneira que a economia política responde a toda pretensão de um preço que quer elevar-se muito acima do chamado preço natural, quer dizer, do custo de produção do objeto oferecido em venda – por meio do livre comércio. Mas Proudhon não *usa indevidamente* essa relação no sentido da economia política, mas atribui, muito antes, como sendo verdadeira a *liberdade* das partes contratantes, que nos economistas políticos é apenas nominal e ilusória.

Tradução caracterizadora número 4

No fim das contas o Proudhon crítico reforma a *sociedade francesa*, ao recriar tanto o proletário francês quanto a burguesia francesa.

Aos proletários franceses ele nega a *"força"*, apenas porque o Proudhon real acusou-os de falta de *virtude* (vertu). Ele transforma a *habilidade* deles para o trabalho numa habilidade problemática – "vós *talvez* sois hábeis para o trabalho" – porque o Proudhon real reconhece incondicionalmente sua aptidão ao trabalho (*prompts* au travail vous êtes[53] etc.). Ele converte a burguesia francesa em cidadãos *carentes de espírito*, ao passo que o Proudhon real apenas contrapõe os burgueses ignóbeis (bourgeois ignobels) aos nobres desonrados (nobles flétris). Ele faz do burguês do juste-milieu (bourgeois juste-milieu) um simples "nossos *bons* burgueses", pelo que a burguesia francesa por certo haveria de lhe agradecer. Onde o Proudhon real deixa que *"cresça"* a *"má* vontade" da burguesia francesa (la malveillance de nos bourgeois), portanto, o Proudhon crítico deixa que cresça, consequentemente, a *"despreocupação* de nossos burgueses". O burguês do Proudhon real é tão pouco dado à preocupação que chega a exclamar para si mesmo: "N'ayons pas peur! N'ayons pas peur!"[54] É assim que fala alguém que quer persuadir a si mesmo de que não tem medo nem preocupação.

Na criação do Proudhon crítico através da tradução do Proudhon real, a Crítica crítica revelou à massa o que é uma tradução crítica perfeita. Ela deu uma instrução à "tradução, assim como ela deve ser". E por isso ela combate, com toda a razão, as traduções massivas:

---

[53] *"Hábeis* para o trabalho vós sois." (N.E.A.)

[54] "Não deixai que tenhamos medo! Não deixai que tenhamos medo!" (N.E.A.)

O público alemão quer a mercadoria livreira por um preço ridículo e o editor quer, portanto, uma tradução barata; o tradutor não quer morrer de fome com seu trabalho e não pode sequer encaminhá-lo de modo ponderado e amadurecido [com toda a Quietude do conhecer], porque o editor exige uma entrega rápida, a fim de conseguir vencer os concorrentes; até mesmo o tradutor tem de temer a concorrência, tem de temer que um outro se permita produzir a mercadoria com maior rapidez e a custos mais baixos – e assim ele dita seu manuscrito a um pobre copista qualquer, sem corrigi-lo nem relê-lo – e dita de maneira tão rápida quanto possível a fim de não gastar em vão o salário do copista, pago por hora, extasiado de contentamento quando pode satisfazer já no dia seguinte as exigências do impressor repreensivo. Ademais, as traduções que eles fazem jorrar sobre nós são apenas uma expressão da atual *impotência* da literatura alemã etc. (Caderno VIII, p. 54, "Jornal Literário Geral").

Glosa marginal crítica número V

À prova da impossibilidade da propriedade, que Proudhon desenvolve baseando-se no fato de que a humanidade se devora sobretudo através do sistema de juros e do sistema do lucro, bem como através da desproporção entre o consumo e a produção, falta a contrapartida, ou seja, a garantia de que a propriedade privada seja historicamente possível.

A Crítica crítica possui o instinto venturoso de não se meter a discutir os argumentos de Proudhon acerca do sistema de juros, do sistema de lucro e assim por diante; ou seja, ela possui o instinto venturoso de não se meter com os argumentos mais importantes de Proudhon. Chegando a esse ponto, com efeito, não se pode mais fazer a crítica de Proudhon, mesmo que ela seja apenas aparente, se não se tem conhecimentos absolutamente positivos acerca do movimento da propriedade privada. A Crítica crítica procura compensar sua impotência mediante a objeção de que Proudhon não forneceu a prova para a possibilidade histórica da propriedade. Por que será que a Crítica, que não nos dá nada mais do que apenas palavras, exige que os outros lhe deem *tudo*?

> Proudhon prova a impossibilidade da propriedade a partir do fato de o trabalhador não poder recomprar seu produto com o salário de seu trabalho. Proudhon não acrescenta a razão última e exaustiva disso, ao recorrer à essência do capital. O trabalhador não pode recomprar seu produto porque este é sempre um produto social e ele, de sua parte, não é mais do que um homem pago individualmente.

O senhor Edgar poderia ter se manifestado de um modo bem mais exaustivo, inclusive para contrapor-se à dedução proudhoniana, dizendo que o trabalhador não *pode* recomprar seu produto justamente porque é obrigado a *recomprar* seu produto. Na determinação da compra já vai implícito o fato de que ele deve se comportar ante seu produto como ante um objeto alienado, que lhe fugiu às mãos. A razão exaustiva do senhor Edgar não exaure, entre outras coisas, o porquê de o capitalista, que não é, ele mesmo, *nada* mais do que um homem *individual* e ainda por cima um homem *pago* pelo lucro e pelos juros, não apenas poder recomprar o produto do trabalho, mas inclusive poder recomprar bem mais do que esse produto apenas. Para esclarecê-lo, o senhor Edgar teria de esclarecer a relação existente entre capital e trabalho, quer dizer a essência do capital.

A passagem crítica citada acima revela do modo mais tangível como a Crítica crítica não perde tempo em utilizar aquilo que acaba de aprender de um escritor, para fazê-lo valer contra esse mesmo escritor, num tom crítico, como se fosse uma sabedoria inventada por ela mesma. É do próprio Proudhon, aliás, que a Crítica crítica pesca a razão exaustiva que Proudhon não indica e que o senhor Edgar indica. Proudhon diz:

> Divide et impera...[55] separa os trabalhadores um do outro e é bem possível que o salário que é pago a cada um individualmente chegue a superar o valor de cada produto individual; mas não é disso que se trata aqui... Quando vós pagastes todas as forças individuais, nem por isso pagastes a força coletiva.

Proudhon chamou pela *primeira vez* a atenção para o fato de que a soma dos salários dos trabalhadores individuais, ainda que todos os trabalhos individuais fossem pagos, não paga a força coletiva que se materializa em seu produto e, portanto, que o trabalhador não é pago como uma *parte* da *força trabalhadora comum*, sobre o que o senhor Edgar tergiversa dizendo que o trabalhador não é senão um homem pago individualmente. A Crítica crítica faz valer, portanto, um pensamento *geral* de Proudhon contra o desenvolvimento posterior *concreto* que o mesmo Proudhon dá a seu pensamento. Ela se apodera desse pensamento de uma maneira crítica e revela o segredo do *socialismo crítico* nas seguintes frases:

> O trabalhador atual *pensa* apenas em si, quer dizer, ele deixa que o paguem por sua pessoa. É ele *mesmo* que não leva em conta a imensa e formidável força que nasce de sua cooperação com outras forças.

Segundo a Crítica crítica, todo o mal reside apenas no modo de *"pensar"* do trabalhador. É certo que os trabalhadores ingleses e franceses formaram associações nas quais não são apenas suas necessidades imediatas enquanto *trabalhadores*, mas também suas necessidades enquanto *homens* as que formam o objeto de seus mútuos ensinamentos e nas quais se exterioriza, ademais, uma consciência bastante ampla e cuidadosa sobre a força "monstruosa" e "imensurável" que nasce de sua cooperação. Mas esses trabalhadores *massivos* e comunistas, que atuam nos ateliers[56] de Manchester e Lyon, por

---

[55] Divide e impera... (N.E.A.)

[56] Oficinas. (N.E.A.)

exemplo, não creem que possam eliminar, mediante o *"pensamento puro"*, os seus senhores industriais e a sua própria humilhação prática. Eles sentem de modo bem doloroso a *diferença* entre *ser* e *pensar*, entre *consciência* e *vida*. Eles sabem que propriedade, capital, dinheiro, salário e coisas do tipo não são, de nenhuma maneira, quimeras ideais de seu cérebro, mas criações deveras práticas e objetivas de sua própria autoalienação, e que portanto só podem e devem ser superadas de uma maneira também prática e objetiva, a fim de que o homem se torne um homem não apenas no *pensamento* e na *consciência*, mas também no *ser* massivo e na vida. A Crítica crítica, pelo contrário, quer fazê-los crer que deixarão de ser trabalhadores assalariados na realidade apenas com o fato de superar em pensamento o pensamento do trabalho assalariado, apenas com o fato de deixar de se considerarem trabalhadores assalariados em pensamento, deixando, de acordo com essa fantasia exagerada, de deixarem-se pagar por sua pessoa. Na condição de idealistas absolutos, de seres etéreos, naturalmente eles poderão viver do éter do pensamento puro depois disso. A Crítica crítica os ensina que eles superam o capital real com o simples domínio da categoria do capital no *pensamento*, que eles *realmente* mudam, tornando-se homens reais, se mudarem seu *"eu abstrato"* na consciência, desprezando toda a mudança *real* de sua existência, quer dizer, das condições reais de sua existência, portanto, de seu *eu real* como se fosse uma mera operação acrítica. O *"espírito"*, que só vislumbra categorias na realidade, naturalmente também reduz toda a atividade humana e sua práxis a um processo de pensamento dialético da Crítica crítica. E é justamente isso que diferencia o socialismo *dela* do socialismo *massivo* do comunismo.

Depois de seus grandiosos argumentos, o senhor Edgar por certo não pode deixar de "negar a consciência" à crítica de Proudhon.

> Contudo Proudhon *também quer ser prático*.
> Ele acredita ter reconhecido.
> Mas mesmo assim [exclama a Quietude do conhecer de maneira triunfante] nós temos de negar-lhe também agora a *quietude do conhecer*.
> Nós tomaremos algumas passagens a fim de mostrar quão pouco ele refletiu a respeito de sua posição em relação à sociedade.

Mais tarde nós haveremos de selecionar algumas passagens das obras da Crítica crítica (veja-se por exemplo o Banco dos Pobres e a Granja Modelo) a fim de mostrar como ela nem sequer conhece as relações mais elementares da economia política e menos ainda parou para refletir a respeito delas, o que não a impede de, com o tom crítico que lhe é peculiar, crer-se no direito de submeter Proudhon a seus juízos.

Depois que *todas as contradições massivas "caíram sob os critérios"* da Crítica crítica enquanto Quietude do conhecer, depois que ela se apoderou de toda a realidade sob a forma de categorias e dissolveu toda a atividade humana na dialética especulativa, veremos que ela, partindo da dialética especulativa, voltará a engendrar o mundo. Está claro que os milagres da criação do mundo criticamente especulativa, a fim de não serem "profanados", só podem ser comunicados à massa profana sob a forma de *mistérios*. Por isso a Crítica crítica agora se apresenta na encarnação de Vishnu-Szeliga, na condição de *merceeira de mistérios*[57].

---

[57] Referência – profundamente irônica – à crítica de Szeliga ao romance *Mystères de Paris* (*Os mistérios de Paris*), do escritor francês Eugène Sue, publicada no Caderno VII do *Jornal Literário Geral*. O romance de Sue foi publicado entre os anos de 1842 e 1843 em Paris e alcançou grande divulgação em toda a Europa. Quando cita Vishnu (ver "Índice onomástico", no final), a ironia de Marx alcança os píncaros. (N.T.)

V

A "Crítica crítica" na condição de merceeira de mistérios ou a "Crítica crítica" conforme o senhor Szeliga

(Karl Marx)

A "Crítica crítica", em sua encarnação *Szeliga-Vishnu*, fornece uma apoteose dos "Mystères de Paris". No fim das contas, Eugène Sue é declarado um "Crítico crítico". Tão logo isso chegar a seu conhecimento, o escritor poderá exclamar, assim como fez o bourgeois gentilhomme de Molière:

> Par ma foi, il y a plus de quarante ans que je dis de la prose, sans que j'en susse rien: et je vous suis le plus obligé du monde de m'avoir appris cela.[1]

O senhor Szeliga faz com que sua crítica seja precedida por um prólogo *estético*. "O prólogo estético" esclarece o significado geral da epopeia "crítica" e, em especial, dos "Mystères de Paris", nos seguintes termos:

> A epopeia cria a ideia de que o presente em si não é nada, nem sequer [nada, nem mesmo sequer!] a eterna *linha divisória* entre o *passado* e o *futuro*, mas [nada, nem mesmo sequer, contudo] a *brecha* que tende a *fechar-se* constantemente e que separa a *imortalidade* do passado... Esse é o *significado geral* dos "Mistérios de Paris".

O "prólogo estético" segue afirmando que "o *crítico*, basta apenas que ele o queira, também pode ser *poeta*".

A crítica inteira do senhor Szeliga haverá de provar essa afirmação. Ela é, do princípio ao fim e em todas as suas linhas, *"poesia"*.

Ela é, também, um produto da "arte *livre*", tal como o mesmo produto aparece definido no "prólogo estético", quer dizer, ela "inventa *algo totalmente novo, algo que, em absoluto, jamais existiu"*.

---

[1] "Juro que já faz mais de quarenta anos que eu falo de prosa sem o saber; e vos agradeço do fundo de minha alma por mo terdes dado a conhecer." (N.E.A.) O trecho citado está no Segundo Ato, Cena 6 da peça referida. (N.T.)

No fim das contas ela chega a ser, inclusive, uma *epopeia crítica*, já que é uma "fresta que tende sempre a se fechar" e que "separa" a "imortalidade" – ou seja, a Crítica crítica do senhor Szeliga – da "transitoriedade" do romance do senhor Eugène Sue.

1. "O mistério do selvagismo na civilização" e "o mistério da ausência de direitos no Estado"

Feuerbach, conforme se sabe, concebe as ideias cristãs da encarnação, da santíssima trindade, da imortalidade etc. como o mistério da encarnação, o mistério da santíssima trindade, o mistério da imortalidade. O senhor Szeliga concebe todos os estados atuais do mundo como mistérios. Contudo, se *Feuerbach logrou desvendar verdadeiros mistérios*, o senhor *Szeliga* fez apenas transformar *trivialidades* em *mistérios*. Sua arte não consiste em desvendar o oculto, mas em ocultar aquilo que já se encontra desvendado.

De modo que ele considera *mistérios* o retorno ao selvagismo (os criminosos) no seio da civilização, a ausência de direitos e a desigualdade no interior do Estado. A literatura socialista que denunciou esses mistérios ou permaneceu sendo um mistério para o senhor Szeliga, portanto, ou ele pretende transformar os resultados mais conhecidos dela no mistério privado da "Crítica crítica".

Não precisamos, por isso, entrar em detalhes no que diz respeito às discussões do senhor Szeliga sobre esses mistérios. Limitar-nos-emos a levantar alguns de seus remates mais brilhantes.

> Perante a lei e perante o juiz é tudo *igual*, alto e baixo, rico e pobre. Essa sentença encontra-se no cabeçalho da profissão de fé *do Estado*.

Do Estado? A profissão de fé da maior parte dos Estados começa, ao contrário, por *considerar desiguais perante a lei* o alto e o baixo, o rico e o pobre.

> O lapidário Morel, em sua cândida honradez, proclama de maneira clara o mistério [quer dizer, o mistério do antagonismo pobre-rico] ao dizer: Se os ricos apenas soubessem! Se os ricos apenas soubessem! A desventura consiste no fato de eles nem saberem o que é pobreza.

O senhor Szeliga não sabe que Eugène Sue, apenas para ser cortês com a burguesia francesa, comete um *anacronismo* ao pôr o mote dos burgueses do tempo de Luís XIV – "Ah! si le roi le savait!"[2] – em sua forma modificada – "Ah! si le riche le savait!"[3] – na boca do operário Morel

---

[2] "Oh! se o rei o soubesse!" (N.E.A.)

[3] "Oh! se o rico o soubesse!" (N.E.A.)

dos tempos da Charte vérité[4]. Na Inglaterra e na França, pelo menos, acabou a relação *ingênua* entre rico e pobre. Os representantes científicos da riqueza, os economistas políticos, difundiram nesses países uma visão bastante detalhada da miséria física e moral da pobreza. Em compensação, provaram que nessa miséria não se podia remexer muito, uma vez que não se podia remexer muito na situação atual. Sim, em sua meticulosidade eles chegaram a calcular, inclusive, as *proporções* em que os pobres têm de, necessariamente, ser dizimados pela morte, para o bem da riqueza e para o seu próprio bem.

Quando Eugène Sue descreve as tavernas, os esconderijos e a língua dos *criminosos*, o senhor Szeliga descobre o *"mistério"* de que ao "autor" não lhe interessa descrever essa linguagem e esses esconderijos, mas sim

> chegar a conhecer o mistério dos mecanismos que impulsionam o criminoso à maldade etc. Justamente nos lugares em que o tráfego é mais intenso... os criminosos se encontram *em casa*.

O que diria um investigador naturalista, caso lhe fosse demonstrado que o alvéolo de uma abelha não lhe interessa na condição de alvéolo de abelha, e que ele não é um mistério para quem não o estudou, porque "justamente" ao ar livre ou pousada sobre a flor a abelha "se encontra em casa"? Nos esconderijos dos criminosos e na linguagem dos criminosos se espelha o caráter dos criminosos, eles são um pedaço da existência deles e sua descrição é tão importante na caracterização dos criminosos quanto a descrição da petite maison[5] é importante na caracterização da femme galante[6].

Os esconderijos dos criminosos constituem um "mistério" tão grande não apenas para os parisienses, mas inclusive para a polícia de Paris, de modo que ainda nos dias de hoje são abertas ruas claras e largas na Cité[7] a fim de permitir o acesso da polícia a estes esconderijos.

No final das contas, o mesmo Eugène Sue declara que nas descrições mencionadas logo acima, conta com "la curiosité craintive"[8] dos leitores. O senhor Eugène Sue conta com essa medrosa curiosidade do leitor em todos

---

[4] A *Carta Constitucional* (Charte constitutionelle) aprovada na França após a Revolução de 1830 constituiu a lei fundamental da Monarquia de Julho. A expressão *charte vérité* é uma referência irônica às palavras finais da proclamação de Luís Filipe I da França, feita em 31 de julho de 1830: "de hoje em diante a Carta [*Charte*] passará a ser uma verdade [*vérité*]". (N.T.)

[5] "Da casa para os prazeres secretos". (N. do Tradutor Alemão)

[6] "Dama galante." (N.E.A.)

[7] "Parte velha da cidade." (N.E.A.)

[8] "A curiosidade medrosa." (N.E.A.)

os seus romances. Basta pensar em Atar Gull, na Salamandra, em Plick e Plock etc.[9]

2. O mistério da construção especulativa

O mistério da representação crítica dos "Mystères de Paris" é o mistério da *construção especulativa, da construção hegeliana*. Depois de ter esclarecido o "selvagismo no seio da civilização" e a ausência de direitos no interior do Estado como "mistérios", quer dizer, depois de tê-los dissolvido na categoria *"o mistério"*, o senhor Szeliga faz com que "o mistério" inicie seu *ciclo vital especulativo*. Poucas palavras haverão de ser suficientes para caracterizar a construção especulativa de um *modo geral*. O tratamento dos "Mystères de Paris" encaminhado pelo senhor Szeliga mostrará a aplicação *em detalhe*.

Quando, partindo das maçãs, das peras, dos morangos, das amêndoas reais eu formo para mim mesmo a representação geral *"fruta"*, quando, seguindo adiante, *imagino* comigo mesmo que a minha representação abstrata *"a fruta"*, obtida das frutas reais, é algo existente fora de mim e inclusive o *verdadeiro* ser da pera, da maçã etc., acabo esclarecendo – em termos *especulativos* – *"a fruta"* como a *"substância"* da pera, da maçã, da amêndoa, etc. Digo, portanto, que o essencial da pera não é o ser da pera, nem o essencial da maçã é o ser da maçã. Que o essencial dessas coisas não é sua existência real, passível de ser apreciada através dos sentidos, mas sim o ser abstraído por mim delas e a elas atribuído, o ser da minha representação, ou seja, *"a fruta"*. É certo que meu entendimento finito, baseado nos sentidos, *distingue* uma maçã de uma pera e uma pera de uma amêndoa, contudo minha razão especulativa considera esta diferença sensível algo não essencial e indiferente. Ela vê na maçã *o mesmo* que na pera e na pera o mesmo que na amêndoa, ou seja *"a fruta"*. As frutas reais e específicas passam a valer apenas como frutas *aparentes*, cujo ser real é *"a* substância", *"a fruta"*.

Por esse caminho não se chega a uma *riqueza* especial de *determinações*. O mineralogista, cuja ciência inteira limita-se ao fato de que todos os minerais na

---

[9] A ironia de Marx atinge também Eugène Sue, autor medíocre de romances-folhetins da primeira metade do século XIX. Através de seus personagens, Sue seguia o mandamento de abordar os aspectos mais sensacionalistas da vida urbana. Se a "sagrada família" tentava provar que Proudhon já estava superado e ao mesmo tempo louvava os romances de Sue como retratos precisos da realidade humana, Marx e Engels têm opinião absolutamente oposta. Eles veem em Proudhon a tentativa genial – ainda que limitada –, encaminhada por um proletário, de criticar radicalmente a economia da época através dos meios da economia política. Nos romances de Sue eles não logram constatar – aliás com toda a razão do mundo – mais do que a repetição, nem muito talentosa, da moral cristã, cuja única proposta para solucionar a miséria da sociedade industrial precoce resumia-se à pregação da humildade, do amor, da doação e do arrependimento. (N.T.)

verdade são *o mineral*, seria um mineralogista... em *sua imaginação*. Pois bem, o mineralogista especulativo vê *"o mineral"* em qualquer mineral e sua ciência limita-se a repetir essa palavra tantas vezes quantas houver minerais reais.

A especulação, que converte as diferentes frutas reais em *uma* "fruta" da abstração, *na* "fruta", tem de, para poder chegar à aparência de um conteúdo real, necessariamente tentar – e de qualquer maneira – retornar *da* "fruta", da *substância*, para os *diferentes tipos* de frutas reais e profanas, para a pera, a maçã, a amêndoa etc. E tudo que há de fácil no ato de chegar, partindo das frutas reais para chegar à representação abstrata *"a fruta"*, há de difícil no ato de engendrar, partindo da representação abstrata *"a fruta"*, as frutas reais. Chega a ser impossível, inclusive, chegar ao *contrário* da abstração ao se partir de uma abstração, quando não *desisto* dessa abstração.

Por isso o filósofo especulativo desiste da abstração *da* "fruta", porém desiste dela de um modo *especulativo, místico*, ou seja, mantém a aparência de *não* desistir dela. Na realidade, portanto, ele apenas abandona a abstração de maneira aparente. Ele raciocina a respeito disso mais ou menos conforme segue:

Se a maçã, a pera, a amêndoa, o morango na verdade não são outra coisa que *"a* substância", *"a* fruta", cabe perguntar-se: como é que *"a* fruta" por vezes se me apresenta na condição de maçã e por outras na condição de pera ou amêndoa? de onde provém esta *aparência* de *variedade*, que contradiz de modo tão sensível a minha intuição especulativa da *unidade*, *"da* substância", *"da* fruta"?

Isso provém, responde o filósofo especulativo, do fato de que *"a* fruta" não é um ser morto, indiferenciado, inerte, mas sim um ser vivo, diferenciado, dinâmico. A diferença entre as frutas profanas não é importante apenas para o *meu* entendimento sensível, mas o é também para *"a* própria fruta", para a razão especulativa. As diferentes frutas profanas são outras tantas manifestações de vida da "fruta *una*", cristalizações plasmadas *"pela* própria fruta". Na maçã, por exemplo, *"a* fruta" adquire uma existência maçânica, na pera uma existência pêrica[10]. Não devemos mais dizer, portanto, como dizíamos do ponto de vista da substância, que a pera é *"a* fruta", que a maçã, ou a amêndoa etc., é "a fruta", mas sim que *"a* fruta" se apresenta na condição de pera, na condição de maçã ou amêndoa, e as diferenças que separam entre si a maçã da amêndoa ou da pera são, precisamente, distinções entre *"a própria fruta"*, que fazem dos frutos específicos outras tantas fases distintas no processo de vida *"da* fruta" em si. *"A* fruta" já não é mais, portanto, uma unidade carente de conteúdo, indiferenciada, mas sim uma unidade na condição de *"totalidade"* das frutas, que acabam formando uma *"série organicamente*

---

[10] No original, Marx (autor deste capítulo inteiro) também utiliza neologismos, reforçando o caráter irônico de sua explicação e de sua brilhante retórica da repetição. (N.T.)

estruturada". Em cada fase dessa série *"a* fruta" adquire uma existência mais desenvolvida e mais declarada, até que, ao fim, na condição de "síntese" de todas as frutas é, ao mesmo tempo, a *unidade* viva que contém, dissolvida em si, cada uma das frutas, ao mesmo tempo em que é capaz de engendrar a cada uma delas, assim como, por exemplo, cada um dos membros do corpo se dissolve constantemente no sangue ao mesmo tempo em que é constantemente engendrado por ele.

Vê-se bem: se a religião cristã apenas sabe de *uma* encarnação de Deus, a filosofia especulativa possui um número infinito de encarnações, correspondente ao número de coisas existentes, conforme revela o fato de que em cada fruta ela vê uma encarnação da substância, da fruta absoluta. O que interessa fundamentalmente à filosofia especulativa é, portanto, o ato de engendrar a *existência* dos frutos reais e profanos e o fato de dizer de um modo misterioso que há maçãs, peras, amêndoas e passas. Mas as maçãs, as peras, amêndoas e passas que voltamos a encontrar no mundo especulativo não são mais do que maçãs *aparentes*, peras *aparentes*, amêndoas *aparentes* e passas *aparentes*, pois são momentos vitais *"da* fruta", desse *ser intelectivo* abstrato e, portanto, *seres intelectivos* abstratos elas mesmas. O que alegra na especulação é, por conseguinte, voltar a encontrar todas as frutas reais, porém na condição de frutas dotadas de uma significação mística mais alta, frutas que brotam do éter de teu[11] próprio cérebro e não do solo material, que são encarnações *"da* fruta", do *sujeito absoluto*. Portanto, quando retornas da abstração, do ser intelectivo *sobrenatural* – *"a* fruta" – às frutas *naturais*, o que tu fazes, ao contrário, é atribuir também às frutas naturais um significado sobrenatural, transformando-as em puras abstrações. Teu interesse fundamental é, no final das contas, provar a *unidade "da* fruta" em todas essas suas manifestações vitais, a maçã, a pera, a amêndoa, quer dizer, a *conexão mística* entre essas frutas e como em cada uma delas se realiza, *gradual e necessariamente*, *"a* fruta", como, por exemplo, a passa progride de sua existência de passa à sua existência de amêndoa. O valor das frutas profanas *não mais* consiste, por isso, em suas características *naturais, mas sim* em sua característica *especulativa*, através da qual ela assume um lugar determinado no processo vital *"da* fruta absoluta".

O homem comum não acredita estar dizendo nada de extraordinário quando diz que há maçãs e há peras. Mas o filósofo, quando expressa a referida existência de maneira especulativa, diz algo *extraordinário*. Ele realizou um *milagre*, ele engendrou do seio do *ser intelectivo* irreal *"a* fruta", os *seres*

---

[11] Brilhante ironia. Marx muda o tratamento da pessoa repentinamente, invocando de maneira direta o leitor – com o uso do tu –, como se quisesse deixar claro que a Crítica crítica pouco a pouco vai envolvendo – e inclusive logra envolver – os leitores que ela invoca através de sua argumentação capciosa. (N.T.)

naturais reais maçã, pera etc.; ou seja, ele *criou* essas frutas do seio de seu *próprio intelecto abstrato*, que ele representa para si mesmo como um sujeito absoluto fora de si – no caso concreto como *"a fruta"* – e em cada existência que expressa ele leva a cabo um ato de criação.

Naturalmente resta dizer que o filósofo especulativo apenas leva a cabo essa contínua criação ao encaixar furtivamente, como se fossem determinações *inventadas por ele mesmo*, propriedades da maçã, da pera etc. que são conhecidas universalmente e apresentadas à intuição real, atribuindo os *nomes* das coisas reais àquilo que apenas o intelecto abstrato pode criar, ou seja, às fórmulas abstratas do intelecto; declarando, enfim, sua *própria* atividade, através da qual *ele passa* da representação maçã à representação pera, como a *autoatividade* do sujeito absoluto, *"da* fruta".

A essa operação dá-se o nome, na terminologia especulativa, de conceber a *substância* na condição de *sujeito*, como *processo interior*, como *pessoa absoluta*, concepção que forma o caráter essencial do método *hegeliano*.

Era necessário adiantar essa observação a fim de possibilitar a compreensão do senhor Szeliga. Se até agora o senhor Szeliga dissolvia relações reais na categoria do mistério, como por exemplo o direito e a civilização, transformando assim *"o mistério"* em substância, é só agora que se eleva à altura verdadeiramente especulativa – à altura *hegeliana* –, convertendo *"o mistério"* em um sujeito independente, que se *encarna* nas situações de pessoas reais, e cujas manifestações de vida são condessas, marquesas, grisetes[12], porteiros, notários, charlatães e intrigas amorosas, bailes, portas de madeira etc. Depois de engendrar a categoria *"o mistério"* a partir do seio do mundo real, ele engendra o mundo real a partir dessa categoria.

E os mistérios da *construção especulativa* se revelam de um modo tanto *mais visível* na exposição do senhor Szeliga, quanto mais pelo fato de ele ter uma *dupla* vantagem sobre *Hegel*. De um lado Hegel sabe representar o processo pelo qual o filósofo passa de um objeto a outro através da intuição insensível e da representação, com maestria sofística, como se fosse o processo do mesmo ser intelectivo imaginado, do sujeito absoluto. Mas depois disso Hegel costuma oferecer, dentro da exposição *especulativa*, uma exposição *real*, através da qual é possível captar a própria *coisa*. E esse desenvolvimento real *dentro* do desenvolvimento especulativo induz o leitor, equivocadamente, a tomar o desenvolvimento especulativo como se fosse real e o desenvolvimento real como se fosse especulativo.

No senhor Szeliga ambas as dificuldades deixam de existir. Sua dialética é isenta de qualquer hipocrisia e tergiversação. Ele realiza sua peça artística com uma honradez assaz digna de louvor e com a mais singela das retidões

---

[12] Moça que veste grise (tecido de lã pardacento usado em certos hábitos monásticos); por extensão, empregada faceira. (N.T.)

bondosas. O que ocorre é que não desenvolve, *em parte nenhuma*, um *conteúdo real*, de modo que nele a construção especulativa aparece sem nenhum adiamento estranho que a desequilibre, sem nenhum tapume de duplo sentido, brilhando ante os nossos olhos em toda sua beleza nua. No senhor Szeliga também se mostra de um modo brilhante como a especulação de um lado cria seu objeto a priori, aparentemente livre e a partir de si mesma, mas de outro lado, precisamente ao querer eliminar de maneira sofista a dependência racional e natural que tem em relação ao *objeto*, demonstra como a especulação cai na *servidão* mais irracional e antinatural sob o jugo do objeto, cujas determinações mais casuais e individuais ela é obrigada a construir como se fossem absolutamente necessárias e gerais.

3. "O mistério da sociedade culta"

Depois de nos haver conduzido através das camadas mais baixas da sociedade, levando-nos por exemplo às tavernas dos criminosos, Eugène Sue nos dirige à haute volée[13], em um *baile* no Quartier Saint-Germain[14].

O senhor Szeliga constrói essa *transição* conforme segue:

> O mistério trata de *se* subtrair à consideração através de uma... reviravolta. Até agora ele se dava a conhecer como o absolutamente enigmático, que escapava a toda possibilidade de ser segurado ou captado, como o negativo, em oposição ao verdadeiro, ao real, ao positivo; agora ele se introduz nos mesmos como se fosse seu *conteúdo invisível*. Com isso abandona também a possibilidade incondicional de chegar a ser conhecido.

"O mistério", que até agora se contrapunha ao "verdadeiro", ao "real", ao "positivo", ou seja, ao direito e à cultura, "agora se introduz neles", ou seja, na região da cultura. Que a haute volée é a região exclusiva da cultura é um mystère; se não um mystère *de* Paris, pelo menos um mystère *para* Paris. O senhor Szeliga não passa dos mistérios do mundo criminoso para os mistérios da sociedade aristocrática, mas *"o mistério"* torna-se o "conteúdo invisível" da sociedade culta, a sua *verdadeira essência*. Isso não é *"nenhuma nova reviravolta"* do senhor Szeliga, a fim de poder emendar mais um punhado de considerações, mas é *"o segredo"* que adota essa "nova reviravolta" a fim de *se* subtrair à consideração.

O senhor Szeliga, antes de seguir realmente a Eugène Sue para onde o manda seu coração – quer dizer, a um baile aristocrático –, ainda segue usando as reviravoltas *hipócritas* da especulação, construídas *a priori*.

> *Certamente* pode-se *prever* que gabinete seguro "o segredo" haverá de *eleger* para *seu* esconderijo e, *de fato, parece* que ele é de uma *insuperável impenetrabilidade*...

---

[13] "Alta sociedade." (N.E.A.)

[14] Bairro (*quartier*) nobre de Paris. (N.T.)

que... disso *pode-se supor*, que *sobretudo... todavia, é imprescindível aqui* uma nova tentativa de fazer o grão vir à luz.

Basta, o senhor Szeliga chegou tão longe que o

sujeito *metafísico, o* mistério – agora se apresenta leve, desinibido e coquete.

A fim de transformar a sociedade aristocrática em um "mistério", pois, o senhor Szeliga agora ataca com algumas reflexões acerca da *"cultura"*. Pressupõe para isso uma série de qualidades da sociedade aistocrática que ninguém procura nela, para descobrir ao fim o "mistério" de que ela não possui tais qualidades. E logo apresenta essa descoberta como se fosse o "mistério" da sociedade culta. Assim, por exemplo, o senhor Szeliga se pergunta se "a razão *geral*" – não será, por acaso, a lógica especulativa? – formará o conteúdo de seus *"entretenimentos cultos"*, se serão *apenas* o *ritmo* e a *medida* do amor" os que "fazem dela um todo harmônico", se o "que chamamos de *cultura geral* será a forma do *geral, eterno, ideal*", quer dizer, se o que chamamos de cultura será uma figuração metafísica... E não custa muito trabalho ao senhor Szeliga profetizar a priori, em resposta a suas perguntas:

Cabe *esperar, ademais...* que a resposta seja negativa.

No romance de Eugène Sue a transição do mundo baixo ao mundo elevado é uma transição comum de romance. Os *disfarces de Rodolfo*, príncipe de Geroldstein[15], conduzem-no às camadas mais baixas da sociedade assim como sua posição lhe dá acesso a seus círculos mais altos. A caminho do baile aristocrático, não são, de maneira nenhuma, os contrastes da situação atual do mundo que o põem a refletir; mas são seus *próprios* mascaramentos contrastantes que lhe parecem *picantes*. Ele comunica a seus dóceis acompanhantes quão interessante se acha a si mesmo nas diferentes situações.

Je trouve [ele diz] assez de piquant dans ces contrastes: un jour peintre en éventails, m'établant dans un bouge de la rue aux Fèves; ce matin commis marchand offrant un verre de cassis à madame Pipelet, et ce soir... un des privilégiés par la grâce de dieu, que règnent sur ce monde.[16]

Uma vez conduzida ao baile, a Crítica crítica canta:

O juízo e os sentidos quase que se me vão,
Ao me ver entre potentados, aqui ao chão![17]

---

[15] No romance *Os mistérios de Paris*, de Eugène Sue: Geroldstein. (N.E.A.)

[16] "Encontro algo excitante nesses contrastes; um dia, pintor de leques estabelecido numa taverna comum na Rua das Favas; pela manhã, dependente de comércio que oferece um copo de licor de cassis a madame Pipelet, e pela parte da tarde... um dos privilegiados que, pela graça de Deus, reinam sobre este mundo." (N.E.A.).

[17] A ironia de Marx vai fundo; aqui ele usa dois versos do *Fausto*, de Goethe. Ver Primeira Parte, Cena Sexta, "A cozinha das bruxas". (N.T.)

Ela se derrama em *ditirambos* conforme segue:

> Aqui o brilho do sol domina a noite e o verdor da primavera, o esplendor do verão luzem por encanto em pleno inverno. Nós nos sentimos imediatamente levados a crer que o milagre da presença de Deus se realizou no interior do seio humano, tanto mais porque a beleza e a graça fortalecem a convicção de que nos encontramos na proximidade imediata de ideais. [!!!]

Oh, *pároco aldeão crítico*, inexperiente e crédulo! Apenas a tua simplicidade crítica pode sentir-se "levada a crer" supersticiosamente, por obra e graça de uma elegante sala de baile parisiense, no "milagre da presença de Deus no interior do seio humano" e a vislumbrar nas leoas elegantes dos salões de Paris "ideais imediatos", anjos de carne e osso!

Em sua ingenuidade *empomadada*, o pároco crítico se põe a escutar de sorrate às duas "mais formosas entre as formosas", a Clémence de Harville e à condessa Sarah Mac Gregor. E adivinhe-se o que ele pensa *"escutar de seus sussurros"*:

> de que modo poderemos chegar a nos tornar capazes de receber a *bênção* de filhos amantíssimos, *toda a plenitude* da ventura de um esposo!!...
> Nós escutamos... nós nos assombramos... nós não damos crédito a nossos ouvidos.

Nós sentimos uma satisfação malévola e secreta ao ver a decepção do pastor bisbilhoteiro. As damas não estão falando nem "da bênção" nem "da plenitude", nem sequer da "razão geral"; elas falam é "de uma infidelidade cometida contra o esposo da senhora de Harville".

Acerca de uma das damas, a condessa Mac Gregor, nós recebemos a seguinte informação ingênua:

> [Ela era] *empreendedora o bastante* para, *em consequência* de um casamento secreto, tornar-se *mãe de um filho*.

Comovido de maneira desagradável por esse espírito empreendedor da condessa, o senhor Szeliga lê para ela o texto:

> Nós achamos que todo esse modo de proceder da condessa se orienta ao proveito egoísta, individual.

Sim, o senhor Szeliga não vê nada de bom no objetivo da condessa, que é o de se casar com o príncipe de Geroldstein:

> do que não podemos esperar *absolutamente nada*, muito menos que vá a se servir dele para *fazer felizes aos súditos* do príncipe.

E com uma "seriedade rica em intenções" o puritano conclui sua prédica admoestatória:

> Sarah [a dama *empreendedora*] não é, *aliás, apenas algo* como uma exceção entre esses círculos brilhantes, *ainda que seja* uma *ponta*.

Aliás, apenas algo! Ainda quê! E a "ponta" de um círculo não seria uma exceção, por acaso?

Sobre o caráter de duas outras ideais, da marquesa de Harville e da duquesa de Lucenay, ficamos sabendo que a elas

> "faltam as satisfações do coração". Não acharam o objeto do amor no casamento e por isso procuram-no fora dele. O amor permaneceu um *mistério* para elas no casamento, que os impulsos imperativos do coração as obrigam a desvelar ao mesmo tempo. *Assim* elas se entregam, *pois*, ao *amor misterioso*. Essas "vítimas" do "casamento sem amor" se veem "impulsionadas involuntariamente a degradar o próprio amor a algo externo, a uma chamada relação, considerando o interior, o vivificador e o essencial no amor como o romântico, como o *mistério*".

O mérito desse desenvolvimento dialético deve ser considerado tanto mais alto pelo fato de esse mesmo desenvolvimento dialético se mostrar aplicável em termos universais.

Por exemplo, quem não pode *beber* em sua casa e sente, no entanto, a necessidade da bebida busca o "objeto" para satisfazer esse apetite *"fora"* de casa, e *"assim"* se entrega, pois, à *"bebida misteriosa"*. Sim, ele é impulsionado a considerar o mistério um ingrediente essencial da bebida, apesar de não querer degradar a embriaguez ao plano de algo puramente "externo" e indiferente, como aquelas damas não querem tampouco degradar o amor a esse plano. Pois, conforme a explicação do senhor Szeliga, não é o amor em si, mas o matrimônio sem amor, que elas rebaixam ao plano daquilo que ele realmente é, ao plano de algo puramente externo, daquilo que se chama de uma relação.

Qual é [nos é dito adiante] o *"mistério"* do amor?

Acabamos de ver como, na construção que examinamos, "o mistério" constitui a *"essência"* dessa classe de amor. O que é que nos leva a indagar agora sobre o mistério do mistério, a essência da essência?

> Não [declama o pároco], não os caminhos umbrosos entre as brenhas, não o lusco-fusco *natural* de uma noite de lua, nem a penumbra artificial criada por cortinas e reposteiros valiosos, não os acordes suaves e anestesiantes das harpas e dos órgãos, não o poder do proibido...

Cortinas *e* reposteiros! Um acorde suave *e* anestesiante! E, olha só, até os *órgãos*! Que o senhor pároco afaste de seu pensamento, de uma vez por todas, a *igreja*! Quem haverá de trazer órgãos para um randevu amoroso?

> Tudo isso [cortinas e reposteiros e órgãos] é apenas o *misterioso*.

E o *misterioso* não seria o "mistério" do amor misterioso? De maneira nenhuma:

> O mistério dentro disso é o que nos excita, nos embriaga, a *violência* da *sensualidade*.

No acorde "suave e *anestesiante*" o pároco já possuía aquilo que anestesiava. Oh, se ele tivesse trazido sopa de tartaruga e champanha em vez de cortinas e órgãos ao seu randevu amoroso, também não lhe faltaria aquilo que *"excita* e *embriaga"*.

> A violência da sensualidade [ensina professoralmente o santo senhor], nós não conseguimos confessá-la para nós mesmos; mas é só por isso, no entanto, que ela tem um poder tão monstruoso sobre nós, porque queremos nos desfazer dela, porque não a reconhecemos como nossa própria natureza, natureza que nos esforçamos por dominar quando esta procura se impor às custas da razão, do verdadeiro amor e da força da vontade.

À maneira da teologia especulativa, o pastor nos aconselha a *reconhecer* a sensualidade como nossa *própria* natureza, para estarmos logo em condições de *dominá-la*, quer dizer, para voltarmos a tomar posse de seu reconhecimento. Claro está que ele só pretende dominá-la quando ela procura se impor às custas *da* razão, pois a força da vontade e o amor, em *oposição* à sensualidade, não são outra coisa que a força de vontade e o amor *da* razão. Também o cristão não especulativo reconhece a *sensualidade* quando esta não trata de impor-se à custa da verdadeira razão, quer dizer, do amor a Deus e da força verdadeira da vontade, ou seja, a vontade em Cristo.

Mas o pároco imediatamente nos trai sua verdadeira opinião, ao prosseguir:

> Quando o amor deixa de ser o essencial no matrimônio e na moral em geral, portanto, a *sensualidade* se transforma no mistério do amor, da moral e da sociedade culta – a sensualidade tanto em seu significado *exclusivo*, no qual representa o *tremor dos nervos*, a *torrente ardorosa* nas veias, quanto nesse outro significado mais amplo em que a sensualidade se exalta até alcançar uma *aparência* de poder espiritual, elevando-se às formas da ambição, do orgulho e da cobiça pela glória... A condessa Mac Gregor representa [o último significado] da sensualidade, como o mistério da sociedade culta.

Com essa o pároco acerta na mosca. Para dominar a *sensualidade*, ele tem de dominar antes de tudo as *descargas nervosas* e a acelerada *circulação sanguínea*... O senhor Szeliga acredita, em um sentido "exclusivo", que a temperatura mais elevada do corpo procede do ardor do sangue nas veias; não sabe que os *animais de sangue quente* se chamam assim porque a temperatura de seu sangue, não contadas pequenas variações, mantém-se sempre no mesmo nível... Quando os nervos deixam de enviar descargas e o sangue das veias se resfria, o *corpo pecador*, a morada dos prazeres sensuais, converte-se em *homem morto*, e então as almas já podem, livres de qualquer atropelo corporal, sustentar seus colóquios a respeito da "razão geral", do "verdadeiro amor" e da "moral pura". O pastor degrada a sensualidade de tal maneira que ele suspende justamente os momentos do amor sensual que a exaltam, tanto a circulação acelerada do sangue, que é o que revela que o homem não ama de um modo fleumático, sem a intervenção dos sentidos, quanto as descargas nervosas, que unem o órgão, que forma a sede dos sentidos, com o cérebro. Ele reduz o verdadeiro amor sensual à secretio seminis[18] *mecânica* e sussurra, unindo sua voz à de um mui afamado teólogo alemão:

> Não devido ao amor sensual, não devido aos desejos da carne, mas porque o senhor disse: Crescei e multiplicai-vos.

Comparemos agora a construção especulativa com o romance de Eugène Sue. Nessa obra não é a *sensualidade* que é apresentada como o mistério do amor, mas os enigmas, as aventuras, os obstáculos, os medos e os perigos e, sobretudo, o poder do proibido.

> Pourquoi [escreve Eugène Sue] beaucoup de femmes prennent-elles pourtant des hommes que ne valent pas leurs maris? Parce que le *plus grand charme de l'amour* est l'attrait affriandant *du fruit défendu*... avancez que, en retranchant de cet amour les craintes, les angoisses, les difficultés, les mystères, les dangers, il ne reste rien ou peu de chose, c'est-à-dire, l'amant... dans sa simplicité première... en un mot, ce serait toujours plus ou moins l'aventure de cet homme à qui l'on disait: "Pourquoi n'épousez-vous dons pas cette veuve, votre maîtresse?" – "Hélas, j'y ai bien pensé" – répondit-il – "mais alors je ne saurais plus où aller passer mes soirées".[19]

Enquanto o senhor Szeliga diz expressivamente que o *poder do proibido* não é o mistério do amor, Eugène Sue o esclarece do mesmo modo expressivo como sendo "o maior encanto do amor" e a razão das aventuras amorosas extra muros[20].

> La prohibition et la contrebande sont inséparables en amour comme en marchandise.[21]

E Eugène Sue afirma, do mesmo modo, em oposição a seus exegetas especulativos, que

---

[18] "Secreção seminal." (N.E.A.)

[19] "Por que muitas mulheres escolhem, no entanto, a homens que não valem tanto quanto seus maridos? Porque *o maior encanto do amor* é a tentação *do fruto proibido*... Há que se reconhecer que, se suprimimos deste amor os temores, as angústias, as dificuldades, os mistérios, os perigos, não restará nele nada ou lhe sobrará muito pouco, quer dizer, sobrará o amante... em sua simplicidade primária... em uma palavra, teremos sempre, mais ou menos, a aventura daquele homem a quem perguntavam: 'Por que não vos casais com essa viúva, que é vossa amante?' 'Ah, até já pensei nisso – respondeu ele – mas nesse caso eu não saberia onde haveria de passar minhas noites.'" (N.E.A.)

[20] *Extra muros* é, por incrível que pareça, uma expressão latina e usada como tal no original. No português, podemos dispensar a tradução do latim. (N.T.)

[21] "A proibição e o contrabando são inseparáveis tanto no amor como no comércio." (N.E.A.). A frase é uma citação à obra *Theorie de l'unité universelle* (Teoria da unidade universal) de Charles Fourier. Vide volume III, Parte II, capítulo 3. (N.T.)

a tendência à fraude e à esperteza, o gosto pelos mistérios e pelas intrigas são uma característica essencial, uma propensão natural e um instinto imperativo da natureza feminina.

Apenas a direção dessa tendência e desse gosto contra o *casamento* incomodam o senhor Eugène Sue. Ele quer dar aos impulsos da natureza feminina uma aplicação mais inofensiva, mais útil.

Enquanto o senhor Szeliga apresenta a condessa Mac Gregor na condição de representante daquela *sensualidade* que se "exalta até alcançar uma aparência de poder espiritual", essa dama é, para Eugène Sue, um *ser intelectivo abstrato*. Sua "ambição" e seu "orgulho", longe de serem formas da sensualidade, são abortos de uma inteligência abstrata, completamente independentes dela. Por isso Eugène Sue adverte de maneira expressa que

> as fogosas inspirações do amor jamais faziam seu seio *gelado* bater mais forte, que *nenhuma* surpresa do *coração* ou dos *sentidos* era capaz de perturbar os cálculos impiedosos dessa mulher astuta, egoísta e ambiciosa.

O egoísmo do *intelecto* abstrato, que não sofre por causa dos sentidos simpáticos e não é banhado pelo calor do sangue, forma o caráter essencial dessa mulher. Por isso sua alma é apresentada como "seca e dura", seu espírito como "hábil e maligno", seu caráter como "pérfido" e – coisa característica de um ser intelectivo abstrato – "absoluto" e seu talento no ato de fingir como "profundo". De passagem seja dito que Eugène Sue motiva a trajetória da vida da condessa de um modo tão estúpido como o faz com a maioria de seus personagens romanescos. Uma velha ama lhe mete na cabeça que ela tem de se tornar uma "cabeça coroada". Instigada pela presunção, ela se entrega a viagens a fim de conseguir alcançar uma coroa através do casamento. No fim, ela comete a inconsequência de tomar um pequeno sereníssimo[22] alemão por uma "cabeça coroada".

Depois de suas expectorações contra a *sensualidade*, o nosso santo crítico ainda tem de demonstrar por que Eugène Sue abre as portas da haute volée em um baile, método de apresentação que encontramos em quase todos os romancistas franceses, ao passo que os *ingleses* preferem, de um modo geral, nos introduzir no belo mundo da nobreza através de uma caça ou de uma visita a um castelo rural.

> Para essa concepção [a concepção do senhor Szeliga, fique claro] não pode ser indiferente, nem aqui [na construção do senhor Szeliga] puramente fortuito o fato de Eugène Sue nos introduzir no grande mundo justamente através de um baile.

---

[22] Marx usa o substantivo (*Serenissimus*, em alemão) na acepção de "título dado, outrora, a algumas altas personalidades". Lembrar que sereníssimo já foi, também, um antigo título de honra de monarcas e infantes portugueses. (N.T.)

Eis que, aproveitando a rédea solta, o cavalo se põe a galope em direção à necessidade, chegando a uma série de conclusões que lembram o velho Wolff[23].

A *dança* é a manifestação mais geral da *sensualidade na condição de mistério*. O *contato* direto, o abraço de ambos os sexos [?], que condiciona o par, são consentidos na dança porque, apesar da aparência visual e das doces sensações que se fazem sentir realmente [realmente, senhor pároco?] esse contato e esse abraço não são tidos como *sensuais*.

Serão tidos, por acaso, como racionais de um modo geral?

E agora a sentença final, que em sua dança toca o chão no máximo com os calcanhares:

Pois, se *na realidade* são consideradas *assim*, não se compreenderia *por que* a sociedade guarda essa indulgência apenas no que diz respeito à dança, *ao passo que, ao contrário*, persegue e condena com tanta dureza *algo que se revelasse em outro lugar* com a mesma liberdade, como se fosse um atentado imperdoável contra o pudor e os bons costumes, que leva consigo o anátema e a repulsa mais implacável.

O senhor pároco não fala nem do *cancã*, nem da *polca, mas da* dança enquanto tal, da *categoria* da dança, de uma dança que não é dançada em lugar nenhum a não ser sob as abóbadas de seu crânio crítico. Se ele pudesse ver, uma vez que fosse, uma dança no Chaumière de Paris sua mentalidade cristã-germânica haveria de se escandalizar ante esse atrevimento, essa franqueza, essa voluntariedade graciosa, essa música de movimentos infinitamente sensuais. Suas próprias "doces sensações que se fazem sentir realmente" lhe fariam "sentir" que, "na realidade, não se compreenderia por que os mesmos dançarinos" produzem no espectador a sensação confortante de uma sensualidade franca e humana, ao passo que, "ao contrário", "se isso se revelasse em outro lugar", ou seja, na Alemanha, "com a mesma liberdade", seria considerado "um atentado imperdoável" etc. etc. Isso para não dizer também que, pelo menos, ante seus próprios olhos, os dançarinos não apenas podem e devem ser homens sinceramente sensuais, como ademais têm o direito e são obrigados a assumir a obrigação de sê-lo!

O crítico nos introduz em um *baile* por amor à *essência* da *dança*. Mas tropeça em uma grande dificuldade. Nesse baile se dança, mas apenas de um modo imaginário. Eugène Sue na verdade não usa palavras para caracterizar a dança. Ele não se mistura entre o torvelinho dos dançarinos. Ele simplesmente vê no baile uma oportunidade para reunir o grupo aristocrático dos protagonistas. E em seu desespero "a Crítica" agarra o escritor sob os braços, *complementando* seu pensamento com sua própria "fantasia" e desenhando com a maior facilidade cenas de baile etc. Se Eugène Sue,

---

[23] Referência a Christian Wolff, filósofo iluminista alemão que encaminhou o advento do idealismo crítico de Kant na Alemanha. (N.T.)

seguindo o preceito crítico, não tinha nenhum interesse imediato na caracterização dos esconderijos e da linguagem dos criminosos na condição de esconderijos e linguagem dos criminosos, na *dança*, ao contrário, dança que não é *ele mesmo* mas sim um crítico "cheio de fantasia" que descreve, ele deposita um interesse infinito.
Adiante!

> *De fato*, o mistério do tom e do tato sociais – o mistério dessa contra-natureza extrema – é a nostalgia de voltar à natureza. Por isso uma figura como a de *Cecily* eletriza a sociedade culta, em meio à qual ela obtém êxitos tão extraordinários. Para uma mulher como ela, criada na condição de escrava entre escravas, carente de cultura e dependente apenas de sua natureza... essa natureza é a fonte única de vida. Transportada de repente a uma corte, entre a coação e a força dos costumes, de pronto ela aprende a penetrar no mistério desse mundo novo... Nessa esfera, que ela consegue chegar a dominar de maneira incondicional, já que sua força, a força de sua natureza, atua como um talismã misterioso, Cecily tem de, necessariamente, errar até o desmesurado, ao passo que antes, nos tempos em que ainda era escrava, a mesma natureza a ensinava a opor resistência a quaisquer sugestões indignas do poderoso senhor e a manter-se fiel a seu amor. *Cecily é o mistério revelado da sociedade culta.* Os sentidos desprezados rompem no fim os diques impostos e disparam em total desenfreamento etc.

O leitor do senhor Szeliga que não conhece o romance de Sue acreditará, indubitavelmente, que essa Cecily é a rainha do baile apresentado. No romance, Cecily aparece recolhida numa casa de correção alemã enquanto em Paris se dança a valer.

Cecily permanece, na condição de escrava, fiel ao médico negro David, porque o ama "apaixonadamente" e porque o senhor Willis, seu dono, lhe faz a corte *"brutalmente"*. Seu trânsito em direção a um modo de vida devasso é motivado por causas bastante simples. Transportada ao "mundo europeu", ela "cora" ante o fato de "ver-se casada com um negro". *"Imediatamente"* após sua chegada à Alemanha ela se vê corrompida por um mau sujeito, e seu "sangue índio" – que o hipócrita senhor Sue, graças à douce morale[24] e ao doux commerce[25], se vê obrigado a caracterizar como uma "perversité naturelle"[26] – fala mais alto.

O mistério de Cecily é a *mestiçagem*. O mistério de sua sensualidade é o *fogo tropical*. Parny, em suas belas poesias a Eleonore, festejou a mestiça. E há centenas de relatos de viagens nos quais vemos quão perigosas são essas mulheres para os marinheiros franceses.

---

[24] Moral suave. (N.E.A.)

[25] Comércio suave. (N.E.A.).

[26] "Perversidade natural.".(N.E.A.).

Cecily était le type incarné de la sensualité brûlante, que ne s'allume qu'au feu des tropiques... Tout le monde a entendu parler de ces filles de couleur, pour ainsi dire mortelles aux européens, de ces vampyrs enchanteurs, qui, enivrant leurs victimes de séductions terribles... ne lui laissent, selon l'énergique expression du pays, que ses larmes à boire, que son cœur à ronger.[27]

Contudo não é exatamente sobre as gentes de formação aristocrática e esnobe que Cecily exerca sua influência mágica...

les femmes de l'espèce de Cecily exercent une action soudaine, une omnipotence magique sur les hommes de *sensualité brutale* tels que *Jacques Ferrand*.[28]

E desde quando pessoas como Jacques Ferrand representam a fina sociedade? Mas a Crítica crítica tinha de construir *Cecily* na condição de um momento no processo vital do mistério absoluto.

4. "O mistério da probidade e da devoção"

O mistério enquanto *mistério* da sociedade culta passa, *é verdade*, da antítese à esfera *interior*. *No entanto,* o grande mundo tem, *por seu lado*, exclusivamente os *seus* círculos, nos quais ele preserva a santidade. Ele é, *de certo modo*, a capela para essa santidade máxima. *Porém*, para os que se encontram no átrio, a própria capela é *o* mistério. A cultura é, *portanto*, em sua posição excludente em relação ao povo, o mesmo... que a rudeza é para o culto.

É verdade... no entanto, por seu lado... de certo modo... porém... portanto... esses são os ganchos mágicos que unem os elos da *corrente da argumentação especulativa*. O senhor Szeliga fez com que o mistério se transportasse da esfera dos delinquentes para a haute volée. Agora ele tem de construir o mistério de que a alta sociedade possui seus círculos *exclusivos* e de que os mistérios desses círculos são mistérios para o povo. Para levar a cabo essa construção necessita-se, além dos ganchos mágicos dos quais acabamos de falar, recorrer à transformação de um *círculo* em uma *capela* e à transformação do mundo não aristocrático no *átrio* dessa capela. E mais uma vez é um mistério *para* Paris o fato de todas as esferas da sociedade burguesa formarem apenas um átrio para a capela da haute volée.

O senhor Szeliga persegue dois objetivos. De um lado, busca transformar *o* mistério, encarnado no círculo exclusivo das altas esferas, em *"patrimônio*

---

[27] "Cecily era o tipo personificado da ardente sensualidade que só acende sob o fogo dos trópicos... Todo o mundo já ouviu falar dessas moças de cor, que são, por assim dizer, mortais para os europeus, desses encantadores vampiros, que, embriagando a suas vítimas em terríveis seduções... não lhes deixam, conforme a enérgica expressão do país, mais do que suas lágrimas para beber, mais do que seu coração para roer." (N.E.A.)

[28] "As mulheres do tipo de Cecily exercem uma ação repentina, uma onipotência mágica sobre os homens *sensualmente brutais* como *Jacques Ferrand*." (N.E.A.)

comum do mundo". E, em segundo lugar, busca construir o *notário Jacques Ferrand* como um elo vital do mistério. Ele procede conforme segue:

> A cultura não quer nem pode incluir em seu círculo todos os estamentos e diferenças. Apenas a *cristandade* e a *moral* foram capazes de fundar impérios universais sobre a terra.

Para o senhor Szeliga, a cultura e a civilização são idênticas à cultura *aristocrática*. Por isso ele não pode ver que *a indústria e o comércio* fundam impérios bem diferentes daqueles que a cristandade e a moral, a felicidade familiar e o bem-estar burguês fundaram. Todavia, como chegamos ao *notário Jacques Ferrand*? De um modo altamente simples!

O senhor Szeliga transforma a *cristandade* em uma característica *individual*, na *"devoção"*, e a *moral* em uma outra característica *individual*, na *"probidade"*. Ele une ambas as características em *um* só indivíduo, que ele batiza de *Jacques Ferrand*, porque Jacques Ferrand não possui nenhuma das duas características, mas apenas dissimula. Jacques Ferrand torna-se, pois, o "mistério da probidade e da devoção". O "testamento" de Ferrand é, pelo contrário, "o mistério da devoção e da probidade *aparentes*", portanto não mais o mistério da devoção e da probidade em si. Caso a Crítica crítica quisesse construir esse testamento como mistério, ela teria de esclarecer a probidade e a devoção aparentes como o mistério desse testamento e não, em vez disso, esse testamento como o mistério da probidade aparente.

Enquanto o notariado parisiense vislumbrava em Jacques Ferrand um pasquim cheio de más intenções em relação à classe e logrou que a censura teatral retirasse esse personagem do palco na versão cênica dos *Mystères de Paris*, a Crítica crítica, ao mesmo tempo que *"polemiza contra o reino dos castelos no ar típico dos conceitos"*, vê em um notário parisiense não um notário parisiense, mas a religião e a moral, a probidade e a devoção. O processo do notário *Lehon* teria de tê-la esclarecido a respeito disso. A posição que o *notário* assume no romance de Eugène Sue guarda estreita relação com a posição oficial do notário.

> Les notaires sont au temporel ce qu'au spirituel sont les curés; ils sont les *dépositaires de nos secrets.*[29] (Monteil, "Histoire des français des divers états" etc., t. IX, p. 37.)

O notário é o confessor temporal. É um *puritano* de profissão; e "a honra", disse Shakespeare, "não é nenhuma puritana"[30]. Ele é, ao mesmo tempo, um

---

[29] "Os notários são, no mundo temporal, aquilo que os curas são no espiritual; eles são os *depositários de nossos segredos.*" (N.E.A.)

[30] Citação à peça de Shakespeare *All's Well That Ends Well*, 1602-1603 (*Tudo fica bem quando acaba bem*), obra da maturidade de Shakespeare, uma comédia sombria que oscila entre a melancolia e a mordacidade. (N.T.)

alcoviteiro para todas as circunstâncias e fins imaginados, o condutor de todas as intrigas e cabalas burguesas.

Com o notário Ferrand, cujo mistério único é a hipocrisia e o notariado, nós não conseguimos, segundo parece, avançar um passo sequer; escutemos, todavia!

> Se para o notário a hipocrisia é algo totalmente consciente, mas para a madame Roland *é algo semelhante ao instinto*, entre ambos se localiza, *assim*, a grande massa daqueles que não logram alcançar o mistério e mesmo assim se sentem impulsionados involuntariamente a querer descobri-lo. Por isso mesmo não é a superstição que leva as gentes altas e baixas a afluir à casa do charlatão Bradamanti (o abade Polidori); não, é a busca *do* mistério, para poderem se justificar perante o mundo.

"Gentes altas e baixas" não afluem à casa de Polidori a fim de descobrir um determinado mistério, que os justifique perante todo mundo; "as gentes altas e baixas" procuram nele *o* mistério puro e simples, o mistério na condição de sujeito absoluto, *a fim de* se justificarem perante o mundo, assim como se, para lascar lenha, buscássemos não um machado, mas *o* instrumento in abstracto[31].

Todos os mistérios que Polidori possui se limitam a um remédio para abortar destinado às mulheres e a um veneno para matar... O senhor Szeliga, possuído pela fúria especulativa, faz o *"assassino"* buscar seu refúgio no veneno de Polidori, "porque ele não quer ser assassino, mas quer ser respeitado, amado e honrado", como se em um caso de assassinato o que importasse fosse respeito, amor e honra e não *cabeças*! Mas o assassino *crítico* não se esfalfa para salvar seu pescoço, mas sim pela busca *"do* mistério"... Uma vez que nem todo mundo assassina e acaba engravidando contra as leis policiais, como iria Polidori colocar a *todos* na posse desejada do mistério? O senhor Szeliga provavelmente confunde o charlatão Polidori com o sábio *Polydoris Virgilius*, que viveu no século XVI e, embora não tenha descoberto nenhum mistério, aspirava, pelo menos, fazer da história dos descobridores de mistérios, dos *inventores...* um "patrimônio comum do mundo". (Vide *Polidori Virgilii liber de rerum inventoribus*, Lugduni, MDCCVI.)

O mistério, o mistério absoluto, tal e qual se estabelece ao fim na condição de "patrimônio comum do mundo", consiste, portanto, no mistério de abortar e envenenar. *O* mistério não poderia transformar-se de maneira mais jeitosa em "patrimônio comum do mundo" do que ao se transformar em mistérios que não são mistérios para ninguém.

---

[31] Em geral. (N.E.A.)

5. "O mistério, uma zombaria"

Agora o mistério se tornou patrimônio comum, o mistério de todo mundo e de cada um. Ou ele é minha arte ou é meu instinto, ou posso comprá-lo como se fosse uma mercadoria vendível.

Que mistério agora se tornou patrimônio comum do mundo? O mistério da ausência de direitos no Estado ou o mistério da sociedade culta, ou o mistério da falsificação de mercadorias ou o mistério de fabricar água de colônia, ou o mistério da "Crítica crítica"? Nenhum deles, mas sim *o* mistério in abstracto, a categoria do mistério!

O senhor Szeliga intenciona apresentar os *criados* e o *porteiro Pipelet e sua mulher* como a encarnação do mistério absoluto. Ele quer construir o *criado* e o *porteiro do* "mistério". Mas de que artes ele faz uso para precipitar-se da *categoria pura* até o *"criado"* que *"espia por trás da porta trancada"*, para mergulhar do *mistério como sujeito absoluto,* elevado ao trono sobre o *telhado,* entre o céu de nuvens da abstração, para o andar térreo, onde se encontra a portaria?

Começa fazendo com que a categoria do mistério passe por um processo especulativo. Depois de o mistério ter se tornado, através dos meios para abortar e envenenar, patrimônio comum do mundo, ele

> não é mais em absoluto, portanto, o *oculto* e o *inacessível em si,* mas o fato *de se ocultar* ou, melhor ainda [sempre melhor!], o fato de eu ocultá-lo, o fato de *eu torná-lo inacessível.*

Com essa conversão do mistério absoluto da *essência* no *conceito,* da fase *objetiva,* em que ele é o oculto em si, na fase *subjetiva,* em que ele se oculta ou, melhor ainda, em que *"eu o"* oculto, não demos sequer um passo adiante. A dificuldade parece surgir, pelo contrário, quando o mistério escondido na cabeça e no peito do homem é mais inacessível e recôndito do que se se achasse no fundo do mar. Por isso o senhor Szeliga toma *imediatamente* sua argumentação *especulativa* sob os braços, ajudando-a através de um progresso *empírico.*

> *As portas trancadas* [escutai essa! escutai essa!] são, *de agora em diante* [de agora em diante!] as portas atrás das quais se incuba, se cozinha e se perpetra *o* mistério.

O senhor Szeliga transforma, *"de agora em diante",* o *eu* especulativo do mistério em uma realidade bastante empírica, assaz *madeirosa...* em uma *porta.*

> Com isso [ou seja, com a porta trancada, e não com a passagem da essência trancada ao conceito], todavia, dá-se *também* a *possibilidade* de que eu possa escutá-lo, espioná-lo, captá-lo.

Por certo não é um "mistério" descoberto pelo *senhor Szeliga* o fato de podermos escutar o que sucede atrás de portas trancadas. O provérbio massivo chega a conceder ouvidos às paredes. O fato de que apenas "de agora em diante", depois da descida ao inferno através dos esconderijos dos criminosos, e da subida aos céus passando pela sociedade culta e pelos milagres de Polidori, possam-se incubar mistérios *atrás* de portas trancadas e escutá-los *diante* de portas trancadas é, pelo contrário, um mistério especulativo absolutamente crítico. E assim mesmo é um grande mistério crítico o fato de portas trancadas serem uma *necessidade categórica*, que serve tanto para incubar, cozinhar e perpetrar mistérios – quantos não são os mistérios que não são incubados, cozidos e perpetrados atrás das moitas! –, como também para espioná-los e divulgá-los.

Depois desse brilhante e dialético feito armamentista, o senhor Szeliga naturalmente passa da *espionagem* aos *motivos da espionagem*. E nessa passagem ele comunica o mistério de que a *satisfação malévola* é o motivo da espionagem. Da satisfação malévola ele segue adiante, chegando ao *motivo da satisfação malévola*.

> Cada um quer ser melhor [diz ele] do que o outro, porque não apenas oculta os impulsos de suas boas ações, mas também porque trata, inclusive, de envolver por completo as más em uma obscuridade impenetrável.

A sentença teria de ser invertida: cada um não apenas oculta os impulsos de suas boas ações, mas trata, inclusive, de envolver as más por completo em uma obscuridade impenetrável, porque quer ser melhor do que o outro.

Chegaríamos assim, partindo do *mistério que oculta a si mesmo*, ao *eu* que o oculta, do *eu* chegaríamos às *portas trancadas*, das *portas trancadas* à *espionagem*, da *espionagem* ao *motivo* da *espionagem*, a satisfação malévola, da *satisfação malévola* ao *motivo da satisfação malévola,* para daí chegar enfim ao *querer ser melhor.* A partir daí logo experimentaremos a alegria de ver o *criado* parado em frente à porta trancada. A vontade geral de querer ser melhor, com efeito, nos conduz diretamente ao ponto em que "todo mundo tem a tendência de descobrir os mistérios do outro", observação na qual é emendada outra, bem engenhosa, sem o menor esforço:

> No que diz respeito a isso o posto *mais favorável* pertence aos *criados*.

Caso o senhor Szeliga tivesse lido as memórias dos arquivos da polícia de Paris, as memórias de Vidocq, o "Livre noir" e outros do tipo, saberia que a *polícia* tem um posto ainda *mais favorável* no que diz respeito a isso do que o dos criados, por "mais favorável" que seja o posto destes; saberia que a polícia apenas se vale dos criados para os serviços mais grosseiros, que não apenas se põe a escutar diante das portas dos senhores surpreendendo-os em négligé, mas que inclusive desliza entre os lençóis de seus leitos sob a forma de uma femme galante ou até mesmo da esposa, pilhando-os nus da cabeça aos pés. No próprio romance de

Sue vemos como o espião da polícia Bras rouge constitui um expoente fundamental desse estado de coisas.

O que, "de agora em diante", incomoda o senhor Szeliga nos criados é o fato de que estes não sejam suficientemente *"desinteressados"*. E essa *reserva crítica* lhe abre o caminho em direção ao *porteiro Pipelet e sua esposa*.

> A posição do porteiro lhe confere, ao contrário, uma relativa independência para derramar sobre os mistérios da casa uma zombaria livre, desinteressada, ainda que chula e ofensiva.

Essa construção especulativa do porteiro cai, de primeiro, em grande perplexidade, uma vez que em muitas das casas de Paris a pessoa do criado coincide com a do porteiro para grande parte dos inquilinos.

No que se refere à fantasia crítica acerca da posição desinteressada e relativamente independente do porteiro, podemos julgá-la pelos seguintes fatos. O porteiro parisiense é o representante e o espião do proprietário do imóvel. Na maioria dos casos, não é este que o paga, mas os próprios inquilinos. E essa posição precária faz com que ele tenha que combinar, frequentemente, as tarefas de comissionado com seu cargo oficial. Durante a época do Terror, do Império e da Restauração, o porteiro era um agente fundamental da polícia secreta. De modo que sabemos, por exemplo, que o general Foy era vigiado por seu porteiro, que se encarregava de fazer as cartas dirigidas a ele chegarem às mãos de um agente policial instalado perto dali, a fim de que este as lesse. (Vide Froment, "La police dévoilée".) Isso explica por que "porteiro" e "epicier"[32] são, em francês, dois palavrões, e porque os porteiros querem sempre ser chamados de "concierge"[33].

Eugène Sue está tão longe de caracterizar madame Pipelet de "desinteressada" e inofensiva que de imediato nós a vemos enganando Rodolfo ao trocar seu dinheiro, recomendando-lhe a penhorista enganadora que vive em sua casa, descrevendo-lhe a Rigolette como se fosse uma conhecida sua, que poderia ser bem agradável ao senhor Rodolfo e provocando o comandante porque este paga mal e faz pechincha – em sua fúria chega a chamá-lo de "Commandant de deux liards"[34], "ça t'apprendra à ne donner que douze francs par mois pour ton ménage"[35] –, porque ele comete a "petitesse"[36] de ficar de olho em sua lenha etc. Ela mesma se encarrega de comunicar-nos a

---

[32] "Merceeiro". (N.E.A.)

[33] "Zelador". (N.E.A.)

[34] Algo como: "comandante de dois vinténs". (N.E.A.)

[35] "Isso haverá de te ensinar no que dá pagar apenas doze francos por mês pela tua manutenção." (N.E.A.)

[36] "Mesquinharia." (N.E.A.)

razão de seu comportamento "independente". O comandante paga apenas doze francos por mês.

No senhor Szeliga "Anastasia Pipelet tem, *de certa maneira*, a função de abrir a guerrinha privada contra *o* mistério".

Em Eugène Sue Anastasia Pipelet representa a *porteira parisiense*. Com ela, Sue se propõe a "dramatizar a portière desenhada com maestria por Henry Monier". O senhor Szeliga, no entanto, vê-se obrigado a converter uma das qualidades de madame Pipelet, a *"médisance"*[37], em um ente à parte, para logo depois transformar madame Pipelet na representante prototípica desse ente.

> O marido [prossegue o senhor Szeliga], o porteiro Alfred Pipelet figura ao lado dela, menos afortunado.

E para consolá-lo dessa desgraça, o senhor Szeliga transforma-o também numa *alegoria*. Ele passa a representar o lado *"objetivo"* do mistério, o *"mistério na condição de zombaria"*.

> O mistério ao qual ele sucumbe é uma zombaria, uma travessura que lhe aplicam.

Sim, em sua infinita misericórdia, a divina dialética transforma esse "homem desgraçado, velho e infantil" num *"homem forte"* em *sentido metafísico*, ao passo que este representa um momento assaz digno, assaz venturoso e assaz decisivo no processo de vida do mistério absoluto. O triunfo sobre Pipelet é

> *a derrota mais decisiva do mistério.*
> Alguém mais inteligente, mais corajoso não se deixaria enganar pela *farsa*.

6. A pomba do riso (Rigolette)

> Ainda resta um passo a ser dado. O mistério se viu impulsionado *por sua própria consequência*, conforme vimos no caso de Pipelet e através de Cabrion, a descer à condição de simples farsa. Importa agora *apenas* que o indivíduo não se preste mais a representar essa comédia ridícula. *Rigolette, a pomba do riso,* dá esse passo da maneira mais descarada do mundo.

Qualquer um pode, no intervalo de dois minutos, penetrar no mistério dessa farsa especulativa e aprender a aplicá-lo ele mesmo. Nós queremos dar aqui uma breve instrução sobre o modo de fazê-lo.

Atividade: Trate de construir como o homem chega à condição de senhor sobre os animais.

Solução especulativa: Tome-se uma meia dúzia de animais, por exemplo o leão, o tubarão, a cobra, o touro, o cavalo e o dogue. Abstraia-se desses

---

[37] "Maledicência." (N.E.A.)

seis animais a categoria *o* "animal". Represente-se *o* "animal" como um ser independente. Considere-se o leão, o tubarão, a cobra etc. como se fossem disfarces, encarnações *do* "animal". E, do mesmo modo que transformaste tua figuração *o* "animal" de uma abstração tua em um ser real, transforme agora os animais reais em seres de abstração, seres de tua figuração. Então verás que o "animal" que rasga o homem na condição de *leão*, que o devora na condição de *tubarão*, que o envenena na condição de *cobra*, que dispara sobre ele, apontando os cornos, na condição de *touro*, que lhe dá coices na condição de *cavalo* não faz mais do que latir para ele na condição de *dogue*, transformando a luta contra o homem em uma simples *escaramuça aparente*. O "animal" foi instigado por *sua própria consequência*, conforme vimos no caso do *dogue*, a descender ao plano de um *simples farsante*. Dessa maneira, pois, se uma criança ou um homem infantil foge do dogue, apenas se trata do fato de que o indivíduo já não se presta mais a representar essa comédia ridícula. O indivíduo X dá esse passo da maneira mais descarada do mundo, ao menear sua vara de bambu em direção ao dogue. Tu vês como *o* homem, através do indivíduo X e do dogue, torna-se senhor sobre *o* "animal" e, portanto, também sobre os outros animais, chegando a dominar o *animal na condição de leão* ao dominar o *animal na condição de dogue*.

De modo semelhante a "pomba do riso" do senhor Szeliga triunfa, através da mediação de Pipelet e de Cabrion, sobre os mistérios do estado atual do mundo. Mais ainda! Ela mesma é uma realização da categoria: *o* "mistério".

> Ela mesma não está consciente, no entanto, de seu alto valor moral; por isso é, ainda, um mistério para si mesma.

O mistério da Rigolette *não* especulativa, Eugène Sue o proclama através de Murph. Ela é "une fort jolie *grisette*". Eugène Sue representou nela o caráter humano, amável da grisette parisiense. Apenas viu-se obrigado, por devoção ante a burguesia e devido a uma exaltação altamente pessoal, a idealizar *moralmente* a grisette. Não teve outro remédio a não ser amenizar os aspectos picantes de sua vida e de seu caráter, quer dizer, seu desdém pela formalidade do matrimônio, sua relação ingênua com o étudiant[38] e com o ouvrier[39]. Aliás, é justamente nessas relações que ela forma um contraste verdadeiramente humano com a esposa pacata, mesquinha e egoísta do burguês, com toda a órbita da burguesia, em suma, com toda a órbita oficial.

---

[38] Estudante. (N.E.A.)

[39] Operário. (N.E.A.)

7. O estado universal dos Mistérios de Paris

Esse mundo dos mistérios é *agora* o estado geral do universo ao qual se vê transposta a ação individual dos "Mistérios de Paris".

"No entanto", antes que o senhor Szeliga "passe à *reprodução filosófica* do acontecimento épico", ele tem de "resumir em uma imagem de conjunto os traços concretos anteriormente esboçados".

Deve-se considerar uma verdadeira confissão, uma revelação de seu mistério crítico, o fato de o senhor Szeliga dizer que pretende passar à "reprodução filosófica" do acontecimento épico. Até agora ele fez apenas "reproduzir filosoficamente" o estado universal.

O senhor Szeliga prossegue em sua confissão:

De sua exposição resultaria que os diferentes mistérios examinados não possuem valor por eles mesmos, que isolados uns dos outros não representam nenhuma novidade grandiosa em termos de fofoca, mas que seu valor estaria no fato de formarem, juntos, uma *sequência organicamente estruturada*, cuja *totalidade* é o *"mistério"*.

Seguindo sua veia sincera, o senhor Szeliga vai ainda mais adiante. Confessa que a *"sequência especulativa"* não é a sequência *real* dos "Mystères de Paris".

É verdade que os mistérios não se apresentam, em nossa epopeia, no plano dessa *sequência que se conhece a si mesma* [a preço de custo?]. *Porém tampouco* vemos na obra a representação do *organismo lógico, livre e manifesto da crítica;* o que ela mostra é, muito antes, uma *misteriosa existência vegetal*.

Nós passaremos por alto pelo resumo do senhor Szeliga, a fim de fixarmos de imediato o ponto que constitui a "passagem". Em Pipelet entramos em contato com o "mistério que zomba de si mesmo".

Ao zombar de si mesmo, o mistério acaba também julgando a si mesmo. *Com isso* os mistérios, ao destruir-se a si mesmos em sua última consequência, desafiam todo o caráter vigoroso a um exame independente.

Rodolfo, príncipe de Geroldstein, *o homem da "crítica pura"*, é chamado a fazer esse exame e a *"revelar os mistérios"*.

Apenas bem mais adiante, quando já perdemos o senhor Szeliga de vista por algum tempo, é que entraremos a fundo na análise de Rodolfo e suas façanhas; mas já é muito o que desde agora pode ser previsto, e o leitor pode, de certa maneira, chegar a intuir e até suspeitar, segundo seu bom parecer, que, em vez da *"misteriosa existência vegetal"* que o personagem adota no "Jornal Literário Geral" e sua crítica, o transformaremos, muito antes, em um "membro *livre*, manifesto e *lógico*" do *"organismo da Crítica crítica"*.

VI

A Crítica crítica absoluta ou a Crítica crítica conforme o senhor Bruno

1. Primeira campanha da Crítica absoluta (Karl Marx)

a) O "espírito" e a "massa"
Até aqui a Crítica crítica pareceu ocupar-se, ora mais ora menos, apenas da elaboração crítica de diferentes objetos *mass*ivos. Agora vemos que ela passa a se ocupar do objeto absolutamente crítico, *de si mesma*. Até aqui ela hauria sua fama relativa da humilhação, da repulsa e da transformação críticas de *determinados* objetos e pessoas de massa. Agora, ela passa a haurir sua fama *absoluta* da humilhação, da repulsa e da transformação críticas da massa em geral. Havia limites relativos se antepondo à crítica relativa. À crítica absoluta se antepõe o limite absoluto, o limite da massa, a massa na condição de limite. A crítica relativa em sua oposição a determinados limites era, necessariamente, ela mesma um indivíduo *limitado*. A crítica absoluta em sua oposição ao limite *geral*, ao limite por excelência é, necessariamente, um indivíduo *absoluto*. Assim como os diferentes objetos e pessoas massivos acabaram misturados no mingau *impuro da "massa"*, a crítica ainda aparentemente objetiva e pessoal se converte na *"crítica pura"*. Até aqui a crítica pareceu ser, ora mais ora menos, apenas uma *qualidade* dos indivíduos críticos Reichardt, Edgar, Faucher etc. Agora a crítica torna-se *sujeito*, e o senhor Bruno é a sua encarnação.

Até aqui a *massificidade* parecia, ora mais ora menos, apenas uma qualidade dos objetos e pessoas criticados; agora, objetos e pessoas se convertem em *"massa"* e a *"massa"* se faz objeto e pessoa. Na atitude da sabedoria crítica absoluta ante a necessidade absoluta da massa se esfumaram todas as atitudes críticas. Essa *atitude fundamental* se manifesta na condição de *sentido*, de *tendência*, de *senha* das façanhas e lutas críticas encaminhadas até aqui.

De acordo com seu caráter absoluto, a crítica "pura" pronuncia de imediato, assim que se apresenta, o *"tópico"* distintivo, mas ele não é um obstáculo para que ela tenha de recorrer, na condição de espírito absoluto que é, a um processo dialético. Seu conceito originário apenas chegará a realizar-se de verdade no fim de seu movimento sideral. (Vide Hegel, "Enciclopédia".)

> Ainda há poucos meses [anuncia a crítica absoluta], a massa acreditava-se forte como um gigante e chamada a alcançar uma hegemonia mundial, cuja proximidade ela achava ser capaz de contar nos dedos[1].

Foi justamente o senhor *Bruno Bauer* quem, na "Die gute Sache der Freiheit und meine eigene Angelenheit" ("Boa causa da liberdade e meu próprio pleito") (quer dizer, em sua *"própria"* causa), na "Questão judaica"[2] e assim por diante, contava nos dedos de sua mão a proximidade da hegemonia mundial iminente, ainda que confessasse não poder indicar com precisão a data exata de sua chegada. No registro dos pecados da massa ele inscreve seus próprios pecados.

> A massa se acreditava na posse de tantas verdades que, segundo ela, compreendiam-se por si mesmas. Porém só se *possui* uma *verdade* por completo depois de... persegui-la até o fim através de *suas* provas.

A verdade é, tanto para o senhor Bauer quanto para Hegel, um *autômato* que se prova a si mesmo. O homem deve apenas *segui-la*. E, assim como em Hegel, o resultado da argumentação real no senhor Bauer não é outro que não a verdade *demonstrada*, quer dizer, a verdade levada à *consciência*. Por isso, a Crítica absoluta pode perguntar-se, conforme faz o mais tapado dos teólogos:

> *Para que* serviria *a História* se não tivesse por missão *demonstrar* precisamente essas verdades, as mais simples de todas (como por exemplo o movimento da Terra em volta do Sol)?

Assim como os antigos teólogos estipularam que as plantas se encontravam na terra para servir de alimento aos animais, e os animais para servir de alimento ao homem, assim também a História existe para servir ao ato de consumo do alimento teórico, da *demonstração*. O homem existe para que exista a História, e a História existe para que exista a *demonstração da verdade*. Sob essa forma trivializada *criticamente* se repete a sabedoria especulativa de que o homem e a História existem para que a *verdade chegue* à *autoconsciência*.

---

[1] Aqui, bem como nas citações seguintes, é citado o artigo de Bruno Bauer intitulado "Neueste Schriften über die Judenfrage" ("Escritos mais recentes acerca da questão judaica"), publicado no Caderno I do *Jornal Literário Geral*, em dezembro de 1843. Esse artigo é a resposta de Bruno Bauer às várias críticas a seu texto "Die Judenfrage" ("A questão judaica") publicadas na imprensa. (N.T.)

[2] O texto "Die Judenfrage" ("A questão judaica"), de Bruno Bauer, foi publicado também em 1843, na cidade de Braunschweig. Esse texto recupera e desenvolve alguns temas já abordados pelo autor em textos anteriores. (N.T.)

A sagrada família

A História torna-se, assim, uma persona à parte, um sujeito metafísico, do qual os indivíduos humanos reais não são mais do que simples suportes. Por isso a Crítica absoluta faz uso de frases do tipo:

> A História não permite que façam troça dela, *a* História encaminhou *seus* maiores esforços nesse sentido, *a* História se ocupou, para que existe *a* História?, *a* História nos fornece a prova expressamente: *a* História coloca verdades sobre o tapete etc.

Se, conforme a afirmativa da Crítica absoluta, apenas *duas* ou *três* verdades dessas – as mais simples –, que ao fim e ao cabo se compreendem por si mesmas, ocuparam a História até agora, essa pobreza à qual reduz a experiência humana anterior apenas demonstra, antes de tudo, sua *própria* pobreza. De um ponto de vista não crítico, a História conduz antes ao resultado de que a mais complicada das verdades, a essência e a síntese de todas as verdades, compreenda-se por si mesma no final.

> Mas verdades [segue demonstrando a Crítica absoluta], que para a massa *parecem* tão claras quanto o sol, a ponto de se fazerem entender de *antemão* por si mesmas... e das quais a mesma massa considera supérflua a demonstração, não são dignas de que a História pare para demonstrá-las expressamente; elas não formam, sobretudo, nenhuma das partes do problema que a História se ocupa em resolver.

Levada pelo fervor sagrado contra a massa, a Crítica absoluta lhe dedica a mais fina das lisonjas. Se uma verdade *é* clara como o sol, porque ela *parece* clara como o sol à massa, se a História *se comporta* em relação às verdades segundo o *parecer* da massa, isso quer dizer que o juízo da massa é absoluto, infalível; que é a *lei* da História, que apenas para para demonstrar aquilo que *não* está claro como o sol para a massa, e aquilo que, portanto, parece necessitar ser demonstrado. É, pois, a massa quem prescreve à História sua "missão" e sua "ocupação".

A Crítica absoluta fala de "verdades que se entendem *de antemão* por si mesmas". Em sua ingenuidade crítica, inventa um *"de antemão"* absoluto e uma *"massa"* abstrata e invariável. O "de antemão" da massa do século XVI e o "de antemão" da massa do século XIX são, aos olhos da Crítica absoluta, tão indistintos quanto as próprias massas. A característica de uma verdade *verdadeira* e *evidente* que se compreende por si mesma é, de maneira cabal, o fato de "se entender *de antemão* por si mesma". A polêmica da Crítica absoluta contra as verdades que se compreendem de antemão por si mesmas é a polêmica contra as verdades que "se compreendem por si mesmas" de um modo geral.

Uma verdade que se compreende por si mesma perdeu, tanto para a Crítica absoluta quanto para a *dialética* divina, seu sal, seu sentido, seu *valor*. Ela se torna insossa como a água parada de um pântano. Por isso a Crítica absoluta demonstra, por um lado, tudo o que se compreende por si mesmo e, ademais, várias coisas que têm a sorte de ser ininteligíveis e que, portanto, jamais poderão ser compreendidas por si mesmas. Por outro lado, nela se compreende por si mesmo tudo aquilo que requer uma argumentação. Por quê? Porque, tratando-se de *problemas reais*, compreende-se *por si* e automaticamente que eles *não* se compreendem por si mesmos.

Porque *a* verdade, assim como a História, é um sujeito etéreo, separado da massa material; ela não se dirige aos homens empíricos, mas sim ao *"mais íntimo da alma"*; não toca, para chegar a ser *"experimentada de verdade"*, ao *corpo grosseiro* do homem, alojado por exemplo nas profundidades de um porão na Inglaterra ou nas alturas de um sótão na França, mas "percorre", "de cabo a rabo", os canais idealistas de seus intestinos. É verdade que a Crítica absoluta estende até "a massa" o testemunho de que, até aqui, foi tocada a seu modo, quer dizer, de um modo artificial, pelas verdades que a História teve a magnanimidade de pôr sobre o tapete; porém, ao mesmo tempo, profetiza "que a *atitude* da *massa* perante o *progresso histórico mudará totalmente"*. O sentido oculto dessa profecia crítica em pouco não resistirá e tornar-se-á "claro como o sol".

> Todas as grandes ações da História até aqui [conforme ficamos sabendo] restaram frustradas *de antemão* e se achavam condenadas a não alcançar resultados profundos porque a massa havia se *interessado e entusiasmado* com elas, ou estavam necessariamente condenadas a terem um final lamentável porque a ideia da qual elas tratavam era uma dessas ideias que tinham de se contentar com uma concepção superficial e eram obrigadas a aspirar, portanto, ao aplauso da massa.

Parece que a compreensão, que se mostra suficiente para uma ideia e que portanto corresponde a uma ideia, deixa de ser superficial. O senhor Bruno não faz mais do que produzir em *aparência* uma *relação* entre a *ideia* e sua *concepção*, da mesma maneira que apenas produz em *aparência* uma *relação* entre a *ação* histórica frustrada e a *massa*. Portanto, quando a Crítica absoluta condena algo como "superficial", é tão só porque as ações e as ideias da História até o presente momento eram ideias e ações de "massas". A Crítica absoluta repudia a História *massiva*, que ela substituirá (veja-se, por exemplo, o senhor Jules Faucher tratando dos problemas ingleses na ordem do dia) pela História *crítica*. Segundo a História *acrítica* tal como aconteceu até o presente momento, quer dizer, a História não redigida conforme o sentido da Crítica absoluta, é necessário distinguir com toda precisão até que ponto a *massa "se interessa"* por tais ou quais objetivos e até que ponto ela *"se entusiasma"* com eles. A *"ideia"* sempre caiu no ridículo enquanto apareceu divorciada do *"interesse"*. Por outro lado, é fácil compreender que qualquer "interesse" de massa que passa a se impor historicamente, ao aparecer pela primeira vez no cenário universal, transcende de forma ampla – na *"ideia"* ou na *"representação"* – os seus limites reais para confundir-se com o interesse *humano* de um modo geral. Essa *ilusão* forma o que *Fourier* chama de *tônica* de cada época histórica. O *interesse* da burguesia pela Revolução de 1789, bem longe de ser *"frustrado"*, acabou *"ganhando"* tudo e alcançou o *"mais ofensivo dos êxitos"*, por mais que o *"páthos"* tenha se evaporado e por mais que as flores *"entusiásticas"*, com as quais esse interesse engrinaldou seu berço, tenham murchado. Esse *interesse* era tão poderoso que se impôs vitoriosamente à pena de um Marat, à guilhotina dos terroristas, à espada de Napoleão, ao crucifixo e ao sangue azul dos Bourbons. A Revolução apenas se "frustrou" para *a* massa, que não possuía na "ideia" *política* a ideia de seu interesse real, cujo verdadeiro princípio vital não coincidia, portanto, com o princípio vital da Revolução e cujas condições reais de emancipação se diferenciam de maneira essencial das condições sob as quais a burguesia podia se emancipar e emancipar a sociedade. Portanto se a Revolução, que pode representar todas as grandes "ações" históricas, acaba frustrada, acaba frustrada porque a massa, em cujas condições de vida ela se deteve, essencialmente, era uma massa *exclusiva, limitada,* que não abarcava seu conjunto. Não porque a massa se *"entusiasmasse"* e se *"interessasse"* pela Revolução, mas porque a maior parte dela, aquela que era distinta da burguesia, não possuía no princípio da Revolução seu interesse *real, seu* princípio revolucionário *próprio e peculiar*, mas *apenas* uma *"ideia"*, quer dizer, apenas um objeto de *entusiasmo* momentâneo e uma *exaltação* meramente aparente.

Com a profundidade da ação histórica aumentará, portanto, o volume da massa de quem ela constitui a ação. Claro está que as coisas ocorrem, necessariamente, de outro modo na História crítica, segundo a qual, no âmbito das ações históricas, *"não se trata"* das ações da massa, dos atos empíricos, nem do *interesse* empírico desses atos, mas, muito antes, *"de uma ideia"* que mora "dentro delas".

> Na massa [ensina-nos a História crítica], *e não em outro lugar,* conforme entendem seus condutores liberais do passado, *há que se buscar o verdadeiro inimigo do espírito.*

Os inimigos do progresso, *afora* a massa, são, precisamente, os *produtos*, capacitados e dotados de um corpo *próprio*, da *auto-humilhação*, da *autorreprovação*, da *autoexteriorização* da *massa*. Por isso a massa se volta contra seus *próprios* defeitos ao voltar-se conta os *produtos* de sua *auto-humilhação* aos quais atribui uma existência independente, do mesmo modo que o homem, ao se voltar contra a existência de Deus, volta-se contra sua *própria religiosidade*. Mas, como aquelas autoexteriorizações *práticas* da massa existem no mundo real de uma maneira exterior, a massa tem de combatê-las também *exteriormente*. Ela não pode considerar esses produtos de sua auto-humilhação, de modo algum, tão só como se fossem fantasmagorias *ideais,* como simples *exteriorizações da autoconsciência,* e querer destruir a alienação *material* apenas mediante uma ação *espiritualista interior.* Até mesmo a revista de Loustalot já tinha por divisa, em 1789[3]:

Les grands ne nous paraissent grands
Que parce que nous sommes à genoux
Levons nous![4]

Mas para levantar-se não basta levantar-se em *pensamento*, deixando que sobre a cabeça *real* e *sensível* permaneça flutuando o jugo *real* e *sensível*, que nós não logramos fazer desaparecer por encanto através das ideias. A *Crítica absoluta*, no entanto, pelo menos aprendeu da *Fenomenologia* de Hegel *a* arte de transformar as cadeias *reais e objetivas*, existentes *fora de si*, em cadeias dotadas de uma existência *puramente ideal*, puramente *subjetiva*, que existe apenas *dentro de mim*, transformando, portanto, todas as lutas *externas* e sensíveis em lutas puramente mentais.

Essa transformação crítica funda a *harmonia preestabelecida* da *Crítica crítica* e da *censura*. Do ponto de vista crítico, a luta do escritor com o censor não é uma luta do "homem contra o homem". O censor é, muito antes, nada mais do que *meu próprio tato, personificado* na polícia providencial, meu próprio tato em luta contra a ausência de tato e a ausência de crítica. A luta do escritor com o censor é apenas aparente e apenas para a má sensoriedade é algo distinto da luta *interior* do escritor *consigo mesmo*. O censor, *na condição* de produto *realmente distinto do individual*, meu produto espiritual para o exterior, um *esbirro policial* que maltrata a causa de uma pauta alheia, não passa de uma figuração apenas *massiva*, de uma *fantasmagoria acrítica*. Se as "Teses para a reforma da filosofia"[5] de Feuerbach foram proscritas pela censura, a culpa não foi da barbárie oficial da censura, mas da incultura das teses de Feuerbach. A crítica não obnubilada pela massa e pela matéria, a Crítica *"pura"* possui também no censor uma figura pura, "etérea", à parte de toda a realidade massiva.

A Crítica absoluta esclareceu a *"massa"* como o *verdadeiro inimigo* do *espírito*. E desenvolve a ideia mais detalhadamente da seguinte maneira:

---

[3] A divisa citada a seguir por Marx epigrafava o semanário *Révolutions de Paris*, publicado entre julho de 1789 e fevereiro de 1794. Até o mês de setembro de 1790, o semanário foi redigido pelo publicista e democrata revolucionário Elisée Loustalot. (N.T.)

[4] "Os grandes só nos parecem grandes,/porque nós estamos de joelhos./Levantemo-nos!" (N.E.A.)

[5] A obra de Ludwig Feuerbach *Vorläufige Thesen zur Reformation der Philosophie* (Teses provisórias para a reforma da filosofia), escrita em 1842, foi proibida pela censura logo após sua publicação, naquele mesmo ano. Em 1843, a obra seria publicada na Suíça, no segundo volume das *Anedotas a respeito da filosofia e da publicística alemãs contemporâneas*. (N.T.)

A sagrada família

O espírito agora sabe onde tem de *buscar seu* único *adversário*: nas ilusões e na falta de miolo da massa.

A Crítica absoluta parte do *dogma* da legitimitade absoluta *do "espírito"*. E parte, ademais, do *dogma* da existência do espírito como se fosse algo *fora do mundo,* quer dizer, fora da massa da humanidade. No fim ela transforma, de um lado *"o espírito", "o progresso",* de outro *"a massa"* em entes *fixos,* em conceitos e em seguida os relaciona entre si como se tais extremos fossem fixos e pré-dados. Não ocorre à Crítica absoluta parar para investigar o *"espírito"* em si, parar para investigar se por acaso "a frase", "a ilusão", "a falta de miolo" não terão seu fundamento muito antes em sua própria natureza espiritualista, em suas próprias pretensões quiméricas. O espírito é, ao contrário, *absoluto,* mas ao mesmo tempo – e por infortúnio – transforma-se constantemente na *ausência de espírito:* calcula suas despesas sozinho, sem a participação da taverneira. Ele tem de ter necessariamente, portanto, *um adversário,* que faz intrigas contra ele. E a massa é esse *adversário.*

O mesmo ocorre com o *"progresso".* Apesar das pretensões *"do progresso",* veem-se constantes *retrocessos* e *movimentos em círculo.* A Crítica absoluta, longe de suspeitar que a categoria *"do progresso"* é totalmente abstrata e desprovida de conteúdo, possui, ao contrário, tanta agudeza analítica que é capaz de reconhecer *"o progresso"* como absoluto, a fim de, em seguida, esclarecer o regresso – um *"adversário pessoal"* do progresso – como sendo causado pela *massa.* Porque *"a massa"* não é nada mais do que a *"antítese do espírito", do* progresso *da* "crítica", apenas pode achar-se determinada por essa mesma antítese imaginária; e porque prescinde dessa antítese a Crítica sabe nos dizer acerca do *sentido* e da existência da massa apenas coisas *insensatas,* porque totalmente indeterminadas:

> A massa, *no sentido* a partir do qual a *"palavra"* abarca *também* o *assim chamado* mundo culto.

Um "também", um "assim chamado" até bastam para uma definição crítica. *A* massa é, portanto, diferente da massa *real,* e existe apenas na condição de *"massa"* para *a "crítica".*

Todos os escritores comunistas e socialistas partiam da observação de que, por um lado, inclusive os fatos brilhantes mais favoráveis parecem ficar sem resultados brilhantes para acabar se desfazendo em trivialidades, por outro lado, que *todos os progressos do espírito* alcançados até aqui foram *progressos contra* a *massa da humanidade,* que foi impelida a descer a uma situação cada vez mais *desumanizada.* Por isso, eles declaravam (veja-se *Fourier*) que "o *progresso"* era apenas uma *frase feita,* insuficiente e abstrata, e presumiam (veja-se, entre outros, *Owen*) uma enfermidade fundamental do mundo civilizado, razão pela qual submetiam os *verdadeiros* fundamentos da sociedade atual a uma *crítica* incisiva. E a essa crítica comunista respondeu, logo em seguida, o movimento da *grande massa,* em cuja oposição havia ocorrido todo o desenvolvimento histórico anterior. Apenas quem teve oportunidade de conhecer o estudo, o afã de saber, a energia moral, o impulso incansável de desenvolvimento dos operários franceses e ingleses pôde formar para si uma ideia da nobreza *humana* desse movimento.

Quão infinitamente *engenhosa* é a Crítica absoluta, que, à vista desses feitos intelectuais e práticos, apenas concebe unilateralmente *um* dos lados da relação, o constante naufrágio do espírito, e, irritada por causa disso, busca, ainda por cima, um *adversário do* "espírito", que acaba encontrando *na* massa! Enfim, todo esse grande *descobrimento* crítico se reduz a uma *tautologia*. A seu juízo, *o* espírito tropeçava, até agora, com um limite, com um obstáculo, ou seja, com um *adversário, porque* tinha um *adversário*. E quem é o adversário do *espírito? A ausência de espírito*. Com efeito, a massa apenas se determina na condição de "antítese" do espírito, na condição de *ausência de espírito*, com as conseguintes notas que dela derivam mais em detalhe, tais como a "indolência", o "superficialismo" e a "presunção". Ora, que superioridade fundamental sobre os escritores comunistas essa de não perseguir a ausência de espírito, a indolência, o superficialismo e a presunção em suas fontes, mas pregar-lhes sermões *morais* e limitar-se ao fato de tê-los *descoberto* como antíteses do espírito, do progresso! O fato de que essas características se expliquem como características *da* massa, na condição de *sujeito* ainda diferente delas, não faz dessa difereciação mais do uma diferenciação "crítica" *aparente*. Apenas na *aparência* a Crítica absoluta possui, além das característica abstratas da ausência de espírito, da indolência etc., um sujeito concreto *determinado*, pois *"a massa" não* é, segundo a concepção crítica, *nada mais do que* essas mesmas características abstratas, uma outra *palavra* para designar essas características, uma *personificação abstrata* das mesmas.

A relação entre "espírito e massa" adquire, enquanto isso, mais um sentido *oculto*, que se revelará por completo no curso do desenvolvimento. Aqui, nos limitaremos a insinuá-lo. Aquela relação *descoberta* pelo senhor Bruno não é outra coisa, com efeito, do que a *coroação criticamente caricaturizada* da *concepção hegeliana da História*, que, por sua vez, não é mais do que a expressão *especulativa* do dogma *cristão-germânico* da antítese entre o *espírito* e a *matéria*, entre *Deus* e o *mundo*. E essa antítese se expressa por si mesma dentro da História, dentro do mundo dos homens, de tal modo que alguns *indivíduos* eleitos se contrapõem, como espírito *ativo*, ao resto da humanidade, que é a *massa carente de espírito*, a *matéria*.

A concepção *hegeliana* da História pressupõe um *espírito abstrato* ou *absoluto*, que se desenvolve mostrando que a humanidade apenas é uma *massa* que, consciente ou inconscientemente, lhe serve de suporte. Por isso ele faz com que, dentro da História *empírica*, exotérica, se antecipe uma História *especulativa*, esotérica. A História da humanidade se transforma na História do *espírito abstrato* da humanidade que, por ser *abstrato*, fica *além* das possibilidades do homem real.

Paralela a essa doutrina hegeliana, desenvolveu-se na França o ensinamento dos *doutrinários*[6], que proclamava a *soberania da razão* em oposição à *soberania do povo*, coisa que objetivava excluir as massas a fim de os doutrinários poderem governar *sós*. É uma atitude consequente. Se a atividade da humanidade *real* não é mais do que a atividade de uma *massa* de indivíduos humanos, a *generalidade abstrata, a* razão, *o* espírito têm de possuir, ao contrário, uma expressão abstrata, reduzida a alguns indivíduos. E apenas dependerá da posição e da capacidade de imaginação de cada indivíduo o fato de querer ou não fazer-se passar por esse representante "*do* espírito".

Já em *Hegel* vemos que o *espírito absoluto* da História tem na *massa* o seu material, e a sua expressão adequada tão só na *filosofia*. Enquanto isso, *o* filósofo apenas aparece como o órgão no qual o espírito absoluto, que faz a História, atinge a consciência *posteriormente*, depois de passar pelo movimento. A participação do filósofo na História se reduz a essa consciência *posterior*, pois o espírito executa o movimento real *inconscientemente*. O filósofo vem, portanto, post festum[7].

Hegel se torna culpado, pois, de uma dupla insuficiência, de um lado ao explicar a filosofia como a existência do espírito absoluto, negando-se, ao mesmo tempo, a explicar o *indivíduo filosófico real* como o espírito *absoluto*; e, de outro lado, ao teorizar que o espírito absoluto, na condição de espírito absoluto, apenas faz a História em *aparência*. Uma vez que o espírito absoluto, com efeito, apenas atinge a *consciência* no filósofo post festum, na condição de espírito criador universal, sua fabricação da História existe apenas na consciência, na opinião e na representação do filósofo, apenas na imaginação especulativa. O senhor Bruno supera essa insuficiência de Hegel.

Em primeiro lugar, ele explica *a* Crítica como sendo o espírito absoluto e a *si mesmo* como sendo *a* Crítica. Assim como o elemento da Crítica é degredado da massa, assim também o elemento da massa é degredado da Crítica. *A* Crítica não se mostra encarnada na *massa*, portanto, mas exclusivamente em um *punhado* de homens eleitos, no senhor *Bauer* e em seus discípulos.

---

[6] Grupo de políticos franceses – da burguesia – que atuou durante a Restauração (1815-1830). Os doutrinários eram monarquistas constitucionais e inimigos ferrenhos do movimento democrático e revolucionário. Seu objetivo era constituir um bloco de burgueses e nobres, nos moldes da política inglesa. O historiador François Guizot e o filósofo Pierre-Paul Royer-Collard – figura abstrusa, cuja posição se opunha às conquistas do materialismo francês do século XVIII e aos ideais democráticos da revolução burguesa – eram os nomes mais conhecidos entre os doutrinários. (N.T.)

[7] "Depois". (N.E.A.). Por várias das traduções encaminhadas pelo editor alemão nas notas de rodapé, o leitor verá que o seu objetivo é apenas clarificar. Aqui, por exemplo, ele simplifica uma expressão latina maravilhosa de Marx, autor desta "Primeira campanha". Ora, se o filósofo viesse "depois da festa" seria bem mais irônico... (N.T.)

O senhor Bauer supera, inclusive, a outra insuficiência de Hegel, uma vez que já não faz a História post festum, na fantasia, como a faz o espírito hegeliano, mas desempenha *conscientemente*, ao contrário, o papel de *espírito universal*, adota ante ela uma atitude *dramática* presente, e inventa e executa a História de um modo deliberado e depois de uma reflexão das mais maduras.

De um lado está a massa, como o elemento *material* da História, passivo, carente de espírito e a-histórico; de outro lado está *o* espírito, *a* Crítica, o senhor Bruno e companhia, como o elemento ativo, do qual parte toda a ação *histórica*. O ato de transformação da sociedade se reduz à *atividade cerebral* da Crítica crítica.

Sim, a relação da Crítica e portanto também da Crítica encarnada do senhor Bruno e companhia ante a massa é, na verdade, a *única* atitude histórica do presente. Toda a História atual se reduz ao movimento desses dois lados, um em relação ao outro. Todas as antíteses se dissolveram nessa antítese *crítica*.

A Crítica crítica, que apenas se *objetiva* em sua antítese, a massa, a *estupidez*, tem, portanto, de *engendrar* constantemente essa antítese, e os senhores Faucher, Edgar e Szeliga forneceram provas suficientes do virtuosismo que ela possui em sua especialidade, ou seja, na *estupidificação massiva* de pessoas e coisas.

Acompanhemos agora a Crítica absoluta em suas *campanhas* contra a massa.

b) *A questão judaica número 1. A exposição da questão*

O "espírito", em oposição à massa, de imediato se comporta *criticamente*, ao considerar como absoluta sua própria obra tão limitada, a *"Questão judaica"* de Bruno Bauer, classificando como pecadores tão só os adversários dela. Na réplica número 1[8] aos ataques dirigidos contra essa obra, seu autor não demonstra a menor noção a respeito de seus defeitos, mas, muito antes, segue afirmando haver desenvolvido nela o "verdadeiro" significado, o significado *"geral"* (!) da questão judaica. Em réplicas posteriores nós o veremos obrigado a confessar seus *"equívocos"*.

> A acolhida encontrada pelo meu trabalho é o *princípio* da prova de que precisamente aqueles que falaram até agora em favor da liberdade e ainda hoje falam em favor dela são aqueles que mais têm de se rebelar contra o espírito; e a defesa que me disponho a consagrar a ela agora haverá de fornecer a seguinte prova, ou seja, quão pobres em pensamentos são os *porta-vozes das*

---

[8] Quando se refere à "Réplica número 1", Marx fala do texto já mencionado "Neueste Schriften über die Judenfrage", publicado no Caderno I do *Jornal Literário Geral*, em dezembro de 1843. (N.T.)

A sagrada família

massas, que se consideram grandes e maravilhosos pelo fato de advogar em favor da emancipação e do dogma dos *"direitos humanos"*.

A "massa" teve de, necessariamente, *principiar* a provar sua antítese diante do espírito em face de uma obra da Crítica absoluta, uma vez que inclusive sua *existência* se acha *condicionada e demonstrada* por sua antítese diante da Crítica absoluta.

A polêmica de alguns judeus liberais e racionais contra a "Questão judaica" do senhor Bruno naturalmente tem um sentido crítico bem diferente daquele que a polêmica massiva dos liberais adota contra a filosofia e daquele que os racionalistas assumem contra Strauss. A incrível originalidade do trecho citado acima, aliás, pode ser comprovada ao analisarmos a seguinte passagem de *Hegel*:

> A forma específica da má consciência, que se acusa nesse tipo de loquacidade da qual agora se pavoneia aquele superficialismo (o liberal), manifesta-se, em primeiro lugar, no fato de que quanto mais *carente de espírito* ele se mostra, mais ele fala de *espírito*, em segundo pelo fato de que quando está mais morta e mais inerte, mais faz sua boca murmurar a palavra *vida* etc.

No que se refere aos *"direitos humanos"*, foi provado ao senhor Bruno ("Sobre a questão judaica"[9], em "Anais franco-alemães") que não são os *porta-vozes da massa* que desconhecem e maltratam dogmaticamente sua natureza, mas muito antes *"ele mesmo"*. Contra o seu descobrimento de que os direitos humanos não são direitos *"inatos"*, descobrimento descoberto por infinitas vezes na Inglaterra já há mais de quarenta anos, podemos classificar como genial a afirmação de Fourier de que o direito de pescar, o de caçar etc. são direitos humanos inatos.

Nós daremos apenas alguns exemplos da luta do senhor Bruno com *Philippson, Hirsch* etc. Nem sequer esses pobres adversários sucumbirão ante a Crítica absoluta. O senhor *Philippson* não comete um disparate, de maneira alguma – conforme a Crítica absoluta declara –, quando faz a seguinte acusação:

> Bauer concebe um Estado de tipo próprio... um *ideal filosófico* de *Estado*.

O senhor Bruno, que confundia o Estado com a humanidade, os direitos humanos com o homem, a emancipação política com a emancipação humana, tinha de, necessariamente, se não conceber, pelo menos imaginar para si um Estado de tipo próprio, um ideal filosófico de Estado.

> Se o declamador [o senhor Hirsch], em vez de estampar sobre o papel sua frase dificultosa, tivesse refutado minha demonstração de *que o Estado cristão*, por ter como princípio vital uma determinada religião, não pode conceder

---

[9] Artigo de Marx "Zur Judenfrage" ("Sobre a questão judaica"), publicado pela primeira vez nos *Deutsch-Französische Jahrbücher* ("Anais franco-alemães"). (N.T.)

aos fiéis de outra religião determinada... uma completa homogeneidade com seus estamentos...

Se o declamador *Hirsch* tivesse realmente refutado a demonstração do senhor Bruno e mostrado, conforme foi feito nos "Anais franco-alemães", que o Estado dos estamentos e do cristianismo exclusivo não é apenas o Estado imperfeito, mas que é, inclusive, o Estado *cristão* imperfeito, o senhor Bruno teria se limitado a replicar, conforme replica a essa refutação:

> Reprimendas não têm, nesse assunto, a menor importância.

Contra a tese do senhor Bruno:

> Com a pressão contra os mecanismos da História, os judeus provocaram a contrapressão,

o senhor Hirsch lembra com correção:

> Isso quer dizer que tiveram de ser algo para a formação da História, e se o próprio B[auer] chega a afirmá-lo não terá razão ao afirmar, de outra parte, que não contribuíram em nada para a formação da época moderna.

O senhor Bruno responde:

> Um espinho no olho também é algo... mas contribui, por isso, ao desenvolvimento do meu sentido da visão?

Um espinho que – assim como o judaísmo no mundo cristão – está em meu olho desde a hora de meu nascimento, que fica dentro dele, cresce com ele e se desenvolve com ele, não é um espinho como outro qualquer, mas um espinho maravilhoso, que faz parte do meu olho e que necessariamente teria de contribuir para um desenvolvimento altamente original do meu sentido da visão. O *"espinho"* crítico não espeta, portanto, o *"cervo"*[10] declamador. Ademais, na crítica citada acima, ele revela ao senhor Bruno a importância do judaísmo na *"formação da época moderna"*.

O estado de ânimo teológico da Crítica absoluta sente-se tão ferido pela afirmação de um *deputado do parlamento renano* de "que os judeus são *distorcidos* à maneira judaica, e não conforme a nossa, àquela que dizemos cristã", que ainda posteriormente "o chama à *ordem* devido ao uso desse argumento".

E a propósito da afirmação de um outro deputado, que diz que "a equiparação *civil* dos judeus apenas pode ser levada a cabo lá onde já não existe mais o judaísmo na condição de judaísmo", o senhor Bruno observa:

> Correto! Mas apenas caso não se perder de vista a outra ideia da Crítica que eu desenvolvi em minha obra,

---

[10] Jogo de palavras sumamente irônico elaborado por Marx. "Hirsch", além de ser o sobrenome do oponente de Bruno Bauer, também significa "cervo". (N.T.)

ou seja, a ideia de que o cristianismo também terá de ter deixado de existir. Como se vê, a Crítica absoluta, em sua réplica número 1 aos ataques contra a Questão judaica, segue considerando a superação da religião, o ateísmo, como condição para a igualdade *civil*, o que quer dizer que, nessa primeira fase, não alcançou ainda nenhuma visão mais profunda acerca da essência do Estado nem admitiu os *"equívocos"* de sua *"obra"*.

A Crítica absoluta sente-se indisposta quando um descobrimento científico, que ela se *propôs* a apresentar como "novíssimo", é delatado por alguém como sendo apenas uma visão já difundida de maneira geral. Um deputado renano observa

> que a França e a Bélgica se caracterizaram sobretudo por uma clareza especial no reconhecimento dos princípios, no que se refere à organização de suas relações políticas.

A Crítica absoluta poderia replicar que essa observação transfere o presente para o passado, apresentando a concepção hoje trivial acerca da insuficiência dos princípios políticos franceses como sendo o ponto de vista tradicional. Mas a Crítica absoluta por certo não se sairia bem nessa réplica assaz ajustada às circunstâncias. Ela necessita, ao contrário, afirmar o ponto de vista já prescrito como se fosse o ponto de vista dominante na atualidade, e o ponto de vista dominante na atualidade como se fosse um mistério crítico, que apenas *seus* estudos se encarregarão de revelar algum dia à massa. Por isso ela se vê obrigada a dizer:

> Isso [o preconceito antiquado] já foi afirmado *por muitos* [pela massa] *mas* uma *investigação minuciosa* da História *haverá* de alcançar a prova de que *também* depois dos grandes trabalhos da França acerca do reconhecimento dos princípios *ainda resta muito a desempenhar*.

Nem mesmo a investigação minuciosa da História, portanto, haverá de *"desempenhar"* o reconhecimento dos princípios. *Demonstrará*, apenas, em sua investigação minuciosa, que *"ainda resta muito a desempenhar"*. Oh, que grandioso desempenho, sobretudo depois dos trabalhos socialistas, que grandioso desempenho! Para o reconhecimento da atual situação social, o senhor Bruno *já desempenha muito* ao observar:

> A *determinação* dominante no presente é a *indeterminação*.

Quando Hegel diz que a determinação *chinesa* dominante é o "ser", que a determinação *indiana* dominante é o "nada" etc., a Crítica absoluta emenda de uma maneira "pura", ao dissolver o caráter da época atual na categoria lógica da *"indeterminação"*, e o faz com pureza tanto maior pelo fato de que também a "indeterminação", assim como o "ser" e o "nada", pertence ao primeiro capítulo da Lógica especulativa, ao capítulo da *"Qualidade"*.

Mas não podemos separar-nos do número 1 da *"Questão judaica"* sem uma observação geral.

Uma tarefa fundamental da Crítica absoluta consiste em colocar pela primeira vez todas as questões do dia em seus *termos justos*. Com efeito, em vez de responder às questões *reais*, ela traz à baila questões *completamente distintas*. Conforme faz tudo, ela tem de começar também por *fazer* as "questões do dia", transformando-as em questões *suas*, questões criticamente críticas. Caso se tratasse do "Código Napoleônico"[11], ela haveria de demonstrar que se tratava, *a rigor,* do *"Pentateuco"*[12]. Seu modo de *abordar* as "questões do dia" consiste em *desfigurá-las* e *deformá-las*. E, assim, ela distorceu também de tal maneira a "questão judaica" que não precisou investigar a *emancipação política,* assunto do qual se trata nessa questão, mas contentou-se com uma crítica da religião judaica e com uma descrição do Estado cristão-germânico.

Também esse método é, assim como qualquer originalidade da Crítica absoluta, a repetição de um *chiste* especulativo. A filosofia *especulativa*, ou seja, a filosofia *hegeliana,* tinha de traduzir todas as questões da forma do juízo humano saudável na forma da razão especulativa, a fim de poder resolvê--las. Depois de ter distorcido *minhas* questões e ter posto *suas* questões em minha boca, conforme manda o catecismo, a especulação naturalmente já pode, conforme manda o catecismo, dispor de suas respostas para todas as minhas questões.

c) *Hinrichs número I. Misteriosas alusões acerca de política, socialismo e filosofia*

"Político!" A Crítica absoluta se sente verdadeiramente horrorizada ante a presença dessa palavra nas lições do professor *Hinrichs*[13].

> Quem acompanhou o desenvolvimento da época moderna e conhece a História haverá de saber *também* que as agitações políticas que são produzidas no momento atual têm uma significação *completamente diferente* [!] da *política;* elas têm, no fundo [sim, sempre no fundo! eis a sabedoria fundamentada], uma significação *social* [!], que conforme se sabe é de tal classe [!] que, diante dela, *todos* os interesses políticos aparecem como se fossem algo *carente de importância.* [!]

---

[11] Nome pelo qual é mais conhecido o Código Civil francês, promulgado em 1804 pelo imperador Napoleão Bonaparte. Seu valor técnico e sua ampla difusão exerceram grande influência sobre outros códigos elaborados no século XIX. (N.T.)

[12] Do grego *Pentáteuchos* (cinco livros). Os cinco primeiros livros do Velho Testamento, atribuídos a Moisés: o Gênesis, o Êxodo, o Levítico, o Livro dos Números e o Deuteronômio. A Torá judaica. (N.T.)

[13] Quando fala das "lições do professor Hinrichs", Marx refere-se às "Politische Vorlesungen"("Lições políticas"), que o hegeliano Hinrichs publicou em 1843. A crítica de Bruno Bauer ao primeiro dos dois volumes publicados saiu no Caderno I do *Jornal Literário Geral,* de dezembro de 1843. (N.T.)

Poucos meses antes do aparecimento do "Jornal Literário" crítico, apareceu[14], *conforme se sabe* (!), o fantástico texto político do senhor Bruno intitulado *"Staat, Religion und Partei"* (*"Estado, religião e partido"*)!

Se as agitações *políticas têm* uma *significação social,* como é que os interesses políticos podem, diante de sua própria significação social, aparecer como *"carentes de importância"*?

> O senhor Hinrichs não sabe nada nem a respeito do país no qual se encontra em casa, nem a respeito de parte alguma no mundo... Ele não poderia se encontrar em casa em lugar nenhum, *porque*... *porque* a Crítica – que nos últimos quatro anos havia começado e levado a cabo a sua obra, de modo algum *"política"*, mas *"social"* [!] – permaneceu *completamente* [!] desconhecida para ele.

A Crítica, que, na opinião da massa, levou a cabo uma obra "de modo algum *política"*, mas, ao contrário, *"teológica* em *todos* os aspectos" e contenta-se ainda hoje, quando pronuncia pela primeira vez a palavra *"social"* – não apenas desde os últimos quatro anos, mas desde a época de seu nascimento literário –, com essa *palavra!*

Desde que os escritos socialistas difundiram na Alemanha a ideia de que *todas* as aspirações e obras humanas, todas sem exceção, têm uma significação *social,* também o senhor Bruno pode chamar suas obras de *sociais.* Mas que exigência *crítica* a de que o professor Hinrichs deveria ter extraído o socialismo do *conhecimento* dos escritos de *Bauer,* quando todas as obras de Bruno Bauer anteriores à publicação das lições de Hinrichs, ao extrair consequências práticas, extraem apenas consequências *políticas!* Era impossível para o professor Hinrichs, dizendo-o com palavras não críticas, complementar as obras já publicadas do senhor Bruno com as obras ainda inéditas do senhor Bruno. Do ponto de vista crítico, é certo que a massa é obrigada a interpretar tanto as "agitações políticas" quanto as "agitações" de massa da Crítica absoluta, no sentido de se direcionarem para o futuro e para o progresso absoluto! Contudo, para que o senhor Hinrichs, depois de tomar conhecimento do "Jornal Literário Geral", não mais se esqueça – jamais – da palavra *"social",* e não volte a desconhecer nunca mais o caráter *"social" da* Crítica, esta *proíbe* pela terceira vez, à vista de todo mundo, a *palavra "político",* e pela terceira vez repete em tom solene a palavra *"social".*

> Já *"não se pode mais falar"* de significado *político,* quando se contempla a *verdadeira* tendência da História moderna: *mas...* mas de significado *social* etc.

Assim como o professor Hinrichs é o bode expiatório das agitações "políticas" anteriores, ele é, também, o bode expiatório das agitações e dos tópicos

---

[14] A técnica da repetição – tanto de simples palavras quanto de argumentos inteiros; o leitor já o percebeu – também faz parte da ironia marxiana. (N.T.)

"hegelianos" da Crítica absoluta, anteriores ao "Jornal Literário", tanto dos intencionais quanto daqueles que nem sequer são intencionais.

Uma vez o senhor Hinrichs é alvejado com o epíteto *"autêntico hegeliano"*, em outra é castigado com a expressão *"filósofo hegeliano"*. Sim, o senhor Bruno *"tem a esperança"* de que "os tópicos banais que percorreram um ciclo tão fatigante através de todos os livros da escola de *Hegel"* (ou seja, através de seus próprios livros, inclusive), *dada a* grande *"exaustão"* na qual voltamos a encontrá-los nas lições do professor Hinrichs, descubram enfim uma meta em sua viagem posterior. O senhor Bruno tem a esperança de que da *exaustão* do *professor Hinrichs* resulte a dissolução da *filosofia hegeliana* e *sua própria redenção crítica* dos braços dela.

Em sua *primeira campanha*, portanto, a Crítica absoluta derruba os deuses *"política"* e *"filosofia"*, deuses que ela mesma adorou por tanto tempo, ao declará-los ídolos do professor Hinrichs!

Gloriosa primeira campanha!

2. Segunda campanha da Crítica absoluta
a) Hinrichs número II. A "Crítica" e "Feuerbach". A condenação da filosofia (Friedrich Engels)

Depois do resultado da primeira campanha, a *Crítica absoluta* pode considerar a *"filosofia"* como liquidada e caracterizá-la diretamente na condição de aliada da *"massa"*.

> Os *filósofos* estavam predestinados a satisfazer os desejos cordiais da *"massa"*. A massa *quer* [com efeito] conceitos simples, a fim de não ter nada que ver com a coisa, fórmulas mágicas a fim de estar pronto com tudo de antemão, tópicos com os quais possa aniquilar *a* Crítica.

E a "filosofia" satisfaz esses desejos da "massa"!

Embriagada por suas façanhas vitoriosas, a Crítica absoluta se lança a um bacanal de fúria *pítica*[15] contra a filosofia. A caldeira oculta, cujos vapores exaltam até a fúria a cabeça embriagada de triunfos da Crítica absoluta, é a *"Philosophie der Zukunft"* (*"Filosofia do futuro"*) de *Feuerbach*. No mês de março ela leu a obra de Feuerbach. O fruto dessa leitura e, ao mesmo tempo, o critério da seriedade com que ela foi encaminhada são o artigo número II contra o professor Hinrichs[16].

A Crítica absoluta, que jamais saiu da jaula das concepções hegelianas, enfurece-se aqui contra as grades de ferro e os muros da prisão. O "conceito

---

[15] Referência a Pítia, sacerdotisa de Apolo, que pronunciava seus oráculos em Delfos. Daí "pitonisa". (N.T.)

[16] Que foi publicado no Caderno V do *Jornal Literário Geral*, em abril de 1844, e abordava o segundo volume da obra de Hinrichs. (N.T.)

simples", a terminologia, toda a maneira de pensar da filosofia, a filosofia inteira, inclusive, é rechaçada com aversão. Em lugar dela aparecem de pronto *"a riqueza real das relações humanas"*, o *"imenso conteúdo da História"*, *"o significado do homem"* etc. *"O mistério do sistema"* é declarado *"descoberto"*. Mas quem descobriu, então, o mistério do "sistema"? Feuerbach. Quem destruiu a dialética dos conceitos, a guerra dos deuses, a única que os filósofos conheciam? Feuerbach. Quem pôs, não certamente o *"significado do homem"* – como se o homem pudesse ter outro significado, além do de ser homem! –, mas *"o homem"* no lugar da velha quinquilharia, inclusive no lugar da "autoconsciência infinita"? *Feuerbach,* e apenas *Feuerbach.* E ele ainda fez bem mais que isso. Destruiu há tempo as mesmas categorias que *a* "Crítica" agora agita em volta de si, a "riqueza real das relações humanas, o mesmo conteúdo da História, a luta da História, a luta da massa contra o espírito" etc. etc.[17].

Uma vez reconhecido o homem como a essência, como a base de todas as atividades e dos estados humanos, apenas *a* "Crítica" pode inventar *novas categorias* e transformar de novo o próprio *homem,* conforme o faz agora, em uma categoria e no princípio de toda uma série de categorias, atitude com a qual a humanidade *teológica* atemorizada e perseguida abraça, por certo, o último caminho de salvação que ainda lhe restava livre. A *História* não faz *nada,* "não possui *nenhuma* riqueza imensa", "não luta *nenhum* tipo de luta"! Quem faz tudo isso, quem possui e luta é, muito antes, *o homem,* o homem real, que vive; não é, por certo, a "História", que utiliza o homem como meio para alcançar *seus* fins – como se se tratasse de uma pessoa à parte –, pois a História *não é senão* a atividade do homem que persegue seus objetivos. E se a Crítica *absoluta,* depois dos raciocínios geniais de *Feuerbach,* ainda se atreve a restaurar sob uma forma nova toda a velha bugiganga, e ademais, no mesmo momento em que insulta essa bugiganga, acusando-a de ser a bugiganga *"massiva"* – com menos razão ainda, na medida em que ela não moveu uma palha no sentido de ajudar na dissolução da filosofia –, esse único fato basta para incentivar o *"mistério" da* Crítica, para honrar a simplicidade crítica com que pode se dirigir ao professor Hinrichs, cuja *exaustão* já lhe mostrou tão grandes serviços de outra feita, dizendo:

> Os *danos* são pagos por aqueles que não passaram por nenhum desenvolvimento e, portanto, *mesmo que quisessem, não poderiam se modificar* e, quando o *novo* princípio chega tão alto – mas não!, o novo *não pode sequer* transformar-se *em um modo de falar, não podem ser extraídos dele rumos individuais.*

---

[17] Quando voltou a ler seus escritos precoces, Marx disse ter se sentido "agradavelmente surpreso por descobrir que nós dois não precisamos nos envergonhar do nosso trabalho, ainda que o culto a Feuerbach tenha um efeito bastante humorístico sobre mim hoje em dia" (Carta a Engels, 24.4.1867). Se Marx chega a defender o nome de Feuerbach diante dos abusos de "Bruno Bauer e consortes" em algumas passagens, Engels exalta-o na presente com um entusiasmo que está longe de ser tão grande em Marx. (N.T.)

A Crítica absoluta estufa o peito ante o professor Hinrichs com o esclarecimento *"do mistério das ciências universitárias"*. Por acaso ela esclareceu o "mistério" da filosofia, da jurisprudência, da política, da medicina, da economia política e assim por diante? De modo algum. Ela apenas fez mostrar – preste-se atenção nisso! –, ela apenas fez mostrar na "Boa causa da liberdade" que o estudo para ganhar a vida está em contradição com a ciência livre, com a liberdade de cátedra e com o estatuto universitário.

Se "a Crítica absoluta" fosse honrada, teria confessado de onde procede seu suposto esclarecimento do "mistério da filosofia", ainda que, por outro lado, seja bom que não ponha na boca de *Feuerbach,* conforme o faz com outras pessoas, absurdos como o das teses mal digeridas e tergiversantes que tomou dele. Ademais, é característico do ponto de vista *teológico* da "Crítica absoluta" que, enquanto agora os filisteus alemães começam a entender Feuerbach e a se apropriar de seus resultados, ela, ao contrário, mostre-se incapaz de compreender de forma certeira e aplicar com acerto nem uma só de suas teses.

A Crítica leva a cabo o verdadeiro progresso resultante de suas próprias façanhas na primeira campanha quando "determina" a luta *"da massa"* contra o *"espírito"* como *"a meta"* de toda a História anterior, quando declara que *"a massa"* é *"o nada puro"* do *"lastimoso",* quando chama, de maneira direta, a massa de a *"matéria"* e contrapõe o espírito à "matéria" como sendo o verdadeiro. A Crítica absoluta não é, pois, *autenticamente cristã e germânica?* Depois que a velha antítese entre espiritualismo e materialismo foi combatida em todos os seus aspectos, e quando *Feuerbach* já a superou de uma vez para sempre, *"a* Crítica" eleva-a de novo a dogma fundamental sob a mais repugnante das formas e faz com que triunfe o *"espírito cristão-germânico".*

Por fim, devemos considerar como um desenvolvimento de seu mistério ainda oculto na primeira campanha o fato de identificar aqui a antítese entre *espírito e massa* com a antítese entre *"a Crítica"* e a massa. Mais adiante veremos como, seguindo pelo mesmo caminho, ela se identifica a *si mesma* como *"a* Crítica", apresentando-se assim como *"o espírito",* como o absoluto, como o infinito, ao passo que a massa, ao contrário, é apresentada como o cru, o brutal, o morto e o inorgânico – pois é isso que *"a* Crítica" entende por matéria.

Que riqueza monstruosa da História essa que se esgota nas relações entre a humanidade e o *senhor Bauer!*[18]

---

[18] Deste Capítulo VI, Engels escreveu apenas a parte "a" da seção "2" (ou 2. a.). No Capítulo VII ele escreverá apenas a parte 2. b. ... e, mesmo assim, que unidade de raciocínio e até de estilo! Engels se encadeia à perfeição na corrente da argumentação marxiana. (N.T.)

b) A questão judaica número II. Descobertas críticas acerca de socialismo, jurisprudência e política (nacionalidade) (Karl Marx)

Aos judeus massivos, materiais, é pregada a doutrina *cristã* da *liberdade espiritual, da liberdade na teoria,* essa liberdade *espiritualista* que inclusive sob as cadeias *imagina* estar livre, que se sente beatífica *"na ideia"* e apenas se incomoda ante tudo o que seja a existência da massa.

> Tão longe quanto os judeus chegaram até agora na *teoria,* até ali eles *estão* emancipados; tanto quanto querem *ser livres,* assim mesmo eles *são livres.*[19]

Por essa frase pode-se medir de imediato o abismo crítico que separa o socialismo e o comunismo *massivos* e profanos do socialismo *absoluto.* A primeira tese do socialismo profano rechaça a emancipação *na condição de mera teoria* como sendo uma ilusão e exige, para a liberdade *real,* além da *"vontade"* idealista, outras condições bastante materiais, assaz tangíveis. Quão fundo, abaixo da crítica sagrada, está *"a massa",* a massa que considera necessárias as transformações materiais, práticas, inclusive para poder dispor do tempo e dos meios requeridos, ainda que seja apenas para se ocupar *"da teoria"*!

Mas saltemos por um momento do socialismo puramente espiritual à *política*.

O senhor *Riesser* afirma, contra Bruno Bauer, que *seu* Estado (ou seja, o Estado *crítico*) deve necessariamente excluir tanto "judeus" quanto "cristãos". E o senhor Riesser tem razão. Uma vez que o senhor Bauer confunde a emancipação *política* com a emancipação *humana,* e uma vez que o Estado apenas logra reagir contra os elementos rebeldes – e na "Questão judaica" o cristianismo e o judaísmo são qualificados como elementos altamente traiçoeiros –, mediante a exclusão violenta das *pessoas* que os representam, assim como, por exemplo, o Terror queria acabar com o monopólio decapitando os monopolizadores, em seu "Estado crítico" o senhor Bauer deveria mandar enforcar judeus e cristãos. Ao confundir a emancipação política com a emancipação humana, deveria também, consequentemente, confundir os *meios políticos* da emancipação com os *meios humanos* da mesma. Mas, tão logo é declarado abertamente à Crítica absoluta o sentido *determinado* de sua dedução, ela replica o mesmo que *Schelling* um dia replicou a todos os adversários que punham pensamentos *reais* no lugar de suas frases feitas:

> Os adversários *da* Crítica são apenas seus adversários porque não a aceitam, aplicando-lhe sua própria medida *dogmática,* mas consideram a Crítica em si

---

[19] Esta e as citações seguintes são extraídas do segundo artigo de Bruno Bauer, escrito contra os críticos de sua obra "A questão judaica". Assim como o primeiro, ele leva o título de "Neueste Schriften über die Judenfrage" e foi publicado no Caderno IV do *Jornal Literário Geral,* em março de 1844.

como algo *dogmático;* ou eles combatem a crítica porque ela não reconhece suas definições, subterfúgios e distinções dogmáticas.

E é certo que a gente adota, tanto ante a Crítica absoluta quanto ante o senhor *Schelling,* uma postura dogmática, quando se pressupõe nela um sentido, um pensamento e uma concepção reais e *determinados.* Por acomodação, e para demonstrar ao senhor Riesser sua humanidade, *"a* Crítica" se decide justamente a adotar definições e distinções dogmáticas e, sobretudo, *"subterfúgios".*

De modo que agora lemos:

> Se naquele trabalho [a "Questão judaica"] eu tivesse *querido* ou *podido* transcender para *além* da crítica eu não *teria* [!] de *falar* [!] do *Estado,* mas sim *"da sociedade",* que não exclui ninguém, mas da qual se excluem apenas aqueles que não querem tomar parte em seu desenvolvimento.

A Crítica absoluta estabelece aqui uma *distinção dogmática* entre aquilo que deveria ter feito, se não tivesse feito o contrário, e aquilo que realmente acabou fazendo. Explica a limitação de sua "Questão judaica" mediante os *"subterfúgios dogmáticos"* entre um *querer* e um *poder* que a impossibilitavam de transcender *"para além da Crítica".* Como assim? Então *"a* Crítica" deve transcender *para além da "crítica"?* Essa ideia totalmente *massiva* nasce da Crítica absoluta através da necessidade dogmática de afirmar, por um lado, sua formulação da questão judaica como absoluta, como *"a* Crítica", enquanto por outro lado se vê obrigada a confessar a possibilidade de uma formulação mais ampla.

O *mistério* de seu *"não querer"* e de seu *"não poder"* se revelará mais adiante como o *dogma* crítico segundo o qual todas as limitações aparentes "da Crítica" não são outra coisa que *acomodações* necessárias, adequadas à capacidade de captação da massa.

Ela não *queria,* pois! Ela não *podia* transcender sua formulação estúpida da questão judaica! Mas o que ela faria caso tivesse *querido* ou *podido? Teria* dado uma *definição dogmática. Teria* falado não do "Estado", mas sim *"da sociedade";* ou seja, não teria investigado a relação *real* do judaísmo com a sociedade *burguesa atual. Teria definido dogmaticamente a* "sociedade", diferenciando-a do Estado, dizendo que se o *Estado* exclui, da sociedade, ao contrário, apenas *se excluem aqueles* que não querem tomar parte em seu desenvolvimento.

A sociedade procede de maneira tão exclusiva quanto o Estado, apenas o faz de maneira mais cortês, não lançando ninguém porta afora, preferindo fazer com que te sintas tão desconfortável em seu seio a ponto de procurares sozinho o caminho da porta.

O Estado não procede de outra maneira, no fundo, pois não exclui ninguém que se ajuste a *todos* os mandamentos e exigências, que se acomode em *seu* desenvolvimento. Em sua *perfeição,* ele inclusive faz vista grossa e declara *não políticos* os antagonismos *reais* que não o perturbam. Ademais, a mesma Crítica absoluta já argumentou dizendo que o Estado exclui os judeus porque – e apenas enquanto – os judeus excluem o Estado, ou seja, porque os judeus se excluem *a si mesmos* dele. E se essa interdependência na "sociedade" *crítica* adquire uma forma mais galante, mais hipócrita, mais pérfida, isso apenas demonstra uma coisa: a maior hipocrisia e a cultura menos desenvolvida *da "sociedade" "crítica"*.

Mas sigamos acompanhando a Crítica absoluta em suas "definições" e "distinções dogmáticas" e, sobretudo, em seus *"subterfúgios"*.

Assim, o senhor Riesser exige do crítico que *"distinga* o que se acha dentro do território do direito" daquilo que "cai fora de seus domínios".

O crítico mostra-se indignado ante a impertinência dessa exigência *jurídica*.

> Mas até agora [ele replica] os estados de ânimo e a consciência se imiscuiram no direito, complementaram-no desde sempre e em razão da estrutura de sua *forma dogmática* – e não, portanto, de sua *essência* dogmática? – para sempre haverão de complementá-lo.

O crítico apenas esquece que, por outro lado, *o próprio direito se distingue* de maneira muito expressa dos "estados de ânimo e da consciência", que essa distinção tem seu fundamento tanto na *essência* unilateral do *direito* quanto em sua *forma* dogmática, figurando inclusive entre os *dogmas fundamentais* do direito e, enfim, que a aplicação prática dessa distinção é a culminação da *evolução jurídica*, exatamente da mesma maneira que a religião, ao apartar-se de seu conteúdo profano, converte-se em uma religião *abstrata, absoluta*. O fato de que os "estados de ânimo e a consciência" se imiscuem no direito é, para o "crítico, razão bastante para tratar, ali onde se trata de *direito*, dos estados de ânimo e da consciência, e ali onde se trata da dogmática *jurídica*, tratar da dogmática *teológica*.

As "definições e distinções da Crítica absoluta" nos deixaram suficientemente preparados para escutar seus novíssimos *"descobrimentos"* acerca *"da sociedade"* e *"do direito"*.

> A forma universal que a *crítica* prepara, e cujos *pensamentos* ela *inclusive é a primeira a* preparar, não é uma forma *meramente jurídica,* mas [que o leitor reúna toda sua atenção] uma forma *social,* da qual *pelo menos pode* ser dito nada menos [nada mais?] do que o seguinte: quem não contribuiu com o seu quinhão para o desenvolvimento dessa forma social, não vive nela com sua consciência e seu ânimo, não pode sentir-se dentro dela como em sua própria casa nem participar de sua história.

A forma universal preparada *pela* Crítica acaba se determinando como uma forma *não meramente* jurídica, *mas* social. Essa determinação pode ser interpretada de duas maneiras. A frase citada pode ser entendida como *"não* jurídica, *mas* social", ou também como "não meramente jurídica, mas *também* social". Consideremos seu conteúdo conforme seus dois modos de ser lido, começando pelo primeiro. A Crítica absoluta havia determinado mais acima a nova "forma universal" distinta do *"Estado"* como a "sociedade". Agora, ela determina o substantivo *"sociedade"* através do adjetivo *"social"*. Se o senhor Hinrichs teve de ouvir por três vezes, em contraposição a sua palavra *"político"*, a *palavra "social"*, o senhor Riesser tem de ouvir agora, em contraposição à palavra *"jurídico"*, a expressão sociedade social. Se as explicações críticas dirigidas ao senhor Hinrichs se reduziam a "social" + "social" + "social" = 3a, em sua segunda campanha a Crítica absoluta passa da *soma* à *multiplicação,* e chama a atenção do senhor Riesser para a sociedade multiplicada por si mesma, para o social elevado à *segunda* potência, para a sociedade social = a². Depois disso, apenas resta à Crítica absoluta, para completar suas explicações sobre a sociedade, passar aos números quebrados, extrair a *raiz quadrada* da sociedade e assim por diante.

Mas se nossa leitura der atenção à segunda glosa, ao contrário: a forma universal *"não meramente jurídica, mas também social"*, resulta que essa forma híbrida não é outra coisa que a *forma universal hoje em dia* existente, a forma universal da *sociedade atual.* O fato de *a* "Crítica" ser a primeira que *prepara,* em seu pensamento pré-cósmico, a existência *futura* da forma universal *hoje em dia existente,* constitui um grande, um venerável *milagre crítico*. No que se refere à ação da "sociedade não meramente jurídica, mas social", contudo, *a* Crítica não pode revelar nada mais sobre ela, de momento, do que a sentença "fabula docet"[20], a dedução prática *moral*. Nessa sociedade não "se *sentirá* em casa" aquele que não viva nela com o ânimo e com a consciência. Enfim, nessa sociedade apenas viverão o "ânimo puro" e a "consciência pura", a saber, "o espírito", *"a* Crítica" e os *seus*. A *massa* ver-se-á excluída dela de uma maneira ou de outra, de tal forma que a "sociedade massiva" morará à margem da "sociedade social".

Em uma palavra, essa sociedade não é senão o *céu crítico,* do qual o mundo real, na condição de *inferno acrítico,* está excluído. A crítica absoluta prepara, em seu pensar puro, essa *forma universal* esclarecida da antítese *"massa"* e *"espírito"*.

Da mesma profundidade *crítica* dessas explicações acerca *da* "sociedade" são as explicações feitas ao senhor Riesser a respeito do destino das *nações*.

Partindo do afã de emancipação dos judeus e da tendência dos Estados cristãos a "incluí-los em seu esquematismo governamental com um golpe de pena" – como se já não estivessem incluídos através de um golpe de pena, já há muito tempo, no esquematismo dos governos cristãos! –, a Crítica absoluta chega às profecias sobre a *decadência das nacionalidades*. Então vê-se qual é o desvio complicado mediante o qual a Crítica absoluta chega ao movimento histórico atual, qual seja: o *desvio da teologia.* E não resta dúvida de que por

---

[20] "A fábula ensina." (N.E.A.)

esse caminho ela obtém grandes resultados, conforme testemunha a seguinte sentença oracular, fonte de luz fulgurante:

> O *futuro* de todas as nacionalidades... *é... um futuro... dos mais... sombrios.*

Mas o futuro das nacionalidades pode ser, para a Crítica e por causa dela, sombrio como ela quer que ele seja. Mas uma coisa é certa, e ela é *clara:* o futuro é *obra sua*[21].

> O *destino* [ela exclama] poderá decidir conforme quiser; nós agora sabemos que ele é *obra nossa.*

Assim como Deus deixa a *sua obra,* o homem, assim também *a* Crítica deixa a seu *próprio alvedrio a sua obra,* o destino. A Crítica, cuja obra é o destino, é *onipotente* assim como Deus. Até mesmo a "resistência" que ela *"encontra"* fora de si, é sua própria obra. *"A Crítica faz seus adversários."* A *"rebelião da massa"* contra ela é, por isso, "perigosa e ameaçadora" apenas para a própria "massa".

Mas a Crítica não é apenas *onipotente,* assim como Deus, ela também é *onisciente* assim como Deus, e sabe irmanar a sua onipotência com a *liberdade,* a *vontade* e a *determinação natural* dos indivíduos humanos.

> Ela não seria a força que *faz época* se não tivesse o efeito de fazer *de cada qual* aquilo que ele *quer ser,* e caso não assinalasse a cada qual, irrevogavelmente, a posição que *corresponde* a *sua natureza* e a *sua vontade.*

Leibniz não poderia haver instaurado de uma maneira mais feliz a harmonia preestabelecida entre a onipotência divina e a liberdade e o destino natural do homem.

Mas se *"a* Crítica" parece atentar contra a psicologia pelo fato de não *distinguir* a *vontade* de ser algo da *capacidade* de sê-lo, há que se pensar que ela tem suas razões decisivas para declarar essa *"distinção"* como sendo *"dogmática".*

Tomemos força para a terceira campanha! Recordemo-nos uma vez mais de que *"a* Crítica *faz seus* adversários"! Mas como ela poderia fazer seus adversários... que fazem *"frases feitas",* se ela mesma não fizesse frases feitas?

3. Terceira campanha da Crítica absoluta (Karl Marx)
a) A autoapologia da Crítica absoluta. Seu passado "político"
A Crítica *absoluta* principia sua terceira campanha contra a "massa" com a pergunta:

> *Qual é, agora, o objeto da Crítica?*

---

[21] Em trechos como este – não custa dizê-lo – a ironia de Marx adquire um caráter sublime em sua poeticidade, em sua argumentação – digamos – fulgurante. (N.T.)

No mesmo Caderno do "Jornal Literário"²² nós encontramos a resposta:

Que *a* Crítica *não* quer *nada* a não ser conhecer *as coisas*.

A Crítica teria, segundo o que acabou de dizer, todas as coisas por *objeto*. Não teria sentido perguntar por um objeto à parte, determinado expressamente para a Crítica. A contradição se resolve de um modo bem simples, caso se leve em conta o fato de que todas as coisas acabam por se "amontoar" em coisas críticas e todas as coisas críticas *na massa*, que é o *"objeto"* da *Crítica absoluta*.

Antes de tudo, o senhor Bruno caracteriza sua *infinita compaixão* pela *"massa"*. Faz *"do abismo* que o separa da *multidão"* objeto de um *"estudo detido"*. Quer *"conhecer* o *significado* desse *abismo* para o *futuro"* (e justamente isso é o "conhecer todas as coisas" citado mais acima) e, ao mesmo tempo, *"superá-lo"*. Ele já conhece, pois, na verdade, o *significado* do referido abismo. E ele consiste, precisamente, no fato de que esse abismo seja *superado* por sua Crítica absoluta.

E como cada um é o próximo de si mesmo *a* "Crítica" se ocupa, antes de tudo, de superar sua *própria massificidade,* assim como fazem os ascetas cristão que começam a luta do espírito contra a carne com a mortificação de sua própria natureza carnal. A *"carne"* da Crítica absoluta é o seu próprio *passado* literário, *realmente massivo*, que se estende ao longo de vinte a trinta volumes. Por isso o senhor Bauer tem de, necessariamente, deter-se em liberar de sua *aparência massiva* a história literária da vida *da "Crítica"* – que coincide, de maneira exata, com a história literária de sua própria vida –, a *corrigi-la* e *esclarecê-la* retrospectivamente, e a *"assegurar seus trabalhos anteriores"* através desse comentário *apologético*.

Ele começa por explicar o engano da *massa* que, até o desaparecimento dos "Anais alemães"²³ e do "Jornal renano"²⁴, considerava o senhor Bauer

---

[22] A pergunta feita logo acima (em alemão "Was ist jetzt der Gegenstand der Kritik?") é o título de um artigo de Bruno Bauer publicado no Caderno VIII do *Jornal Literário Geral*, em julho de 1844. Quase todas as citações reunidas por Marx nessa "terceira campanha" são desse mesmo artigo. (N.T.)

[23] Título resumido para a revista "Deutsche Jahrbücher für die Wissenschaft und die Kunst" ("Anais alemães da ciência e da arte"). A publicação surgiu em 1841 em Leipzig sob a redação de Arnold Ruge. Antes disso (de 1838 a 1841) ela levava o título de *Hallische Jahrbücher für deutsche Wissenschaft und Kunst*. A transferência da redação da cidade prussiana de Halle para a cidade saxã de Leipzig – assim como a mudança do título – deveu-se às ameaças de proibição sofridas pela revista em território prussiano. Contudo, o novo título e a nova sede não evitaram a proibição da revista por parte do governo saxão em janeiro de 1843, proibição que logo seria estendida à Alemanha inteira. (N.T.)

[24] Título resumido para o "Rheinische Zeitung für Politik, Handel und Gewerbe" ("Jornal renano sobre política, comércio e pequena indústria"), diário publicado em Colônia de

um dos *seus*. E o faz devido a uma razão dupla. De um lado, cometia-se o erro de *não* considerar o movimento literário como *"puramente literário"*. E, ao mesmo tempo, cometia-se o erro inverso, qual seja, o de conceber o movimento literário como um movimento "meramente" ou "puramente" *"literário"*. E não cabe nenhuma dúvida, por certo, de que a "massa" não estava certa, inclusive na medida em que cometia dois erros que se excluem mutuamente ao *mesmo* tempo.

E, aproveitando a oportunidade, a Crítica absoluta exclama, dirigindo-se àqueles que zombavam da "nação alemã" chamando-a de *"literata"*:

> Mencionai uma época histórica que seja, uma só, que não tenha sido *prefigurada* imperiosamente pela *"pena"*, e que não tenha sido obrigada a declarar sua comoção através de um golpe de pena.

Em sua ingenuidade crítica, o senhor Bruno separa *"a pena" do sujeito que escreve* do próprio sujeito que escreve, na condição de *"escritor* abstrato" do *homem histórico* e vivo que escrevia. E, dessa maneira, pode se exaltar acerca da força *maravilhosa* da *"pena"*. Da mesma maneira poderia pedir-nos que lhe citássemos um movimento histórico que não tivesse sido prefigurado pelas "aves" e pela "pastorinha dos gansos".

Mais tarde haveremos de constatar pelo mesmo senhor Bruno que até o presente momento não foi reconhecida sequer uma época histórica, uma única que seja. Como é que a *"pena"*, que, conforme parece, não soube, até o presente momento, *posfigurar "nem sequer uma"* época histórica, poderia estar em condições de *prefigurar a todas elas?*

Nem por isso o senhor Bruno deixa de demonstrar através dos *atos* a correção de seu ponto de vista, ao prefigurar, ele mesmo, seu próprio "passado" com *"golpes de pena"* apologéticos.

A Crítica, que estava embrulhada por todos os lados, não apenas na limitação *geral* do mundo, da época, mas também em limitações pessoais totalmente à parte; a Crítica, que, não obstante, assegurava ser a Crítica *"absoluta, completa, pura"* em todas as suas obras, desde tempos imemoriais, não havia feito outra coisa a não ser *acomodar-se* aos *pré-juízos* e à *capacidade de captação* da massa, da mesma maneira que Deus, em suas revelações, sói acomodar-se aos homens.

> Era necessário chegar [nos informa a Crítica absoluta] à ruptura entre *a* teoria e seu *aliado aparente*.

1º de janeiro de 1842 a 31 de março de 1843. O jornal foi fundado por representantes da burguesia renana que se opunham ao governo prussiano. Marx colaborou e chegou a ser chefe de redação do jornal, que publicou também alguns dos artigos de Engels. Sob a direção de Marx, o jornal assumiu feições cada vez mais críticas e revolucionárias, causando fúria à imprensa reacionária e aos círculos governamentais devido a sua crescente popularidade. Em 1º de abril de 1843 foi proibida sua publicação. (N.T.)

Mas como *a* Crítica – que aqui, para variar, se chama de a *teoria* – não chega a *nada*, mas, muito antes, faz com que tudo parta dela, porque ela não se desenvolveu dentro, mas *fora* do mundo e em sua consciência divina, permanentemente igual a si mesma, predeterminou tudo, assim também a *ruptura* com seu antigo aliado era um *"novo* rumo" apenas em *aparência*, apenas para os outros, mas não em si e para si mesma.

> Mas esse rumo não era sequer, *"propriamente"*, novo. A teoria havia trabalhado constantemente na *crítica de si mesma* [sabe-se bem o quanto tivemos de trabalhar a fim de conseguir que ela praticasse a crítica de si mesma], ela jamais bajulou a massa [tanto mais bajulou-se a si mesma], sempre se *guardou* de deixar-se enredar nas premissas de seu adversário.

"O teólogo cristão tem de comportar-se *cautelosamente.*" ("Entdecktes Christentum" – "O cristianismo descoberto", por Bruno Bauer, p. 99). Como explicar, então, que a "cautelosa" Crítica se enredou, apesar disso, e não declarou, já naquela época, clara e audivelmente, qual era a sua "verdadeira" opinião? Por que não falou o que lhe ia pelo fígado, no frescor da hora? Por que deixou vigorar por tanto tempo a loucura de seu parentesco com a massa?

> Por que fizeste isso comigo? disse o Faraó a Abraão quando este lhe devolveu Sara, sua mulher. Por que disseste, então, que ela era tua irmã? ("O cristianismo descoberto", por Bruno Bauer, p. 100).
>
> Abaixo a razão e a língua! Disse o teólogo; e nesse caso Abraão seria um mentiroso! A revelação seria, então, mortalmente ofendida! (l. c.)

"Abaixo a razão e a língua!", diz o Crítico: caso o senhor Bauer estivesse *realmente* envolvido com a massa e não apenas em aparência, a Crítica absoluta não seria absoluta em suas revelações e sairia, portanto, mortalmente ofendida!

> As pessoas [prossegue a Crítica absoluta] *apenas não haviam percebido* seus [da Crítica absoluta] *esforços*, e, ademais, *houve* uma fase da crítica em que essa estava *obrigada* a *admitir sinceramente* as premissas de seus adversários e tomá-las a sério por um momento; em uma palavra, uma fase em que ela *ainda não* possuía *completamente* a capacidade necessária para arrancar à massa a convicção de que se achava unida a ela por uma só causa e um só interesse.

As pessoas apenas não perceberam o esforço *da* "Crítica"; portanto a culpa estava do lado da massa. Por outro lado, a Crítica confessa que seu esforço não *podia* ser percebido, porque ela mesma ainda não possuía a *"capacidade"* necessária para *torná-lo perceptível*. A culpa *parece* estar, portanto, do lado da Crítica.

Deus nos guarde! *A* Crítica viu-se "obrigada" – foi cometida uma violência contra ela – "a *admitir sinceramente* as premissas de seus adversários e tomá-las a sério por um momento". Que bela sinceridade, que sinceridade autenticamente teológica essa, que não leva uma coisa realmente a sério, mas "a *leva* a sério *por um momento apenas*"; que se guarda sempre, e portanto em *todos os momentos*, de enredar-se nas premissas de seu adversário e, mesmo assim, *"por um momento"* admite "sinceramente" debater as ditas premissas! E a "sinceridade" aumenta ainda mais na segunda parte da proposição. No mesmo momento em que a Crítica "assumia sinceramente o debate das premissas da massa, era *também"* o momento em que "ainda não possuía a *capacidade* necessária" para destruir a ilusão sobre a unidade de *sua* causa e da causa *da massa*. Ela não possuía *ainda* a *capacidade,* mas já tinha, sim, a *vontade* e o *pensamento*. Ainda não *podia* romper *exteriormente* com a massa, mas o rompimento já havia se consumado em *seu interior,* em seu *ânimo;* havia se consumado desde o mesmo intante em que simpatizava *sinceramente* com a massa!

A Crítica, embrulhada nos preconceitos da massa, não estava *realmente* embrulhada *neles;* mas, ao contrário, estava, muito antes e *na verdade,* livre de sua própria limitação; o que ocorre é que *"ainda não* possuía *completamente"* a "capacidade" necessária para fazer com que a massa soubesse disso. Toda a limitação "da Crítica" era, pois, pura *aparência*, uma aparência que, sem a limitação da massa, teria sido supérflua e, portanto, não haveria existido, de modo algum. A culpa é, pois, *uma vez mais,* da massa.

Por isso a Crítica era, por si mesma, *imperfeita*, na medida exata em que essa *aparência* se apoiava na "incapacidade", na "impotência" da Crítica para manifestar-se. E ela chega a confessá-lo, à sua maneira peculiar, tão sincera quanto apologética.

> Apesar de ela [a Crítica] ter submetido até mesmo o liberalismo a uma crítica demolidora, poder-se-ia tomá-la *ainda* por uma variante essencial dele, ou, *melhor ainda,* por seu desenvolvimento extremo; *apesar de* seus raciocínios verdadeiros e decisivos transcenderem a política, ela *ainda* era obrigada a deixar-se levar, *de qualquer forma,* pela *aparência* de que *fazia política,* e era essa *aparência imperfeita* que atraía para o seu lado a maioria dos amigos aos quais nos referimos acima.

De modo que, pois, a Crítica granjeou seus amigos pela *aparência imperfeita* de que fazia política. Se tivesse *aparentado* fazer política *de maneira perfeita,* teria perdido seus amigos *políticos* infalivelmente. Em seu *medo apologético,* e querendo eximir-se de toda culpa, ela acusa a *falsa aparência* de ser uma *aparência imperfeita,* e não uma *aparência completamente falsa*. Aparência por aparência, "a Crítica" pode consolar-se pensando que, se possuísse a "aparência perfeita" de haver querido fazer política, não possuiria, por outro lado, nem sequer a "aparência imperfeita" de haver dissolvido a política em lugar nem em hora alguma.

A Crítica absoluta, não de todo satisfeita com a "aparência imperfeita", ainda se pergunta:

> Como foi que *a crítica* se viu arrastada, naquela época, pelos interesses "de massa", "políticos", a ponto de chegar a... *ser obrigada... inclusive!... a fazer política!*

O *teólogo* Bauer compreende *perfeitamente* bem e *por si mesmo* que a Crítica teve de praticar a *teologia especulativa* durante um tempo infinitamente longo, pois não é debalde que *ele,* a "Crítica", é teólogo ex professo[25]. Porém *fazer política?* Isso deve ter sido motivado por circunstâncias bem especiais, políticas e pessoais!

Por que foi, pois, que *a* "Crítica" foi obrigada inclusive a *fazer política?* "Ela viu-se acusada... *e com isso a pergunta está respondida."* Com isso, pelo menos está desvelado o "mistério" da *"política de Bauer",* e, uma vez explicado, pelo menos não declararemos *apolítica* a *aparência* que, na *"Boa causa da liberdade* e *em minha própria causa",* Bruno Bauer une, através da conjunção "e" a "causa *própria"* à "causa da liberdade" *da massa.* Mas se a crítica não exerceu sua *"própria causa" no interesse da política, mas a política no interesse de sua própria causa,* há que se reconhecer que não era a política quem dirigia a Crítica, mas esta que guiava a política.

Bruno Bauer tinha de ser apartado, portanto, de sua cátedra teológica: ele se viu *acusado; a* "Crítica" foi obrigada a fazer política, quer dizer, a *conduzir "seu",* quer dizer, o processo de Bruno Bauer. O senhor Bauer não conduziu o processo da Crítica, *a* "Crítica" conduziu o processo do senhor Bauer. Por que "a Crítica" foi obrigada a conduzir seu processo?

"A fim de assumir sua responsabilidade!" *Que seja;* mas *a* "Crítica" está muito longe de limitar-se a uma razão tão pessoal, tão profana. Que seja; mas *não apenas* por isso, *"senão também, fundamentalmente,* para desenvolver as contradições de seus adversários", e – a Crítica poderia acrescentar – para juntar em um *livro* uma série de velhos ensaios escritos contra diversos teólogos – veja-se, entre outras, a extensa briga com *Planck* e essa questão de família entre a teologia de Bauer e a teologia de Strauss.

Depois de a Crítica absoluta ter aliviado seu coração através da confissão acerca do verdadeiro interesse de sua *"política",* ela volta a mastigar, levada pela recordação de seu *"processo",* a velha couve *hegeliana* (veja-se, na "Fenomenologia", a luta entre o Iluminismo alemão e o credo, veja-se a "Fenomenologia" *inteira),* já mastigada tão extensivamente na "Boa causa da liberdade", dizendo que "o velho que se opõe ao novo e a ele resiste já não é mais, de fato, velho". A Crítica crítica é um animal ruminante. Ela mastiga alguns restos hegelianos, como a frase acima sobre "o novo" e "o velho", ou ainda esta outra fórmula sobre o "desenvolvimento do extremo a partir de seu extremo oposto" e coisas do tipo, requentando-os sem parar, sem jamais sentir a menor necessidade de se confrontar com a *"dialética especulativa"* a não ser pelo esgotamento do professor Hinrichs. Em compensação, ela não se cansa de transcender "criticamente" *além* de Hegel ao repeti-lo, como no exemplo a seguir:

> Ao passo que a crítica aparece e dá à investigação uma forma nova, quer dizer, *a* forma que *já não pode mais ser convertida* em uma *delimitação externa* etc.

---

[25] "De profissão." (N.E.A.)

Quando eu *converto* alguma coisa, faço dela algo essencialmente distinto. Mas, uma vez que toda forma é também uma *"delimitação externa"*, não se "pode" "converter" *nenhuma* forma em uma "delimitação externa", do mesmo modo que não é possível "converter" uma maçã em uma maçã. Claro está que a forma que "a Crítica" dá à investigação não pode ser convertida, por *outra* razão, em nenhuma "delimitação externa": muito além de toda a "delimitação externa", ela é um bote perdido nos vapores cinzentos, azulados e escuros do absurdo.

> Mas ela [a luta entre o velho e o novo] *também* não seria possível nem *aí* [quer dizer, no momento em que a Crítica dá à investigação "a nova forma"], se o velho tratasse *teoricamente...* do problema da compatibilidade ou da incompatibilidade.

Mas por que o velho não trata teoricamente desse problema? Porque no início "isso lhe é *menos possível* do que antes, *uma vez que no momento da surpresa"*, quer dizer, no início, "ele não conhece nem a si mesmo nem ao novo", quer dizer, não trata teoricamente nem o novo nem a si mesmo. Isso nem sequer seria possível se, por infelicidade, a "impossibilidade" não fosse impossível!

Ainda que *o* "Crítico" da Faculdade de Teologia chegue a confessar, adiante, "que faltou *intencionalmente,* cometendo o erro de livre e deliberada vontade e depois de maduras reflexões"; ainda que tudo o que a Crítica viveu, experimentou e fez *se converta* para ela no produto livre, puro e deliberado de sua reflexão, essa confissão do crítico apenas apresenta uma "aparência imperfeita" de verdade. Uma vez que a *"Crítica dos sinópticos"*[26] descansa, de cabo a rabo, sobre um chão e uma base *teológica,* uma vez que ela é, do início ao fim, crítica *teológica,* o senhor Bauer, professor de Teologia, pode escrevê-la e ensiná-la "sem incorrer em falta nem em erro". A falta e o erro eram cometidos, muito antes, pelas Faculdades de Teologia, ao não verem com quanto rigor o senhor Bauer havia mantido a promessa formulada por ele na "Crítica dos sinópticos", volume I, prefácio, p. XXIII.

> Mesmo que a *negação,* neste primeiro volume, possa parecer ainda demasiado audaz e extensa, recordaremos que o que é verdadeiramente *positivo* apenas pode ser engendrado ali onde a negação é séria e geral... *No final* haverá de ficar claro que apenas a crítica mais destruidora do mundo é aquela que irá ensinar a *força* criadora *de Jesus* e seu *princípio.*

O senhor Bauer separa deliberadamente o senhor "Jesus" e seu "princípio", a fim de colocar o sentido *positivo* de sua promessa além de toda a aparência de equívoco. E não resta dúvida de que o senhor Bauer ensina de um modo

---

[26] Referência à obra *"Kritik der evangelischen Geschichte der Synoptiker"* ("Crítica da história evangélica dos sinópticos"), de Bruno Bauer, publicada em Leipzig em 1841. Na história da literatura religiosa são chamados de sinópticos os três primeiros evangelhos. (N.T.)

tão patente a força *"criadora"* do senhor Jesus e de seu princípio, que sua *"autoconsciência infinita"* e o *"espírito"* não são mais do que *criaturas* cristãs.

Por mais que a disputa da Crítica crítica com a Faculdade de Teologia de Bonn explique a "política" seguida na época por aquela, por que foi que ela continuou fazendo política depois de já estar decidida a disputa? Escutemos:

> Ao chegar a esse ponto, "a Crítica" *teria* de ter *parado* ou *avançar adiante* de imediato, a fim de investigar a essência política e apresentá-la como seu adversário... se apenas tivesse sido possível parar em meio à luta em que se batia e se *do outro* lado não fosse uma lei histórica tão demasiado severa aquela de que um princípio, ao medir-se pela primeira vez com sua antítese, necessariamente... deixa se rebaixar por ela.

Deliciosa frase apologética! "A Crítica *teria* de ter *parado*", caso apenas tivesse sido possível... "poder parar"! Quem *"tem de"* parar? E quem teria de parar, coisa que não "teria sido possível... poder"? E por outro lado! A Crítica teria de avançar, "se *apenas* do outro lado *não* houvesse uma lei histórica *tão demasiado* severa etc." As leis históricas também são *"tão demasiado severas"* com a Crítica crítica! Se elas *apenas não* estivessem de um *outro lado*, diferente do lado da Crítica crítica, com que brilhantismo ela não avançaria adiante! Contudo, à la guerre comme à la guerre![27] Na História a Crítica crítica tem de resignar-se a deixar que façam dela uma "história" triste!

> Se a Crítica [sempre o senhor Bauer] ...tivesse de fazê-lo, deve se *reconhecer, ao mesmo tempo,* que se sentia *insegura* sempre que tinha de se ocupar de postulados desse tipo [político] e que através desses postulados entrava em contradição com seus *verdadeiros elementos,* contradição que naqueles *elementos já* havia encontrado sua *solução.*

A Crítica havia sido obrigada pelas leis excessivamente rigorosas da História a certas debilidades políticas, mas – ela implora – deve *se reconhecer, ao mesmo tempo* que, ainda que não de um modo real, pelo menos *em si,* ela se encontrava acima dessas debilidades. De um lado, ela as havia superado *"no sentimento",* já que "se sentia sempre insegura em seus postulados"; ela se sentia *mal* no âmbito da política, não sabia como se sentia. Mais ainda! Entrava em contradição com seus *verdadeiros elementos.* E, enfim, a maior de todas! A contradição entre ela e seus verdadeiros *elementos* não encontrava sua solução no curso de seu *desenvolvimento,* mas, pelo contrário, *"já havia"* encontrado sua solução nos verdadeiros *elementos,* existentes independentemente da contradição! Esses elementos críticos podiam vangloriar-se a si mesmos: antes de existir Abraão, nós já existíamos. Antes de o desenvolvimento ter engendrado a nossa antítese, aquele que *não nascera* já se dissolvera em nossas entranhas caóticas, re-

---

[27] "Na guerra é assim." (N.E.A.)

solvido, morto e corrompido. Mas já que "havia encontrado sua solução" nos verdadeiros elementos da crítica, sua contradição com seus verdadeiros elementos, já que, ao mesmo tempo, uma contradição *resolvida não é* mais uma contradição, resulta que a Crítica não se encontrava, para falar com clareza, em contradição *nenhuma* com seus verdadeiros elementos, em contradição *nenhuma* consigo mesma e com isso... teria alcançado o objetivo geral para o qual se orientava sua autoapologia.

A autoapologia da Crítica absoluta dispõe de um dicionário *apologético* inteiro:

> não, a rigor nem sequer, apenas não tendo percebido, além disso havia, ainda não completo, apesar disso – muito embora, não apenas – mas sim fundamentalmente, de maneira tão profunda na verdade recém, a crítica teria de ter, se apenas tivesse sido possível e se do outro lado..., *se*... deve se *reconhecer, ao mesmo tempo,* mesmo que não tenha sido natural, não pode ser evitado, também não etc.

Não faz nem muito tempo que a Crítica absoluta se manifestava nos seguintes termos a propósito dos rumos apologéticos desse tipo:

> O "ainda que" e o "apesar disso", o "no entanto" e o "porém", um não celestial e um sim terreno são os pilares fundamentais da moderna teologia, os estribos sobre os quais cavalga, o ardil ao qual se reduz toda a sua sabedoria, a ideia com que nos encontramos em todas as suas ideias, seu alfa e seu ômega. ("Cristianismo descoberto", p. 102.)

b) *Questão judaica número III*

A "Crítica absoluta" não se limita a demonstrar através de sua autobiografia sua onipotência, que *"na verdade cria tanto o velho* quanto o *novo"*. Não se limita a escrever *orgulhosa e pessoalmente* a apologia de seu passado. Ela agora formula, dirigindo-se a terceiras pessoas, ou seja, ao resto do mundo profano, a "tarefa" absoluta, a "tarefa" que *"de fato interessa* no momento", a saber, a *apologia* das façanhas e das "obras"de Bauer.

Os *"Anais franco-alemães"* publicaram uma crítica à *"Questão judaica"* do senhor Bauer[28]. O erro fundamental do texto, a confusão entre a "emancipação *humana"* e a *"política"* foram descobertos. Em vez de abordar a velha questão judaica em suas *"posições exatas"*, ela foi abordada e resolvida nas posições em que o desenvolvimento moderno situa as *velhas questões da época* e através das quais essas questões passaram de "questões" do passado a "questões" do presente.

Na *terceira* campanha da Crítica absoluta trata-se, ao que parece, de replicar aos "Anais franco-alemães". De primeiro a Crítica *confessa:*

---

[28] Referência ao artigo do próprio Marx, "Sobre a questão judaica". (N.T.)

Karl Marx e Friedrich Engels

Na Questão judaica foi cometido o mesmo *"engano"*, que identifica a essência *humana* e *política*.

A Crítica observa que

seria demasiado tarde para fazer *reprimendas* à crítica devido a posições que ela ainda mantinha parcialmente há dois anos.
O que *de fato importa é explicar* por que *a* crítica... se viu obrigada inclusive a fazer política!

"Há *dois* anos?" Contemos conforme o cálculo de tempo *absoluto,* ou seja, partindo do *nascimento* do Salvador crítico do mundo, do "Jornal Literário" de Bauer! O Redentor crítico do mundo nasceu no ano de *1843.* No mesmo ano viu a luz a segunda edição aumentada da "Questão judaica". O tratamento "crítico" da "Questão judaica" nas "Vinte e uma folhas da Suíça"[29] apareceu ainda mais tarde, no mesmo ano de 1843 da era cristã. *Depois do naufrágio* dos "Anais alemães" e do "Jornal renano", no mesmo importante ano de 1843 da era cristã, ou ano I da nova era crítica, surgiu a obra fantástico-política do senhor Bauer intitulada *"Estado, religião e partido",* na qual são repetidos exatamente os velhos erros do autor acerca da "essência *política"*. O apologista se vê obrigado, pois, a falsear a *cronologia.*

O *"esclarecimento"* sobre o porquê de Bruno Bauer ter *"sido obrigado"* a fazer política *"inclusive"* conserva um interesse geral apenas sob certas condições. Quer dizer, se a infalibilidade, a pureza e o caráter absoluto da Crítica crítica forem tomados como *dogma fundamental,* não cabe dúvida de que os fatos que contradizem esse dogma se transformam em enigmas tão difíceis, memoráveis e misteriosos como o são as ações aparentemente não divinas de Deus para os teólogos.

Se contemplarmos *"o crítico"* na condição de indivíduo finito, ao contrário, se não o separarmos do *limite* de seu tempo, não teremos necessidade de descobrir *por que inclusive ele* tinha de, necessariamente, desenvolver-se dentro do mundo, uma vez que a própria *pergunta* deixa de existir.

No entanto, se a Crítica absoluta se aferra a sua pretensão, nós nos ofereceremos para redigir um pequeno tratado escolástico, em que se tratem as seguintes *questões da época:*

"Por que a concepção da Virgem Maria pela ação do Espírito Santo teve de ser demonstrada necessariamente pelo senhor Bruno Bauer?" "Por que o senhor Bauer teve de provar que o anjo que surgiu diante de Abraão era uma emanação *real* de Deus, uma emanação que, no entanto, carecia da consistência

---

[29] Marx refere-se ao artigo de Bruno Bauer intitulado "Die Fähigkeit der heutigen Juden und Christen, frei zu werden" ("A capacidade de judeus e cristãos de hoje em dia se tornarem livres") – Marx, autor da "terceira campanha", chega a citá-lo mais adiante – publicado em "Einundzwanzig Bogen aus der Schweiz" ("Vinte e uma folhas da Suíça"), coletânea editada pelo poeta Georg Herwegh no ano de 1843 em Zurique e Winterthur. (N.T.)

necessária para *digerir* os *alimentos?*" "Por que o senhor Bauer teve de fazer a apologia da casa real prussiana e elevar o Estado da Prússia à categoria de Estado *absoluto?*" "Por que o senhor Bauer na 'Crítica dos sinópticos' teve de substituir o *homem* pela *'autoconsciência infinita'?*" "Por que o senhor Bauer, em seu *'Cristianismo descoberto'*, teve de repetir, sob forma *hegeliana, a teoria cristã da criação?*" "Por que o senhor Bauer teve de exigir de si mesmo e de outros a *'explicação'* do milagre de que tinha necessariamente de equivocar-se?"

Na espera das provas para essas necessidades assim tão "críticas" e tão "absolutas", escutemos ainda, por um momento, os subterfúgios apologéticos *da* "Crítica".

> A questão judaica... tinha de... reduzir-se, antes de tudo, a suas posições *corretas,* na condição de questão *religiosa* e *teológica* e *política.*
> Na situação de tratamento e solução para ambas as perguntas, *a* "Crítica" não *é nem religiosa* nem *política.*

Com efeito, nos "Anais franco-alemães" se declara que o tratamento baueriano da "questão judaica" é *realmente* teológico e *fantasticamente* político.

No que se refere, antes de tudo, à "reprimenda" sobre sua limitação *teológica, a* "Crítica" responde:

> A questão judaica *é* uma questão *religiosa.* O *Iluminismo alemão* acreditava ser capaz de resolvê-la considerando a *antítese religiosa* como indiferente, ou negando-a, inclusive. *A crítica* tinha de, ao contrário, apresentá-la em sua pureza.

Quando chegarmos à parte *política* da questão judaica, haveremos de ver como o teólogo, o senhor Bauer, também no terreno da política não se ocupa de política, mas de teologia.

Mas se o tratamento que o senhor Bauer deu à questão judaica foi atacado como sendo *"puramente religioso"* nos "Anais franco-alemães", foi devido, especialmente, ao seu ensaio publicado nas "Vinte e uma folhas":

> A capacidade de judeus e cristãos de hoje em dia se tornarem livres.

Esse ensaio não tem nada a ver com o velho "Iluminismo alemão". Ele contém o ponto de vista *positivo* do senhor Bauer acerca da capacidade de emancipação dos judeus de hoje e, portanto, acerca da possibilidade de sua emancipação.

"A Crítica" diz:

> A questão judaica é uma questão *religiosa.*

Sendo assim, resta perguntar *o que é* uma questão *religiosa* e, sobretudo, *o que* ela *é* hoje em dia?

O *teólogo* julgará pelas *aparências* e verá em uma questão *religiosa...* uma questão *religiosa.* Mas "a Crítica" recorda a explicação que dava contra o professor *Hinrichs,* quando dizia que os interesses *políticos* do presente encerram um significado *social: já "nem se fala mais"* dos *interesses políticos.*

Com a mesma razão lhe diziam os "Anais franco-alemães": as questões *religiosas* do dia têm hoje um significado *social*. De interesses *religiosos* como *tais*, já não se fala mais. Apenas o *teólogo* pode seguir acreditando que se trata da religião como religião. Certo é que os "Anais e etc." cometeram a *injustiça* de não ter permanecido na *palavra "social"*. A posição *real* que o judaísmo ocupa na atual sociedade burguesa foi especificada. Depois de livrar o judaísmo de sua larva *religiosa* para reduzi-lo a seu miolo empírico, prático, secular, já podia ser sugerido o modo *realmente social* a que esse miolo deve ser reduzido. O senhor Bauer se contenta em dizer que "uma questão religiosa" é uma "questão religiosa".

Não foi negado, de maneira nenhuma, conforme o senhor Bauer quer *aparentar* que tenha acontecido, que a questão judaica também seja uma questão *religiosa*. Muito antes foi dito: o senhor Bauer compreende *apenas* a essência *religiosa* do judaísmo, mas deixa de compreender o *fundamento real e secular* dessa entidade religiosa. Ele combate a *consciência religiosa* como se fosse uma entidade autônoma. Por isso o senhor Bauer esclarece os judeus *reais* partindo da *religião judaica*, em vez de explicar o mistério da religião judaica partindo dos *judeus reais*. O senhor Bauer só entende o judeu, portanto, enquanto este é objeto direto da *teologia* ou *teólogo*.

O senhor Bauer nem sequer suspeita, portanto, que o judaísmo real, *secular* e, portanto, *também* o judaísmo *religioso* é engendrado constantemente pela *vida burguesa atual* e encontra sua culminação no *sistema monetário*. Ele nem sequer podia suspeitar disso, porque não conhece o judaísmo como parte do mundo real, mas tão só como parte de *seu* mundo, *da teologia*, porque, na condição de homem devoto e submisso a Deus, não vê o judeu *real* no *judeu* ativo *dos dias de trabalho*, mas no santarrão *judeu sabático*. Para o senhor Bauer, na condição de teólogo *cristão crente*, o significado histórico-universal do judaísmo tinha de, necessariamente, acabar no *dia do nascimento* do cristianismo. E assim, tinha de repetir a velha concepção ortodoxa segundo a qual o judaísmo se manteve em pé, *apesar* da história, e a velha superstição teológica de que o judaísmo apenas existe como *confirmação* da maldição divina, como *prova tangível* da revelação cristã, tinha de reiterar-se nele sob a forma *crítico-teológica* de que o judaísmo apenas existe e existiu na condição de *crua dúvida religiosa* a respeito da origem sobrenatural do cristianismo, quer dizer, na condição de *prova tangível* contra a revelação cristã.

Mas, ao contrário disso, demonstrou-se que o judaísmo se conservou e se desenvolveu *através* da História, *em* e *com* a História, mas que esse desenvolvimento tem de ser descoberto, não por meio do olhar do teólogo, mas apenas pelo olhar do homem mundano, uma vez que não se encontra na *teoria religiosa*, mas apenas na *prática comercial* e *industrial*. Esclareceu-se, ao contrário, *por que* o judaísmo prático apenas alcança sua culminação no mundo *cristão* culminante e, mais ainda, por que é a *prática* culminante do *mesmo mundo cristão*. Esclareceu-se a existência do judeu *atual*, não partindo de sua religião – como se essa fosse uma entidade à parte, existente por si mesma –, mas esclareceu-se a vida tenaz da religião judaica partindo de elementos práticos da sociedade burguesa, que encontram naquela religião um reflexo *fantástico*. Portanto, a emancipação dos judeus para a condição de homens, ou a emancipação humana do judaísmo, não foi considerada, à maneira do senhor Bauer, como sendo uma tarefa especial do judeu, mas na condição de tarefa prática geral do mundo de hoje, que é um mundo *judaico* até a raiz. Provou-se que a tarefa da suprassunção da essência judaica é, na verdade, a tarefa da suprassunção do *judaísmo da sociedade burguesa*, o caráter inumano da prática de vida atual, cuja culminação é o *sistema monetário*.

O senhor Bauer, na condição de *teólogo autêntico*, ainda que *crítico*, para resumir, na condição de *crítico teológico* não podia ir além da *antítese religiosa*. Ele *apenas* podia ver na atitude dos judeus perante o mundo cristão a atitude da *religião judaica* perante a *religião cristã*. Ele inclusive tinha de restaurar *criticamente* a antítese religiosa na *antítese* entre a atitude do judeu e a atitude do cristão perante a religião *crítica*, perante o *ateísmo*, fase final do *teísmo*, o reconhecimento *negativo* de Deus. E ele tinha de, ao fim das contas, levado por seu *fanatismo teológico, limitar* a capacidade dos "judeus e cristão dos dias de hoje", quer dizer, do mundo de hoje, para "chegarem a ser livres" à sua capacidade para conceber e exercer por si mesmo "a crítica" da teologia. Com efeito, do mesmo modo que para o teólogo ortodoxo o mundo inteiro se reduz a "religião e teologia" (ele poderia reduzi-lo também à economia, à economia política etc. e caracterizar a *teologia*, por exemplo, como se fosse a *economia política* celestial, uma vez que ela constitui a doutrina da produção, da distribuição, da troca e do consumo da *"riqueza espiritual"* e dos tesouros do céu!), para o teólogo radical, crítico, a *capacidade* do mundo para chegar a libertar-se se reduz à *única* capacidade abstrata para criticar "a religião e a teologia" na condição de "teologia e religião". A única luta que ele conhece é a luta contra a captação *religiosa* da autoconsciência, cuja *"pureza"* e cuja *"infinitude"* críticas não são, tampouco, nem mais nem menos do que uma captação teológica.

O senhor Bauer trata a questão *religiosa* e *teológica*, pois, de uma maneira *religiosa* e *teológica*, inclusive pelo fato de que viu na questão "religiosa" do dia uma questão *"puramente religiosa"*. Sua *"maneira correta de posicionar a questão"* apenas posicionou a questão em uma "posição" correta em relação a sua *"própria capacidade"*... de responder!

Agora, pois, à parte política da *questão judaica!*

Os *judeus* (assim como os cristãos) *estão* completamente *emancipados em termos políticos* em diferentes Estados. Os judeus e cristãos estão bem longe de estar emancipados em *termos humanos*. Tem de se encontrar, portanto, uma *diferenciação* entre a emancipação *política* e a emancipação *humana*. A essência da emancipação *política*, quer dizer, do Estado desenvolvido, moderno, tem de ser investigada, portanto. Por outro lado, os Estados que ainda não puderam emancipar *politicamente* os judeus devem ser medidos com o Estado político acabado e demonstrados como Estados subdesenvolvidos.

Esse era o ponto de vista a partir do qual a "emancipação *política*" dos judeus tinha de ser tratada e foi tratada nos "Anais franco-alemães".

O senhor Bauer defende a "Questão judaica" da "Crítica" nos termos que seguem:

> Será mostrado aos judeus que eles se deixaram levar por uma ilusão em relação à *situação* a partir da qual exigiam a liberdade.

O senhor Bauer tem a ilusão *dos* judeus-*alemães*, ao reclamar a participação na comunidade política, em um país em que a comunidade política não existe, ao reivindicar os *direitos políticos* ali onde apenas existem privilégios políticos. De nossa parte, mostrou-se ao senhor Bauer, ao contrário, que ele mesmo, não menos do que os judeus, deixou-se levar pela "ilusão" em relação à "situação política alemã". Ele esclareceu, com efeito, a relação dos judeus nos Estados alemães a partir do fato de *"o Estado cristão"* não poder emancipar os judeus em termos políticos. Ele esbofeteou o rosto dos fatos, construiu o Estado dos *privilégios*, o Estado *cristão-germânico* como se fosse o Estado cristão absoluto. De nossa parte, provou-se, ao contrário, que o Estado moderno, politicamente acabado, que não conhece nenhum tipo de privilégio religioso, é também o Estado *cristão* acabado, e que, portanto, o Estado cristão acabado não apenas *pode* emancipar os judeus, como também os emancipou e teve de emancipá-los devido a sua própria essência.

> Será mostrado aos judeus... que eles têm as maiores ilusões acerca de si mesmos quando pensaram estar exigindo a *liberdade* e o reconhecimento da *humanidade livre*, enquanto a eles apenas interessa, e aliás apenas pode interessar, um *privilégio* especial.

Liberdade? Reconhecimento por parte da humanidade livre! Privilégio especial! Palavras edificantes dispostas a desviar-se apologeticamente de determinadas perguntas!

Liberdade? Trata-se da liberdade *política*. Mostrou-se ao senhor Bauer que o judeu, quando exige liberdade e mesmo assim não quer desistir de sua religião, *"faz política"*, e não expõe nenhuma condição que se oponha à liberdade *política*. Mostrou-se ao senhor Bauer como a *desintegração* do homem em *cidadão* não religioso e em *homem privado* religioso não contradiz de modo algum a emancipação política. Mostrou-se a ele que, assim como o Estado se emancipa da religião ao emancipar-se da *religião do Estado*, mesmo ficando a religião confiada a si mesma no seio da sociedade burguesa, assim também o indivíduo se emancipa *politicamente* da religião ao comportar-se em relação a ela não mais como se ela fosse um assunto *público*, mas sim como se fosse um *assunto privado*. Mostrou-se, enfim, que o comportamento *terrorista* da *Revolução* Francesa perante a *religião*, longe de contradizer essa concepção, fez, muito antes, confirmá-la.

Em vez de indagar sobre a relação real entre o Estado *moderno* e a religião, o senhor Bauer teve de imaginar um Estado *crítico,* um Estado que não é outra coisa que não o *crítico da teologia* inflado por sua fantasia à categoria de Estado. Quando o senhor Bauer se deixa cativar pela *política,* toma sempre, e sem parar, a política sob seu próprio credo, o credo *crítico.* Ao ocupar-se do Estado, transforma-o sempre em um *argumento* contra "*o* adversário", contra a religião e a teologia *acríticas.* O Estado serve como executor dos desejos *crítico-teológicos* do coração.

Quando o senhor Bauer enfim logrou se livrar da *teologia ortodoxa* acrítica, a *autoridade política* acabou tomando o lugar da *autoridade religiosa* para ele. Sua fé em Jeová transformou-se em fé no Estado prussiano. No artigo *"Evangelische Landeskirche"* ("*A igreja nacional evangélica*") de Bruno Bauer não apenas o Estado prussiano, mas também – coisa que foi consequente – a casa real prussiana foram construídos como *absolutos.* Na verdade, porém, o senhor Bauer não foi tomado por nenhum interesse *político* em relação a esse Estado, cujo mérito, aos olhos da "Crítica", estava muito antes no fato de dissolver os dogmas através da *União* e na repressão policial das seitas dissidentes.

O movimento político que começou no ano de 1840 veio a redimir o senhor Bauer de *sua política conservadora,* elevando-o por um instante à política *liberal.* Todavia a política foi mais uma vez, na verdade, apenas um *pretexto* para a teologia. No escrito "A boa causa da liberdade e minha própria causa" o Estado livre dos Críticos da Faculdade de Teologia de Bonn é um argumento contra a religião. Na "Questão judaica" é a antítese do Estado e da religião que constitui o interesse principal, de modo que a crítica da emancipação política se transforma em uma crítica da religião judaica. No último escrito político, "Estado, religião e partido", enfim é pronunciado o mais íntimo e secreto dos desejos do coração do crítico inflado à categoria de Estado. A *religião é sacrificada à essência do Estado,* ou, muito antes, a essência do Estado é apenas o *meio* para dar cabo da vida do adversário "*da* Crítica", a religião e a teologia acríticas. Por fim, depois que *a* Crítica foi redimida, ainda que apenas aparentemente, de toda a política, pela ideia socialista que, a partir de 1843, se estendeu pela Alemanha inteira, do mesmo modo que havia sido redimida de sua política conservadora pelo movimento político posterior a 1840, ela pode, enfim, declarar sociais os seus escritos contra a teologia *acrítica* e seguir se dedicando sem percalços a sua própria teologia *crítica,* à antítese do espírito e da massa, como a proclamação do salvador e redentor crítico do universo.

De volta a nosso tema!

Reconhecimento da humanidade livre? A "humanidade livre", cujo reconhecimento os judeus não pensavam ambicionar, mas de fato ambicionavam, é a mesma "humanidade livre" que encontrou seu reconhecimento *clássico* nos assim chamados *direitos* gerais *do homem*. O próprio senhor Bauer tratou da aspiração dos judeus pelo reconhecimento de sua humanidade livre de maneira expressa como sua aspiração a receber os *direitos* gerais *do homem.*

Nos "Anais franco-alemães" desenvolveu-se para o senhor Bauer a prova de que essa "humanidade livre" e seu "reconhecimento" não são nada mais do que o reconhecimento do *indivíduo burguês egoísta* e do movimento *desenfreado* dos elementos materiais e espirituais que formam o conteúdo de sua situação de vida, o conteúdo da vida burguesa *atual;* que, portanto, os *direitos humanos* não liberam o homem da religião, mas apenas lhe outorgam a *liberdade religiosa,* não o liberam da propriedade, mas apenas lhe conferem a *liberdade da propriedade,* não o liberam da sujeira do lucro, mas, muito antes, lhe outorgam a *liberdade para lucrar.*

Demonstrou-se como o *reconhecimento dos direitos humanos* por parte do *Estado moderno* tem o mesmo sentido que o *reconhecimento da escravatura* pelo *Estado antigo.* Com efeito, assim como o Estado antigo tinha como fundamento natural a escravidão, o *Estado moderno* tem como *base natural* a sociedade burguesa e o *homem* da sociedade burguesa, quer dizer, o homem independente, entrelaçado com o homem apenas pelo vínculo do interesse privado e da necessidade natural *inconsciente,* o *escravo* do trabalho lucrativo e da necessidade *egoísta,* tanto da própria quanto da alheia. O Estado moderno reconhece essa sua base natural, enquanto tal, nos *direitos gerais do homem.* Mas não os criou. Sendo como é, o produto da sociedade burguesa, impulsionada por seu próprio desenvolvimento até mais além dos velhos vínculos políticos, ele mesmo reconhece, por sua vez, seu próprio local de nascimento e sua própria base mediante a *proclamação* dos *direitos humanos.* Portanto, a emancipação *política* dos judeus e a concessão a estes dos *"direitos humanos"* constitui um ato mutuamente condicionante. O senhor *Riesser* expressa acertadamente o sentido que encerra a aspiração dos judeus ao reconhecimento da humanidade livre, quando postula, entre outras coisas, a liberdade de movimentos e de residência, a liberdade de viajar, de exercer o comércio e a indústria etc. Essas manifestações da *"humanidade livre"* foram reconhecidas expressamente como tais na proclamação francesa dos direitos do homem. E o judeu tem, mesmo assim, mais direito a esse reconhecimento de sua "humanidade livre", posto que a "sociedade burguesa livre" encerra uma essência absolutamente comercial e judaica e ele é, de antemão, parte necessária dela. E nos "Anais franco-alemães" desenvolveu-se, mais além, por que o membro par exellence da sociedade burguesa se chama "o homem" e por que os direitos humanos recebem o nome de "direitos inatos".

A "Crítica", com efeito, não soube dizer nada crítico acerca dos direitos humanos, a não ser que *não* são direitos inatos, mas sim direitos nascidos historicamente, coisa que também *Hegel* já soube dizer. Enfim, no que diz respeito à afirmação crítica de que os judeus e cristãos, para poderem conferir e receber os direitos gerais do homem, *deviam necessariamente sacrificar o privilégio da fé* – o teólogo crítico submete todas as coisas a sua *única* ideia, sua ideia fixa –, se opunha especialmente o fato inerente a todas as proclamações acríticas dos direitos humanos de que o *direito* de crer naquilo que se quiser crer e o direito de praticar o culto da religião preferida é reconhecido expressamente como um *direito geral do homem*. E *a* "Crítica" já poderia saber, ademais, que o partido de Hébert foi derrubado precisamente sob o pretexto de haver atentado contra os direitos humanos, por atentar contra a *liberdade religiosa* e que, mais tarde, ao ser restaurada a liberdade de culto se apelou também aos direitos do homem.

> No que se refere à essência *política, a* Crítica seguiu as contradições da mesma até o ponto em que a *contradição entre teoria e prática* recebeu, há cinquenta anos, sua aplicação mais radical, até o *sistema representativo francês*, no qual a liberdade da teoria é desmentida pela prática e no qual a liberdade da vida prática busca em vão sua expressão na teoria.
>
> Uma vez superada a ilusão fundamental, pois, a *contradição,* cuja existência foi demonstrada nos *debates da Câmara francesa,* a contradição entre a *teoria livre* e a *exigência prática dos privilégios,* entre a vigência legal dos privilégios e um *estado de coisas público* no qual o *egoísmo do puro indivíduo* trata de assenhorar--se da *conclusão privilegiada,* deveria ter sido concebida como uma *contradição geral* nesse terreno.

A contradição que *a Crítica* mostrou existir nos debates da Câmara francesa não foi mais do que a contradição do *constitucionalismo.* Tivesse ela compreendido a contradição como uma contradição *geral,* e ela teria compreendido a contradição geral do constitucionalismo. E se ela tivesse ido ainda mais adiante do que ela julgava "ser obrigada" a ir teria avançado, com efeito, até a *suprassunção* dessa contradição geral e teria chegado com certeza, ao partir da *monarquia* constitucional, ao *Estado representativo democrático,* ao Estado moderno acabado. Bem longe de haver criticado a essência da emancipação política e de haver penetrado em sua relação determinada com a essência humana, teria chegado primeiramente ao *fato* da emancipação política, ao Estado moderno desenvolvido e, portanto, ali onde podem ser contemplados e caracterizados não apenas os *males* relativos, mas também os males absolutos, aqueles que constituem sua própria essência.

A passagem *"crítica"* citada logo acima é tanto mais valiosa quanto mais pelo fato de que prova de maneira evidente que *a* Crítica, no mesmo momento em que vê a *"essência política"* postada bem abaixo de si mesma, acha-se situada, muito antes, profundamente abaixo dessa essência, e ainda tem de encontrar na mesma essência política a solução para suas *próprias* contradições, seguindo aferrada a sua total ausência de pensamentos acerca do *princípio moderno de Estado.*

A Crítica opôs a *"validade prática dos privilégios"* à *"teoria livre"* e o *"estado de coisas público"* à *"validade legal dos privilégios".*

A fim de não interpretar mal a opinião *da* Crítica, recordemos a contradição que foi demonstrada nos debates da Câmara francesa, essa contradição que "deveria ter sido concebida" como uma contradição *geral*. Tratava-se, entre outras coisas, de assinalar um dia da semana no qual as crianças deveriam permanecer livres de trabalhar. O *domingo* era assinalado como esse dia. À vista disso, um deputado propôs que a menção do domingo fosse omitida na lei, por ser inconstitucional. O ministro Martin (du Nord) viu, nessa proposta do deputado, a proposta de declarar que o cristianismo havia deixado de existir. O senhor Crémieux declarou, em nome dos judeus franceses, que os judeus, por respeito à religião da grande maioria dos franceses, não tinham nada a objetar contra a menção do domingo. Segundo a teoria livre, pois, os judeus são iguais aos cristãos, ao passo que, quando observada a prática, os cristãos possuem um privilégio sobre os judeus, pois, se assim não fosse, como poderia o domingo, dia de festa dos cristãos, encontrar acolhida em uma lei que é promulgada para os franceses em geral? Por que o sábado dos judeus não haveria de ter o mesmo direito etc.? Por outro lado, se vemos que na vida prática da França o judeu não é realmente oprimido pelos privilégios cristãos, a lei não se atreve a proclamar essa igualdade prática. E desse tipo são todas as contradições da essência política que o senhor Bauer desenvolve na questão judaica, contradições do *constitucionalismo*, que é, em geral, a contradição entre o moderno Estado representativo e o velho Estado dos privilégios.

O senhor Bauer comete, pois, um engano bastante radical quando, ao conceber e criticar essa contradição como uma contradição "geral", acredita elevar-se da essência *política* para a essência *humana*. Com isso, apenas se elevaria da emancipação política pela metade à emancipação política total, do Estado representativo constitucional ao democrático.

O senhor Bauer acredita suspender o *objeto* do privilégio com a simples suspensão do *privilégio*. Referindo-se à manifestação do senhor Martin (du Nord) ele diz:

> Quando já *não há mais religião privilegiada, deixa de existir qualquer religião*. Tomai à religião sua força excludente e ela deixará de existir.

Porém, assim como a *atividade industrial* não é superada imediatamente depois de serem superados os *privilégios* das *indústrias,* das agremiações e corporações, mas, ao contrário, só depois da superação desses privilégios é que começa a *indústria* real; assim como a *propriedade da terra* não é superada imediatamente depois de a posse *privilegiada* da terra ter sido superada, mas, ao contrário, seu movimento universal começa de fato com a superação de seus privilégios, através do livre parcelamento e da livre alienação; assim como o *comércio* não é superado com a superação dos *privilégios comerciais,* mas, ao contrário, passa a se realizar verdadeiramente no livre comércio; assim também a religião apenas se desdobra em sua universalidade *prática* (basta pensar nos Estados livres da América do Norte) justamente ali onde não existe uma religião *privilegiada*.

A sagrada família

O *"estado de coisas público"* moderno, o Estado acabado moderno, não se baseia, conforme entende *a* Crítica, na sociedade dos privilégios, mas sim na sociedade dos *privilégios suspensos e dissolvidos*, na *sociedade burguesa* desenvolvida, naquela que deixa em liberdade os elementos vitais que nos privilégios ainda se achavam politicamente vinculados. Nenhuma *"determinação privilegiada"* se opõe aqui nem à outra coisa nem ao estado de coisas público. Assim como a livre indústria e o livre comércio superam a determinação privilegiada e, com ela, superam a luta das determinações privilegiadas entre si, substituindo-as pelo homem isento de privilégios – do privilégio que isola da coletividade geral, tendendo ao mesmo tempo a constituir uma coletividade exclusiva mais reduzida –, não vinculado aos outros homens nem sequer através da *aparência* de um nexo geral e criando a luta geral do homem contra o homem, do indivíduo contra o indivíduo, assim a *sociedade burguesa* em sua totalidade é essa guerra de todos os indivíduos, uns contra os outros, já apenas delimitados entre si por sua *individualidade,* e o movimento geral e desenfreado das potências elementares da vida, livres das travas dos privilégios. A antítese entre o *Estado representativo democrático* e a *sociedade burguesa* é a culminação da antítese *clássica* entre a *comunidade* pública e a *escravidão*. No mundo moderno, todos são, a um só tempo, membros da escravidão e da comunidade. Precisamente a *escravidão da sociedade burguesa* é, em *aparência*, a maior *liberdade*, por ser a *independência* aparentemente perfeita do indivíduo, que toma o movimento desenfreado dos elementos estranhados de sua vida, já não mais vinculados pelos nexos gerais nem pelo homem, por exemplo, o movimento da propriedade, da indústria, da religião etc., por sua *própria* liberdade, quando na verdade é, muito antes, sua servidão e sua falta de humanidade completas e acabadas. O *privilégio* é substituído aqui pelo *direito.*

Apenas aqui, portanto, onde já não há mais a mediação de contradição alguma entre a teoria livre e a vigência política, mas, ao contrário, a aniquilação prática dos privilégios, da *livre* indústria, do *livre* comércio etc., correspondem à "teoria livre", onde não se contrapõe *nenhuma* conclusão privilegiada ao estado de coisas públicas, onde se *superou* a contradição desenvolvida pela Crítica, é que *a essência do Estado moderno acabado está à mão.*

É justo aqui que também se impõe, de maneira direta, a *inversão* da lei que o senhor Bauer proclama, ao lembrar os debates da Câmara francesa, coincidindo com o senhor Martin (du Nord).

> Assim como o senhor Martin (du Nord) via na emenda que propunha omitir na *lei* a menção do *domingo* a proposta de declarar que o cristianismo havia deixado de existir, com a mesma razão, *razão perfeitamente fundada,* aliás, a declaração de que a *lei do sábado* não tem mais nenhuma obrigatoriedade para os judeus *equivaleria a proclamar a dissolução do judaísmo.*

No Estado moderno desenvolvido as coisas ocorrem de modo exatamente *inverso*. O Estado declara que a religião, assim como os demais elementos burgueses da vida, apenas *começaram* a existir em toda a sua extensão no mesmo instante em que os esclarece como *apolíticos*, deixando-os largados a si mesmos, portanto. À dissolução de sua existência *política*, como por exemplo à dissolução da *propriedade* mediante a abolição do *censo eleitoral*, ou à supressão da *religião* mediante a dissolução da *Igreja estatal*, a essa proclamação de sua morte civil dentro do Estado, corresponde sua vida mais poderosa, que agora obedece a suas próprias leis sem que ninguém a estorve, e pode estender sua própria existência em toda a sua extensão.

A *anarquia* é a lei da sociedade burguesa emancipada dos *privilégios* que distinguem, e a *anarquia* da *sociedade burguesa* é a base do *estado de coisas público* moderno, assim como o estado de coisas público é, por sua vez, o que garante essa anarquia. Na mesma medida em que ambos se contrapõem, ambos se condicionam mutuamente.

Vê-se, pois, até que ponto *a* Crítica se sente capaz de se apropriar do "novo". Mas, se ficarmos dentro dos limites da "Crítica pura", seremos obrigados a nos perguntar por que ela, em face dos debates da Câmara francesa, não concebeu a contradição desenvolvida como uma contradição *geral*, assim como "deveria" *ter feito*, segundo sua própria opinião?

> Mas esse passo *era impossível* naquela época... não apenas porque... não apenas porque... *mas também porque* a crítica *era impossível* sem esse *último resíduo* de seu entrelaçamento interior com sua *antítese*, e *não teria podido chegar* até *o ponto* em que apenas restava *um passo* a dar.

Era impossível... porque.... era impossível! *A* Crítica assegura, ademais, que aquele funesto *"um passo"* era impossível "para chegar até o ponto em que apenas restava *um passo* a dar". E quem haveria de discutir uma coisa dessas? A fim de chegar a um ponto em que apenas resta *"um passo"* a dar, é absolutamente impossível querer dar mais *"um passo"*, que nos leve além desse ponto, a partir do qual ainda restará apenas *"um passo"*.

Mas tudo fica bem quando acaba bem! No final do recontro com a *massa* hostil à sua "questão judaica", *a* Crítica confessa que *sua* concepção dos *"direitos humanos"*, sua

> valoração da religião na Revolução Francesa, [a] livre essência política para a qual apontava às vezes *na conclusão a suas* discussões [enfim, toda] época da Revolução Francesa, não era para *a* Crítica nada mais nada menos do que um símbolo – algo que, portanto, não devia ser tomado ao pé da letra e no sentido prosaico daqueles tempos em que os franceses faziam suas tentativas revolucionárias –, um símbolo, ou seja, uma expressão meramente fantástica para as criaturas que ela via, *no final* das contas.

Nós não queremos roubar *à* Crítica o consolo de, ao incorrer em pecado político, fazê-lo apenas "na conclusão" e "no final" de suas obras. Um conhecido beberrão costumava tranquilizar-se com o fato de jamais estar bêbado antes da meia-noite.

No campo da "questão judaica", *a* Crítica indiscutivelmente ganhou terreno ao inimigo, avançando passo a passo. No número 1 da "questão judaica", o escrito *da* Crítica defendido pelo senhor Bauer ainda não era absoluto e havia apenas revelado o significado *"verdadeiro"* e *"geral"* da "Questão judaica". No número 2, *a* Crítica não *"queria nem podia"* transcender para além *da* Crítica. No número 3 ela *teria* de ter dado mais *"um passo"*, mas ele se mostrou impossível... porque... era "impossível". Não era seu "querer e seu poder", mas o entrelaçamento com sua "antítese", o que a impedia de dar esse *"um passo"*. Oh, ela até quereria muito ter ultrapassado essa última barreira, mas desgraçadamente permanecera um *último restinho* de *massa* pendurado em suas botas de sete léguas críticas.

c) *Batalha crítica contra a Revolução Francesa*

A *limitação da massa* havia obrigado *o* "Espírito", o senhor Bauer, a considerar a *Revolução Francesa* não como aquela época de tentativas revolucionárias dos franceses em um *"sentido prosaico"*, mas *"apenas"* como o *"símbolo"* e a *"expressão fantástica"* de suas próprias quimeras críticas. *A* Crítica faz *penitência* por seu *"descuido"*, submetendo *a Revolução* a um *novo exame*. E, ao mesmo tempo, castiga o sedutor de sua inocência, "a massa", ao comunicar-lhe os resultados desse "novo exame".

> A *Revolução Francesa* foi um experimento, que ainda faz parte, em seu todo, do espírito do século XVIII.

Que um experimento do século XVIII, como a Revolução Francesa, "ainda faça parta, em seu todo" do século XVIII, e não seja, por exemplo, um experimento do século XIX, é uma verdade cronológica que parece figurar "em seu todo" entre as verdades que "de antemão são compreendidas por si mesmas". Uma verdade dessas, todavia, passa a se chamar, na terminologia *da* Crítica – que tantas vezes tende a se posicionar contra a verdade "clara como a luz do sol" –, de *"exame"*, e por isso encontra seu lugar natural em um "novo exame da Revolução".

> Mas as ideias que a Revolução Francesa havia trazido à baila não conduziram além do *estado de coisas* que ela pretendia superar através da violência.

Ideias não podem conduzir jamais além de um velho estado universal das coisas, mas sempre apenas além das ideias do velho estado universal das coisas. Ideias não podem *executar absolutamente nada*. Para a execução das ideias são necessários homens que ponham em ação uma força prática. Interpretada em seu *sentido* literal, portanto, essa sentença crítica é, mais uma vez, uma verdade que se compreende por si mesma; é, portanto, uma vez mais, um *"exame"*.

A Revolução Francesa, que escapa ilesa desse exame, trouxe à baila ideias que conduziram além das *ideias* do velho estado universal das coisas. O movimento revolucionário iniciado em 1789 no *Cercle social*[30], que no centro de sua trajetória tinha a *Leclerc* e *Roux* como seus principais representantes, até que, no fim, sucumbiu por um momento através da conspiração de *Babeuf*, havia trazido à baila a ideia comunista, que *Buonarroti*, o amigo de *Babeuf*, voltou a introduzir na França depois da Revolução de 1830. Essa ideia, consequentemente elaborada e desenvolvida, é a *ideia* da *nova ordem universal das coisas*.

> Depois que a Revolução, por isso [!], superara as delimitações feudalistas no interior da vida popular, viu-se obrigada a satisfazer e até mesmo a atiçar o puro egoísmo da nacionalidade, assim como, por outro lado, era obrigada a refreá-la, criando seu complemento necessário, ao reconhecer a existência de um Ser supremo, confirmando assim a essência geral do Estado, necessário para assegurar a coesão dos átomos egoístas individuais.

O egoísmo da nacionalidade é o egoísmo natural da essência geral do Estado, em contraposição ao egoísmo das delimitações feudalistas. O ser supremo é a confirmação superior da essência geral do Estado, incluindo, portanto, a nacionalidade. Nem por isso o ser supremo deixa de ser chamado a *refrear* o egoísmo da nacionalidade, quer dizer, da essência geral do Estado. Ora, é uma tarefa verdadeiramente crítica essa de refrear um egoísmo mediante sua confirmação, e inclusive mediante sua confirmação *religiosa*, ou seja, mediante seu reconhecimento com um ser sobre-humano e livre, por conseguinte, dos freios humanos! É óbvio que os criadores do ser supremo não chegaram a saber nada a respeito dessa sua intenção crítica.

O senhor *Buchez*, que apoia o fanatismo da nacionalidade sobre o fanatismo da religião, compreende melhor o seu herói, *Robespierre*.

Roma e Grécia fracassaram ante a nacionalidade. *A* Crítica não diz, portanto, nada específico acerca da Revolução Francesa, quando faz com que esta fracasse ante a nacionalidade. Como também não diz nada acerca da nacionalidade quando a apresenta como *puramente* egoísta. Esse puro egoísmo parece, muito antes, um egoísmo bastante escuro, natural, uma mistura de carne e sangue, se o comparamos, por exemplo, com o puro egoísmo do *"eu"*

---

[30] Organização fundada pelos representantes da *Intelligentsia* democrática que durante os primeiros anos da Revolução Francesa – no fim do século XVIII – passou a ter papel ativo. Na história das ideias comunistas o lugar do *Cercle social* é determinado pelo fato de seu ideólogo – Claude Fauchet – ter reivindicado a divisão igualitária da terra, a limitação das grandes propriedades e o trabalho para todos os cidadãos capazes. A crítica que Fauchet exerceu sobre a liberdade formal proclamada pela Revolução Francesa teve como consequência a entrada significativa e audaciosa de Jacques Roux – um dos líderes dos "raivosos" (*enragés*) – na questão. (N.T.)

fichteano. Mas se a sua pureza é apenas relativa, em contraposição ao egoísmo das delimitações feudalistas, não seria necessário proceder a um "novo exame da Revolução" para descobrir que o egoísmo, que tem como conteúdo uma nação, é mais geral ou mais puro que o egoísmo que tem por conteúdo um estamento especial e uma corporação específica.

E não menos instrutivos são os esclarecimentos *da* Crítica acerca da essência geral do Estado. Eles se limitam a dizer que a essência geral do Estado tem de manter a coesão dos átomos egoístas individuais.

A rigor, e falando em sentido prosaico, os membros da sociedade burguesa não são *átomos*. A *qualidade característica* do átomo consiste em não ter nenhuma *qualidade* e, portanto, nenhuma classe de relações, condicionadas por sua própria *necessidade natural*, com outros entes fora dele. O átomo *carece de necessidades, basta-se a si mesmo;* o mundo fora dele é o *vazio* absoluto; quer dizer, esse mundo carece de conteúdo e de sentido, não diz nada, precisamente porque possui em si mesmo *toda a plenitude*. O indivíduo egoísta da sociedade burguesa pode, em sua representação insensível e em sua abstração sem vida, enfunar-se até converter-se em *átomo*, quer dizer, em um ente bem-aventurado, carente de relações e de necessidades, que se basta a si mesmo e é dotado de *plenitude absoluta*. Mas a desditada *realidade sensível* faz pouco caso de sua representação; cada um de seus sentidos o obriga a acreditar no sentido do mundo e dos indivíduos fora dele, e inclusive seu estômago *profano* faz com que ele recorde diariamente que o mundo *fora* dele não é um mundo *vazio*, mas sim aquilo que ele na verdade *preenche*. Cada uma de suas atividades essenciais se converte em *necessidade,* em *imperativo,* que incita o seu *egoísmo* a buscar outras coisas e outros homens, fora de si mesmo. Todavia, como a necessidade de um determinado indivíduo não tem, para um outro indivíduo egoísta que possui os meios de satisfazer essa necessidade, um sentido que possa ser compreendido por si mesmo, como a necessidade não tem, portanto, relação imediata com sua satisfação, cada indivíduo tem de criar necessariamente essa relação, convertendo-se também em mediador entre a necessidade alheia e os objetos dessa necessidade. Por conseguinte, a *necessidade natural,* as *qualidades essencialmente humanas,* por estranhas que possam parecer umas às outras, e o *interesse* mantêm a coesão entre os membros da sociedade burguesa; e a vida *burguesa* e não a vida *política* é o seu vínculo *real*. Não é, pois, o *Estado* que mantém coesos os *átomos* da sociedade burguesa, mas eles são *átomos* apenas na *representação,* no *céu* de sua própria imaginação... na *realidade,* no entanto, eles são seres completa e enormemente diferentes dos átomos, ou seja, nenhuns *egoístas divinos,* mas apenas *homens egoístas*. Somente a *superstição política* ainda pode ser capaz de imaginar que nos dias de hoje a vida burguesa deve ser mantida em coesão pelo Estado, quando na realidade o que ocorre é o contrário, ou seja, é o Estado quem se acha mantido em coesão pela vida burguesa.

A ideia colossal de *Robespierre* e *Saint-Just* de formar um *"povo livre"*, que apenas viva segundo as regras da *justiça* e da *virtude* – veja-se, por exemplo, o informe de Saint-Just sobre os crimes de Danton e o outro sobre a polícia geral – apenas pôde ser sustentada algum tempo através do terror e era uma *contradição contra a qual* os elementos vis e egoístas do *ser popular* reagiram do modo mais covarde e mais pérfido, como aliás era de se esperar que o fizessem.

Essa frase feita *crítico-absoluta,* que caracteriza um "povo livre" como uma *"contradição"* contra a qual os elementos do *"ser popular"* necessariamente tinham de reagir, é uma frase tão absolutamente vácua, que a *liberdade,* a *justiça* e a *virtude,* no sentido que lhes dão Robespierre e Saint-Just, apenas poderiam ser, ao contrário, manifestações de vida de um "povo" e qualidade do "ser popular". Robespierre e Saint-Just falam expressamente da "liberdade, da justiça e da virtude" *antigas,* pertencentes apenas ao *"ser popular".* Os *espartanos,* os *atenienses* e os *romanos* nos tempos de sua grandeza eram "povos livres, justos e virtuosos".

> Qual [pergunta Robespierre em seu discurso sobre os princípios da moral pública (sessão da Convenção de 5 de fevereiro de 1794)], qual é o *princípio fundamental* do governo popular ou democrático? A *virtude.* Refiro-me à virtude *pública,* que tantas maravilhas realizou na *Grécia* e em *Roma* e que ainda chegará a se tornar mais admirável na França republicana, à virtude que não é outra coisa que não o amor pela pátria e por suas leis.

E logo Robespierre qualifica expressamente os *atenienses* e *espartanos* de "peuples libres"[31]. Evoca constantemente a recordação dos *povos* antigos e cita seus heróis e seus corruptores, Licurgo e Demóstenes, Milcíades e Aristides, Bruto e Catilina, Júlio César, Clódio, Pisão.

Saint-Just, em seu informe sobre a prisão de Danton – ao qual se refere a Crítica – diz expressamente:

> O mundo é vazio desde os *romanos* e apenas a recordação de seus tempos o preenche e ainda profetiza a *liberdade.*

Sua acusação a *Danton,* a quem vê como um *Catilina,* é dirigida à maneira antiga.

No outro informe de *Saint-Just* sobre a *polícia geral,* o *republicano* é caracterizado, bem conforme o sentido *antigo,* como um homem *inflexível, frugal, simples* e assim por diante. A *polícia* deve ser, na essência, uma instituição análoga à *censura* dos romanos. Não falta sequer a menção a Codro, Licurgo, César, Catão, Catilina, Bruto, Antônio e Cássio. Por fim, *Saint-Just* caracteriza com *uma palavra* "a *liberdade,* a justiça e a virtude" que reclama, quando diz:

---

[31] "Povos livres." (N.E.A.)

Que les hommes révolutionnaires soient des *Romains*.³²

Robespierre, Saint-Just e seu partido sucumbiram por terem confundido a antiga *comunidade realista-democrática*, baseada na *real escravidão*, com o *moderno Estado representativo espiritualista-democrático*, que descansa sobre a *escravidão emancipada*, sobre a *sociedade burguesa*. Que ilusão gigantesca ter de reconhecer e sancionar nos *direitos humanos* a moderna sociedade burguesa, a sociedade da indústria, da concorrência geral, dos interesses privados que perseguem com liberdade seus próprios fins, da anarquia, da individualidade natural e espiritual alienada de si mesma e, ao mesmo tempo, anular a posteriori em alguns indivíduos concretos as *manifestações de vida* dessa sociedade, e ao mesmo tempo formar a *cabeça política* dessa sociedade à maneira *antiga!*

Parece trágica essa ilusão, quando Saint-Just, no dia de sua execução, apontando para a grande tabela pendurada na sala da Conciergerie, exclama com orgulhoso amor-próprio: "C'est pourtant moi que ai fait cela"³³. E justo aquela tabela proclamava o *direito* de um *homem*, que já não pode ser o homem da comunidade antiga, do mesmo modo que suas relações *econômicas* e *industriais* já não são as da *Antiguidade*.

Mas não é aqui o lugar em que devem ser justificadas historicamente as ilusões dos *terroristas*.

> Depois da derrubada de Robespierre, o *iluminismo político* e o *movimento* se precipitaram para o ponto em que haviam de se converter em butim de *Napoleão*, que não demoraria a dizer, depois do 18 Brumário³⁴: "Com meus prefeitos, meus gendarmes e meus sacerdotes posso fazer da França o que bem me aprouver".

A História *profana* noticia, ao contrário: precisamente depois da derrubada de Robespierre é que começa a se realizar *prosaicamente* o iluminismo *político*, que havia querido *exceder-se* a si mesmo, que havia sido *superabundante*. Sob o governo do *Diretório*³⁵ a *sociedade burguesa* – a própria Revolução a havia

---

³² "Que os homens revolucionários sejam *romanos.*" (N.E.A.)

³³ "E, no entanto, fui eu quem fiz aquilo lá." (N.E.A.)

³⁴ Golpe de estado encaminhado por Napoleão Bonaparte em 9 de novembro de 1799 (18 Brumário, segundo o novo calendário da revolução), que derrubou o Diretório e entregou o governo a um consulado provisório, instituindo a ditadura de Napoleão e pondo fim à Revolução Francesa. (N.T.)

³⁵ Governo colegiado – formado por membros da alta burguesia – que vigorou na França de 26 de outubro de 1795 (4 Brumário, ano IV, pelo calendário revolucionário) a 9 de novembro de 1799 (18 Brumário, ano VIII), ou seja, entre a Convenção e o golpe que instituiu a ditadura napoleônica. O principal objetivo desse governo corrupto e difuso foi alijar do poder as classes populares e a antiga aristocracia, a fim de garantir

libertado das amarras feudais e reconhecido oficialmente, por mais que o *terrorismo* tivesse tentado sacrificá-la a uma vida política antiga – irrompe em formidáveis correntes de vida. Tempestade e ímpeto em busca de empresas comerciais, febre de enriquecimento, a vertigem da nova vida burguesa, cujo autogozo inicial ainda é insolente, leviano, frívolo e embriagado; esclarecimento *real* da *propriedade territorial* francesa, cuja ordem feudal havia sido destruída pelo martelo da Revolução e que o primeiro ardor febril dos muitos novos proprietários submete agora a um cultivo total; primeiros movimentos da indústria liberada: esses são alguns dos sinais de vida da sociedade burguesa recém-nascida. A *sociedade civil* é representada *positivamente* pela *burguesia*. A burguesia *começa*, pois, a governar. Os *direitos humanos* deixam de existir *tão só* na *teoria*.

O que se tornou butim de Napoleão no 18 Brumário não foi – conforme *a* Crítica acredita, dando ouvidos submissos a um tal senhor Von Rotteck e a Welcker – o movimento revolucionário em geral, mas sim a *burguesia liberal*. Para convencer-se disso, basta ler os discursos dos legisladores daquele tempo. A gente parece ser transportado da Convenção nacional a uma câmara de deputados atual.

Napoleão foi a última batalha do *terrorismo revolucionário* contra a *sociedade burguesa,* também proclamada pela Revolução, e sua política. É certo que Napoleão já possuía também o conhecimento da essência do *Estado moderno,* e compreendia que este tem como base o desenvolvimento desenfreado da sociedade burguesa, o livre jogo dos interesses privados etc. Ele decidiu-se a reconhecer esses fundamentos e a protegê-los. Não era nenhum terrorista fanático e sonhador. Porém, ao mesmo tempo, Napoleão seguia considerando o *Estado* como um *fim em si* e via na vida burguesa apenas um tesoureiro e um *subalterno* seu, que não tinha o direito de possuir uma *vontade própria. E levou a cabo o terrorismo ao pôr no lugar da revolução permanente a guerra permanente.* Satisfez até a saciedade o egoísmo do nacionalismo francês, mas reclamou também o sacrifício dos negócios, o desfrute, a riqueza etc. da burguesia, sempre que assim o exigisse a finalidade política da conquista. E, se reprimiu despoticamente o liberalismo da sociedade burguesa – o idealismo político de sua prática cotidiana –, não poupou também seus interesses *materiais* essenciais, o comércio e a indústria, quando estes se chocavam com seus interesses políticos. Seu desprezo pelos hommes d'affaires[36] industriais era o complemento de seu desprezo pelos *ideólogos.* Também em direção ao interior combatia o inimigo do Estado na sociedade burguesa, Estado que ele considerava como um fim em si absoluto. Em uma sessão do Conselho de Estado, por exemplo,

---

o funcionamento de uma república moderada e liberal, depois de seis anos e meio de práticas revolucionárias. (N.T.)

[36] Homens de negócios. (N.E.A.)

declarou que não toleraria que o possuidor de grandes extensões de terra se resignasse a cultivá-las, ou não, segundo seus caprichos. E concebeu, assim, o plano de submeter o comércio ao Estado, mediante a apropriação do *roulage*[37]. Os comerciantes franceses prepararam o acontecimento que fez estremecer pela vez primeira o poder de Napoleão. Os agiotas de Paris obrigaram-no, mediante uma situação de penúria artificialmente provocada, a retardar em cerca de dois meses o início da campanha contra a Rússia, o que fez com que essa fosse encaminhada em uma época do ano demasiado tardia.

E, assim como o terrorismo revolucionário fez frente mais uma vez à burguesia liberal através de Napoleão, assim também na Restauração, com os Bourbons, mais uma vez a contrarrevolução fez frente a ela. Em 1830, ela realizou enfim seus desejos do ano de 1789, mas com a diferença de que, agora, seu *esclarecimento político* já havia chegado *a seu término*, pois já não via no Estado representativo constitucional o ideal de Estado, não acreditava mais na aspiração de salvar o mundo, nem pensava mais em alcançar fins humanos de caráter geral, mas já havia reconhecido, muito antes, que o Estado era a expressão *oficial* de seu poder *exclusivo* e o reconhecimento *político* de seu interesse *particular*.

Mas a história de vida da Revolução Francesa, que data de 1789, não termina, todavia, no ano de 1830, quando um de seus momentos, então enriquecido pela consciência de seu significado *social*, acabou triunfante.

d) Batalha crítica contra o materialismo francês

O *spinozismo* havia dominado o século XVIII, tanto em seu desenvolvimento francês, que convertia a matéria em substância, quanto no teísmo, que dava à matéria um nome mais espiritual... A *escola francesa de Spinoza* e os partidários do teísmo eram apenas duas seitas, que brigavam entre si acerca do verdadeiro sentido de *seu sistema*... O simples destino desse esclarecimento foi seu naufrágio no *romantismo*, depois de elas terem sido obrigadas a se entregar à Reação, que começou a partir do movimento francês.

É isso que *a* Crítica tem a dizer.

À história crítica do materialismo francês nós haveremos de opor, em um breve esboço, sua história profana, de massa. E reconheceremos assim, cheios de respeito, o abismo que existe entre a História tal como realmente aconteceu e tal como aconteceu segundo o decreto *da* "Crítica absoluta", criadora tanto do velho quanto do novo. E, enfim, obedientes aos preceitos *da* Crítica, faremos do "Por quê?", do "De onde?" e do "Para onde" da história crítica "objeto de um estudo bastante detido".

"*A rigor* e falando em *sentido prosaico*", o Iluminismo francês do século XVIII e, concretamente, o *materialismo francês*, não foram apenas uma luta

---

[37] Tráfego de cargas. (N.E.A.)

contra as instituições políticas existentes e contra a religião e a teologia imperantes, mas também e na mesma medida uma luta *aberta* e *marcada* contra a *metafísica do século XVIII* e contra *toda a metafísica*, especialmente contra a de *Descartes, Malebranche, Spinoza* e *Leibniz*. Opunha-se a *filosofia* à *metafísica*, conforme *Feuerbach*, em sua primeira investida resoluta contra *Hegel*, opunha à *especulação embriagada* a *filosofia sóbria*. A *metafísica* do século XVII, derrotada pelo Iluminismo francês e, concretamente, pelo *materialismo francês* do século XVIII, alcançou sua *restauração vitoriosa e pletórica* na *filosofia alemã*, especialmente na *filosofia alemã especulativa* do século XIX. Depois que *Hegel* a havia fundido de uma maneira genial com toda a metafísica anterior e com o idealismo alemão, instaurando um sistema metafísico universal, ao ataque contra a teologia veio a corresponder de novo, conforme já acontecera no século XVIII, o ataque contra a *metafísica especulativa* e contra *toda a metafísica*. Ela haverá de sucumbir, de uma vez para sempre, à ação do *materialismo*, agora levado a ser termo pelo próprio trabalho da *especulação* e coincidente com o *humanismo*. Mas assim como *Feuerbach* representava, no domínio da *teoria*, o *materialismo* coincidente com o *humanismo*, o *socialismo* e o *comunismo* francês e inglês o representam no domínio da *prática*.

"A rigor e falando em *sentido prosaico*", existem *duas tendências* no *materialismo francês*, das quais uma provém de *Descartes*, ao passo que a outra tem sua origem em *Locke*. A segunda constitui, *preferencialmente*, um elemento da *cultura* francesa e desemboca de forma direta no *socialismo*. A primeira, representada pelo materialismo *mecânico*, acaba se perdendo naquilo que poderíamos chamar de *ciências naturais*. Ambas as tendências se entrecruzam no curso do desenvolvimento. Não pretendemos nos ocupar aqui, em detalhe, do materialismo francês diretamente proveniente de *Descartes*, nem da escola francesa de *Newton* e do desenvolvimento da ciência natural francesa de maneira geral.

Por isso, basta dizer o seguinte:

Em sua *física, Descartes* havia concedido à *matéria* força autocriadora; além disso havia concebido o movimento *mecânico* como a obra de sua vida. Ele havia separado totalmente sua *física* de sua *metafísica*. Dentro de sua física, a única *substância*, o fundamento único do ser e do conhecimento, é *a matéria*.

O materialismo francês *mecânico* aderiu à *física* de *Descartes*, em contraposição à sua metafísica. Seus discípulos eram *antimetafísicos* de profissão, quer dizer, *físicos*.

Essa escola começa com o *médico Le Roy*, alcança seu apogeu com o médico *Cabanis*, e tem como ponto central o médico *La Mettrie*. Descartes ainda vivia quando Le Roy transferiu à alma humana a construção cartesiana do *animal* – algo parecido com aquilo que haveria de fazer *La Mettrie* no século XVIII –, explicando a alma como uma *modalidade do corpo* e as *ideias* como *movimentos mecânicos*. Le Roy chegou a crer, inclusive, que Descartes havia guardado em segredo sua verdadeira opinião. Descartes protestou contra isso. No fim do século XVIII, *Cabanis* completou o materialismo cartesiano com sua obra intitulada *"Rapports du physique et du moral de l'homme"*[38].

O materialismo *cartesiano* existe até os dias de hoje na França. Ele obtém seus grandes resultados nas *ciências naturais mecânicas,* às quais, *a rigor* e para falar em *sentido prosaico,* menos do que a quaisquer outras, se pode jogar na cara a pecha de *romantismo.*

A *metafísica* do século XVII, representada na França principalmente por *Descartes,* teve, desde a hora de seu nascimento, o *materialismo* como seu *antagonista.* Ele atravessou o caminho de Descartes pessoalmente na feição de *Gassendi,* o restaurador do materialismo *epicurista.* O materialismo francês e inglês se achou sempre unido por laços estreitos a *Demócrito* e *Epicuro.* Outra antítese a metafísica cartesiana encontrava no materialista *inglês Hobbes.* Gassendi e Hobbes triunfaram sobre seu adversário muito tempo depois de terem morrido, no momento mesmo em que este já imperava como uma potência oficial em todas as escolas da França.

Voltaire observou que a indiferença dos franceses do século XVIII ante as disputas dos jesuítas e jansenistas[39] não se devia tanto à filosofia quanto às especulações financeiras de *Law.* E assim o colapso da metafísica do século XVII pode ser explicado pela teoria materialista do século XVIII apenas na medida em que se explica esse movimento teórico partindo da conformação prática da vida francesa de então. Essa vida era orientada para as exigências diretas do presente, para o gozo do mundo e dos interesses seculares, para o mundo *terreno.* À sua prática antiteológica e antimetafísica, à sua prática antimaterialista tinham necessariamente de corresponder teorias antiteológicas, antimetafísicas, materialistas. A metafísica havia perdido *praticamente* todo o seu crédito. Aqui, nos interessa apenas sugerir de maneira breve a trajetória *teórica.*

No século XVII, a metafísica (basta pensar em Descartes, Leibniz etc.) ainda aparecia mesclada com um conteúdo *positivo,* profano. Ela fez descobertas nos campos da matemática, da física e de outras ciências exatas, que pareciam fazer parte de seu campo de estudos. Essa aparência acabou destruída já no fim do século XVIII. As ciências positivas haviam se separado da metafísica a fim de traçar para si mesmas suas órbitas próprias e indepen-

---

[38] Referência à obra de Pierre-Jean-Georges Cabanis *Relações entre o físico e o moral do homem.* A primeira edição do livro foi publicada em Paris, em 1802. (N.T.)

[39] Os jansenistas eram os seguidores do teólogo holandês Cornelius Jansen. O jansenismo, surgido no seio da Igreja Católica no século XVII e condenado em várias bulas papais, já foi definido como "a doutrina de santo Agostinho vista com olhos calvinistas". A teoria jansenista pregava uma ética severa e um rigoroso ascetismo. Seus principais adversários eram os teólogos jesuítas, que, influenciados pelo humanismo renascentista, passaram a pregar a importância do livre-arbítrio e da colaboração da vontade humana na salvação. (N.T.)

dentes. Toda a riqueza metafísica já se limitava apenas a entes especulativos e a objetos celestiais, precisamente no momento em que as coisas terrenas começavam a absorver e concentrar todo o interesse. A metafísica havia se tornado insossa. No mesmo ano em que morriam os últimos grandes metafísicos franceses do século XVII, Malebranche e Arnauld, vinham ao mundo *Helvetius* e *Condillac*.

O homem que fez com que a metafísica do século XVII e toda a metafísica perdessem *teoricamente* seu *crédito* foi *Pierre Bayle*. Sua arma foi o *ceticismo*, forjado das próprias fórmulas mágicas metafísicas. Ele mesmo partiu da metafísica cartesiana. Assim como *Feuerbach* foi impulsionado ao combate da *filosofia especulativa* através do combate da teologia especulativa justamente porque ele reconhecia a especulação como o último esteio da teologia, porque não tinha mais remédio a não ser obrigar os teólogos a voltar a fugir da pseudociência para a *crença tosca* e repulsiva, assim também vemos como a dúvida religiosa impulsionou Bayle à dúvida em relação à metafísica, que servia de esteio para essa crença. Por isso ele submete a metafísica, em toda sua trajetória histórica, à crítica. Ele tornou-se seu historiador a fim de escrever a história de sua morte. E refutou, prioritariamente, *Spinoza* e *Leibniz*.

Com a desintegração cética da metafísica, *Pierre Bayle* não apenas preparou a acolhida do materialismo e da filosofia do juízo humano saudável na França. Ele anunciou a *sociedade ateia*, que logo começaria a existir, mediante a *prova* de que *podia* existir uma sociedade em que todos fossem ateus, de que um ateu *podia* ser um homem honrado e de que o que desagrada ao homem não é o ateísmo, mas sim a superstição e a idolatria.

Pierre Bayle foi, segundo a expressão de um escritor francês, *"o último dos metafísicos no sentido do século XVII e o primeiro dos filósofos à maneira do século XVIII"*.

Além da refutação negativa da teologia e da metafísica do século XVII, era necessário um *sistema positivo, antimetafísico*. Era necessário um livro que elevasse a sistema e fundasse teoricamente a prática de vida da época. A obra de *Locke* "Ensaio sobre o entendimento humano" veio bem a calhar, saída do outro lado do Canal. E foi acolhida com grande entusiasmo, como o convidado ao qual se aguarda com impaciência.

Cabe perguntar-se: *Locke* é, por acaso, um discípulo de *Spinoza*? A História "profana" pode responder:

O materialismo é o filho *inato* da *Grã-Bretanha*. Já o escolástico *Duns Escoto* se perguntava *"se a matéria não podia pensar"*.

Para poder realizar esse milagre, ele se refugiou na onipotência divina, quer dizer, ele obrigou a própria *teologia* a pregar o *materialismo*. E Duns Escoto era, ademais, *nominalista*. O nominalismo é um dos elementos principais dos materialistas *ingleses*, da mesma maneira que é, em geral, a *primeira expressão* do materialismo.

O verdadeiro patriarca do *materialismo inglês* e de toda a ciência *experimental moderna* é *Bacon*. A ciência da natureza é, para ele, a verdadeira ciência, e a *física* sensorial a parte mais importante da ciência da natureza. Suas autoridades são, frequentemente, *Anaxágoras*, com suas *homeomerias*, e Demócrito, com seus átomos. Segundo sua doutrina, os *sentidos* são infalíveis e a *fonte* de todos os conhecimentos. A ciência é a *ciência da experiência*, e consiste em aplicar um *método racional* àquilo que os sentidos nos oferecem. A indução, a análise, a comparação, a observação e a experimentação são as principais condições de um método racional. Entre as qualidades inatas *à matéria*, a primeira e primordial é o *movimento*, não apenas enquanto movimento *mecânico* e *matemático*, mas também, e mais ainda, enquanto *impulso, espírito de vida, força de tensão* ou *tormento* – para empregar a expressão de Jacob Böhme – da matéria. As formas primitivas desta são *forças essenciais* vivas, individualizadoras, inerentes a ela, e que produzem as diferenças específicas.

Em *Bacon*, na condição de seu primeiro fundador, o materialismo ainda esconde de um modo ingênuo os germens de um desenvolvimento omnilateral. A matéria ri do homem inteiro num brilho poético-sensual. A doutrina aforística em si, ao contrário, ainda pulula de inconsequências teológicas.

Em seu desenvolvimento posterior, o materialismo torna-se *unilateral*. *Hobbes* é o *sistematizador* do materialismo *baconiano*. A sensualidade perde seu perfume para converter-se na sensualidade abstrata do *geômetra*. O movimento *físico* é sacrificado ao *mecânico* ou *matemático*; a *geometria* passa a ser proclamada como a ciência principal. O materialismo torna-se *misantrópico*. E, a fim de poder dominar o espírito *misantrópico* e *descarnado* em seu próprio campo, o materialismo tem de matar sua própria carne e tornar-se *asceta*. Ele se apresenta como um *ente intelectivo*, mas ele desenvolve também a consequência insolente do intelecto.

Se os sentidos fornecem ao homem todos os conhecimentos, conforme Hobbes demonstra – partindo de Bacon –, a intuição, o pensamento, a representação etc. não são senão fantasmas do mundo corpóreo mais ou menos despojado de sua forma sensível. A única coisa que a ciência pode fazer é nomear esses fantasmas. *Um* nome pode ser usado para mais de um fantasma. Pode haver, inclusive, nomes de nomes. Mas seria uma contradição fazer, de um lado, que todas as ideias encontrem sua origem no mundo dos sentidos e, de outro lado, afirmar que uma palavra seja algo mais do que uma palavra, que além das entidades sempre concretas que representamos existam ainda entidades gerais. Uma *substância incorpórea* representa, muito antes, a mesma contradição representada por um *corpo incorpóreo*. *Corpo, ser, substância* são uma e única ideia *real*. Não é possível separar o pensamento da matéria *que* pensa. Ela é o sujeito de todas as mudanças. A palavra *infinito* é *carente de sentido*, caso não significar a capacidade de nosso espírito para acrescentar sem fim. E, como só o material é perceptível e suscetível de ser sabido, não se sabe *nada* da existência de Deus. Só a minha própria existência é certa. Toda paixão humana é um movimento mecânico que termina ou começa. Os objetos dos impulsos são o bem. O homem está submetido às mesmas leis que a natureza. Poder e liberdade são idênticos.

Hobbes havia sistematizado Bacon, mas sem fundamentar de maneira mais precisa seu princípio fundamental, a origem dos conhecimentos e das ideias partindo do mundo dos sentidos.

Locke, em seu ensaio sobre as origens do entendimento humano, fundamenta o princípio de Bacon e de Hobbes.

Assim como Hobbes havia destruído os preconceitos *teístas* do materialismo baconiano, assim também Collins, Dodwell, Coward, Hartley, Priestley etc. jogam por terra a última barreira teológica do sensualismo lockeano. O teísmo não é, pelo menos para o materialista, mais do que um modo cômodo e indolente de desfazer-se da religião.

Nós já mencionamos o quanto a obra de Locke veio a calhar aos franceses. Locke havia fundado a filosofia do bom-senso, do juízo humano saudável; quer dizer, havia dito através de um rodeio que não existem filósofos distintos do bom-senso dos homens e do entendimento baseado nele.

O discípulo *direto* e intérprete *francês* de Locke, *Condillac*, dirigiu de imediato o sensualismo lockeano contra a *metafísica* do século XVII. Ele provou que os franceses a haviam repudiado com razão, como se fosse uma simples obra mal-feita da imaginação e dos preconceitos teológicos. E publicou uma refutação dos sistemas de *Descartes, Spinoza, Leibniz* e *Malebranche*.

Em sua obra intitulada "L'essai sur l'origine des connaissances humaines", Condillac desenvolveu os pensamentos de Locke e demonstrou que não apenas a alma, mas também os sentidos, não apenas a arte de fazer ideias, mas também a arte da captação sensorial eram obra da *experiência* e do *hábito*. Da *educação* e das *circunstância externas* dependerá, por conseguinte, todo o desenvolvimento do homem. Condillac apenas foi afastado das escolas francesas através da chegada da filosofia *eclética*.

A diferença entre o materialismo *francês* e o materialismo *inglês* é a diferença que existe entre as duas nacionalidades. Os franceses dotaram o materialismo inglês de espírito, de carne e de sangue, de eloquência. Eles lhe emprestaram o temperamento e a graça que ainda não tinha. *Civilizaram-no*.

Com *Helvétius*, que também parte de Locke, o materialismo adquire seu caráter propriamente francês. De imediato, esse autor concebe o materialismo em sua relação com a vida social. (Helvétius, "De l'homme"[40]). As qualidades sensíveis e o amor-próprio, o gozo e o interesse pessoal bem entendido

---

[40] Referência à obra *De l'homme, de ses facultés intellectuelles et de son éducation* (Do homem, de suas faculdades intelectuais e de sua educação) de Claude-Adrien Helvétius. Essa obra foi publicada pela primeira vez depois da morte de seu autor em Haia, em 1773, através do apoio do embaixador russo na Holanda, Dimitri Alekseiéwitch Golizin. (N.T.)

são o fundamento de toda moral. Essa igualdade natural das inteligências humanas, a unidade entre o progresso da razão e o progresso da indústria, a bondade natural do homem e a onipotência da educação: são esses os momentos fundamentais de seu sistema.

Uma união entre o materialismo cartesiano e o materialismo inglês pode ser encontrada nas obras de *La Mettrie*. Ele utiliza a física de Descartes até os detalhes. Seu "L'homme machine"[41] é um desenvolvimento que parte do protótipo cartesiano do animal-máquina. No *"Système de la nature"* de Holbach[42], a parte física é constituída também pela combinação entre o materialismo francês e o inglês, assim como a parte moral descansa, essencialmente, sobre a moral de Helvétius. Mas o materialista francês que no final das contas guarda a maior relação com a metafísica, razão pela qual Hegel lhe tributa um elogio, é *Robinet* ("De la nature"), que se refere expressamente a *Leibniz*.

Não será necessário falarmos de Volney, Dupuis, Diderot etc., tampouco dos fisiocratas, depois de termos provado como o materialismo francês tem sua dupla ascendência na física cartesiana e no materialismo dos ingleses, e de haver assinalado a antítese que o materialismo francês representa no que diz respeito à *metafísica* do século XVII, à metafísica de Descartes, Spinoza, Malebranche e Leibniz. Essa antítese apenas pôde tornar-se visível aos alemães a partir do momento em que eles mesmos se encontraram numa posição antitética em relação à *metafísica especulativa*.

Assim como o materialismo *cartesiano* acaba na *verdadeira ciência da natureza*, a outra tendência do materialismo francês desemboca diretamente no *socialismo* e no *comunismo*.

Não é preciso ter grande perspicácia para dar-se conta do nexo necessário que as doutrinas materialistas sobre a bondade originária e a capacidade intelectiva igual dos homens, sobre a força onipotente da experiência, do hábito, da educação, da influência das circunstâncias sobre os homens, do alto significado da indústria, do direito ao gozo etc. guardam com o socialismo e o comunismo. Se o homem forma todos seus conhecimentos, suas sensações etc. do mundo sensível e da experiência dentro desse mundo, o que importa, portanto, é organizar o mundo do espírito de tal modo que o homem faça aí a experiência, e assimile aí o hábito daquilo que é humano de verdade, que se experimente a si mesmo enquanto homem. Se o interesse bem-entendido é o princípio de toda moral, o que importa é que o inte-

---

[41] Essa obra ("O homem-máquina") de La Mettrie foi publicada anonimamente em Londres e logo após queimada. E o autor foi expulso da Holanda, para onde havia emigrado saindo da França. (N.T.)

[42] A obra de Holbach *Système de la nature, ou de lois du monde physique et du monde moral* (Sistema da natureza, ou das leis do mundo físico e do mundo moral) foi publicada em 1770. Por motivos conspirativos, foi declarado autor da obra o secretário da Académie Française, J. B. Mirabaud, falecido em 1760. (N.T.)

resse privado do homem coincida com o interesse humano. Se o homem não goza de liberdade em sentido materialista, quer dizer, se é livre não pela força negativa de poder evitar isso e aquilo, mas pelo poder positivo de fazer valer sua verdadeira individualidade, os crimes não deverão ser castigados no indivíduo, mas [devem-se] sim destruir as raízes antissociais do crime e dar a todos a margem social necessária para exteriorizar de um modo essencial sua vida. Se o homem é formado pelas circunstâncias, será necessário formar as circunstâncias humanamente. Se o homem é social por natureza, desenvolverá sua verdadeira natureza no seio da sociedade e somente ali, razão pela qual devemos medir o poder de sua natureza não através do poder do indivíduo concreto, mas sim através do poder da sociedade.

Essas sentenças e outras semelhantes podem ser encontradas, quase ao pé da letra, até mesmo nos mais velhos entre os materialistas franceses. Aqui não é o lugar adequado para avaliá-las. Característico da tendência socialista do materialismo é a *Apologie der Laster (Apologia do vício)*, de *Mandeville*, discípulo inglês de Locke, mais velho do que ele. Mandeville demonstra que na sociedade *de hoje* os vícios são *indispensáveis* e *úteis*. O que não é, por certo, uma apologia da sociedade atual.

Fourier parte diretamente da doutrina dos materialistas franceses. Os *babouvistas* eram materialistas toscos e incivilizados, mas também o comunismo francês desenvolvido se origina *diretamente* do *materialismo francês*. Este perambula, na verdade, de volta a sua pátria-mãe, a *Inglaterra*, sob a feição que Helvétius lhe concedeu. *Bentham* erige seu sistema do *interesse bem-entendido* sobre a moral de Helvétius, do mesmo modo que *Owen*, partindo de *Bentham*, assenta as bases do comunismo inglês. Desterrado na Inglaterra, o francês *Cabet* é estimulado pelas ideias comunistas que lá imperam e, de volta à França, converte-se no representante mais popular e, ao mesmo tempo, mais superficial do comunismo. Os comunistas franceses, mais científicos, *Dézamy*, *Gay* e outros, desenvolvem, da mesma forma que Owen, a doutrina do *materialismo* na condição de teoria do *humanismo real* e de base *lógica* do *comunismo*.

Pois bem, onde foi que o senhor Bauer – ou *a* Crítica – soube arranjar os documentos autênticos para escrever a história crítica do materialismo francês?

1. A *"Geschichte* der Philosophie" (*"História* da filosofia") de *Hegel* apresenta o materialismo francês como sendo a *realização* da substância spinozista, o que é, desde logo, incomparavelmente mais inteligível do que a "escola francesa de Spinoza".

2. O senhor *Bauer* extraiu da leitura da "História da filosofia" hegeliana a ideia do materialismo francês como *escola* de Spinoza. E, como encontrou em outra obra de Hegel que o teísmo e o materialismo são *duas partes de um e do mesmo* princípio fundamental, resulta que Spinoza tinha *duas* escolas, que brigavam acerca do sentido de seu sistema. O senhor Bauer pode en-

contrar a chave que buscava na "Fenomenologia" de Hegel. Ali está escrito, literalmente:

> Acerca daquele ente absoluto entra em disputa consigo mesmo o próprio *Iluminismo*... e se divide em *dois partidos*... um deles... chama aquele ente absoluto carente de predicados... de *o mais alto dos seres*... o outro o chama de *matéria*... ambos são *o mesmo* conceito, a diferença não está na coisa em si, mas puramente no ponto de partida diverso de ambas as formações. ("Fenomenologia" de Hegel, p. 420, 421, 422.)

3. Por fim o senhor Bauer pôde encontrar também em Hegel que a substância, se não segue se desenvolvendo até chegar ao conceito e à autoconsciência, acaba no "romantismo". É algo semelhante àquilo que um dia foi desenvolvido pelos "Hallischen Jarhbüher" ("Anais de Halle').

Mas o *"espírito"* tinha de decretar, a todo custo, um *"destino simplório"* a seu "adversário", o *materialismo*.

> *Nota:* O nexo do materialismo francês com Descartes e Locke e a antítese da filosofia do século XVIII diante da metafísica do século XVII aparecem expostos em detalhe na maioria das modernas histórias *francesas* da filosofia. Aqui, nos limitamos a repetir algumas coisas já sabidas em relação à Crítica crítica. Já o nexo entre o materialismo do século XVII e o *comunismo* inglês e francês do século XIX, ao contrário, merece ser exposto de maneira bem mais detalhada. Por isso nos limitaremos a citar aqui algumas poucas, mas eloquentes, passagens de Helvétius, Holbach e Bentham.

> 1. *Helvétius:* "Os homens não são maus, mas estão submetidos a seus interesses. Não devemos, pois, queixar-nos sobre a maldade dos homens, mas sim da ignorância dos legisladores, que desde sempre colocaram o interesse particular em oposição ao interesse geral." – "Os moralistas não tiveram, até aqui, nenhum êxito, porque é necessário fuçar na legislação para extirpar a raiz criadora do vício. Em Nova Orléans, a mulher casada pode repudiar o seu marido, tão logo se canse dele. Em tais países não encontramos mulheres falsas, uma vez que elas não têm interesse algum em sê-lo." – "A moral é apenas uma ciência frívola, quando a gente não a une com a política e a legislação." – "Os materialistas hipócritas podem ser reconhecidos, de um lado, na indiferença com que tratam dos vícios que acabam com impérios inteiros, de outro lado pela ira com que fustigam os vícios privados." – "Os homens não nasceram nem bons nem maus, mas prontos a ser uma ou outra coisa, dependendo de como um interesse comunitário os una ou separe." – "Se os cidadãos não pudessem conseguir seu bem particular sem fomentar o bem geral, não haveria mais homens viciosos do que o número dos tolos." ("De l'esprit, Paris, 1822, I, p. 117, 240, 241, 249, 251, 339 e 369.)[43] – Como,

---

[43] Referência à obra "De l'esprit" ("Do espírito"), de Helvétius, publicada em 1758, em Paris. Anônima, a obra foi queimada em 1759, depois de ser considerada ofensiva à religião e ao Estado. (N.T.)

segundo Helvétius, o que forma o homem é a educação, pela qual ele entende (cf. 1, c., p. 390) não apenas a educação em seu sentido corrente, mas também o conjunto das relações de vida de um indivíduo, se é necessária uma reforma que venha a superar a contradição entre o interesse particular e o interesse geral humano, para poder levar a cabo essa reforma faz falta, por outro lado, transformar a consciência: "As grandes reformas apenas podem ser realizadas com o enfraquecimento da adoração estúpida que os povos sentem pelas velhas leis e costumes" (p. 260, 1. c.) ou, conforme ele mesmo diz em outra passagem, acabando com a ignorância.

2. *Holbach*. "Ce n'est que lui-même que l'homme peur aimer dans les objets qu'il aime: ce n'est que lui-même qu'il peut affectionner dans les êtres de son espèce." – "L'homme ne peut jamais se séparer de lui-même dans aucun instant de sa vie: il ne peut se perdre de vue." – "C'est toujours notre utilité, notre intérêt... qui nous fait hair ou aimer les objets."[44] ("Système social", parte I, Paris, 1822, p. 80, 112), mas: "L'homme pour son propre intérêt doit aimer les autres hommes puisqu'ils sont nécessaires à son bien-être... La morale lui prouve, que de tous les êtres le *plus nécessaire à l'homme c'est l'homme*"[45] (p. 76). "La vraie morale, ainsi que la vraie politique, est celle qui cherche à approcher les hommes, afin de les faire travailler par des efforts réunis à leur bonheur mutuel. Toute morale que sépare *nos intérêts de ceux de nos associés* est fausse, insensée, contraire à la nature"[46] (p. 116). "Aimer les autres... c'est *confondre nos intérêts avec ceux de nos associés*, afin de travailler à *l'utilité commune... La vertu* n'est que *l'utilité des hommes réunis en société*"[47] (p. 77). "Un homme sans passions ou sans désirs cesserait d'être un homme... Parfaitement détaché de lui-même, comment pourrait-on le déterminer à s'attacher à d'autres? Un homme, indifférent pour tout, privé de passions, que se suffirait à lui-même, ne serait plus un être sociable... La vertu n'est que la *communication du bien*"[48]

---

[44] "Nos objetos, o homem apenas pode amar-se a si mesmo; apenas por si mesmo pode sentir afeto nos seres de sua espécie." "O homem não pode separar-se de si mesmo em nenhum instante de sua vida; não pode perder-se de vista a si mesmo." "O que nos faz odiar ou amar os objetos é sempre nossa utilidade, nosso interesse." (N.E.A.)

[45] "O homem tem de amar aos outros homens, uma vez que eles são necessários para seu bem-estar... A moral demonstra que, de todos os seres, *o mais necessário para o homem é o homem*." (N.E.A.)

[46] "A verdadeira moral, assim como a verdadeira política, é aquela que trata de se aproximar dos homens, a fim de fazer com que trabalhem, mediante esforços conjuntos, para sua felicidade mútua. Toda moral que separe *nossos interesses dos de nossos associados* é falsa, insensata, contrária à natureza." (N.E.A.)

[47] "Amar aos demais... é *confundir nossos interesses com os de nossos associados,* a fim de trabalhar em *proveito comum...* A virtude não é senão a utilidade dos homens reunidos em sociedade." (N.E.A.)

[48] "Um homem sem paixões ou sem desejos deixaria de ser um homem... Totalmente desinteressado de si mesmo, como é que se poderia movê-lo a se interessar pelos outros?

(1. c., p. 118). "La morale religieuse ne servit jamais à rendre les mortels plus sociables"⁴⁹ (p. 36, 1. c.).

3. *Bentham*. De Bentham, nos limitaremos a citar apenas uma passagem, na qual combate o "intérêt général"⁵⁰ em sentido político. "L'intérêt des individus... doit céder à l'intérêt public. Mais... qu'est-ce que cela signifie? Chaque individu n'est-il pas partie du public autant que chaque autre? Cet intérêt public, que vous personnifiez, n'est qu'un terme abstrait: il ne représente que la masse des intérêts individuels... S'il était bon de sacrifier la fortune d'un individu pour augmenter celle des autres, il serait encore mieux d'en sacrifier un second, un troisième, sans qu'on puisse assigner aucune limite... Les intérêts individuels sont les seuls intérêts réels"⁵¹ (Bentham, "Théorie des peines et des récompenses" etc., Paris, 1826, 3ème. ed., II, p. [229], 230).

e) Derrota final do socialismo

Os franceses estabeleceram uma série de *sistemas* a respeito *de como organizar* a *massa;* mas tiveram de *fantasiar,* uma vez que viram a massa tal como é, na condição de material utilizável.

Os franceses e ingleses provaram, muito antes, e o provaram no detalhe, que a ordem societária atual organiza a "massa *tal como é*" e é, portanto, sua *organização. A* Crítica, seguindo o processo do "Jornal Literário Geral", produz, através da *cuidadosa* palavra *fantasiar,* todos os sistemas socialistas e comunistas.

O socialismo e o comunismo estrangeiros acabam batidos, assim, pela Crítica; e agora ela transfere suas operações guerreiras para a Alemanha.

Quando os *iluministas alemães* de repente se viram defraudados em suas esperanças de 1842, não sabendo, em sua perplexidade, por onde *começar, então* receberam no momento oportuno a *notícia* dos modernos sistemas *franceses*. Depois disso eles já podiam falar da elevação das classes baixas do povo e,

---

Um homem indiferente a tudo, privado de paixões, que se bastasse a si mesmo, não seria mais um ser sociável.... A virtude não é outra coisa que a *comunicação do bem."* (N.E.A.)

⁴⁹ "A moral religiosa não serviu jamais para tornar mais sociáveis os mortais." (N.E.A.)

⁵⁰ "Interesse geral." (N.E.A.)

⁵¹ "O interesse individual deve ceder ao interesse público... Porém... o que significa isso? Por acaso todo indivíduo não é parte do público, o mesmo que qualquer outro? Esse interesse público que personificais não é mais que um termo abstrato; apenas representa a massa dos interesses individuais... Se fosse bom sacrificar a fortuna de um indivíduo para incrementar a de outro, seria melhor ainda sacrificar a de um segundo, de um terceiro, sem assinalar-se limite algum... Os interesses individuais são os únicos interesses reais." (N.E.A.)

à custa disso, podiam sobrepor-se legitimamente à pergunta se eles mesmos não pertenciam à massa, que ademais não deve ser procurada apenas nas camadas mais baixas.

Vê-se que *a* Crítica, em sua apologia do passado literário baueriano, esgotou a tal ponto toda sua reserva de razões bem intencionadas, a ponto de apenas conseguir explicar o movimento socialista alemão através da "perplexidade" dos iluministas de 1842. "Por sorte, lhes chegou a notícia dos modernos sistemas *franceses.*" E por que não dos *ingleses?* Devido à razão *crítica* decisiva de que o senhor Bauer não pôde inteirar-se dos sistemas ingleses modernos através do livro de *Stein* "O comunismo e o socialismo da França atual"[52]. E é este o mesmo motivo decisivo que explica por que a Crítica, em seus mexericos acerca dos sistemas socialistas, acaba falando sempre apenas dos *sistemas franceses.*

Os iluministas alemães – esclarece a Crítica mais adiante – cometeram um pecado contra o Espírito Santo. Eles se ocuparam das "classes baixas do povo" existentes já em 1842, para assim poderem se *sobrepor* à questão ainda *não* existente àquela época, a questão que deixaria clara qual a posição que seriam chamados a ocupar na *ordem crítica universal* que haveria de ser fundada no ano de 1843: cabra ou carneiro, Crítico crítico ou massa impura, *o* espírito ou *a* matéria? Todavia, antes de tudo, teriam de ter se preocupado com mais seriedade com sua própria *salvação da alma* crítica, pois de que me serve o mundo inteiro, incluídas as classes baixas do povo, se a minha alma estiver perdida?

> Mas um ente espiritual não pode ser elevado se não for modificado, e não pode ser modificado antes de ter experimentado a resistência mais extrema.

Se *a* Crítica conhecesse mais de perto o movimento das classes mais baixas do povo, saberia que a resistência mais extrema que elas experimentam na vida prática faz com que elas mudem diariamente. A nova literatura em prosa e verso que surge das classes baixas do povo na Inglaterra e na França lhe demonstraria que as classes baixas do povo sabem se elevar espiritualmente, sem necessidade de que *baixe* sobre elas o *Espírito Santo* da *Crítica crítica.*

> Aqueles [segue fantasiando a Crítica absoluta] cujo *patrimônio inteiro* é a palavra *"organização da massa"...* [e assim por diante].

Falou-se muito de "organização do trabalho", ainda que também esse "tópico" não tenha surgido dos socialistas, mas do partido político radical francês, que tentou estabelecer uma mediação entre a política e o socialismo.

---

[52] Referência à obra de Lorenz Stein *Der Sozialismus und Kommunismus des heutigen Frankreichs,* publicada pela primeira vez em Leipzig, em 1842. O autor desse livro era, conforme veio a se saber mais tarde, um agente secreto do governo prussiano. (N.T.)

De "organização da massa", como de um problema que ainda dependesse de solução, ninguém falou antes da Crítica crítica. Demonstrou-se, ao contrário, que a *sociedade burguesa,* a dissolução da velha sociedade *feudal,* é que *é* essa organização.

A Crítica expõe sua descoberta entre as patas de ganso de um par de aspas. O ganso que grasnou ao ouvido do senhor Bauer a senha para salvar o Capitólio[53] não é outro que não seu *próprio ganso,* a *Crítica crítica.* Foi ela que organizou a massa de um modo novo, ao fazer da mesma massa o adversário absoluto *do* espírito. A antítese entre o espírito e a massa é a "organização" crítica "da sociedade", na qual *o* espírito ou *a* Crítica representam o *trabalho* organizador, ao passo que a massa representa a *matéria-prima* e a História o *produto fabricado.*

Perguntemos agora a respeito dos grandes triunfos que a Crítica absoluta obteve sobre a revolução, o materialismo e o socialismo em sua terceira campanha: qual é o *resultado final* desses trabalhos de Hércules? Nenhum, a não ser que aqueles movimentos acabaram *morrendo* sem resultado algum, porque ainda *eram Crítica confundida com massa* ou *espírito confundido com matéria.* Até mesmo no próprio passado literário do senhor Bauer *a* Crítica descobriu, em muitos aspectos, uma impurificação *da* Crítica impingida pela massa. Todavia quando aqui ela, em vez de uma crítica, escreve uma apologia, em vez de abandonar *"assegura",* quando em vez de encontrar na *mistura do espírito com a carne* até mesmo a morte do espírito ela se resume a inverter os termos da questão e descobre na mistura *da carne com o espírito* inclusive a vida da *carne baueriana,* ela se mostra, pelo contrário, tanto mais implacável e mais resolutamente *terrorista,* desde os tempos em que a crítica inacabada, ainda misturada com a massa, não é mais a *obra* do senhor Bauer, mas sim a obra de povos inteiros e de uma série de franceses e ingleses profanos, desde os tempos em que essa crítica inacabada não se chama mais de a "questão judaica" ou de "a boa causa da liberdade" ou de "o Estado, a religião e o partido", mas sim a revolução, o socialismo, o comunismo. A Crítica extirpou assim a impurificação do espírito por parte da matéria e da crítica por parte da massa, respeitando sua própria carne e crucificando a carne alheia.

De um ou de outro modo, em todo caso, o "espírito misturado com a carne" ou a "massa misturada com a crítica" são afastados do caminho. Em vez dessa mistura acrítica, aparece a *decomposição* absolutamente crítica do

---

[53] O trocadilho da frase é maravilhoso. As "aspas" podem ser chamadas – e o são, aqui – de *Gänsefüsschen* (patinhas de ganso). Logo adiante, Marx faz outra referência a "gansos" ao lembrar do episódio ocorrido por volta do ano 390 a. C., quando os gauleses invadiram e tomaram Roma. Só o Capitólio escapou ileso e apenas porque o ataque-surpresa foi denunciado pelo barulho dos gansos, que puseram os guardas romanos em prontidão. (N.T.)

espírito e da carne, da crítica e da massa, quer dizer, sua pura antítese. Essa antítese, em sua forma *histórico-universal,* assim como forma o verdadeiro interesse histórico do presente, é a antítese do senhor Bauer e consortes, ou *do* espírito contra o resto restante do gênero humano, que é a matéria.

A revolução, o materialismo e o comunismo cumpriram, *portanto,* sua finalidade histórica. Através de seu *ocaso,* eles abriram o caminho ao *senhor* crítico. Hosana!

f) O ciclo especulativo da Crítica absoluta e a filosofia da autoconsciência

Por ter, pretensamente, se *consumado* e imposto sua pureza em *um* único domínio, *a Crítica* nada tem a reprovar em si mesma, a não ser um "simples" *descuido,* uma "inconsequência", que foi a de não ter se apresentado "pura" e "consumada" em *todos* os domínios do mundo. O domínio crítico, o "um" ao qual ela se refere não é nenhum outro que não o domínio da *teologia.* O caminho *puro* desse domínio estende-se *da "Crítica dos sinópticos"* de Bruno Bauer até o "Cristianismo descoberto", também de Bruno Bauer, que compõe a fortaleza fronteiriça mais avançada.

> Com o spinozismo [conforme é dito] a Crítica moderna enfim alcançou o purismo; foi, portanto, uma inconsequência o fato de ela – ainda que isso tenha acontecido apenas em alguns pontos individuais – pressupor espontaneamente a *substância* em apenas um âmbito.

Se antes a confissão *da* Crítica de estar enrolada em preconceitos *políticos* era imediatamente atenuada, ao dizer que esse enrolamento *"no fundo"* havia sido *"bem frouxo!",* aqui a confissão da *inconsequência* é mitigada pela intercalação da frase de que ela apenas foi cometida em *alguns pontos individuais e falsos, que acabaram levando a falsos caminhos.* A culpa não foi do senhor Bauer, portanto, mas dos *pontos falsos* que, assim como mulas recalcitrantes, *entrecruzaram-se* com *a* Crítica.

Algumas citações haverão de mostrar que *a* Crítica, através da superação do *spinozismo,* chegou ao *idealismo hegeliano,* que *da substância* passou a um outro *monstro metafísico,* ao *"sujeito",* à *"substância como processo",* à *"autoconsciência infinita",* e que o resultado final da Crítica "consumada" e "pura" é a *restauração da teoria cristã da criação* sob forma *especulativa, hegeliana.*

Abramos, por enquanto, a "Crítica dos sinópticos":

> Strauss permanece fiel ao ponto de vista de que a *substância* é o absoluto. A tradição, sob esta forma do universal que ainda não atingiu a determinabilidade real e racional da generalidade, a qual só pode ser alcançada, com efeito, na *autoconsciência,* em sua *concretude* e seu *infinito,* não é senão a *substância,* que abandonou sua simplicidade lógica e, na condição de *poder da paróquia,* adquiriu uma determinada forma de existência. ("Crítica dos sinópticos", Volume I, Prefácio, p. VI [VII].)

A sagrada família

Deixemos entregues a sua sorte *"a* generalidade que alcançou uma determinabilidade" e "o concreto e o infinito" – o *conceito* hegeliano. Em vez de dizer que a intuição, que na teoria de *Strauss* é levada a cabo pelo "poder da paróquia" e pelo poder da "tradição", possui sua expressão *abstrata,* seus *hieróglifos* lógico-metafísicos na representação spinozista *da substância,* o senhor Bauer deixa que *a substância saia* de "sua *simplicidade lógica"* e, "na condição de poder de paróquia, adquira uma determinada forma de existência". Ele aplica o aparato mágico *hegeliano,* que faz brotar as *"categorias metafísicas"* – as abstrações extraídas da *realidade* –, sacando-as da *lógica,* onde aparecem dissolvidas na *"simplicidade"* do pensamento, e faz com que adotem "uma determinada forma" de existência física ou humana, quer dizer, faz com que elas encarnem. *Hinrichs,* socorro!

> Misteriosa [prossegue *a* Crítica em seu combate a Strauss], misteriosa é essa concepção, pois em cada momento em que trata de explicar e de ilustrar o processo ao qual a história dos evangelhos deve sua origem, apenas logra produzir a *aparência* de um processo. [...] A tese de que "a história dos evangelhos tem suas fontes e sua origem na tradição" estabelece *duas vezes* a mesma coisa: "a tradição" e a "história dos evangelhos", e ainda põe as duas em relação, mas não nos diz a qual *processo interno da substância* o desenvolvimento e a interpretação devem sua origem.

Segundo *Hegel,* a *substância* deve ser tomada na condição de *processo interior.* O *desenvolvimento* sob o ponto de vista da substância, ele o caracteriza conforme segue:

> Se consideramos mais de perto essa *expansão,* vemos que ela não se apresenta como produzida pelo fato de que um e o mesmo assuma diferentes formas, mas sim que é a *repetição* informe *de um e do mesmo,* que apenas... contém uma *aparência* tediosa de diferença. (*"Fenomenologia",* Prefácio, p. 12.)

Hinrichs, socorro!
O senhor Bauer prossegue:

> A crítica tem de, por isso, voltar-se contra si mesma e dissolver a *misteriosa substancialidade...* para onde tange o *desenvolvimento da própria substância,* para a generalidade e a determinabilidade da ideia e para sua existência real, para a *autoconsciência infinita.*

A crítica de *Hegel* contra o ponto de vista da substancialidade prossegue:

> O trancamento da substância deve ser aberto e ela deve ser elevada à *autoconsciência.* (l. c., p. 7.)

Também em Bauer a *autoconsciência* é a *substância elevada* à autoconsciência ou a *autoconsciência* na condição de *substância,* a autoconsciência que se transforma de um *predicado do homem* em um *sujeito independente.* É a caricatura *metafísico-teológica* do homem em sua *separação* da natureza. A *essência* dessa autoconsciência não é, por conseguinte, *o homem,* mas sim *a ideia,* cuja *existência real* é a autoconsciência. É a ideia *feita homem* e, também, por isso, *infinita*. Todas as qualidades *humanas* se transformam, portanto, *misteriosamente*, em qualidades da imaginária *"autoconsciência infinita"*. Por isso o senhor Bauer diz *expressamente*, falando dessa "autoconsciência infinita", que *tudo* encontra nela sua *origem* e sua *explicação*, quer dizer, seu *fundamento existencial*. Hinrichs, socorro!

O senhor Bauer prossegue:

> A força da *relação de substancialidade* reside em seu impulso, que nos conduz ao conceito, à ideia e à autoconsciência.

Hegel diz:

> E assim o *conceito* é a *verdade* da substância.
> A passagem da *relação de substancialidade* se produz por sua própria necessidade imanente e não é outra coisa senão o fato de que *o* conceito é sua verdade.
> A *ideia* é o conceito adequado.
> O conceito... ao prosperar como existência *livre*... não é senão o *eu* ou a *pura autoconsciência*. ("Lógica", Obras de Hegel, 2ª. Edição, Volume 5, p. 6, 9, 229, 13.)

Hinrichs, socorro!

E parece altamente cômico o fato de o senhor Bauer ainda dizer em seu "Jornal Literário":

> Já *Strauss* se arruinou, por não ter podido *consumar* a *crítica do sistema hegeliano*, ainda que tenha demonstrado com sua crítica pela metade a necessidade de consumá-la etc.

O próprio senhor Bauer, em sua "Crítica dos sinópticos", não acreditou estar oferecendo a *crítica consumada* do sistema hegeliano, mas no máximo a *consumação do sistema hegeliano*, pelo menos em sua aplicação à teologia.

Ele caracteriza sua crítica (Prefácio dos "Sinópticos", p. XXI) como sendo "o último feito de um determinado sistema", que não é nenhum outro sistema que o sistema *hegeliano*.

A luta entre *Strauss* e *Bauer* em torno *da substância* e *da autoconsciência* é uma luta *no seio* das especulações *hegelianas*. Em *Hegel* encontramos *três* elementos: a *substância spinozista, a autoconsciência fichteana* e a *unidade hegeliana* necessário-contraditória de ambas, o *espírito absoluto*. O primeiro elemento é a *natureza* metafisicamente disfarçada na *separação* do homem, o segundo é o *espírito* metafisicamente disfarçado na *separação* da natureza, o terceiro é a *unidade* metafisicamente disfarçada de ambos, o *homem real* e o *gênero humano* real.

Strauss desenvolve *Hegel a partir do ponto de vista de Spinoza*, Bauer desenvolve *Hegel a partir do ponto de vista fichteano*, e ambos o fazem de maneira consciente no âmbito da teologia. Ambos *criticaram* Hegel na medida em que, para ele, cada um dos elementos é *falsificado* pelo outro, ao passo que eles dois desenvolvem cada um dos elementos em uma elaboração *unilateral* e, portanto, consequente... É por isso que em suas críticas ambos vão *além* de Hegel, mas ambos permanecem também *dentro* de sua especulação e representam, cada um dos dois, apenas *um* lado de seu sistema. É *Feuerbach* quem consuma e critica *Hegel do ponto de vista hegeliano*, ao dissolver o espírito metafísico *absoluto* no *"homem real sobre a base da natureza"*; é ele o primeiro que consuma a *crítica da religião*, traçando, ao mesmo tempo, os grandes e magistrais *rasgos basilares* para a *crítica da especulação hegeliana* e, por isso, de *toda a metafísica*.

No senhor Bauer, embora já não seja mais o *Espírito Santo*, é *a Autoconsciência infinita* quem conduz a pena dos evangelistas:

> Não devemos mais ter pruridos em dizer que a concepção correta da história dos evangelhos tem também seus *fundamentos filosóficos justamente na filosofia da autoconsciência*. (*Bruno Bauer*, "Crítica dos sinópticos", Prefácio, p. XV.)

Essa *filosofia* baueriana *da autoconsciência*, assim como os *resultados* que o senhor Bauer obtém de sua crítica da teologia serão caracterizados através de algumas passagens extraídas do *"Cristianismo descoberto"*, sua *última* obra religioso-filosófica.

Lá está escrito o seguinte sobre os *materialistas franceses:*

> Se a *verdade* do materialismo, a *filosofia* da *autoconsciência*, estiver descoberta, e reconhecida a *autoconsciência* como o *todo*, como a solução do enigma da *substância spinozista* e como a verdadeira *causa sui*[54]... para que existe o espírito? *Para que a autoconsciência?* Como se a *autoconsciência*, ao estabelecer o *mundo*, a *diferença*, e ao fazer-se brotar *a si mesma* naquilo que faz brotar, uma vez que supera de novo a *diferença daquilo que fez brotar no que diz respeito a si mesma*, e uma vez que apenas [no brotar e] no movimento é ela mesma... como se nesse movimento, que ela mesma é, ela não tivesse seu objetivo e se possuísse a si mesma pela primeira vez! ("Cristianismo descoberto", p. 113.)

> É verdade que os materialistas franceses conceberam os movimentos da autoconsciência como os movimentos da essência geral, da matéria, mas *ainda não* puderam ver que o *movimento do universo apenas* se transforma *realmente* para si, e se funde em unidade com ele mesmo, na condição de *movimento* da autoconsciência. (1. c., p. [114-] 115.)

Socorro, *Hinrichs!*

A *primeira* sentença quer dizer, traduzida ao alemão[55]: A verdade do *materialismo* é o *contrário* do materialismo; é o *idealismo absoluto*, quer dizer, o

---

[54] *"Causa* sua". (N.E.A.)

[55] Se a essas alturas o caríssimo leitor estiver qualificando as citações de Bauer de "moxinifada carente de sentido", a culpa não é do tradutor, mas do próprio Bauer, conforme fica assegurado pela ironia de Marx nesse trecho. Bauer de fato escrevia um alemão confuso que, dada a abstração nubívaga do tema, fica ainda mais complicado. (N.T.)

idealismo exclusivo, superabundante. A autoconsciência, *o espírito*, é o *todo*. Fora dele não há *nada*. "A autoconsciência", "*o espírito*" é o criador poderoso do universo, do céu e da terra. O *mundo* é a manifestação de vida da autoconsciência, que deve *alienar-se* e adquirir *forma servil*, porém a diferença entre o mundo e a autoconsciência é apenas uma *diferença aparente*. A autoconsciência não distingue *nada real* de si mesma. O mundo é, muito antes, apenas uma *distinção* metafísica, uma quimera de seu cérebro etéreo e uma *figuração* do mesmo. E a autoconsciência volta a superar, portanto, a aparência de que exista algo fora dela, baseada em uma concessão momentânea sua, e não reconhece naquilo que "faz brotar" nenhum objeto real, portanto nenhum objeto que se distinga dela mesma na realidade. Através desse movimento, contudo, a *autoconsicência* faz com que ela própria brote pela primeira vez na condição de absoluta, pois o idealista *absoluto*, para ser idealista absoluto, deve necessariamente passar de um modo constante pelo *processo sofístico*, transformando primeiro o mundo *fora dele* em uma *entidade aparente*, em uma mera ocorrência de *seu* cérebro, e declarando mais tarde que essa *forma de fantasia* é aquilo que ela de fato é, ou seja, uma mera fantasia, para poder, ao fim, proclamar sua existência única e exclusiva, não mais incomodada nem sequer pela aparência de um mundo exterior.

A segunda sentença quer dizer, em alemão: É verdade que os materialistas franceses conceberam os movimentos da matéria como movimentos espirituais, mas eles não puderam ver ainda que não são movimentos *materiais*, mas apenas *ideais*, movimentos da autoconsciência e, portanto, movimentos puramente intelectivos. Eles não puderam ver ainda que o movimento real do universo apenas se transformou em verdadeiro e real na condição de movimento *ideal* da autoconsciência, livre e liberado da *matéria*, quer dizer, da *realidade;* o que vale tanto quanto dizer que um movimento *material* diferente do movimento ideal do cérebro apenas existe em *aparência*. Socorro, *Hinrichs*!

Essa *teoria* especulativa *da criação* pode ser encontrada, quase literalmente igual, em *Hegel;* e ela pode ser encontrada já em sua *primeira* obra, em sua "Fenomenologia".

> É a *alienação da autoconsciência* quem estabelece a *coisicidade...* Nessa alienação ela estabelece a si mesma como o *objeto* ou estabelece o objeto como sendo *ela mesma*. Por outro lado isso carrega implícito, ao mesmo tempo, aquele outro momento, ou seja, que ela *superou* e retirou para si mesma essa *alienação* e essa *objetividade...* Esse é o *movimento da autoconsciência*. (Hegel, "Fenomenologia", p. [574-] 575.)

> A autoconsciência tem um *conteúdo* que a distingue *de si...* Esse conteúdo é, em sua própria diferença, o *eu*, uma vez que é o *movimento* do superar-se-a-si-mesmo... Esse conteúdo, indicado de maneira mais determinada, não é outra coisa que o *próprio movimento* que acabamos de referir; pois é

o espírito que se examina a si mesmo e se examina *para si* como *espírito*. (l. c., p. [582-] 583.)

Com relação a essa teoria da criação de Hegel, *Feuerbach* observa:

> A matéria é a autoconsciência do espírito. Com isso, a própria matéria adquire espírito e entendimento... mas, ao mesmo tempo, ela se estabelece de novo como um ente *nulo, não verdadeiro*, uma vez que é apenas o ente que surge dessa alienação, quer dizer, despojado da matéria, da sensualidade, que é declarado o ente em sua perfeição, em sua verdadeira figura e forma. O natural, o materialmente sensível é também aqui, portanto, aquilo que deve *ser negado*, assim como na teologia é a *natureza envenenada pelo pecado original*. ("Filosofia do futuro", p. 35.)

O senhor Bauer defende, pois, o materialismo contra a *teologia acrítica*, ao mesmo tempo que o acusa de "ainda não ser" *teologia crítica, teologia intelectiva, especulação hegeliana. Hinrichs! Hinrichs!*

O senhor Bauer, que agora desenvolveu ao fundo, em *todos* os domínios, *sua* antítese diante da *substância, sua filosofia da autoconsciência* ou *do espírito*, apenas teve de se ver, por isso, em todos os domínios, com seus próprios *fantasmas cerebrais*. A crítica é, em suas mãos, o instrumento para sublimar em meras *aparências* e em pensamentos *puros* tudo aquilo que, *fora* da *autoconsciência infinita*, ainda resguarda uma existência *finita* e material. O senhor Bauer combate na substância não a *ilusão metafísica*, mas o miolo *secular...* a *natureza*, tanto a natureza enquanto existe *fora* do homem como enquanto é a própria natureza do homem. Não pressupor a *substância* em nenhum domínio – ele ainda fala nessa língua – significa para ele, portanto, não reconhecer nenhuma *energia natural* distinta da *espontaneidade espiritual*, nenhuma *força humana essencial* distinta do *entendimento*, nenhuma *paixão* distinta da *atividade*, nenhuma *influência de outros* distinta da *própria ação*, nenhum *sentir* e nenhum *querer* distintos do *saber*, nenhum *coração* distinto da *cabeça*, nenhum *objeto* distinto do *sujeito*, nenhuma *prática* distinta da *teoria*, nenhum *homem* distindo do *crítico*, nenhuma *comunidade real* distinta da *generalidade abstrata*, nenhum *tu* distinto do *eu*. O senhor Bauer procede de maneira consequente, pois, ao avançar pelo mesmo caminho, identificando-se a *si mesmo* com *a autoconsciência infinita*, com *o espírito*, quer dizer, ao substituir essas suas criações por seu criador. É consequente também o fato de ele repudiar como *massa teimosa* e *matéria* o *resto do mundo*, que teima em permanecer sendo algo *distinto* daquilo que *ele* faz brotar. De modo que ele tem a esperança de que,

> não demorará muito,
> e todos os corpos haverão de sucumbir.

Seu *próprio* desgosto com o fato de não ter logrado, até agora, apoderar-se de

Algo desse mundo *grosseiro*[56]

é construído, também consequentemente, como o *autodesgosto* desse mundo, ao passo que a indignação de sua crítica com o desenvolvimento da humanidade é construída como a indignação *massiva* da humanidade contra *sua* crítica, contra *o* espírito, contra o senhor Bruno Bauer e consortes.

O senhor Bauer foi *teólogo* desde sua origem mais remota, mas não um teólogo comum e sim um *teólogo crítico* ou um *crítico teológico*. Já na condição de extremidade máxima da ortodoxia *hegeliana antiga*, na condição de corretor especulativo de todo *absurdo religioso* e *teológico*, ele esclarecia constantemente a *crítica* como objeto de sua *propriedade privada*. Foi ele quem caracterizou, no passado, a crítica de *Strauss* de crítica *humana*, fazendo valer *expressamente*, como antítese da mesma, o direito da crítica *divina*. O grande *orgulho* e a grande *autoconsciência*, que eram o miolo oculto dessa divindade, ele os descascou, liberando-os de seu invólucro religioso, dando-lhes independência na condição de ente individual e elevando-os a princípio da Crítica sob a rubrica de *"autoconsciência infinita"*. Em seu *próprio* movimento, ele executou em seguida o movimento que "a filosofia da autoconsciência" descreve como o ato de vida absoluto. Voltou a superar a "diferença do que fez brotar", da *autoconsciência infinita*, daquilo que a faz brotar, de *si mesmo*, portanto, e reconheceu que em seu movimento ela *"era apenas ele mesmo"*, e que, pois, o movimento do universo apenas se torna *verdadeiro* e *real* em seu automovimento ideal.

A Crítica *divina*, em sua *volta a si mesma,* voltou a se transformar de um modo racional, consciente e crítico; o *ser em si* torna-se *ser em e para si*, e apenas ao *final* é que se vê o *começo* cumprido, realizado, revelado. A Crítica *divina, diferentemente* da crítica *humana,* acabou se revelando como *a Crítica,* como a *Crítica pura,* como a *Crítica crítica*. A apologia do Antigo e do Novo Testamento cede lugar à apologia das velhas e novas obras do senhor Bauer. A antítese *teológica* entre Deus e o homem, o espírito e a carne, o infinito e o finito, transforma-se na antítese *crítico-teológica* entre *o* espírito, *a* Crítica ou o senhor *Bauer* e a *matéria, a massa* ou o mundo profano. A antítese teológica entre a fé e a razão se dissolveu na antítese crítico-teológica do *entendimento humano saudável* e do pensamento puramente crítico. A "Revista da Teologia Especulativa"[57] transformou-se no "Jornal Literário" crítico. O *redentor religioso do mundo* no final das contas se realizou no *redentor crítico do mundo,* o senhor *Bauer.*

O último estágio do senhor Bauer não é nenhuma anomalia em sua evolução; é seu *retorno a* si mesmo a partir de sua *alienação*. Naturalmente se entende que

---

[56] Referência ao *Fausto,* de Goethe. Primeira Parte, Cena Terceira, "Quarto de Estudos". (N.T.)

[57] Referência à *Zeitschrift für Spekulative Theologie,* editada por Bruno Bauer, Berlim 1836--1838. (N.T.)

o momento em que a Crítica *divina* se *alienou,* saindo de si mesma, coincide com o momento em que foi infiel a si mesma e criou *coisas humanas.*

A Crítica absoluta, ao retornar a seu ponto de partida, findou seu *ciclo especulativo* e com ele sua *trajetória de vida.* Seu movimento posterior é apenas *um puro movimento circular em torno de si mesma,* elevado bem além de todo o interesse *massivo,* e já não tem mais, portanto, o menor interesse para a massa.

VII

A CORRESPONDÊNCIA DA CRÍTICA CRÍTICA

1. A massa crítica (Karl Marx)

*Où peut-on être mieux
Qu'au sein de sa famille?*[1]

A Crítica crítica, em sua existência *absoluta* na condição de senhor *Bruno*, declarou a humanidade em *massa*, toda a humanidade que não é Crítica crítica, como sua *antítese*, como seu *objeto essencial: essencial* porque a massa existe ad majorem gloriam Dei[2] *da* Crítica, *do* espírito; *objeto* porque ela é simplesmente a *matéria* da Crítica crítica. A Crítica crítica proclamou a sua relação com a massa como *a relação histórico-universal* do presente.

No entanto, uma *antítese histórico-universal* não pode ser criada apenas através do esclarecimento de que a gente se encontra em oposição ao mundo inteiro. Alguém pode até imaginar que é a pedra de toque do escândalo universal apenas porque, devido a seus descuidos, escandaliza universalmente. Para que haja uma antítese histórico-universal, não basta que eu declare o mundo como *minha* antítese, mas é preciso, por outro lado, que o *mundo* me declare como sua antítese essencial, que me trate e *reconheça* como tal. Pois bem, a Crítica crítica alcança esse reconhecimento através de sua *correspondência*, que tem por missão *testemunhar* ante o mundo tanto o ofício redentor crítico quanto o *escândalo* geral do mundo ante o evangelho crítico. A Crítica crítica é seu próprio objeto na condição de *objeto do mundo*. E sua correspondência tem o papel de *mostrá-la enquanto tal*, enquanto *interesse universal* presente.

---

[1] "Onde pode alguém estar melhor/do que no seio de sua família?" (N.E.A.) Citação da comédia de um ato intitulada *Lucile*, do escritor francês Jean-François Marmontel; Cena quarta. (N.T.)

[2] Para a maior glória de Deus. (N.E.A.)

A Crítica crítica considera-se a si mesma como *sujeito absoluto*. O sujeito absoluto necessita de culto. E o culto *real* requer terceiros, indivíduos crentes. A *sagrada família de Charlotemburgo*[3] recebe, portanto, o culto tributado a ela por seus correspondentes. Os correspondentes lhe dizem *o que* ela *é* e o que seu adversário, a massa, *não é*.

É óbvio que, ao expor desse modo a opinião que a Crítica tem de si mesma como a opinião do mundo, ao *realizar* seu *conceito*, a Crítica peca por inconsequência. *Dentro dela mesma* se manifesta uma espécie de *formação de massa*, qual seja a formação de uma massa crítica, cuja missão monossilábica consiste em servir de eco incansável aos tópicos críticos. Todavia essa inconsequência é perdoável, justamente devido à consequência. A Crítica crítica, que não mora em meio ao mundo pecador, tem de estabelecer um mundo pecador dentro de sua própria morada.

O correspondente da Crítica crítica, o membro da massa crítica, não passeia sobre pétalas de rosa. Seu caminho é um caminho difícil, cheio de espinhos, é um caminho crítico. A Crítica crítica é um senhor espiritualista, a pura espontaneidade, actus purus[4], intolerante com qualquer interferência *de fora*. O correspondente pode ser apenas um *sujeito aparente*, portanto, e apenas em *aparência* pode adotar uma atitude *independente* ante a Crítica crítica, apenas em *aparência* pode comunicar-lhe algo novo ou pessoal. Na *verdade* o correspondente é apenas sua própria *obra mal-feita*, sua própria voz *objetivada* e autonomizada por um instante.

Por isso os correspondentes não deixam de assegurar constantemente que a própria Crítica crítica *sabe, reconhece, conhece, compreende e experimenta* o que naquele mesmo instante lhe é comunicado em *aparência*. Assim, por exemplo, *Zerrleder* faz uso das seguintes expressões: "Vós compreendeis? Sim, vós o sabeis. Vós o sabeis pela segunda e pela terceira vez. Vós já havereis de ter ouvido vezes bastantes para poder reconhecê-lo vós mesmos".

E *Fleischhammer*, o correspondente de Breslau, diz: "Mas o que" etc., "não é um enigma nem para mim, como haveria de sê-lo para vós?" Ou o correspondente de Zurique, *Hirzel*, que assim se expressa: "Vós mesmo por certo havereis de experimentar". O correspondente crítico respeita de um modo tão zeloso a capacidade de compreensão absoluta *da* Crítica crítica, que chega a lhe atribuir capacidade de compreensão até mesmo *ali* onde não há absolutamente nada a compreender; por exemplo, *Fleischhammer*:

> Vós havereis de me *compreender* [!] *totalmente* [!], se eu vos disser que a gente mal pode sair de casa sem encontrar aqui e ali jovens sacerdotes católicos, envoltos em seus hábitos e sobretudos negros e longos.

---

[3] Bairro de Berlim onde habitavam os irmãos Bauer. (N.T.)

[4] Ação pura. (N.E.A.)

Sim, em seu *temor* os correspondentes *ouvem* a Crítica crítica *dizer, responder, exclamar, rir-se deles!*

É o que acontece, por exemplo, com *Zerrleder:* "Mas... vós *dizeis*; pois bem, agora escutai". Assim *Fleischhammer:* "Sim, claro, eu já escuto o que *vós dizeis...* Eu *também apenas* queria opinar". E assim *Hirzel:* "Homem nobre, havereis de *exclamar!"* E, por fim, um correspondente de Tübingen: *"Não vos rides* de mim!"

Devido a isso, há ainda um outro tipo de procedimento característico dos correspondentes, qual seja o de se limitarem a comunicar à Crítica crítica *fatos,* a fim de que ela se encarregue de *interpretá-los espiritualmente;* a fornecer-lhe *premissas,* deixando que ela mesma tire as *conclusões;* ou até a se *desculparem* por ruminarem coisas que ela já conhece há muito tempo.

Assim *Zerrleder:*

> A única coisa que pode fazer vosso correspondente é traçar um quadro, uma pintura dos fatos. O *espírito* que anima essas coisas *por certo não haverá de ser* desconhecido justamente para vós. Ou ainda: Pois bem, com isso vós *podereis* tirar *vós mesmo* a *conclusão.*

Assim *Hirzel:*

> O fato de que toda criatura brota do extremo de sua antítese, com essa sentença especulativa não haverei *de me pôr a vos importunar.*

Ou também, conforme acontece em outras passagens, as *experiências* dos correspondentes são apenas a *realização e a confirmação* de *profecias* críticas.

Assim *Fleischhammer:*

> Vossa *previsão* se cumpriu.

Assim *Zerrleder:*

> As tendências que vos descrevi como cada vez mais difundidas na Suíça, longe de serem funestas são apenas *venturosas...* apenas uma *confirmação* de *vosso pensamento* já tantas vezes expressado etc.

A Crítica crítica por vezes se sente obrigada a expressar a condescendência da qual dá provas ao aceitar se corresponder, e ela funda essa condescendência no fato de que o correspondente resolveu de modo feliz *uma tarefa* qualquer. E assim o senhor Bruno escreve ao correspondente de Tübingen:

> É realmente uma inconsequência da minha parte o fato de eu responder tuas cartas... Por outro lado mais uma vez tu... observaste algo tão *certeiro,* que eu... *não posso deixar* de te conceder o esclarecimento que me pedes.

A Crítica crítica deixa que lhe escrevam *da província,* não da província em seu sentido político, que, conforme se sabe, não existe em lugar nenhum na Alemanha, mas da *província crítica,* cuja capital é Berlim; *Berlim,* a sede dos patriarcas críticos e da sagrada família crítica, enquanto a massa crítica habita nas províncias. E os *provincianos críticos* apenas ousam implorar a atenção da *suprema instância crítica* entre reverências e desculpas.

Assim, por exemplo, um anônimo escreve ao senhor *Edgar*, que na condição de membro da sagrada família é também um senhor distinto:

> Prezado senhor! Que o fato de a juventude gostar de se unir aos seus nos esforços comuns (a *diferença de idade* existente entre nós dois se resume a apenas dois anos) vos sirva para *desculpar* essas linhas.

Esse coetâneo do senhor Edgar caracteriza a *si mesmo,* diga-se de passagem, como *a essência da novíssima filosofia.* E por acaso não está em ordem o fato de que *a* Crítica se corresponda com *a* essência da filosofia? E quando o coetâneo do senhor Edgar assegura que já perdeu os *dentes,* não deve se ver nisso mais do que uma alusão a sua essência *alegórica.* Essa "essência da novíssima filosofia" aprendeu com *"Feuerbach* a colocar o momento da formação na convicção objetiva". Ela logo nos concede uma prova de sua *formação e de sua convicção,* ao assegurar ao senhor Edgar que alcançou uma *"convicção totalitária* de sua narrativa" – "Vivam os princípios firmes!"[5] –, confessando-lhe abertamente, ao mesmo tempo, que a intenção do senhor Edgar estava longe de ter ficado clara para ele, terminando por destruir no fim a segurança da convicção totalitária alcançada com a seguinte pergunta: "Ou será que vos *entendi de modo totalmente errado?"* Depois dessa prova haveremos de achar que está dentro da ordem o fato de a essência da novíssima filosofia se expressar da seguinte forma no que diz respeito à massa:

> *Nós* temos de *condescender,* pelo menos uma vez, a investigar e desfazer o nó mágico que não permite ao *entendimento humano vulgar* a entrada na *torrente ilimitada do pensamento.*

Quem quiser alcançar uma noção completa a respeito daquilo que é a massa crítica não tem de fazer mais do que ler a *correspondência* do senhor *Hirzel,* de Zurique. (Caderno V.) Esse infeliz memoriza, com uma erudição verdadeiramente comovente e com uma memória primorosa, todos os tópicos críticos. As frases feitas preferidas das batalhas encaminhadas pelo senhor Bruno, das campanhas que ele planejou e conduziu, estão todas lá. Porém o senhor *Hirzel* cumpre o seu papel de membro da massa crítica com mais valor ao se exaltar a respeito da *massa profana* e sua relação com a *Crítica crítica.*

---

[5] O conto "Es leben feste Grundsätze!" (Vivam os princípios firmes!) de Edgar Bauer foi publicado no livro *Berliner Novellen* (Novelas berlinenses), editado por Alexander Weill e Edgar Bauer em Berlim no ano de 1843. Desse e de vários outros detalhes, pode-se ver que Marx jamais se metia no terreno da crítica sem conhecer a fundo – e por todos os lados – o objeto de sua crítica. Um dos pontos altos d'*A sagrada família* é, aliás, o fato de ela ser um dos exemplos mais bem-acabados de como deve ser uma crítica que se almeje digna do nome. (N.T.)

A sagrada família

Ele fala da massa, que pensa ter parte na História, "da massa pura", da "crítica pura", da "pureza dessa antítese" – "uma antítese tão pura... como a História não conhece outra igual" –, da *"essência descontente"*, da "completa vacuidade, desgosto, covardia, crueldade, vacilação, ódio, amargor da massa contra a crítica", "da massa que apenas existe para fortalecer com sua resistência o caráter agudo e a vigilância da Crítica". Ele fala da "criação a partir do extremo da antítese", da grandiosidade da Crítica em relação à *raiva* e outros sentimentos profanos do tipo. Tudo o que o senhor *Hirzel* fornece ao *"Jornal Literário"* limita-se a essa imensa riqueza de tópicos críticos. Assim como ele censura a *massa* por se contentar com simples "boas intenções", com a "boa vontade" etc., assim mesmo ele se contenta a si mesmo na condição de membro da *massa crítica*, com frases feitas, com expressões de sua "mentalidade crítica", de sua "crença crítica", de sua "boa vontade crítica", deixando a "ação, o trabalho, a luta" e as "obras" a cargo do senhor Bruno & Cia.

Apesar da espantosa descrição que os membros da "massa crítica" elaboram a respeito da tensão histórico-universal do mundo profano contra a "Crítica crítica", para os infiéis, pelo menos, não foi comprovado ainda o fato dessa tensão *histórico-universal*. A repetição serviçal e acrítica das "ilusões" e "pretensões" críticas através da boca dos correspondentes apenas confirma que as ideias fixas do senhor são também as ideias fixas de seu servo. É certo, no entanto, que um dos correspondentes críticos tenta provar a partir dos *fatos*.

> Vós vedes [ele escreve à sagrada família] que o "Jornal Literário" cumpre sua finalidade, quer dizer, não encontra *nenhuma ressonância*. Ele apenas conseguiria encontrar ressonância se fizesse coro à ausência de pensamentos, se vós avançásseis com orgulho ao som de campainhas e expressões que servissem de tema a musiquinhas fáceis de serem executadas.

Ao som de campainhas e expressões que servissem de tema a musiquinhas fáceis de serem executadas! Vê-se que o correspondente crítico se esforça em marchar por aí ao som de músicas que não são "fáceis de serem executadas". No entanto, sua interpretação do fato de o "Jornal Literário" não encontrar ressonância tem de ser rechaçada como puramente *apologética*. Poder-se-ia interpretar esse fato de maneira inversa, e bem mais adequada, aliás, dizendo que a Crítica crítica se acha em *consonância* com a grande *massa*, ou seja com a grande massa de escribas que não encontram ressonância alguma.

Não basta, portanto, que os correspondentes *críticos* dirijam suas expressões críticas como se fossem "orações" à sagrada família e, ao mesmo tempo, "pragas" rogadas contra a massa. Para provar a tensão *real* existente entre a massa e a Crítica, fazem falta correspondentes *acríticos*, correspondentes *da massa*, fazem falta *verdadeiros* deputados da *massa* ante a Crítica crítica.

Por isso a Crítica crítica arruma um lugarzinho também para a *massa acrítica*. Permite que *representantes* imparciais da massa mantenham *cor-*

respondência com ela, que reconheçam como importante e como absoluta a antítese da massa com ela e que dessa antítese ressoe o *grito de angústia* que clama pela redenção.

2. A "massa acrítica" e a "Crítica crítica"
a) A *"massa empedernida"* e a *"massa insatisfeita"* (Karl Marx)
A dureza de coração, a sensibilidade empedernida e a falta de fé cega "da massa" têm *um* representante bastante decidido. Esse representante fala da "formação puramente filosófico-hegeliana do Couleur berlinense"[6].

> O verdadeiro progresso [diz ele] que nós podemos encaminhar está apenas no reconhecimento da realidade. De vós, nós ficamos sabendo apenas, no entanto, que nosso conhecimento não dizia respeito à realidade, mas sim a algo irreal.

Ele caracteriza a "ciência da natureza" como o fundamento da filosofia.

> Um bom cientista da natureza procede em relação à filosofia assim como o filósofo procede em relação à teologia.

Mais adiante, referindo-se ao "Couleur berlinense", ele observa:

> Não creio estar exagerando se procuro explicar o estado dessas pessoas dizendo que, ainda que tenham passado pelo processo da mudança espiritual, elas ainda não se desprenderam suficientemente da velha pelagem para poder assimilar os elementos da nova formação e do rejuvenescimento. Nós temos de tomar posse desses conhecimentos [os das ciências naturais e da indústria]. O mundo e o conhecimento dos homens, que nos é necessário antes de tudo, não pode ser adquirido apenas mediante a agudez do pensamento, mas todos os sentidos têm de colaborar e todos os dotes do homem devem ser empregados como instrumento necessário e indispensável para que ele seja alcançado, pois de outra maneira a intuição e o conhecimento seguirão sendo sempre defeituosos... e trarão consigo a *morte moral*.

Com isso o tal correspondente procura dourar a pílula que estende à Crítica crítica. Deixa que "*as palavras de Bauer* encontrem a aplicação adequada", "perseguiu *os pensamentos de Bauer*", faz com que *"Bauer tenha* acertado *no que disse"*, e no final das contas parece estar polemizando não com *a* Crítica, mas com algo que é bem distinto dela: o "Couleur berlinense".

---

[6] O correspondente do *Jornal Literário Geral* chama de "Couleur berlinense" – *couleur* pode significar tanto "cor" quanto "naipe" em francês – aos neo-hegelianos de Berlim, que não pertenciam ao círculo de Bruno Bauer e atacavam a ele e seus consortes devido a coisas classificadas de pequenas e privadas. Um desses neo-hegelianos era Max Stirner (na verdade, Johann Kaspar Schmidt, 1806-1856), filósofo alemão que lançou as bases teóricas do anarquismo intelectual. Sua obra é citada também como precursora do existencialismo do século XX. (N.T.)

A Crítica crítica, que se sente atingida e que, ademais, é sensível como uma velha solteirona no que diz respeito a *assuntos da fé*, não se deixa enganar por essas distinções e meias-homenagens.

> Vós vos *enganastes* [ela responde] se pensastes ver no partido que referis no início de vossa carta o *vosso inimigo;* melhor seria que *confessásseis* enfim [e agora vem a fulminante fórmula da excomunhão] *"que sois um adversário da própria crítica!*

O pobre infeliz! O massivo! Um adversário da *própria* Crítica! No que se refere ao conteúdo daquela *polêmica massiva,* porém, a Crítica crítica declara o *respeito* por sua atitude crítica ante a *investigação da natureza* e da *indústria.*

> *Todo o respeito* pela *investigação da natureza! Todo o respeito* por James Watt e [eis uma construção verdadeiramente grandiosa!] e nenhum respeito ante os milhões que proporcionou a seus sobrinhos e sobrinhas.

Todo o respeito ante o respeito da Crítica crítica! Na mesma carta em que a Crítica crítica repreende o recém-citado *Couleur berlinense* pelo fato de seus membros saltarem sem demonstrar esforço por cima de sólidos e valiosos trabalhos, sem tê-los estudado, pelo fato de eles se darem por *prontos* em relação a uma obra ao limitar-se à observação de que ela fará época etc., nessa mesma carta, *ela mesma* dá por *pronta* toda a investigação da natureza e toda a *indústria* com uma simples manifestação de respeito. A cláusula que a Crítica crítica acrescenta a sua manifestação de respeito pela *investigação da natureza* faz lembrar dos primeiros raios e trovões do bem-aventurado cavaleiro *Krug* contra a filosofia da natureza.

> A natureza não é a única realidade, *porque a bebemos e a comemos em seus produtos individuais.*

A Crítica crítica sabe dos *produtos individuais* da natureza apenas "que nós os *comemos e bebemos".* Todo o respeito pela ciência natural da Crítica crítica!

Consequentemente, ela opõe à incômoda e opressiva exigência de estudar a "natureza" e a "indústria", a seguinte exclamação retórica, indiscutivelmente espirituosa:

> Ou [!] pensais acaso que *já* tenha chegado ao fim com o conhecimento da realidade *histórica?* Ou [!] saberíeis mencionar um só período da História que já foi reconhecido *de fato?*

Ou a Crítica crítica acredita ter chegado apenas ao *começo* do conhecimento da realidade histórica, durante o tempo em que exclui o comportamento teórico e prático do homem diante da natureza, a ciência natural e a indústria *do* movimento histórico? Ou será que ela acredita já ter conhecido, na realidade, qualquer período sem conhecer, por exemplo, a indústria desse período, o modo direto de produção da própria vida? É certo que a Crítica crítica – espiritualista, *teológica* – apenas conhece, ou pelo menos conhece em sua ilusão, as grandes ações políticas, literárias e teológicas e as ações de Estado da História. Assim como ela separa o pensamento dos sentidos, a alma do corpo, e se separa a si mesma do mundo, assim também ela separa a História da ciência natural e da indústria e vê o berço da História não na produção *material*-grosseira sobre a terra, mas nas nuvens vaporosas que formam o céu.

O representante da massa "empedernida" e "dura de coração" com suas reprimendas e admoestações certeiras é despachado como um *materialista da massa*. E não termina melhor um outro correspondente menos mau, menos massivo, que, ainda que ponha algumas esperanças na Crítica crítica, não as vê satisfeitas ao final. O representante da massa *"insatisfeita"* escreve:

> Tenho de confessar, em todo caso, que o primeiro Caderno de vosso Jornal não foi *nem um pouco satisfatório*. Na verdade nós havíamos esperado outra coisa.

O *patriarca crítico* responde pessoalmente:

> Que ele não haveria de satisfazer suas esperanças, eu sabia de antemão, pois não me foi nem um pouco difícil imaginar quais eram essas esperanças. A gente está tão esgotado que de repente se quer *tudo de uma vez*. Tudo? Não! Se possível tudo e nada ao mesmo tempo. Um tudo que não exige esforço, um tudo que possa ser adquirido sem que a gente se submeta a um desenvolvimento... um tudo que se torne real através de uma única palavra.

Em seu desgosto ante as exigências indevidas da "massa", que reivindica *algo*, e inclusive *tudo* da Crítica que, por princípio e dom natural, *"não dá nada"*, o patriarca crítico procede como procedem os senhores de avançada idade e põe-se a contar uma *anedota*. Conta que, há pouco tempo, um berlinense *conhecido* se queixou, cheio de amargura, da prolixidade e da minuciosidade lata de seus escritos – pois, conforme se sabe, o senhor Bruno é capaz de arrancar um calhamaço de centenas de páginas de um pensamento mínimo, por menor que seja. O patriarca consolou-o prometendo enviar-lhe, amassada em uma pequena bola, a fim de que pudesse assimilá-la mais facilmente, a tinta necessária para a impressão de sua obra. Com efeito, segundo a explicação do patriarca, a extensão de suas "obras" é devida à má distribuição da tinta de impressão sobre o papel; da mesma maneira ele esclarece o nada de seu "Jornal Literário" a partir do vazio da "massa profana" que, para se encher, gostaria de devorar tudo e nada ao mesmo tempo.

Porém, mesmo sem desconhecer a importância das comunicações feitas até agora, não é fácil chegar ao ponto de vislumbrar uma antítese *histórico-universal* no fato de que um conhecido massivo da Crítica crítica a considere oca e ela, por sua vez, o considere acrítico, nem de que um segundo conhecido não veja satisfeitas as esperanças por ele depositadas no "Jornal Literário" e de que um *terceiro* conhecido e amigo da casa tenha por demasiado extensas as obras por ela escritas. No entanto, o conhecido de número 2, que havia levantado esperanças, e o amigo íntimo de número 3, que deseja, pelo menos, conhecer os segredos da Crítica crítica, representam o ponto de transição para uma relação mais *plena de conteúdo* e mais tensa entre a Crítica crítica e a "massa acrítica". Por mais cruel que *a* Crítica se manifeste em relação à massa, falando de "coração empedernido" e "de entendimento humano saudável", ela não deixa de ser condescendente para com a mesma massa, que geme e chora buscando *redimir-se* da antítese. A massa, que se aproxima da Crítica com o coração destroçado, o ânimo disposto à penitência e o espírito cheio de humildade, haverá de receber alguma palavra *balançada, profética e grosseira* por recompensa.

b) A massa "de coração mole" e "necessitada de redenção" (Friedrich Engels)

O representante da *massa sentimental, afetuosa e necessitada de redenção* implora e se abana em busca de uma palavra benévola da Crítica crítica, com efusões cordiais, reverências e olhares de admiração como os seguintes:

> Por que vos escrevo isso e por que me justifico diante de vós? Porque vos *respeito* e, por isso mesmo, *desejo o respeito* de vossa parte; porque vos devo a maior *gratidão* no que diz respeito a meu desenvolvimento, razão pela qual vos *amo*. *Meu coração* me tange a *justificar-me* ante vós, que me... censurastes... Estou *bem longe* de querer *impor-me* a vós e, julgando *por mim*, pensei que *talvez* a vós *mesmo* possa parecer-vos *grato* receber uma prova de *simpatia* de parte de uma pessoa a quem nem sequer se conhece. Não tenho, *de modo algum*, a *pretensão* de que vós ireis responder a esta carta: *não* quero roubar-vos o tempo, do qual podereis fazer melhor uso, *nem* impor-vos uma carga, *nem tampouco* expor-me à humilhação de ver *desiludido* algo em que pus minha esperança. *Podereis até* creditar o que escrevo ao *sentimentalismo*, à *impertinência*, e até mesmo à *vaidade* [!], ou ao motivo que melhor vos aprouver; podereis responder ou não; mas eu não posso resistir ao *impulso* de enviar-vos a carta, e apenas desejo ver-vos capazes de reconhecer nela o sentimento de *amizade* que a originou. [!!!]

E, assim como Deus desde sempre se apiedou dos *simples de espírito*, assim também esse correspondente massivo, mas cheio de humildade e lamentoso em busca da misericórdia crítica, vê seus desejos *realizados*. A Crítica crítica lhe responde cheia de bondade. Mais ainda! Ela lhe proporciona as explicações *mais profundas* para ajudá-lo a compreender os objetos de sua sede de saber.

> Há dois anos [nos ensina a Crítica crítica] era algo adequado aos tempos em que vivíamos lembrar do iluminismo francês do século XVIII para fazer com que também suas *tropas ligeiras* agissem na batalha que naquela época ocorria. Mas agora a coisa é muito diferente. Hoje em dia as coisas mudam com muita pressa. O que naquela época estava *em seu lugar* hoje em dia é um *descuido*.

Claro está que já naquela época era "um *descuido*", ainda que um descuido *"em seu* lugar" adequado, o fato de a mesmíssima Crítica absoluta, na Anedota número II, página 89[7], chamar essas *tropas ligeiras* de *"nossos santos"*, nossos *"profetas"*, *"patriarcas"* etc. A quem ocorria ver uma *tropa de "patriarcas"* em algumas *tropas ligeiras?* E era um descuido "em seu lugar" adequado o fato de ela falar, como falava, com tanto entusiasmo da abnegação, da energia moral e da exaltação com que essas tropas *ligeiras* "haviam passado a vida inteira pensando, trabalhando e estudando em favor da verdade". Assim como também era um descuido o fato de que em "Cristianismo descoberto", no "Prefácio", ela tenha declarado que essas tropas *"ligeiras"* chegaram a parecer invencíveis, a tal ponto que *qualquer pessoa mais bem informada* teria testemunhado de antemão que elas haveriam de *"arrancar o mundo dos trilhos"*, e assim mesmo havia chegado a "parecer impossível de duvidar que conseguiriam também dar ao *mundo* uma *nova forma"*. *Essas tropas ligeiras?*

Mais adiante a Crítica crítica segue rabulando ao representante sedento de saber da "massa *cordial":*

> Ainda que os franceses tenham alcançado um *novo* mérito histórico com suas tentativas de criar uma nova teoria social, *agora* eles se acham, *no entanto, esgotados;* sua nova teoria ainda não era *pura,* suas fantasias sociais, sua *democracia pacífica* não se achavam ainda totalmente livres das premissas do velho estado de coisas.

A Crítica fala aqui – se é que ela fala alguma coisa em algum lugar – do *fourierismo* e, especialmente, do fourierismo da "Démocratie pacifique"[8]. Mas este está muito distante de ser a "teoria social" dos franceses. Os franceses têm *teorias sociais,* porém não *uma* teoria social, e esse fourierismo aguado que prega o "Démocratie pacifique" é simplesmente a teoria social de uma parte da burguesia filantrópica; o povo, de sua parte, é *comunista,* e ainda por cima dividido em uma multidão de frações diferentes; o verdadeiro movimento e a elaboração desses diversos matizes sociais não apenas não se *esgotaram,* como na verdade apenas agora *começam* de fato. Mas esse movimento não terminará na *teoria* pura, quer dizer, abstrata, como quer a Crítica crítica, mas sim numa *práxis* totalmente *prática,* que não terá a mínima preocupação com as categorias categóricas da Crítica.

---

[7] Engels refere-se, aqui, ao artigo de Bruno Bauer intitulado "Leiden und Freuden des theologischen Bewusstseins" (Sofrimentos e alegrias da consciência teológica), publicado no segundo volume do já citado "Anedotas sobre a novíssima filosofia e publicística alemãs". (N.T.)

[8] O veículo citado, *Démocratie Pacifique* ("A democracia pacífica"), era um jornal diário dos fourieristas, publicado em Paris entre os anos de 1843 e 1851 sob a direção de Victor Prosper Considérant (1808-1893), político francês, representante máximo das ideias de Charles Fourier após a morte deste, em 1837. (N.T.)

Nenhuma nação [prossegue a Crítica em sua conversa mole] leva *alguma* vantagem sobre as outras até *agora*. Se uma delas puder chegar a alcançar sobre as outras uma... superioridade espiritual, haverá de ser aquela que for capaz de criticar a si mesma e às outras e de chegar a conhecer as causas da decadência geral.

Toda nação leva *alguma* vantagem sobre as outras até *agora*. Mas se a profecia crítica fosse acertada nenhuma nação *chegaria* a alcançar vantagem alguma sobre as outras, pois todos os povos civilizados da Europa – ingleses, alemães, franceses – agora "se *criticam* a si mesmos e aos outros" e são "capazes de chegar a conhecer as causas da decadência geral". Enfim, não passa de uma *tautologia* frasista afirmar, como se faz acima, que o fato de "criticar", [o fato] de "reconhecer" a atividade *espiritual* conferem uma *superioridade espiritual*; e a Crítica, que, com sua autoconsciência infinita, coloca-se acima das nações e aguarda que estas, prostradas a seus pés, implorem por luz, apenas acaba revelando com mais clareza, através desse caricaturesco idealismo germânico-cristão, o quanto ela ainda se encontra mergulhada até os cabelos na lama do *nacionalismo alemão*.

A crítica dos franceses e dos ingleses não é uma personalidade tão abstrata e extraterrena, que paira fora da humanidade, mas é, muito antes, a *atividade humana real* de indivíduos que são membros laboriosos da sociedade e que, como seres humanos que são, sofrem, sentem, pensam e atuam. É por isso que a crítica deles é, ao mesmo tempo, prática, e seu comunismo um socialismo através do qual eles oferecem medidas práticas e tangíveis, no qual não se limitam a pensar, mas, pelo contrário, agem tanto mais; esse socialismo é a crítica viva, real, da sociedade vigente, o reconhecimento das causas "da decadência"[9].

Depois dos esclarecimentos da Crítica crítica ao membro da massa sedento de saber, ela já pode dizer com razão de seu "Jornal Literário":

> Aqui se exerce a crítica *pura*, expositiva, que aborda as coisas e à qual não pode ser feito reparo algum.

Aqui não "é oferecido *nada independente*", aqui não se oferece absolutamente *nada* a não ser a *Crítica que nada oferece*, quer dizer, a Crítica que se completa ao chegar ao ponto máximo da ausência de crítica. A Crítica faz imprimir passagens marcadas e alcança o esplendor em *excertos*. Wolfgang

---

[9] Aqui Engels parece definir pela primeira vez o sentido peculiar do "socialismo" como sendo a ação prática que contrasta com – ou se diferencia da – a teoria comunista em si. A oposição entre a limitação teórico-especulativa da crítica alemã e a individualidade concreta, bem como a realidade prática dos movimentos críticos ingleses e franceses, além de coincidir por inteiro com a noção de Marx, é sugerida pela primeira vez n'*A sagrada família*. Lênin chegou a dizer, em suas glosas marginais à obra, que foi com *A sagrada família* que Marx progrediu "da filosofia hegeliana ao socialismo". (N.T.)

Menzel e *Bruno Bauer*[10] se estendem a mão fraternal e a Crítica crítica se acha *ali* onde se achava a *filosofia da identidade* nos primeiros anos deste século, quando *Schelling* protestava contra a insinuação massiva de que pretendia oferecer algo, qualquer coisa, como se fosse a filosofia *pura,* a filosofia *totalmente filosófica.*

c) A graça irrompe para a massa (Karl Marx)

O correspondente de coração mole, a cuja doutrinação acabamos de presenciar, mantinha relações *confortáveis* com a Crítica. Nele, a tensão entre a *massa* e a *Crítica* se insinua apenas de um modo idílico. Ambos os lados da antítese *histórico-universal* se comportavam, um em relação ao outro, de maneira *bem-intencionada* e *cortês* e, por isso, de maneira *exotérica.*

A Crítica crítica em seu efeito *antissanitário* e estremecedor de espíritos que exerce sobre a massa revela-se apenas quando ela se ocupa de um correspondente que tem um dos pés na Crítica, mas com o outro já pisa no mundo profano. Esse correspondente representa a "massa" e suas lutas *interiores* com a Crítica.

Em certos momentos lhe parece "que o senhor Bruno e seus amigos não entendem *a humanidade",* "que eles estão, na verdade, cegos". Mas de imediato ele se corrige:

> Sim, vejo tão *claro como a luz do sol* que vós tendes razão e que vossos pensamentos correspondem à verdade, mas havereis de me *perdoar* se eu vos disser que *tampouco* o povo está errado... Oh *sim!* o povo tem razão... Que vós tendes razão, eu não posso negar... De fato não sei até onde isso tudo acabará chegando: vós havereis de dizer... pois bem, fique em casa então... *Ah*, eu já não posso mais... *Ah*... parece que se assim não fosse a gente teria de *ficar louco* ao final... Vós havereis de acolher com *benevolência...* Acreditai em mim, o conhecimento adquirido faz com que a gente por vezes se sinta tão *bobo* como se uma roda de moinho estivesse a dar voltas pela nossa cabeça.

Também outro correspondente escreve que ele *"em certas ocasiões* parece perder *o controle".* Como se vê, naquele correspondente massivo a *graça crítica trabalha* a ponto de estar pronta a irromper. O pobre verme! A massa pecadora puxa-o por um lado e a Crítica crítica por outro. Não é o conhecimento adquirido que joga os catecúmenos da Crítica crítica nesse estado de embotamento, mas sim o dilema da *fé* e da *consciência:* Cristo crítico ou o povo, Deus ou o mundo, Bruno Bauer e seus amigos ou a massa profana! Mas assim como o dilaceramento extremo do pecador precede a irrupção da graça *divina,* a *estupidificação* sufocante é a precursora da graça *crítica.* E quando essa graça alcança enfim a irrupção o eleito não chega a perder a estupidez, mas perde pelo menos a *consciência da estupidez.*

---

[10] Wolfgang Menzel (mais sobre ele no adendo relativo às pessoas citadas no livro, elaborado ao final) foi um dos censores públicos alemães mais conhecidos da época. (N.T.)

3. A massa crítica-acrítica ou a Crítica e o "Couleur berlinense"

A Crítica crítica não logrou apresentar-se como *a antítese essencial* e, portanto, não logrou, ao mesmo tempo, fazer de si mesma o *objeto essencial* da humanidade em massa. Prescindindo dos representantes da massa *empedernida*, que repreende a Crítica crítica por sua *carência de objeto* e lhe dá a entender, da maneira mais galante, que ainda não passou pelo *"processo da mudança"* espiritual, e que deve, antes de tudo, começar por adquirir sólidos conhecimentos... fica claro que o correspondente de *coração mole* não é, em primeiro lugar, nenhuma *antítese* e, em segundo lugar, que o verdadeiro motivo de sua aproximação da Crítica crítica é *puramente pessoal*. O que ele quer, na verdade, conforme qualquer um pode ver através de sua carta ao relê-la em toda a sua extensão, não é mais do que fazer de sua devoção pelo senhor *Bruno Bauer* a mediadora de sua devoção pelo senhor Arnold Ruge. Essa tentativa mediadora é digna de seu coração bondoso. Mas ele não chega a formar, de maneira alguma, um *interesse massivo*. O correspondente que se apresenta por último, por fim, já não era mais um membro *real* da massa, era, no fundo, um catecúmeno da Crítica crítica.

A *massa* é, aliás, um objeto absolutamente *indeterminado*, que por isso não pode exercer uma ação determinada nem entrar em uma relação determinada. A massa, enquanto objeto da Crítica crítica, não tem nada em comum com as massas *reais* que, por sua vez, vêm a formar entre si antíteses das mais massivas. A massa *da Crítica* é "fabricada" por ela mesma, como se um cientista da natureza em vez de falar de uma classe de animais determinada, opusesse *essa* classe a si mesmo.

Além dessa massa *abstrata*, uma quimera de seu próprio cérebro, a *Crítica crítica* ainda necessita de uma outra *massa*, uma *massa determinada*, empiricamente demonstrável e não simplesmente imaginada, para possuir uma antítese realmente massiva de si mesma. Essa massa deve necessariamente vislumbrar na Crítica crítica, ao mesmo tempo, sua *essência* e, também ao mesmo tempo, a *aniquilação de sua essência*. Ela tem de *querer ser*, mesmo sem *poder* sê-lo, Crítica crítica, não massa. Essa massa crítica-acrítica é o "Couleur berlinense" referido anteriormente. A *massa* da humanidade que se ocupa com seriedade da Crítica crítica se reduz, com efeito, a um Couleur berlinense.

O "Couleur berlinense", o *"objeto essencial"* da Crítica crítica, com o qual ela jamais deixa de se ocupar mentalmente e que ela sempre vê ocupado mentalmente com ela, consiste, tanto quanto sabemos, de uns poucos *neo-hegelianos* ci-devant[11], aos quais a Crítica crítica, segundo ela afirma, em

---

[11] Antigo. (N.E.A.)

parte infunde o *horror vacui*[12], em parte a sensação *da nulidade*. Ao dizer isso, não investigamos a situação dos fatos mas confiamos nas manifestações da Crítica.

De modo que a *correspondência* é destinada sobretudo a explicar *de maneira prolixa* ao público essa relação *histórico-universal* entre *a* Crítica e o "Couleur berlinense", a revelar seu profundo significado, a expor a crueldade necessária da Crítica para com essa "massa" e, enfim, a criar a aparência de que o *mundo inteiro* vive angustiadamente preocupado com essa antítese, sendo que uns se manifestam a favor e outros contra o método *da* Crítica. Assim, a Crítica *absoluta* escreve, por exemplo, a um correspondente, que toma o partido do "Couleur berlinense":

> Coisas do tipo eu *já* ouvi *tantas vezes* que me decidi a não as tomar mais em consideração.

O mundo não tem ideia de quantas vezes ela teve de se ocupar com coisas críticas *do tipo*.

Escutemos, agora, o que um membro da massa *crítica* informa a respeito do representante do Couleur berlinense:

> "Se alguém reconhece os Bauer" [a sagrada família tem de ser reconhecida sempre *pêle-mêle*[13]], assim começa sua resposta, "esse alguém sou *eu*; mas o *Jornal Literário*! Tudo como deve ser! Foi interessante para mim escutar o que um desses radicais, desses espertos do ano de 1842 pensava a respeito de vós..."

Eis que agora nos informam que o infeliz representante do Couleur berlinense tinha todo o tipo de censuras a fazer ao "Jornal Literário".

A novela do senhor Edgar, "Os três homens de bem", ele achou-a tosca e exagerada. Não compreendia que a *censura* não é tanto um combate corpo a corpo, um combate em direção ao exterior, quanto uma luta interior. Ele não se digna ao esforço de voltar-se para dentro de si mesmo e substituir as *frases contrárias à censura* pelo *pensamento crítico* desenvolvido *com sutilidade* e desdobrado em todos os seus aspectos. O ensaio do senhor Edgar acerca de Béraud, ele o achou pouco fundamentado. O informante crítico, por sua vez, acha-o bem fundamentado. Ele até chega a confessar: "Eu... *não* conheço o livro de Béraud". Mas em compensação ele *acredita* que o senhor Edgar *logrou alcançar*... etc. e a crença, conforme se sabe, torna o homem bem-aventurado. "No fundo", prossegue o crente crítico, "ele [o membro do Couleur berlinense] não está *nem um pouco* satisfeito com o papo de Edgar". Também *Proudhon* ele acha "que não foi tratado com seriedade e *profundidade* suficientes". E aqui o informante dá ao senhor Edgar seu testemunho:

---

[12] Horror ante o vazio. (N.E.A.)

[13] Do início ao fim (em alemão, *in Bausch und Bogen*). (N.E.A.)

É certo [!?] *que eu conheço* Proudhon e sei que a exposição de Edgar tomou dele os pontos *característicos* colocando-os em seguida, uns junto aos outros, de um modo bem ilustrativo.

O único motivo pelo qual a crítica tão *excelente* do senhor Edgar a respeito de Proudhon não satisfaz só pode residir, segundo o informante, no fato de que o senhor Edgar não *desencadeia nenhum tipo de maus ventos* contra a propriedade. Sim, é preciso pensar nisso, o adversário acha o ensaio do senhor Edgar a respeito da Union ouvrière *insignificante*. O informante consola o senhor Edgar:

> Naturalmente, ele não contém nada de *original*, e essas pessoas voltaram a se entregar de fato ao ponto de vista de *Gruppe*, o qual na verdade *jamais abandonaram*. Dar, dar, *dar*, é só isso que *a* Crítica deve fazer!

Como se a Crítica não tivesse dado, já, toda uma série de descobrimentos completamente novos no campo da linguística, da história, da filosofia, da economia política e da jurisprudência! E ela é tão modesta que permite que se lhe diga que não deu nada *original*! Até mesmo nosso correspondente crítico deu à mecânica praticada até hoje algo desconhecido, quando faz as pessoas *voltarem* aos *mesmos* pontos de vista dos quais *jamais saíram*. A lembrança dos pontos de vista de *Gruppe* é bem pouco hábil. Em seu folheto, ademais miserável e nem sequer digno de nota, Gruppe perguntou ao senhor Bruno que contribuição crítica ele tinha a dar a respeito da *lógica especulativa?* O senhor Bruno limitou-se a mandá-lo às gerações futuras e...

um tolo espera por resposta.[14]

Assim como Deus um dia castigou o faraó incrédulo endurecendo-lhe o coração e não *o considerando digno* de ser iluminado, assim também o informante assegura:

> Por isso vós *nem* sequer sois *digno* de ver e reconhecer o conteúdo de vosso Jornal Literário.

E em vez de recomendar ao senhor Edgar que desse um jeito de arranjar pensamentos e conhecimentos, ele se limita ao seguinte conselho:

> Edgar pode até arranjar um *saco de frases feitas* e pôr as mãos às cegas dentro dele quando escrever seus ensaios no futuro e assim adquirir um estilo que ecoe junto ao público.

Fora as garantias de uma "certa raiva, desgosto, falta de conteúdo, ausência de pensamentos e de ideias a respeito da coisa, a qual eles não conseguem captar, além de um sentimento de nulidade" – todos esses epítetos,

---

[14] Referência a um verso de Heinrich Heine, extraído do poema "Fragen" (Perguntas), em *Mar do Norte* (*Nordsee*), Segundo ciclo. (N.T.)

entenda-se, referem-se ao Couleur berlinense –, são feitas elegias como as que seguem à sagrada família:

> A facilidade do tratamento que analisa as coisas a fundo, o domínio das categorias, a visão adquirida pelo estudo, em uma palavra, o *domínio* dos objetos de análise. Ele [o sujeito do Couleur berlinense] facilita as coisas para si mesmo, vós fazeis com que a coisa se torne fácil para a gente. Ou: Vós praticais no "Jornal Literário" a crítica pura, expositiva, que analisa as coisas a fundo.

No final das contas o correspondetne crítico diz:

> Eu me estendi tanto ao vos escrever porque sei que vos causo *uma alegria* ao comunicar-vos as opiniões do meu amigo. Através delas podereis constatar que o "Jornal Literário" cumpriu seu papel.

Seu papel é sua antítese em relação ao Couleur berlinense. Se até agora vivemos a *polêmica* do *Couleur berlinense* contra a Crítica crítica e sua censura com relação a essa polêmica, agora nos é caracterizado de maneira dupla a aspiração do Couleur berlinense pela misericórdia da Crítica crítica.

Um correspondente escreve:

> Meus conhecidos de Berlim me disseram, quando lá estive no começo deste ano, que era procedimento vosso repelir todo mundo, mantendo qualquer pessoa o mais distante possível, mantendo-vos completamente isolado a fim de evitar qualquer aproximação, qualquer contato com quer que fosse. Eu não posso saber, naturalmente, de que lado está a culpa.

A Crítica *absoluta* responde:

> A crítica não toma *nenhum partido*, não quer ter nenhum partido como o seu; é *solitária...* solitária ao abismar-se em *seu* [!] objeto, solitária ao se enfrentar com ele. Ela *se livra de tudo*.

Do mesmo modo que a Crítica crítica acredita se sobrepor a todas as antíteses dogmáticas ao substituir as antíteses reais pela antítese imaginária *entre si mesma* e o *mundo*, entre o *Espírito Santo* e a *massa profana*, ela acredita que se eleva acima dos *partidos* ao cair *debaixo* do *ponto de vista do partido*, ao posicionar-se na condição de *partido* em oposição ao resto da humanidade e concentrar todo seu interesse na personalidade do senhor Bruno & Cia. Que a Crítica se entrona na solitude da *abstração*, que ela mesma, ao se ocupar de um *objeto* de maneira aparente, não sai de sua solidão carente de objeto para entrar em uma relação *social* de verdade com um *objeto real*, porque *seu objeto* é apenas o objeto *de sua imaginação*, simplesmente um objeto imaginário, é uma *confissão* crítica cuja verdade aparece confirmada por toda a nossa exposição. E não menos corretamente ela determina o caráter de sua *abstração* como a abstração *absoluta*, ao dizer que *"se livra de tudo"*, e justo essa libertação do *nada* que se *livra de tudo*, de *todo* o pensar, de *toda* a contemplação etc., é o *absurdo absoluto*. A solitude, ademais, que é alcançada a partir da libertação, da abstração do *todo,* acha-se tão pouco livre do objeto do qual ela se abstrai quanto *Orígenes* se achava livre do *membro procriador,* que ele *livrou* de si.

Um outro correspondente começa por apresentar *um* dos que fazem parte do "Couleur Berlinense", o qual ele viu e com o qual falou, como "mal-humorado", "abatido", "sem poder mais abrir a boca", como "pusilânime", como alguém que "sempre tinha na ponta da língua uma palavra *insolente".* Esse membro do "Couleur berlinense" conta ao correspondente, que por sua vez refere à Crítica:

> Disse que não pode compreender como homens como vós dois, que ademais costumam venerar o princípio da humanidade, podem comportar-se de um modo tão reservado, tão displicente e inclusive tão soberbo. [Ele diz não saber] por que existe certo tipo de pessoa que, conforme parece, provoca deliberadamente uma cisão. Todos abraçamos, com efeito, o mesmo ponto de vista, todos nós *veneramos* ao extremo a Crítica, somos todos capazes de compreender e aplicar um pensamento extremo, ainda que ele não parta de nós. [Segundo ele] o princípio inspirador dessa cisão não é outro que não o egoísmo e a soberba.

E então o correspondente deixa escapar as palavras decisivas:

> Será que pelo menos alguns entre nossos amigos não compreenderam *a* Crítica ou pelo menos *a boa vontade da Crítica...* "ut desint vires, tamen est laudanda voluntas".[15]

A Crítica responde através das seguintes *antíteses* entre si e o Couleur berlinense:

Diz que são *"diferentes* pontos de vista da crítica". Que os outros "acreditam carregar a crítica no bolso", ao passo que eles "conhecem e aplicam realmente o poder da crítica"; quer dizer, a Crítica não mantém a crítica no bolso. Para o Couleur, a crítica seria a pura forma, para eles, ao contrário, ela seria o *"mais pleno conteúdo,* ou, muito antes, a única coisa *plena de conteúdo".* Assim como o pensamento absoluto se considera a si mesmo como se fosse toda a realidade, *assim* também a Crítica crítica. Por isso ela não vê *fora de si* nenhum conteúdo; ela não é, portanto, a crítica de objetos *reais,* que habitam fora do sujeito crítico, ela *fabrica,* muito antes, o objeto, ela é o *sujeito-objeto* absoluto. Adiante! "O primeiro modo da crítica deve começar com expressões acerca de tudo, indo além do estudo das coisas em si, e o segundo se livra *de tudo,* através de expressões." O primeiro é *"ignorantemente inteligente",* o segundo "está estudando". O segundo é, no entanto, pouco inteligente e aprende por ça, par là[16], mas apenas de maneira aparente, apenas para poder lançar aquilo

---

[15] "Ainda que faltem as forças, há que se elogiar a vontade." (N.E.A.)

[16] Aqui e ali. (N.E.A.)

que aprendeu superficialmente como sabedoria autoinventada, transformada em "tópico", contra a massa, da qual ele o aprendeu, e solucioná-lo em um absurdo crítico-crítico.

> Aos primeiros importam palavras como "extremo", "ir adiante", "não ir suficientemente adiante", transformadas em categorias das mais elevadas, o segundo *desvenda os pontos de vista* e não lhes aplica as *medidas* daquelas categorias abstratas.

As exclamações da Crítica número 2, de que já não se deve mais falar mais em política, de que a filosofia está liquidada, sua afirmação de que está além dos sistemas sociais e suas argumentações através de palavras tais como "fantástico", "utópico" etc. ... que é isso tudo se não uma versão *criticamente emendada* do "ir adiante" e do "não-ir-suficientemente-adiante"? E suas "medidas", tais como *"a* História", *"a* Crítica", a "síntese dos objetos", "o velho e o novo", "Crítica e massa", o "afundar nas posições"; em uma palavra, todos os seus tópicos não são, por acaso, *medidas categóricas* e abstratamente categóricas?

> Os primeiros são teológicos, malignos, invejosos, mesquinhos, arrogantes; os segundos, *o contrário* de tudo isso.

Depois que *a* Crítica tributa a si mesma, desse modo – e de um só alento – uma dúzia de louvores e proclama ter tudo aquilo que falta ao Couleur berlinense, à maneira de Deus, que *é* tudo o que *não é o homem*, ela dá a si mesma o seguinte testemunho:

> A crítica alcançou uma claridade, uma sede de saber e uma quietude que a tornam *inatacável* e *insuperável*.

Por isso é que, diante de sua antítese, o Couleur berlinense, ela "apenas pode assumir, em suma, a atitude do *riso olímpico*". E essa *gargalhada* – com sua habitual minuciosidade, desenvolve o que esse riso é e o que não é – "essa gargalhada não tem nada de soberba". De maneira alguma! Ela é a negação da negação. Ela *"é apenas o processo* que *o crítico tem de aplicar necessariamente,* com fruição e tranquilidade de espírito, contra um *ponto de vista subordinado* que *presume* ser *igual* ao *seu".* Que presunção! Quando *o* crítico se ri, portanto, *aplica* um *processo*! E em sua "tranquilidade de espírito" aplica o *processo do riso* não contra pessoas, mas sim contra um *ponto de vista*! Até o *riso é uma categoria* que a Crítica crítica aplica e inclusive *tem* de, *necessariamente,* aplicar!

A crítica *exterior ao mundo* não é uma *atividade essencial* do *sujeito humano real,* que vive, portanto, na sociedade *presente,* que sofre e compartilha suas penas e seus gozos. O indivíduo *real* é apenas um *acidente*, um receptáculo terreno *da* Crítica crítica, que se revela nele como a *substância eterna*. O sujeito não é, aqui, a crítica do indivíduo humano, mas sim *o indivíduo inumano da Crítica*. Não é a crítica que é uma *manifestação do homem*, mas o homem que é uma *manifestação da crítica;* por isso o Crítico vive completamente fora da sociedade.

> Pode o crítico viver na mesma sociedade em que ele vive, a mesma sociedade que ele critica?

Muito melhor seria perguntar: Não deve ele viver nessa sociedade, não deve ser ele mesmo uma manifestação vital dessa sociedade? Por que o crítico *vende* seu produto espiritual, se com isso torna a pior lei da sociedade atual a sua lei?

> O crítico nem sequer pode ousar misturar-se *pessoalmente* na sociedade.

Por isso ele forma para si uma *sagrada família,* assim como o Deus solitário aspira a superar através da sagrada família sua separação tediosa da sociedade. Se o Crítico *quer se ver livre da má sociedade,* o primeiro que ele tem de fazer é livrar *a si mesmo da sociedade.*

> Assim o crítico se vê privado *de todos os gozos da sociedade,* mas também lhe são alheios *os sofrimentos dela*. Ele não conhece nem *amizade* [exceção feita à amizade dos amigos críticos], nem amor [exceção feita ao *amor-próprio*], mas em compensação a calúnia se bate impotente contra ele, nada pode injuriá-lo, ele não sabe o que é o ódio nem a inveja; a raiva e o rancor são para ele *emoções desconhecidas*.

Enfim, o Crítico é livre de todas as *paixões humanas,* ele é uma *pessoa divina,* e pode cantar de si mesmo a canção da freira, que diz:

> Eu não sonho com amor nenhum,
> Eu não sonho com nenhum homem,
> Eu sonho apenas com Deus pai,
> Que pode me conservar.[17]

Não foi dado à Crítica escrever uma passagem que seja sem se contradizer. De modo que ela nos diz, no final:

> O filistinismo, que apedreja o crítico [segundo a analogia bíblica ele tem de ser mesmo apedrejado], que o desconhece e lhe atribui motivos *impuros* [olha só, atribuir motivos *impuros* à crítica *pura*!], a fim de poder *se igualar* a ele [a quimera da igualdade, que ela censurou acima], o crítico nem sequer *se ri dele,* pois ele nem sequer o merece, mas apenas o desmascara com um olhar e o repudia com serenidade a seu insignificante significado.

Mais acima, o Crítico tinha *necessariamente* de aplicar o processo do *riso* contra "o ponto de vista subordinado que pretendia ser seu igual". A falta de clareza da Crítica crítica acerca de seu modo de proceder contra a "massa" ímpia quase parece apontar a uma irritação interior, a um ataque da bílis, para a qual as "emoções" não são nem um pouco "desconhecidas".

---

[17] Citação de uma canção popular alemã intitulada "A freira". (N.T.)

Não se pode deixar de reconhecer isso. Depois de ter combatido de maneira hercúlea até agora, a fim de *se livrar* da "massa profana" e acrítica, e aliás "de tudo", a Crítica enfim logrou conquistar uma existência *solitária, divina, que se basta a si mesma* através de seu trabalho. Se nas primeiras manifestações dessa sua "nova fase" o velho mundo das *emoções pecaminosas* ainda parecia exercer alguma força sobre ela, agora a encontraremos encarnada em uma *"forma artificial"*, encaminhando de maneira definitiva seu esfriamento estético e sua *transfiguração,* assim como sua *penitência,* para que, no fim, possa festejar na condição de segundo *Cristo* triunfante o *Juízo Final crítico*, e ascender com tranquilidade ao céu, depois de ter triunfado sobre o dragão.

VIII

Caminho terreno e transfiguração da "Crítica crítica" ou "a Crítica crítica" conforme Rodolfo, príncipe de Geroldstein

(Karl Marx)

Rodolfo, príncipe de Geroldstein, *expia*, em seu *caminho terreno*, um *duplo* delito: seu delito *pessoal* e o delito da *Crítica crítica*. Ele mesmo, em diálogo acalorado, desembainha a espada meneando-a contra seu pai, enquanto a Crítica crítica, em colóquio acalorado, deixa-se arrastar por emoções pecaminosas contra a massa. A Crítica crítica não revelou *um só* mistério *sequer*. Rodolfo expia esse pecado e revela *todos* os mistérios.

Rodolfo é, conforme a informação do senhor Szeliga, o *primeiro* servidor do *Estado* da humanidade. (*Humanitätsstaat* – O estado da humanidade –, do suábio *Egidius*. Vejam-se os "Konstitutionelle Jahrbücher" – "Anuários constitucionais" – do Dr. Karl Weill, 1844, Tomo segundo.)

A fim de que o *mundo não afunde,* devem, segundo as informações do senhor Szeliga,

> atuar os homens da crítica desapiedada... Rodolfo capta o pensamento da *crítica pura*. E esse pensamento é mais fecundo, para ele e para a humanidade, do que *todas* as experiências que esta tenha podido reunir em sua *história,* do que *todo* o saber que Rodolfo tenha podido assimilar para si dessa história, ainda que fosse guiado pelo mais fiel dos mestres... O juízo imparcial com que Rodolfo eterniza seu *caminho terreno* não é, com efeito, outra coisa que a revelação dos mistérios da sociedade. Ele é *"o mistério revelado de todos os mistérios".*

Porém Rodolfo dispõe de um número de meios *externos* infinitamente maior do que os restantes homens da Crítica crítica. E ela consola-se dizendo:

> Inalcançáveis são, para os menos favorecidos pela sorte, os *resultados* [!] de Rodolfo, não é inalcançável o seu belo objetivo [!].

A Crítica deixa, pois, a cargo de um Rodolfo favorecido pela sorte o ato de *realizar* seus próprios *pensamentos*. E canta, acompanhando-o:

Caçador
Vá na frente, por favor,
És tu que tens as grandes botas impermeáveis.[1]

Acompanhemos Rodolfo em seu caminho crítico através do mundo terreno, *"mais fecundo* para a *humanidade* que todas *as experiências* que esta tenha podido reunir em sua História, que *todo o saber"* etc. ..., que *por duas vezes* salva o mundo de *sucumbir.*

1. A metamorfose crítica de um açougueiro em um cão, ou o Chourineur[2]

Chourineur era, originalmente, açougueiro. Diversas fatalidades acabam transformando esse homem selvagem em um assassino. Rodolfo encontra-se com ele casualmente, no momento em que ele acaba de maltratar Fleur de Marie. Rodolfo descarrega sobre a cabeça do habilidoso brigão uns tantos socos magistrais e imponentes. E com isso Rodolfo conquista o respeito de Chourineur. Mais tarde, na taverna dos criminosos, Chourineur dá prova de seu temperamento bondoso. Rodolfo lhe diz: "Tu ainda tens coração e honra". E, com essas palavras, lhe infunde o respeito por si mesmo. Chourineur tornou-se melhor ou, conforme diz o senhor Szeliga, converteu-se em um *"ente moral"*, e Rodolfo o toma sob sua proteção. Sigamos o processo de formação de Chourineur, conduzido por Rodolfo.

1ª *fase*. A primeira lição que Chourineur recebe é uma lição de hipocrisia, deslealdade, perfídia e *simulação*. Rodolfo utiliza o Chourineur moralizado exatamente da mesma maneira que *Vidocq* utilizava os criminosos que ele moralizava; ou seja, faz dele um *mouchard*[3] e um *agent provocateur*[4]. Ele o aconselha a *"aparecer sob as vistas"* do *maître d'école*[5] a fim de mostrar que mudou seus "princípios de não roubar" e propor ao maître d'école uma expedição de roubo, fazendo-o cair, assim, em uma armadilha preparada por Rodolfo. Chourineur tem a sensação de que o querem arrastar para uma "farsa". Protesta contra a sugestão de desempenhar o papel de *mouchard* e *agent provocateur*. Rodolfo convence com facilidade aquele homem primitivo através da *"pura" casuística* da Crítica crítica, que diz que uma má ação não é uma má ação quando é cometida em favor de motivos

---

[1] Citação de um dos livros populares (*Volksbücher*) alemães, da narrativa intitulada *Die sieben Schwaben* (Os sete suábios). (N.T.)

[2] Herói da faca. (N.E.A.)

[3] Espião da polícia. (N.E.A.)

[4] Agente provocador. (N.E.A.)

[5] Mestre-escola. (N.E.A.)

"bons e morais". Chourineur, já na condição de agent provocateur, leva seu antigo companheiro à perdição, utilizando-se da camaradagem e da confiança do passado. Pela *primeira vez* em sua vida ele comete uma *infâmia*.

2ª *fase*. Voltamos a encontrar Chourineur na condição de *garde-malade*[6] de Rodolfo, a quem salvou de um perigo de morte.

Chourineur se transformou em um ente tão *honesto* e tão *moral*, que recusa a proposta do médico negro David de que se sente no chão, por medo de sujar o tapete. Mais ainda, mostra-se tão *tímido* que nem sequer se atreve a tomar assento sobre uma cadeira. Primeiro, ele vira a cadeira de costas e depois senta-se sobre os pés dianteiros dela. Não deixa de se desculpar a cada vez que trata o senhor Rodolfo, a quem salvara de um perigo de morte, por "amigo" ou monsieur[7], em vez de tratá-lo por monseigneur[8].

Admirável domesticação do implacável homem selvagem! Chourineur proclama o mais íntimo mistério de sua metamorfose crítica quando confessa a Rodolfo que sente por ele o mesmo apego que um *buldogue* sente por seu dono. "Je me sens pour vous, comme qui dirait l'*attachement* d'un *bouledogue* pour *son maître*."[9] O antigo açougueiro se transformou num cão. A partir de agora todas as suas virtudes se reduzirão à virtude do cão, ao puro *"dévouement"*[10] por seu dono. Sua independência, sua individualidade desaparecerão por completo. Contudo, assim como os maus pintores têm de pôr um bilhete na boca de suas pinturas a fim de indicar o que representam, Eugène Sue porá um bilhete na boca do *"bouledogue"* que não cessará jamais de assegurar: "Aquelas duas palavras: tu tens coração e honra, me tornaram um *homem*". Chourineur encontrará nesse bilhete, e não em sua individualidade humana, até o momento em que der seu último suspiro, o motivo de seus atos. Como prova de sua correção moral, ele se porá a refletir por muitas vezes acerca de sua própria excelência e da maldade dos outros indivíduos, e tantas vezes quantas ele jogar ao léu suas expressões morais, Rodolfo haverá de lhe dizer: "Agrada-me te ouvir *falar* assim". Chourineur não se tornou um buldogue comum, mas sim um *buldogue moral*.

3ª *fase*. Já tivemos oportunidade de admirar a *honestidade burguesa atrasada*, que veio a substituir o desembaraço *grosseiro,* mas *audaz,* de Chourineur. Agora ficamos sabendo que, conforme é adequado a um *"ente moral"*, ele assume também os ares e as atitudes do *burguês atrasado*.

A le voir marcher – on l'eût pris pour le *bourgeois* le plus inoffensif du monde.[11]

---

[6] Enfermeiro. (N.E.A.)

[7] Senhor. (N.E.A.)

[8] Magnânimo senhor. (N.E.A.)

[9] "Eu sinto por vós algo assim como o *apego* de um *buldogue* por seu *dono.*" (N.E.A.)

[10] Devoção. (N.E.A.)

[11] "Vendo-o andar – tomar-se-o-ia pelo burguês mais inofensivo do mundo." (N.E.A.)

Mas ainda mais triste do que a forma é o conteúdo que Rodolfo dá a vida criticamente reformada do Chourineur. Ele o envia à África, a fim de que sirva de exemplo vivo e saudável do que é "arrependimento" ao mundo infiel. A partir de agora, ele já não representará mais sua própria natureza humana, mas sim um dogma cristão.

4ª *fase*. A transformação crítico-moral fez de Chourineur um homem calmo e precavido, que arranja sua conduta conforme as regras do temor e da sagacidade.

> Le chourineur [informa Murph, cuja ingenuidade não se cansa de cometer indiscrições] n'a pas dit un mot de l'exécution du maître d'école, de *peur* de se trouver compromis.[12]

Chourineur sabe, portanto, que o castigo infligido ao mestre-escola era um procedimento contrário à lei. E não abre o bico por medo de se comprometer. *Sábio* Chourineur!

5ª *fase*. Chourineur aperfeiçoou sua cultura moral a tal ponto que sua atitude *canina* ante Rodolfo se reveste, conscientemente... de uma forma civilizada. Ele diz a *Germain*, depois de o ter salvado de um perigo mortal:

> Tenho um protetor que é para mim o mesmo que *Deus* é para os *sacerdotes*... a gente tem de se prostrar de joelhos diante dele.

E em pensamentos ele se prostra de joelhos diante de seu Deus.

> O senhor Rodolfo [prossegue ele, dirigindo-se a Germain] vos protege. Eu digo *senhor*, mas deveria dizer *magnânimo senhor*. Em todo caso tenho o hábito de chamá-lo de *senhor* Rodolfo e ele permite que eu assim o faça.

"Que esplêndido despertar e florescer!", exclama o senhor Szeliga tomado pelo arrebatamento crítico!

6ª *fase*. Chourineur termina com dignidade sua carreira de puro dévouement, de buldoguismo moral, deixando-se esfaquear em defesa de seu magnânimo senhor ao fim. No preciso instante em que o Esqueleto ameaça o príncipe com seu punhal, Chourineur detém o braço do assassino. Esqueleto o atravessa de um só golpe. Chourineur, já moribundo, ainda diz a Rodolfo:

> Eu tinha razão em dizer que um *pedaço de terra* [um buldogue] como eu poderia ser útil, por vezes, a um *grande e magnânimo senhor* como vós.

A essa manifestação canina, que resume em *um* epigrama toda a carreira vital de um Chourineur, ele acrescenta o bilhete posto em sua boca:

> Nós estamos quites, senhor Rodolfo. Vós dissestes que eu tinha coração e honra.

O senhor Szeliga grita, com todas as forças de seu corpo:

---

[12] "O *chourineur* não disse uma só palavra do castigo infligido ao mestre-escola, por *medo* de *se* ver comprometido." (N.E.A.)

Que mérito tão grande o de Rodolfo, ter restituído o *"churihomem"* [?] à *"humanidade"* [?]!

2. A revelação do mistério da religião crítica ou Fleur de Marie
a) A "Flor de Maria" especulativa

Mais uma palavrinha acerca da "Flor de Maria" especulativa do senhor Szeliga, antes de nos ocuparmos da Fleur de Marie de Eugène Sue.

A "Flor de Maria" especulativa é, antes de tudo, uma *retificação*. Partindo da construção do senhor Szeliga o leitor poderia, com efeito, chegar à conclusão de que Eugène Sue

> separou a exposição do fundamento objetivo [do "estado universal"] do desenvolvimento das forças individuais atuantes, que apenas podem ser compreendidas se projetadas sobre aquele fundo.

Não contada a missão de retificar essa presunção errônea do leitor, sugerida pela exposição do senhor Szeliga, Flor de Maria tem ainda outra missão metafísica a cumprir em nossa "epopeia", quer dizer, na "epopeia" do senhor Szeliga.

> *Estado universal* e sucesso épico *ainda não* se entrelaçariam artisticamente a ponto de formar um todo *harmônico* de verdade, caso apenas se entrecruzassem em uma mistura colorida, confundindo aqui um pedaço de situação universal com uma cena de ação logo ali. Para que surja uma *unidade real*, é necessário que os dois elementos, os mistérios deste *mundo* cativo e a claridade, a franqueza e a segurança com que *Rodolfo* penetra neles e os descobre choquem-se em *um só* indivíduo... E Flor de Maria é quem tem essa missão.

O senhor Szeliga constrói Flor de Maria segundo a analogia da construção *baueriana* da *Mãe de Deus*.

De um lado está o *"divino"* (Rodolfo), "ao qual é atribuído todo o poder e toda a liberdade" e que é o último princípio *ativo*. Do outro lado, o *"estado universal"* passivo e os homens a ele pertencentes. E estado universal é o "terreno do real". Caso não se queira "abandonar totalmente" este, ou "renunciar ao último resto de estado de natureza", contudo, o próprio mundo deve ter alguma participação no "princípio do desenvolvimento", que Rodolfo concentra em sua pessoa diante dele; não deve "expor-se o humano como algo sensivelmente carente de liberdade e de atividade", o que faz com que o senhor Szeliga tenha de entregar-se necessariamente à "contradição da consciência religiosa". Ainda que ele arrebente em dois o estado universal – e sua atividade na condição de dualismo de uma massa morta e da crítica (de Rodolfo) –, ele tem, no entanto, de reconhecer mais uma vez que o estado universal e a massa possuem alguns atributos da divindade e construir em

Flor de Maria a unidade especulativa de ambos, de Rodolfo e do mundo. (Veja-se a "Crítica dos sinópticos", volume I, p. 39.)

Além das relações reais nas quais o *proprietário da casa* (a "força individual" atuante) se encontra no que diz respeito a sua *casa* (o "fundamento objetivo"), a especulação mística e também a especulação estética necessitam de uma terceira *unidade concreta, especulativa,* um *sujeito-objeto,* que *é* a casa e seu proprietário em *uma só* pessoa. E, como a especulação não gosta das mediações naturais em sua vasta prolixidade, ela não alcança ver que o mesmo "fragmento de estado universal", a casa, por exemplo, que para um – por exemplo seu proprietário – é um "fundamento objetivo", para o outro – por exemplo o mestre de obras que a construiu – é um "sucesso épico". A Crítica crítica, que joga o "dogma da unidade" às caras da "arte romântica", substitui, a fim de obter um "todo uno de verdade", uma "unidade real", o nexo natural e humano entre o estado universal e os sucessos do mundo pelo nexo fantástico, por um sujeito-objeto místico, da mesma maneira que *Hegel* substitui a coesão real entre o homem e a natureza por um sujeito-objeto absoluto que é, de uma só vez, toda a natureza e toda a humanidade, pelo *espírito absoluto.*

Na Flor de Maria crítica, a culpa geral da época, a culpa do mistério se transforma no *"mistério da culpa",* assim como a dúvida geral do mistério se transforma no *mistério das dúvidas* no Epicier[13] endividado.

Na verdade Flor de Maria tinha de se tornar, para seguir a construção baueriana da Mãe de Deus, a *Mãe de Rodolfo,* a mãe do salvador do mundo. O senhor Szeliga esclarece o fato de maneira detalhada:

> Segundo a *sucessão lógica,* Rodolfo teria de ser o *filho* da Flor de Maria.

Mas como ele não é seu filho, mas sim seu pai, o senhor Szeliga encontra nisso "o novo mistério: o presente, em vez de iluminar o futuro a partir de seu seio, muitas vezes impõe um passado já sucedido há tempo". Sim, ele descobre o outro mistério, ainda maior, e que contradiz diretamente a estatística de massa de que "a criança, quando não chega a se tornar pai ou mãe no decorrer dos anos, mas desce à tumba em estado virginal e inocente é... na essência... filha".

O senhor Szeliga segue ao pé da letra a especulação hegeliana quando diz que, segundo a "sucessão *lógica",* a filha é considerada a mãe de seu pai. Na filosofia da história de Hegel, assim como em sua filosofia da natureza, o filho engendra a mãe, o espírito ilumina a natureza, a religião cristã faz nascer o paganismo e o resultado produz o princípio.

Depois que o senhor Szeliga provou que Flor de Maria, segundo a *"sucessão lógica",* teria de ser a mãe de Rodolfo, ele passa a provar o contrário, ou

---

[13] Merceeiro. (N.E.A.)

seja: que ela, "para se ajustar de todo à *ideia* que encarna em *nossa* epopeia, *nunca deveria ter chegado a se tornar mãe*". O que demonstra, pelo menos, que a ideia de nossa epopeia e a sucessão lógica do senhor Szeliga se contradizem mutuamente.

A Flor de Maria especulativa não é mais do que a *"encarnação de uma ideia"*. E de que ideia? "Ora, ela tem a missão de personificar, *por assim dizer*, a última lágrima de nostalgia que o passado chora antes de desaparecer por completo." Ela é a personificação de uma lágrima alegórica, e também esse pouco que ela é, ela o *é* apenas *"por assim dizer"*.

Não seguiremos o senhor Szeliga em suas representações posteriores de Flor de Maria. Nós deixaremos a ela o prazer de se reencontrar, segundo o preceito do senhor Szeliga, "formando *a mais resoluta* antítese frente *a qualquer um*", misteriosa antítese, tão misteriosa quanto as características de Deus.

E tampouco ficaremos a cavilar sobre *"o verdadeiro mistério"*, "enterrado por *Deus* no peito do homem", ao qual a Flor de Maria especulativa alude, mas também "por assim dizer". Nós agora passaremos da Flor de Maria do senhor Szeliga a Fleur de Marie de Eugène Sue e às milagrosas curas críticas que Rodolfo opera nela.

b) Fleur de Marie

Nós voltamos a encontrar Marie entre os criminosos, na condição de moça-dama e serva da patroa da taverna dos criminosos. Ela sabe manter, contudo, no meio dessa humilhação, uma nobreza humana, uma ingenuidade humana e uma beleza humana, que impõem respeito ao meio em que vive, fazem dela uma flor poética no meio daquele círculo de criminosos, e lhe valem o título de Fleur de Marie.

É necessário observar Fleur de Marie com meticulosidade, desde sua primeira aparição, para poder cotejar sua *figura originária* com sua *transformação crítica*.

Em toda sua terna delicadeza, Fleur de Marie não demora a dar provas de valor, energia, otimismo e caráter flexível, qualidades que apenas podem ser explicadas pelo desdobramento de sua natureza humana dentro de uma situação *desumanizada*.

Contra o Chourineur, que a maltrata, ela se defende com sua tesoura. Essa é a primeira situação em que os encontramos juntos. Fleur de Marie não aparece diante de nós como um cordeirinho indefeso, que se entrega sem oferecer resistência à brutalidade avassaladora, mas sim como uma moça que sabe fazer valer seus direitos e, em caso de necessidade, brigar por eles.

Na taverna dos criminosos da Rue aux Fèves, ela relata ao Chourineur e a Rodolfo a história de sua vida. Durante a narrativa, ela *se ri* da espirituosidade chistosa do Chourineur. Lamenta o fato de haver gastado, quando saiu da prisão, com passeios e trapos, os 300 francos que havia ganho, ao invés de procurar trabalho; "mas não tinha ninguém que me aconselhasse".

A lembrança da catástrofe de sua vida – o momento em que se vendeu à taverneira – faz com que ela se sinta melancólica. Desde sua infância, essa é a primeira vez que ela se lembra de todos esses acontecimentos:

> Le fait est, que ça me chagrine de regarder ainsi derrière moi... ça doit être bien bon d'être honnête.[14]

À gozação de Chourineur que a conclama a se tornar honesta então, ela exclama:

> Honnête, mon Dieu! et avec quoi donc veux-tu que je sois honnête?[15]

Ela esclarece expressamente que não é uma dessas "de costumes chorões":

> Je ne suis pas pleurnicheuse;[16]

mas sua situação de vida é triste...

> Ça n'est pas gai.[17]

Enfim ela proclama, com respeito ao passado, e ao contrário do que prescreve o *arrependimento* cristão, o princípio há um tempo *estoico* e *epicurista*, que é o princípio humano de uma mulher livre e forte:

> *Enfin ce qui est fait, est fait.*[18]

Acompanhemos, agora, Fleur de Marie em seu primeiro passeio com Rodolfo. "A consciência de tua espantosa situação deve ter te torturado tantas vezes", diz Rodolfo, que já sente cócegas de vontade de encaminhar uma conversação de caráter moral.

> Sim [ela responde], – mais do que uma vez meus olhares se dirigiram por sobre os baluartes, além do Sena, mas logo eu voltava a contemplar as flores e o sol, e dizia para mim mesma: o rio haverá de estar sempre aqui e eu não tenho sequer dezessete anos de idade; quem sabe? Dans ces moments-là il me semblait que mon sort n'était pas mérité, qu'il y avait en moi quelque chose de bon. Je me disais, on m'a bien tourmenté, mais au moins je n'ai jamais fait de mal à personne.[19]

---

[14] "A verdade é que me causa aflição ter de olhar assim meu passado... Deve ser bom ser honesto." (N.E.A.)

[15] "Honesta, meu Deus! e com que quereis então que eu seja uma mulher honesta?" (N.E.A.)

[16] "Eu não sou uma chorona." (N.E.A.)

[17] "Isso não é alegre." (N.E.A.)

[18] "No final das contas, o que está feito está feito." (N.E.A.)

[19] "Naqueles momentos, me parecia que minha sorte não era merecida, que havia em mim algo de bom. Eu dizia para mim mesma: muito me atormentei, mas ao menos não fiz jamais mal a alguém." (N.E.A.)

Fleur de Marie contempla o mundo em que vive não como uma livre criação, não como a expressão de si mesma, mas sim como uma sorte que ela não fez por merecer. Essa infelicidade pode mudar. Ela ainda é jovem.

O *bom* e o *mau*, tal como Marie o concebe, não são as *abstrações morais* do bem e do mal. Ela é *boa*, pois não causou *mal* a ninguém e sempre foi *humana* diante de um meio desumano. Ela é boa, pois o sol e as flores lhe revelam sua própria natureza ensolarada e florida. Ela é *boa*, porque ainda é jovem e se sente cheia de esperanças e cheia de valor para encarar a vida. Sua situação *não é boa*, porque lhe impõe uma coação contrária à natureza, porque não é a expressão de seus próprios impulsos humanos, porque não é a realização de seus desejos humanos, porque é uma situação triste e atormentadora. É em sua *própria individualidade*, em seu *ser natural*, e não no *ideal do bom*, que ela mede a sua situação de vida.

Na *natureza*, onde desaparecem as correntes da vida burguesa, onde ela pode exteriorizar com liberdade sua própria natureza, Fleur de Marie borbulha cheia de alegria de viver, portanto, plena de uma riqueza transbordante de sensações, de um gozo humano pela formosura da natureza, que demonstram até que ponto a situação burguesa não fez mais do que apenas roçar sua superfície, que essa situação burguesa é uma simples infelicidade, e, assim como a própria Fleur de Marie, não é boa nem má, mas apenas *humana*.

> Monsieur Rodolphe, quel bonheur... de l'herbe, des champs! Si vous vouliez me permettre de descendre, il fait si beau... j'aimerais tant à courir dans ces prairies![20]

E, descendo do carro, ela colhe flores para Rodolfo e "mal consegue falar de tanta alegria" etc. etc.

Rodolfo lhe diz que a levará à *casa de campo de madame George*. Lá ela poderá ver pombais, estábulos etc.; lá há leite, manteiga, frutas etc. Esses são os verdadeiros *meios da graça* para uma criança como ela. Ela haverá de se *divertir*, e esse é seu pensamento mais importante. "C'est à n'y pas croire... comme je veux m'amuser!"[21] Ela esclarece a Rodolfo, com o maior desembaraço, a *parte* que lhe cabe em sua própria infelicidade. "Tout mon sort est venu de ce que je n'ai pas économisé mon argent."[22] Por isso ela lhe aconselha a ser econômico e guardar seu dinheiro em uma poupança. Sua fantasia se deixa levar pelos castelos de ar que Rodolfo constrói para ela. Ela apenas volta a cair na tristeza quando se dá conta de que "esqueceu o *presente*" e "o contraste

---

[20] "Senhor Rodolfo, que felicidade... a erva, os campos! Se permitisses que eu descesse... isso é tão belo! Eu gostaria tanto de correr pelas pradarias!" (N.E.A.)

[21] "Isso soa bastante inacreditável! Como eu vou me divertir!" (N.E.A.)

[22] "Toda minha má sorte provém do fato de eu não ter sabido economizar meu dinheiro." (N.E.A.)

entre esse presente e o sonho de uma existência feliz e sorridente lhe traz de volta a lembrança horrível de sua situação".

Até aqui vemos Fleur de Marie em sua figura originária, acrítica. Eugène Sue se elevou acima do horizonte de sua própria concepção de mundo. Ele bateu à cara dos preconceitos da burguesia. Entrega Fleur de Marie ao herói Rodolfo a fim de castigar a ousadia deste e ganhar o aplauso de todos os homens e mulheres velhos, de toda a polícia de Paris, da religião corrente e da "Crítica crítica".

Madame George, a quem Rodolfo confia Fleur de Marie, é uma mulher desgraçada, hipocondríaca e religiosa. Ela acolhe a moça imediatamente, com as palavras empomadadas de que *"Deus* bendiz aqueles que o amam e o temem, aqueles que se desgraçaram e aqueles que *se arrependem"*. Rodolfo, o homem da "Crítica pura", manda chamar o infeliz padre *Laporte*, um velho encanecido em sua superstição. Ele é o homem destinado a levar a cabo a reforma crítica de Fleur de Marie.

Marie se acerca do velho padre com o ânimo alegre e despreocupado. *Eugène Sue*, em sua brutalidade cristã, faz com que logo um "admirável instinto" sussurre ao ouvido dela que "a *vergonha* termina onde começam o *arrependimento* e a *penitência"*, quer dizer, na Igreja, a única capaz de tornar os homens bem-aventurados. Ela esquece aquela despreocupação alegre do passeio, aquela alegria provocada pelos recursos da graça da natureza e pela simpatia cálida de Rodolfo e que apenas era anuviada pelo pensamento de ter de retornar à taverneira dos criminosos.

O padre Laporte não perde tempo e logo se coloca em uma postura *sobrenatural*. Suas primeiras palavras são as seguintes:

> A misericórdia *de Deus* é inesgotável, minha querida filha! Ele a demonstrou para contigo ao não te abandonar em meio a provações das mais dolorosas... O homem generoso que te salvou pôs em prática essas *palavras da Escritura*: [percebamos bem: as palavras da Escritura, não um objetivo humano!] o Senhor está sempre perto daqueles que o invocam; ele haverá de realizar os desejos daqueles que o invocam; ele haverá de escutar seus gritos e os salvará... o Senhor haverá de completar *sua* obra.

Marie ainda não compreende o sentido *maligno* desse sermão do padre. Ela responde:

> Eu haverei de rezar por aqueles que se apiedaram de mim e me devolveram a Deus.

Seu primeiro pensamento *não* é Deus, mas sim seu juiz *humano*, e é por *ele* e não por sua *própria* absolvição que ela quer rezar. Ela atribui a suas orações uma influência benéfica sobre a salvação de outros. Sim, ela ainda é demasiado ingênua para poder imaginar que *já* foi *devolvida* a Deus. O padre tem de destruir essa quimera heterodoxa.

Logo [ele a interrompe], "logo merecerás a absolvição, a absolvição para teus grandes erros... pois, para voltar a dizê-lo com as palavras do profeta: o Senhor mantém de pé todos aqueles que estão próximos de cair.

Não percamos de vista esse torneio inumano do padre. Logo merecerás a absolvição! Teus pecados *ainda não foram perdoados*.

E, assim como Laporte recebe a moça apresentando-lhe a *consciência do pecado*, Rodolfo se despede dela obsequiando-lhe uma *cruz* de ouro, o símbolo da *crucificação cristã* que a aguarda.

Marie já mora durante algum tempo na casa de campo de madame George. Escutemos, de primeiro, uma conversa entre o grisalho padre Laporte e madame George. Um "casamento" ele crê impossível para Maria, "pois nenhum homem, apesar de sua garantia, terá o valor necessário para encarar a situação do passado que maculou sua juventude". E ele acrescenta que a moça "tem grandes erros a expiar, e o sentido moral tem de mantê-la de pé". Ele prova a possibilidade de manter-se de pé como o faria o mais insignificante dos burgueses: "há muitas pessoas caridosas em Paris". O padre hipócrita sabe perfeitamente que essas pessoas caridosas de Paris passam indiferentes, a toda hora, pelas ruas mais animadas da cidade, diante de meninas de sete ou oito anos, plantadas ali até a meia-noite, oferecendo allumettes[23] e coisas do tipo a quem quiser comprá-las – exatamente como Marie um dia fez –, cujo destino futuro é exatamente, quase sem exceção, igual ao destino de Marie.

O padre quer que Marie *expie*; em seu interior ela já está *condenada*. Sigamos Fleur de Marie em seu passeio noturno ao lado de Laporte, que a acompanha até em casa.

> Vê, minha criança [ele começa em uma conversa maravilhosamente empomadada], o horizonte imensurável, cujos limites a gente não consegue mais identificar; [é que já é noite] a mim me parece que o silêncio e a ilimitação quase nos dão uma ideia de eternidade... Eu te digo isso, Marie, por que tu és sensível para com as belezas da criação... Muitas vezes me senti tocado pela admiração religiosa, que elas instilam dentro de ti, a ti... que durante tanto tempo viveste privada de sentimentos religiosos.

O padre já logrou transformar a alegria imediatamente ingênua de Marie, sugerida pelas belezas da natureza, em uma admiração *religiosa*. A *natureza* já se transformou, para ela, em objeto de devoção, em uma natureza *cristianizada*, rebaixada à *criação*. A atmosfera translúcida já foi profanada, para transformar-se em símbolo sombrio de uma *eternidade* lânguida. Marie já aprendeu que todas as manifestações humanas de sua crença eram *"profanas"*, alheias à religião, irreligiosas, ímpias. O padre acredita ser seu dever cobri-las de lodo ante ela mesma, jogar por terra suas forças e meios de graça naturais e

---

[23] Palitos de fósforo. (N.E.A.)

espirituais, a fim de que ela se torne receptível ao meio de graça sobrenatural que ele lhe promete... quer dizer, ao *batismo*.

E quando Marie quer fazer uma confissão ao padre, pois, e lhe implora pela indulgência, ele responde:

> O *Senhor* te provou que ele é misericordioso.

Na indulgência que recebe, Marie não deve ver a atitude natural e evidente em si mesma, de um outro ser humano aparentado dela, mas sim uma caridade e uma condescendência derramadas do alto, sobre-humanas, sobrenaturais; ela deve ver na *transigência humana* a *caridade divina*. Deve elevar transcendentalmente todas as relações humanas e naturais a *relações com Deus*. O modo como Fleur de Marie se deixa levar, em sua resposta, à conversalhada padresca a respeito da misericórdia divina prova o quanto a doutrina religiosa já a corrompeu.

Assim que chegou a uma situação melhor, conforme ela diz ao padre, não experimentou outra coisa que não sua *nova felicidade*.

> Em cada momento pensava no senhor Rodolfo. Muitas vezes, levantava os olhos em direção ao céu, mas não para buscar e imaginar Deus ali, mas sim ele, o senhor Rodolfo. Sim, *acuso-me*, meu pai, de *ter pensado mais nele* do que em Deus, pois *ele* havia feito por mim o que apenas Deus poderia ter feito... E me sentia *feliz*, como alguém que escapou para sempre a um grande perigo.

Fleur de Marie já acha injusto sentir uma nova situação de vida feliz simplesmente como aquela que na *realidade* é, como uma nova felicidade, ou seja, comportar-se diante dela de um modo natural, e não sobrenatural. Ela se acusa de ter visto no homem que a salvou o que ele *realmente* era, seu salvador, em vez de ter posto em seu lugar um salvador imaginário: *Deus*. Ela já está tomada pela hipocrisia religiosa, que arranca ao *outro homem* os méritos que mereceu por salvá-la para dá-los a Deus, que vê tudo o que há de humano no homem como algo alheio a ele, e tudo o que não é humano nele como seu *próprio* e *verdadeiro* patrimônio.

Marie nos conta que a *transformação religiosa* de seus pensamentos, de suas sensações, de sua atitude perante a vida foram encaminhadas pela intervenção de madame George e de Laporte.

> Quando Rodolfo me levou embora da Cité, eu tinha a vaga consciência de minha humilhação, mas a educação, os conselhos e os exemplos que vós e madame George me haveis dado me fizeram compreender... que eu na verdade era mais culpada do que desgraçada... Vós e madame George me fizestes *compreender* a *infinita baixeza de minha condenação*.

Quer dizer, ela deve ao padre Laporte e a madame George o fato de haver trocado a consciência humana, e portanto suportável, da humilhação, pela consciência cristã, e no final insuportável, de uma condenação infinita. O padre e a beata a ensinaram a se julgar a si mesma a partir do *ponto de vista cristão*.

Maria sente a magnitude do infortúnio espiritual em que foi jogada. Ela diz:

> Se a consciência do bem e do mal haveria de ser tão terrível para mim, por que não me deixaram entregue à minha sorte desventurada?... Se não tivessem me arrancado à infâmia em que eu vivia, os golpes e a miséria logo teriam se encarregado de me matar; pelo menos eu teria morrido na ignorância acerca da pureza, que sempre desejarei alcançar em vão.

Ao que o padre desalmado responde:

> Até mesmo a mais nobre das naturezas, ainda que haja vivido afundada apenas um dia no lodo do qual foi puxada, conserva *uma mácula inextinguível*. Essa é a *imutabilidade da justiça divina*.

Fleur de Marie, profundamente ferida pela *maldição* suave como o mel encaminhada pelo padre, exclama:

> Vós vedes, portanto, que tenho de me desesperar.

O escravo grisalho da religião replica:

> Tu tens de te desesperar com o fato de poderes arrancar de tua vida essa página deplorável, mas deves confiar na *infinita misericórdia de Deus*. Aqui *embaixo* há para ti, pobre criatura, apenas lágrimas, penitência e arrependimento, mas um dia, *lá em cima, no alto,* terás o perdão e a *bem-aventurança eterna!*

Marie ainda não é estúpida o suficiente para tranquilizar-se pensando na bem-aventurança eterna e no perdão do além.

> Piedade [ela exclama], piedade, meu Deus! Eu ainda sou tão jovem... malheur à moi![24]

E a sofística hipócrita do padreco alcança seu ápice:

> Pelo contrário, feliz de ti, oh, Maria, de ti a quem o Senhor envia os remorsos, cheios de amargura, mas tão benéficos! Eles provam a receptividade *religiosa* de tua alma... Cada um de teus sofrimentos será recompensado na outra vida. Crê em mim, Deus quis deixar-te por um instante no mau caminho, a fim de reservar-te a *glória do arrependimento* e a eterna recompensa da bem-aventurança, que a *penitência* traz consigo.

A partir desse momento, Maria se converte na *serva da consciência do pecado*. Enquanto na situação mais desditosa ela soube fazer de si uma individualidade humana amável e conservar seu *ser humano*, seu *verdadeiro ser*, em meio à humilhação extrema, agora a sujeira da sociedade com a qual entrou em contato exteriormente se converte em seu ser mais íntimo e considera o ato de atormentar-se a si mesma, em todas as horas e de uma maneira hipo-

---

[24] Ai de mim! (N.E.A.)

condríaca, com essa sujeira, como um dever, como a missão de sua vida, que o próprio Deus traçou para ela, como o fim em si de sua existência. Enquanto antes ela se jactava dizendo: "Je ne suis pas pleurnicheuse" e afirmava: "Ce que est fait, est fait", agora o ato de humilhar-se a si mesma torna-se para ela o *bom*, e o arrependimento a *glória*.

Mais tarde fica claro que Fleur de Marie é filha de Rodolfo. Voltamos a encontrá-la transformada em princesa de Geroldstein. Nós a escutamos em um diálogo com seu pai:

> En vain je prie Dieu de me délivrer de ces obsessions , de remplir uniquement mon cœur de son pieux amour, de ses saintes espérances, de me prendre enfin toute entière, puisque je veux me donner toute entière à lui... il n'exauce pas mes vœux – sans doute, parce que mes préoccupations *terrestres* me rendent indigne d'entrer en commun avec lui.[25]

Depois de o homem ter reconhecido suas errâncias como crimes infinitos cometidos contra Deus, apenas pode assegurar para si a *redenção* e a *graça* entregando-se *inteiramente* a Deus, morrendo *totalmente* para o mundo e para os afãs mundanos. Convencida de que a liberação de sua situação inumana de vida é um milagre *divino*, Fleur de Marie tem de converter-se *ela mesma* em uma *santa*, a fim de ser digna de semelhante *milagre*. Seu amor humano tem de se transformar em amor religioso, a busca incansável da felicidade na busca incansável da bem-aventurança eterna, as satisfações do mundo na esperança santa, a comunhão com os homens na comunhão com Deus. Deus tem de tomá-la para si inteiramente. E ela mesma explica o segredo devido ao qual ele não a toma por inteiro. É porque ela ainda não se *entregou* integralmente, porque seu coração ainda se acha cativo e possuído pelos afãs terrenos. Estamos diante do resplendor final de sua natureza virtuosa. Marie se entrega totalmente a Deus, morrendo totalmente para o mundo ao entrar no *convento*.

> Ninguém deve entrar no convento,
> Se não tiver chegado o momento
> Levando de pecados um bom fardo,
> A fim de que mais cedo, mais tarde
> Não venha a faltar jamais o prazer
> De com o arrependimento sofrer.
> (Goethe.)[26]

---

[25] "Em vão peço a Deus que me livre dessas obsessões, que encha meu coração apenas com seu piedoso amor e com suas santas esperanças, que me faça inteiramente sua, posto que minha vontade é entregar-me inteiramente a ele... Mas ele não escuta meus rogos, sem dúvida porque minhas preocupações *terrenas* me fazem indigna de entrar em comunhão com ele." (N.E.A.)

[26] Citação às Xênias de Goethe. Número IX. (N.T.)

No convento, Fleur de Marie acaba promovida a *abadessa* através das intrigas de Rodolfo. Ao princípio, ela se nega a aceitar o posto, por se crer indigna dele. Mas a velha abadessa lhe diz:

> Je vous dirai plus, ma chère fille, avant d'entrer au bercail, votre existence aurait été aussi égarée, qu'elle a été au contraire pure et louable... que les *vertus évangéliques*, dont vous avez donné l'exemple depuis votre séjour ici, expieraient et rachèteraient encore aux yeux du Seigneur un passé si coupable qu'il fût.[27]

Nós vemos pelas palavras da abadessa como as virtudes mundanas de Fleur de Marie se transformaram em virtudes evangélicas ou, melhor dito, como suas verdadeiras virtudes apenas podem ser apresentadas de maneira evangelicamente caricaturizada.

Marie responde às palavras da abadessa:

> Sainte mère – je crois maintenant pouvoir accepter.[28]

A vida no claustro não corresponde à individualidade de Marie... ela morre. O cristianismo apenas a consola na imaginação ou, para ser mais exato, sua consolação cristã é justamente a destruição de sua vida e de sua natureza reais... sua morte.

Como se vê, de primeiro Rodolfo converte Fleur de Marie em uma pecadora arrependida, a pecadora arrependida logo se converte em uma freira e, por último, a freira se converte em um cadáver. Em seus funerais, além do padre católico, também o padre *crítico* Szeliga pronuncia uma oração fúnebre.

Ele chama a existência *"inocente"* de Marie de sua existência *"passageira"* e a contrapõe à "culpa eterna e inesquecível". Ele louva o fato de que o *"último suspiro"* dela é "um pedido de perdão e misericórdia". No entanto, assim como o sacerdote protestante, depois de expor a necessidade da graça do Senhor, a participação do defunto no pecado original geral e a força de sua consciência do pecado, tem de valorizar com uma aplicação *mundana* as virtudes do morto, assim também o senhor Szeliga pronuncia as seguintes palavras:

> E, no entanto, *pessoalmente* não há nada que perdoar a ela.

E por fim ele deposita sobre a tumba de Marie a mais murcha das flores da eloquência sermonesca:

---

[27] "E ainda vos direi mais, minha querida filha: ainda que vossa existência antes de entrar no rebanho tivesse sido tão extraviada como foi, ao contrário, pura e louvável... as *virtudes evangélicas* das quais fostes exemplo desde que estais aqui expiariam e redimiriam aos olhos do Senhor o passado, por mais culpável que este tenha sido." (N.E.A.)

[28] "Mãe santa... eu creio que agora posso aceitar." (N.E.A.)

Interiormente pura como poucos entre os seres humanos, ela deixou esse mundo.

Amém!

3. Revelação do mistério do direito
a) O maître d'école ou a nova teoria da pena. O mistério revelado do sistema celular. Mistérios da medicina

O *maître d'école* é um criminoso de força física hercúlea e grande energia espiritual. É, já de família, um homem culto e instruído. Esse apaixonado atleta entra em conflito com as leis e os costumes da sociedade burguesa, cuja medida geral é a mediocridade, a moral delicada e o comércio secreto. Ele se transforma em assassino e se entrega a todo o tipo de libertinagens de um temperamento irascível, que não encontra em parte alguma uma atividade humana adequada.

Rodolfo aprisionou esse criminoso. Ele quer reformá-lo criticamente, ele quer estatuir nele um exemplo para o mundo *jurídico*. Não discute com o mundo jurídico acerca da *"pena"* em si, mas sim acerca do *modo* e do *tipo* da punição. Desenvolve, segundo a expressão eloquente do médico David, uma teoria penal que seria digna do *"maior entre os criminalistas alemães"* e que, de então em diante, teve inclusive a sorte de haver sido defendida por um criminalista alemão com uma seriedade e uma meticulosidade verdadeiramente germânicas. Rodolfo nem sequer suspeita que seja possível elevar-se *além* dos criminalistas; sua ambição pretende apenas que ele seja *"o maior dos criminalistas"*, primus inter pares[29]. Ele faz com que o maître d'école seja *cegado* pelo médico negro David.

Rodolfo começa repetindo todos os argumentos triviais contra a pena de morte, da qual diz que resulta inoperante para o criminoso e para o povo, que a contempla como um espetáculo de entretenimento.

Rodolfo estatui, mais adiante, uma diferença entre o maître d'école e a *alma* do maître d'école. Não se propõe a salvar o maître d'école real, mas visa a *salvação da alma de suas almas*.

> A salvação de uma alma [nos ensina ele, do alto de sua cátedra] é uma coisa sagrada... Todo o crime pode ser *expiado* ou redimido, disse o redentor, mas apenas para aquele que quiser seriamente a penitência e de fato se *arrepender.* O caminho que leva do tribunal ao cadafalso é muito curto... Tu [o maître d'école] abusaste criminosamente de tuas *forças;* eu me encarregarei de paralisar tua força... tu haverás de tremer diante dos mais fracos, tua pena será igual a teu delito... mas essa pena espantosa te abrirá, pelo menos, o horizonte ilimitado da *expiação...* Apenas te isolarei do mundo exterior para que te afundes *sozinho*

---

[29] Primeiro entre seus iguais. (N.E.A.)

com a recordação de teus feitos infamantes em uma noite impenetrável... Tu te verás obrigado a contemplar teu interior... tua inteligência, que tu mesmo degradaste, haverá de despertar e te conduzir à expiação.

Uma vez que Rodolfo tem a *alma* do homem como *santa* e seu *corpo* como *profano*, uma vez que faz questão de considerar somente a alma a verdadeira essência, por ser ela que corresponde ao céu – ou, segundo a transcrição crítica do senhor Szeliga, à humanidade –, resulta que o corpo, a força do maître d'école, não pertence à humanidade, que suas manifestações essenciais não são suscetíveis de ser educadas humanamente, que elas não podem ser reivindicadas pela humanidade, que não podem ser tratadas como um ser auto-humano. O maître d'école abusou de sua força, Rodolfo paralisa, entorpece, aniquila essa força. Não há meio *mais crítico* para desfazer-se das manifestações falsas de uma força essencial humana do que o ato de aniquilar essa força essencial. É esse o meio cristão, que arranca o olho quando o olho está em pecado, que decepa a mão quando a mão comete pecado, em *uma* palavra, que mata o corpo quando o corpo peca, uma vez que olho, mão e corpo na verdade são apenas ingredientes puramente supérfluos e pecaminosos do homem. É preciso matar a natureza humana para curar suas enfermidades. Também a jurisprudência massiva, coincidindo com a jurisprudência crítica nesse ponto, encontra na *paralisação*, no entorpecimento das forças humanas, o contraveneno mais eficaz para fazer frente às manifestações perturbadoras dessas forças.

O que incomoda Rodolfo, o homem da Crítica pura, na criminalística profana é o trânsito demasiado rápido do tribunal ao cadafalso. Ele, pelo contrário, quer unir a *vingança* sobre o criminoso com a *expiação* e a *consciência do pecado* do criminoso, a pena corporal com a pena espiritual, o martírio corporal com o martírio incorpóreo do arrependimento. A pena profana deve ser, ao mesmo tempo, um meio educativo cristão-moral.

Essa teoria da pena, que une a *jurisprudência* à *teologia*, esse "mistério revelado do mistério", é exatamente a teoria penal da Igreja *católica*, exposta de maneira bem estendida já por *Bentham* em sua obra "Teoria das penas e das recompensas". Do mesmo modo, Bentham demonstra a ineficácia moral das penas atuais na obra referida. Ele chama os castigos infligidos pela lei de *"paródias judiciais"*.

A pena que Rodolfo impõe ao maître d'école é a mesma que *Orígenes* havia imposto a si mesmo. Ele o *castra*, lhe rouba um *órgão da procriação*, um olho. "O olho é a luz do corpo." O fato de que ocorra a Rodolfo justamente a pena da *cegueira* faz muita honra a seu instinto religioso. Essa é a pena que estava na ordem do dia em todo o império cristão de Bizâncio, e que floresceu no vigoroso período juvenil do império cristão-germânico da Inglaterra e da França. O ato de isolar o homem do mundo exterior dos sentidos, o ato de tangê-lo a seu interior abstrato, a fim de corrigi-lo – a cegueira – é uma conseqüência necessária da doutrina cristã, segundo a qual a realização acabada e completa dessa separação, o puro isolamento do homem reduzido a seu *"eu"* espiritualista, é o *bem em si mesmo*. E se Rodolfo não enfia o maître d'école em um convento real, conforme costumava ocorrer em Bizâncio e no império francônio, ele pelo menos o enfia em um convento ideal, no convento de uma noite impenetrável, não interrompida jamais pela luz do mundo exterior, no convento de uma consciência condenada à inação e de uma consciência do pecado, povoada apenas de recordações fantasmagóricas.

Um certo pudor especulativo não permite ao senhor Szeliga analisar de cara e com franqueza a teoria penal de seu herói Rodolfo, a combinação da pena secular com a penitência e o arrependimento cristãos. Mas, em compensação, ele lhe atribui, claro que também na condição de um mistério que pela primeira vez é revelado ao mundo, a teoria segundo a qual o delinquente deve elevar-se, na pena, ao plano de *"juiz"* de seu *"próprio"* delito.

O mistério desse mistério revelado é a teoria *hegeliana* da pena. Segundo Hegel, na pena o criminoso dita a sentença sobre si mesmo. *Gans* desenvolveu por extenso essa teoria. Ela é, em Hegel, o *pavimento de beleza especulativo* do velho *jus talonis*[30], que *Kant* desenvolvera como a *única* teoria *jurídica* da pena. Em Hegel, o autoenjuizamento do criminoso segue sendo uma simples *"ideia"*, uma interpretação meramente especulativa das *penas criminais empíricas usuais*. Por isso ele confia seu modus ao grau de formação do Estado em cada caso, quer dizer, deixa subsistir a pena tal qual ela existe. E nisso, precisamente, mostra um sentido mais crítico do que seu adorador crítico. Uma teoria *penal* que reconhece no delinquente, ao mesmo tempo, o *homem*, apenas pode fazê-lo na *abstração*, na imaginação, precisamente porque a *pena* e a *coação* contradizem o comportamento *humano*. Ademais, a coisa resultaria impossível quando se tratasse de executá-la. No lugar da lei abstrata haveria de aparecer a arbitrariedade puramente subjetiva, uma vez que o ato de ajustar a pena à individualidade do delinquente teria de depender, em cada caso, dos homens oficiais, "probos e honestos". Já Platão teve a perspicácia necessária para compreender que a *lei* tem de ser *necessariamente* unilateral e fazer *caso omisso* da individualidade. Dentro das relações *humanas*, ao contrário, a pena não será *realmente* outra coisa diferente do juízo do infrator acerca de si mesmo. Não se tratará de convencê-lo de que uma *violência externa*, imposta por outros, é uma violência que ele se impõe a si mesmo. Nos *outros* homens ele haverá de encontrar, muito antes, os redentores naturais da pena que ele infligiu a si mesmo, quer dizer, a relação se inverterá por completo.

Rodolfo proclama seus pensamentos mais interiores – a finalidade da cegueira – quando diz ao maître d'école:

Chacune de tes paroles sera une prière.[31]

---

[30] A lei do talião: vingar de igual para igual (olho por olho, dente por dente). (N.E.A.)

[31] "Cada uma de tuas palavras será uma oração." (N.E.A.)

Ele quer ensiná-lo a *rezar*. Quer transformar o bandoleiro hercúleo em um *monge*, cujo único trabalho passará a ser a reza. Quão humana é a teoria penal comum, se comparada a essa crueldade cristã, que se limita a cortar a cabeça de um homem quando quer aniquilá-la! Compreende-se por si mesmo, no final, que a legislação massiva real, quando se propunha a sério a corrigir os delinquentes, procedia de um modo incomparavelmente mais inteligente e mais humano que o Harún-al-Raschid alemão. As quatro colônias agrícolas holandesas e a colônia de delinquentes Ostwald na Alsácia constituem experiências verdadeiramente humanas, se comparadas com o ato de cegar o maître d'école. Assim como Rodolfo aniquila Fleur de Marie ao entregá-la ao padre e à consciência do pecado – o mesmo que faz com Chourineur quando lhe rouba sua independência humana para convertê-lo em um buldogue –, ele aniquila o maître d'école ao furar-lhe os olhos a fim de que ele aprenda a *"rezar"*.

Essa é, em todo caso, a forma como toda realidade brota *"simplesmente"* da *"Crítica pura"*, qual seja: como deformação e *abstração sem sentido* da realidade.

O senhor Szeliga faz com que, logo após o cegamento do maître d'école, aconteça um *milagre moral*.

> O mestre-escola terrível reconhece [segundo sua informação] *"de repente"*, a força da honradez e da probidade, e diz ao churihomem: Sim, *em ti eu posso confiar, tu jamais roubaste*.

Desgraçadamente, Eugène Sue recolheu uma manifestação do maître d'école acerca de Chourineur, que contém o mesmo reconhecimento e não pode ser nenhum efeito da cegueira, uma vez que sucede *antes* de esta ter sido encaminhada. Com efeito, o maître d'école se expressa a respeito de Chourineur em seu tête-à-tête[32] com Rodolfo, da seguinte maneira:

> Du reste il n'est pas capable de vendre un ami. Non: il a du bon... il a toujours eu des idées singulières.[33]

O milagre moral do senhor Szeliga queda aniquilado depois disso, portanto. E nós passaremos a considerar agora os resultados *reais* da cura *crítica* de Rodolfo.

Por ora encontramos o maître d'école numa expedição à quinta de Bouqueval, junto de Chouette, a fim de pregar uma peça em Fleur de Marie. O pensamento que o domina é, naturalmente, o pensamento da *vingança* contra Rodolfo, e ele sabe apenas se vingar dele em termos metafísicos, pensando e ruminando "o *mal*" que irá aprontar contra ele.

---

[32] Conversação confidencial a dois. (N.E.A.)

[33] "Ademais, ele não é capaz de vender um amigo. Não, ele tem coisas boas... sempre teve ideias singulares." (N.E.A.)

Il m'a ôté la vue, il ne m'a pas ôté la pensée du mal.[34]

Ele conta a Chouette por que mandou procurá-la:

Eu me *aborreceria*, completamente só em meio a essas pessoas honestas.

Quando Eugène Sue satisfaz de maneira tão ampla sua volúpia monacal, sua volúpia bestial na *auto-humilhação* do homem, a ponto de obrigar o maître d'école a se prostrar de joelhos diante da velha bruxa Chouette e a implorar ao pequeno duende Tortillard para que não o abandone, ele, o grande moralista, esquece que com isso alcança a Chouette as flores de um autogozo diabólico. E, assim como Rodolfo mostra ao criminoso o poder da *violência física*, que ele quer provar inútil, justo através do ato de *cegá-lo com violência*, assim também Eugène Sue ensina aqui ao maître d'école a reconhecer de fato e de verdade o poder da *plena sensoriedade*. Ele faz com que ele compreenda que, sem ela, o homem é *castrado*, tornando-se alvo indefeso até mesmo da zombaria das crianças. Convence-o de que o mundo mereceu seus crimes, uma vez que ele apenas precisa perder seus olhos e já passa a ser maltratado pelo mundo. Ele lhe arrebata a sua última ilusão humana, pois o maître d'école acreditava na lealdade de Chouette. Ele havia se expressado nos seguintes termos diante de Rodolfo: "Ela se jogaria ao fogo por minha causa". Em oposição a isso, Eugène Sue goza a satisfação de ver o maître d'école clamando no maior dos desesperos:

Mon Dieu! mon Dieu! mon Dieu![35]

Ele aprendeu a *"rezar"*! E o senhor Sue vê nesse "appel *involontaire* de la commisération divine, quelque chose de providentiel"[36].

A primeira consequência da Crítica rodolfiana é a *oração involuntária*. Colada a seus tornozelos, segue uma *penitência involuntária* na chácara de Bouqueval, onde os fantasmas dos assassinados aparecem em sonhos ao maître d'école.

Nós passaremos por alto pela caracterização prolixa desse sonho, a fim de voltarmos a nos encontrar com o maître d'école, já criticamente reformado, jogado na masmorra de Bras rouge, preso a correntes, meio devorado pelos ratos, quase morto de fome – praticamente louco devido aos tormentos infligidos a ele pela Chouette e por Tortillard –, rugindo como um animal. Tortillard encaminhou Chouette a suas mãos. Contemplemo-lo durante a operação, que ele se propõe a fazer nela. Ele *copia* o herói *Rodolfo* não apenas externamente, ao arrancar os *olhos* de Chouette, mas também *moralmente,* ao

---

[34] "Ele me tirou a vista, mas não me tirou o pensamento do mal." (N.E.A.)

[35] "Meu Deus! meu Deus! meu Deus!" (N.E.A.)

[36] "apelo involuntário à comiseração divina, qualquer coisa de providencial." (N.E.A.)

repetir a hipocrisia de Rodolfo e adornar sua crueldade com palavras devotas. Assim que o maître d'école tem Chouette sob seu poder, ele manifesta "une joie effrayante"[37] e sua voz treme de raiva.

> Tu sens bien [diz ele] que je ne veux pas en finir tout de suite.... torture pour torture... il faut que je te parle longuement avant de te tuer... ça va être affreux pour toi. D'abord, vois-tu... depuis ce rêve de la ferme de Bouqueval, que m'a remis sous les yeux tous nos crimes, depuis ce rêve, qui a manqué de me rendre fou... qui me rendra fou... il s'est passé en moi un changement étrange... J'ai eu horreur de ma férocité passée... d'abord je ne t'ai pas permis de martyriser la goualeuse, delà n'était rien encore... en m'entraînant ici dans cette cave, en m'y faisant souffrir le froid et la faim... tu m'as laissé tout à l'épouvante de mes réflexions... Oh! tu ne sais pas ce que c'est que d'être seul... l'isolement m'a purifié. Je ne l'aurais pas cru possible... une preuve que je suis peut-être moins scélérat qu'autrefois... ce que j'éprouve une joie infinie à te tenir là... monstre... non pour me venger, mais... mais pour venger nous victimes... oui, j'aurai accompli un devoir quand de ma propre main j'aurai puni ma complice... j'ai maintenant horreur de mes meurtres passés, et pourtant... trouves-tu pas delà bizarre? c'est sans crainte, c'est avec sécurité que je vais commettre sur toi un meurtre affreux avec des raffinements affreux... dis... dis... conçois-tu cela?[38]

O maître d'école passa, nessas poucas palavras, por uma escala de tons inteira da *casuística moral*.

Sua primeira manifestação é uma confissão *franca* e *sincera* de desejo de vingança. Ele quer pagar tortura com tortura. Quer assassinar Chouette, prolongando suas angústias mortais com um vasto sermão e – oh, sofística deliciosa! – esse discurso com o qual tortura sua vítima é um *sermão moral*. Ele afirma que o pesadelo de Bouqueval o tornou melhor. Mas, ao mesmo tempo, revela o verdadeiro resultado daquele pesadelo, ao confessar que

---

[37] "Uma alegria espantosa." (N.E.A.)

[38] "Provavelmente te dás conta de que não quero terminar de uma vez... Tortura por tortura... Devo falar-te extensamente antes de te matar... vai ser espantoso para ti. Antes de tudo, compreende?... desde aquele pesadelo na chácara de Bouqueval, que fez desfilar ante meus olhos todos nossos crimes, desde aquele pesadelo que por pouco me torna louco... que me tornará louco... se operou em mim uma mudança estranha... Tomei horror a minha ferocidade anterior... Antes de tudo, não te deixei martirizar pelo Rouxinol; mas isso ainda não era nada...Ao arrastar-me para cá, a esse porão, condenado ao frio e à fome... me entregaste integralmente ao espanto de minhas reflexões... Oh! não sabes o que é estar só... O isolamento me purificou. Não acreditava que isso fosse possível... Uma prova de que sou, talvez, menos perverso que antes... é que sinto uma alegria infinita em ter-te aqui... monstro..., não para me vingar, mas sim para... para vingar nossas vítimas... Sim, terei cumprido com meu dever ao castigar minha cúmplice com minha própria mão... Hoje sinto horror ante meus assassinatos passados e, no entanto.... não te parece estranho? Vou cometer em tua pessoa, sem temor algum, com toda a segurança, um assassinato espantoso, com espantoso refinamento... Diga-me... consegues compreendê-lo?" (N.E.A.)

Karl Marx e *Friedrich Engels*

ele quase o tornou louco, que acabará fazendo com que enlouqueça. E como prova de sua melhora ele acrescenta ter evitado a flagelação de Fleur de Marie. Em Eugène Sue os personagens, antes o Chourineur e agora o maître d'école, veem-se obrigados a proclamar como se fosse *sua própria* reflexão, como se fosse o motivo consciente de seus atos, o que não é senão o propósito literário do autor, que os faz agir assim e não de outro modo. Ele os obriga a dizer constantemente: eu melhorei nisso e naquilo e também naquilo lá etc. ... Uma vez que eles não chegam de fato a uma vida real e plena de conteúdo, é preciso que suas línguas emprestem tons vigorosos a rasgos insignificantes, como ocorre aqui com a proteção de Fleur de Marie.

Depois de ter informado o efeito *benéfico* do pesadelo de Bouqueval, o maître d'école tem de esclarecer porque Eugène Sue mandou que o encarcerassem num porão. Ele tem de achar racional o procedimento do romancista. E por isso é obrigado a dizer a Chouette: ao encerrar-me nesse porão, condenando-me a ser comido por ratos, a passar fome e sede, me ajudaste a tornar-me um homem melhor. A solidão me *purificou*.

O rugido animal, a raiva furibunda, o desejo espantoso de vingança com que o maître d'école recebe Chouette batem direto à cara dessa fraseologia moral. Eles denunciam o caráter das reflexões que ele se meteu à cabeça no cárcere.

O próprio maître d'école parece chegar a senti-lo, mas, na condição de *moralista crítico*, ele sabe neutralizar as contradições.

Justo essa "alegria infinita" de ter Chouette em seu poder é apresentada por ele como um símbolo da melhora. Seu desejo de vingança não é, na verdade, um desejo *natural*, mas sim um desejo *moral* de vingança. Não é a si, mas às *vítimas* comuns, suas e de Chouette, que ele quer vingar. Se ele a assassina, não comete, no fundo, um *assassinato*, mas cumpre uma *obrigação*. Ele não *se vinga* dela, ele *castiga* sua cúmplice como se fosse um juiz imparcial. Sente calafrios ao pensar em seus assassinatos anteriores, o que não é obstáculo, em todo caso – ele mesmo se assombra com sua casuística e pergunta à Chouette: não te parece estranho? –, para que se declare impávida e decididamente disposto a matar outra pessoa. Por razões morais que não explica, ele se deleita com a pintura do assassinato que se propõe a cometer, refocilando-se nele como se fosse um *meurtre affreux*, como se fosse um *meurtre avec des raffinements afreux*.

O fato de o maître d'école assassinar Chouette se enquadra direitinho em seu caráter, sobretudo depois da crueldade com que a tratou. O fato de ele assassiná-la por motivos morais, o fato de interpretar moralmente sua alegria bárbara no *meurtre affreux*, nos *raffinements affreux*, o fato de ele manifestar seu arrependimento pelos assassinatos anteriores justamente através de um novo assassinato, o fato de, a partir de um assassino comum, ter se tornado um assassino *de duplo sentido*, um *assassino moral*... tudo isso é o resultado glorioso da cura crítica encaminhada por Rodolfo.

A Chouette até procura escapulir ao maître d'école. Ele o percebe e a segura com firmeza.

A sagrada família

Tiens-toi donc, la Chouette, il faut que je finisse de t'expliquer comment peu à peu j'en suis venu à me repentir... cette révélation te sera odieuse... et elle te prouvera aussi combien je dois être impitoyable dans la vengeance, que je veux exercer sur toi au nom de nos victimes... Il faut que je me hâte... la joie de te tenir là me fait boudir le sang... j'aurai le temps de te rendre les approches de la mort effroyables en te forçant de m'entendre... Je suis aveugle... et ma pensée prend une forme, un corps pour me représenter incessamment d'une manière visible, presque palpable... les traits de mes victimes.... les idées s'imagent presque matériellement dans le cerveau. Quand au repentir se joint une expiation d'une effrayante sévérité... une expiation qui change notre vie en une longue insomnie remplie d'hallucinations vengeresses ou de réflexions désespérées... peut-être alors le pardon des hommes succède au remords et à l'expiation.³⁹

O maître d'école segue adiante com sua hipocrisia, que se delata como hipocrisia a cada instante. Ele quer que Chouette ouça como ele, pouco a pouco, chegou ao arrependimento. Essa revelação será odiosa para ela, pois lhe demonstrará que o *dever* dele é levar a cabo uma vingança implacável contra ela, não em seu próprio nome, mas em nome das vítimas comuns dos dois. De repente o maître d'école interrompe sua lição didática. Tem de se "apressar", conforme ele mesmo diz, com sua lição, pois a alegria de tê-la em seu poder faz com que seu sangue ferva nas veias: oh, uma razão moral para encurtar a lição! Mas então ele volta a apaziguar seu sangue. O longo tempo que ele investe em pregar sua moral não é, no final das contas, tempo perdido para sua vingança. Esse tempo apenas "tornará espantosa a aproximação da morte" para ela. Outra boa razão moral para esticar seu sermão! E agora, depois de expostas essas razões morais, ele pode voltar consolado ao seu texto moral, começando pelo lugar em que o interrompera.

O maître d'école descreve com precisão o estado em que o isolamento do mundo exterior é capaz de jogar o homem. O homem, para quem o *mundo sensível se converte em uma mera ideia* vê, ao contrário, como as simples ideias se transformam em *seres sensíveis* diante dele. As quimeras de seu cérebro adquirem força corpórea. Um mundo de espectros tangíveis e palpáveis se engendra

---

³⁹ "Não te movas, Chouette, pois é necessário que acabe de explicar-te como cheguei, pouco a pouco, a arrepender-me... Essa revelação será odiosa para ti... e te demonstrará também quão implacável devo ser na vingança que vou exercer sobre ti em nome de nossas vítimas.... Tenho de apressar-me... A alegria de ter-te aqui me faz o sangue ferver... Terei tempo para tornar-te espantosa a aproximação da morte, obrigando-te a escutar-me... Estou cego... e meu pensamento toma forma, corpo, e me representa constantemente de um modo visível, quase palpável... os rasgos de minhas vítimas... As ideias se refletem quase como imagens materiais em meu cérebro. Quando ao arrependimento se une uma expiação de uma espantosa severidade... uma expiação que converte nossa vida em uma longa insônia, cheia de alucinações vingadoras ou de reflexões desesperadas... talvez então o perdão dos homens suceda ao remordimento e à expiação." (N.E.A.)

dentro dele. Esse é o mistério de todas as visões piedosas e essa é, também e ao mesmo tempo, a forma geral da loucura. O maître d'école, que repete as frases feitas de Rodolfo acerca do "poder da penitência e do arrependimento, unido a martírios atrozes", já as repete, portanto, como um homem meio louco, e assim mantém, de fato, o enlace entre a consciência cristã do pecado e a demência. É o mesmo que acontece quando o maître d'école considera a transformação da *vida* em um *pesadelo noturno* cheio de alucinações como o verdadeiro resultado do arrependimento e da penitência; na verdade isso expressa o verdadeiro mistério da Crítica pura e da melhora cristã. Esta consiste justamente em converter o homem em um espectro e sua vida em uma *vida de sonhos*.

Eugène Sue sente, nesse ponto, o quanto os *pensamentos salutares* de Rodolfo, que ele faz o bandoleiro cego repetir como uma matraca, são desacreditados por seu modo de proceder contra a Chouette. Por isso ele põe na boca do maître d'école as seguintes palavras:

> La salutaire influence de ces pensées est telle que ma fureur s'apaise.[40]

O maître d'école confessa, portanto, que sua *fúria moral* não foi nada mais do que uma simples *raiva profana*.

> Le courage... la force... la volonté me manquent pour te tuer... non, ce n'est pas à moi de verser ton sang... ce serait... un *meurtre* [ele dá nome aos bois...], meurtre excusable peut-être... mais ce serait toujours un meurtre.[41]

No momento oportuno, a Chouette fere o maître d'école com seu estilete. Eugène Sue pode, depois disso, fazer com que ele a mate, sem dar atenção à menor casuística moral.

> Il poussa un cri de douleur... les ardeurs féroces de sa vengeance, de ces rages, ses instincts sanguinaires, brusquement réveillés et exaspérés par cette attaque, firent une explosion soudaine, terrible, où s'abîma sa raison déjà fortement ébranlée... Ah vipère! ... j'ai senti ta dent... tu seras comme moi *sans yeux*.[42]

E ele lhe arranca os olhos com as próprias unhas.

No instante em que a natureza do maître d'école, apenas hipócrita, sofisticamente encoberta e asceticamente dominada pela cura de Rodolfo, volta a irromper, a *explosão* é tanto mais violenta e espantosa. A confissão de Eu-

---

[40] "A influência salutar desses pensamentos faz com que meu furor se aplaque." (N.E.A.)

[41] "Falta-me a coragem... a força... a vontade para te matar... Não, não serei eu quem derramará teu sangue... seria... um *assassinato*; assassinato talvez desculpável... mas em todo caso seria um assassinato." (N.E.A.)

[42] "Lançou um grito de dor... Os ardores ferozes de sua vingança, de sua raiva, seus instintos sanguinários, bruscamente despertos e exasperados por esse ataque, estalaram numa explosão súbita, terrível, na qual sua razão já fortemente abalada o abandonou de vez... Ah, víbora! ... eu senti o teu dente... Tu serás como eu, *sem olhos*." (N.E.A.)

gène Sue, segundo a qual a razão do maître d'école já se achava fortemente abalada por todos os acontecimentos que Rodolfo havia preparado, é digna de agradecimento.

> O último brilho de sua razão se ofusca nesse grito de horror, nesse grito de um condenado [ele vê os fantasmas dos assassinados]... o maître d'école vocifera e ruge como um animal *ensandecido*... Ele leva a Chouette à morte.

O senhor Szeliga murmura, do fundo de sua barba:

> Com o mestre-escola não é possível suceder uma *transformação* tão *rápida* [!] e tão *feliz* [!] como a que ocorreu com o *churihomem*.

Assim como Rodolfo transforma Fleur de Marie em moradora do claustro, assim *também* ele transforma o maître d'école em morador do manicômio, da *Bicêtre*. Ele paralisou não apenas a sua força física, mas também a sua força *espiritual*. E com razão. Pois não foi apenas com a força física, mas também com a força espiritual que ele pecou e, segundo a teoria penal de Rodolfo, as *forças pecaminosas* devem ser aniquiladas.

Mas o senhor Eugène Sue ainda não levou a cabo "a penitência e o arrependimento, unidos a uma espantosa vergonha". O maître d'école volta à razão, mas, por medo de ser entregue à justiça, ele se *faz* de louco e permanece na Bicêtre. O senhor Sue esquece que "cada uma de suas palavras deveria se tornar uma *oração*" e que elas agora se transformaram, muito antes, no bramar e no rugir desarticulado de um louco; ou será que o senhor Sue pretende *equiparar* ironicamente essa manifestação de vida com a oração?

A ideia da pena, que Rodolfo aplica no ato de cegar o maître d'école, esse isolamento do homem em sua própria alma e apartado do mundo exterior, a união da pena jurídica com o tormento religioso encontra sua realização mais decisiva... no *sistema celular*. O senhor Sue festeja, por isso, também o sistema celular.

> Quantos séculos foram necessários para reconhecer que existe *apenas um* meio para acabar com a lepra, que grassa estendendo-se a sua volta e ameaça o corpo social [ou seja, a corrupção nas cadeias], quer dizer... o isolamento.

O senhor Sue compartilha a opinião das pessoas honestas, segundo a qual a difusão dos delitos se deve à construção das cadeias. Para evitar que o criminoso entre em contato com más companhias, o melhor é entregá-lo à companhia de si mesmo.

E o senhor Sue esclarece:

> Eu me consideraria feliz se minha débil voz fosse ouvida entre todas as que, com tanta razão e tanta insistência, clamam pela aplicação *total* e *absoluta* do sistema celular.

O desejo do senhor Sue apenas foi satisfeito *em parte*. Nos debates da Câmara dos Deputados, ocorridos este ano, acerca do sistema celular, até mesmo os defensores oficiais desse sistema se viram obrigados a reconhecer que ele acarreta, mais cedo ou mais tarde, a loucura dos reclusos. Em vista disso, as penas de prisão superiores a dez anos tiveram de ser convertidas em penas de deportação.

Se o senhor Tocqueville e o senhor Beaumont tivessem estudado minuciosamente o romance de Eugène Sue, teriam levado a cabo, sem erro, a aplicação total e absoluta do sistema celular.

Se, com efeito, o senhor Eugène Sue subtrai a sociedade a todos os criminosos em pleno uso da razão a fim de torná-los loucos, em compensação concede companhia aos loucos a fim de trazê-los de volta à razão.

> L'expérience prouve que pour les aliénés l'isolement est aussi funeste qu'il est salutaire pour les détenus criminels.[43]

Se, pois, o senhor Sue e seu herói crítico Rodolfo não empobreceram o *direito* em nenhum mistério, nem com a *teoria penal católica* nem com o *sistema celular metodista*, pelo menos enriqueceram a medicina com novos mistérios e, no final das contas, é tão meritório *descobrir novos* mistérios quanto *revelar* os mistérios *velhos*. A Crítica crítica informa, concordando com o senhor Sue, a respeito do ato de cegar o maître d'école:

> Ele nem sequer crê, quando se diz que lhe roubaram a luz de seus olhos.

O maître d'école não podia acreditar na perda da luz de seus olhos, porque realmente ainda via; o senhor Sue descreve uma nova estrela, revela um verdadeiro mistério para a *oftalmologia* massiva e acrítica.

A *pupila é branca* depois da operação. Trata-se, pois, de uma *estrela lenticular*. É verdade que até hoje esta poderia ser obtida ao se ferir a cápsula lenticular, de um modo bastante indolor, ainda que não completamente indolor. Mas como os médicos apenas obtêm seus resultados pela via *natural*, e não pela via *crítica*, não restava nada mais a fazer a não ser aguardar a inflamação, com sua exsudação plástica, depois da ferida, a fim de alcançar que a pupila se tornasse opaca.

Um *milagre* e um *mistério* ainda maior acontece com o maître d'école no terceiro capítulo do terceiro tomo.

O cego volta a *ver*:

> La Chouette, le maître d'école et Tortillard *vient* le prêtre et Fleur de Marie.[44]

Pois bem, se não quisermos interpretar esse ato de ver do maître d'école, seguindo o procedimento da "Crítica dos sinópticos", como um *milagre literário*, o maître d'école por certo voltou a operar sua pupila. Mais tarde ele volta a estar cego. Ele deve ter usado seu olho demasiado cedo, portanto, e através de uma excitação luminosa foi provocada uma inflamação que terminou

---

[43] "A experiência prova que, para os alienados, o isolamento é tão funesto quanto é saudável para os criminosos detidos." (N.E.A.)

[44] "A Coruja, o mestre-escola e o Torcidinho *viram* o sacerdote e Flor de Maria." (N.E.A.)

com uma paralisação da *retina,* causando uma *amaurose* incurável. O fato de esse processo demorar aqui apenas *um* segundo é só mais um *mystère* para a oftalmologia acrítica resolver.

b) Recompensa e castigo. A dupla justiça, mais uma tabela

O senhor Rodolfo revela a nova teoria que mantém a sociedade em pé através da *recompensa* dos *bons* e do *castigo* dos *maus*. Considerada acriticamente, essa teoria é tão só a teoria que vigora na sociedade atual. Ela não deixa faltar, por certo, as recompensas para os bons e os castigos para os maus! Ante esse critério revelado, como é acrítico esse comunista massivo chamado *Owen,* que vê no castigo e na recompensa a santificação das diferenças de nível social e a expressão perfeita de um repúdio servil!

Poderia ser considerada uma *nova* revelação o fato de Eugène Sue tomar a justiça, a contrapartida da justiça penal em si, como ponto de partida para as recompensas e, descontente com *uma* jurisdição, inventar *duas*. Lamentavelmente, tampouco esse mistério revelado é mais do que a repetição de uma velha teoria, que *Bentham* desenvolve de maneira extensa em seu livro citado em uma passagem anterior. Em compensação, não se deve discutir o mérito de Eugène Sue no fato de raciocinar e desenvolver sua proposta de uma forma incomparavelmente mais crítica do que *Bentham*. Enquanto o inglês massivo mantém os pés sobre um terreno plano, a dedução sueana levanta voo para as regiões críticas da imensidão. O senhor Sue raciocina conforme segue:

> A fim de atemorizar os maus, materializam-se de antemão os resultados da cólera celeste. Por que, pois, não se haveria de materializar também e antecipar sobre a terra, de modo semelhante, os resultados da recompensa divina no que se refere aos bons?

A partir do ponto de vista *acrítico,* o que se faz na teoria criminal celestial é, ao contrário, idealizar a teoria terrestre, do mesmo modo que nas recompensas divinas não se faz outra coisa do que idealizar a servidão assalariada humana. Se a sociedade não premia todos os homens, é porque isso é absolutamente necessário para que a justiça divina tenha pelo menos alguma vantagem em relação à humana.

Na pintura de sua justiça que premia criticamente, o senhor Sue nos oferece, pois, "um exemplo daquele *dogmatismo feminino",* censurado pelo senhor Edgar em Flora Tristán com toda "a quietude do conhecer", dogmatismo este que pretende ter uma fórmula e a estabelece "segundo as categorias do *existente"*. O senhor Eugène Sue traça, diante de cada peça da *justiça penal* vigente – que ele deixa vigorar –, uma contrapartida, copiada até os últimos detalhes da *justiça retributiva,* que ele acrescenta por sua conta. A fim de que o leitor tenha uma ideia mais clara a respeito disso, resumiremos em uma tabela o quadro que ele traça, com a imagem e a contraimagem.

Deslumbrado com a visão dessa pintura, o senhor Sue exclama:

Hélas, c'est une utopie, mais supposez qu'une société soit *organisée* de telle sorte.[45]

TABELA DA JUSTIÇA CRITICAMENTE COMPLETA	
Justiça vigente	Justiça criticamente complementária
Nome: Justice *criminelle*[46]	*Nome:* Justice *vertueuse*[47]
Símbolo: segura na mão uma *espada*, a fim de diminuir os maus em uma cabeça.	*Símbolo:* segura na mão uma *coroa*, a fim de aumentar os homens em uma cabeça.
Objetivo: castigar o mal, prisão, infâmia, privação da vida. O povo experimenta o terrível disciplinamento do mau.	*Objetivo:* recompensar o bem, mesa posta, honra, manutenção da vida. O povo experimenta o assombroso triunfo do bem.
Meios para descobrir os maus: espionagem policial, agentes secretos encarregados de espionar os maus.	*Meios para descobrir os bons: espionage de vertu*[48], agentes secretos encarregados de espionar os virtuosos.
Como decidir se alguém é mau: les assises du crime[49], sessões para os crimes. O ministério público assinala os crimes do acusado e os denuncia à vingança pública.	*Como decidir se alguém é bom:* assises de la vertu, sessões para a virtude. O ministério público assinala as ações nobres do acusado e as denuncia ao conhecimento público.
Situação do criminoso depois da sentença: ele se acha sob a *surveillance de la haute police*[50]. É alimentado na prisão. O Estado faz gastos com ele.	*Situação do virtuoso depois da sentença:* ele se acha sob a *surveillance de la haute charité morale*[51]. É alimentado em sua casa. O Estado faz gastos com ele.
Execução: o criminoso sobe ao cadafalso.	*Execução:* justo em frente ao cadafalso do criminoso ergue-se um *pedestal*, sobre o qual é entronizado o *grand homme de bien*[52]... um *pelourinho da virtude*.

---

[45] "Ah, é uma utopia; mas suponhamos que uma sociedade seja organizada de tal maneira!" (N.E.A.)

[46] Justiça *penal*. (N.E.A.)

[47] Justiça *virtuosa*. (N.E.A.)

[48] Espionagem da virtude. (N.E.A.)

[49] *Assises* são "sessões plenárias", fundamentadas historicamente e oriundas do distante século XII. (N.T.)

[50] Vigilância da alta polícia. (N.E.A.)

[51] Vigilância da alta caridade moral. (N.E.A.)

[52] Grande homem de bem. (N.E.A.)

Essa seria, pois, a *organização crítica* da *sociedade*. Nós nos sentimos obrigados a tomar essa organização formalmente sob nossa proteção, contra a acusação do senhor Eugène Sue de que ela até agora tenha permanecido apenas na condição de uma utopia. Sue voltou a se esquecer do *"prêmio da virtude"*, que todos os anos é conferido em Paris, e que ele mesmo chega a mencionar. Esse prêmio é organizado duplamente, inclusive: o *prix Montyon*, um prêmio material para recompensar as ações nobres de homens e mulheres, e o prix rosière[53] para as moças mais decentes. Conforme se vê, na tabela nem sequer falta a *coroa* de rosas reivindicada por Eugène Sue.

No que se refere à espionage de vertu e à surveillance de haute charité morale, já faz muito tempo que elas estão organizadas pelos jesuítas. Ademais, o "Journal des Débats", o "Siècle", as "Petites Affiches de Paris"[54] etc. encarregam-se de assinalar e denuciar as ações nobres e os méritos de todos os corredores da Bolsa de Paris, que desfrutam de prêmios diários, sem contar o assinalamento e a denúncia das nobres ações políticas, para as quais cada partido dispõe de seu próprio órgão.

Já o velho Voss percebeu que Homero é melhor do que seus deuses. Podemos, portanto, responsabilizar o "mistério revelado de todos os mistérios" – Rodolfo – pelas ideias de Eugène Sue.

Ademais, o senhor *Szeliga* nos informa:

> Além disso, são muitíssimas as passagens com as quais Eugène Sue interrompe o relato, encaminhando episódios e concluindo-os, e todas elas são *críticas*.

c) Suprassunção do selvagismo no interior da civilização e da ausência de direitos no Estado

O *meio de prevenção* jurídico para a suprassunção dos crimes e, com isso, do selvagismo no interior da civilização consiste na "tutela protetora que o Estado assume sobre os filhos dos justiçados e dos condenados a longas penas". Sue trata de organizar a distribuição dos crimes de um modo mais liberal. Nenhuma família deverá seguir possuindo um privilégio hereditário sobre o crime... a livre concorrência dos crimes deve triunfar sobre o monopólio.

---

[53] Prêmio das rosas. (N.E.A.)

[54] O *Journal des Débats*, abreviação do nome do jornal burguês da França *Journal des Débats politiques e littéraires* (Jornal dos debates políticos e literários), foi fundado em Paris em 1789. Durante a Monarquia de Julho foi órgão do governo. *Le Siècle* (O século), outro diário, foi publicado em Paris entre os anos 1836 e 1939; nos anos 1840 apresentava os pontos de vista daquela parcela da pequena burguesia que se limitava a exigir um punhado de reformas constitucionais não muito radicais. O *Petites Affiches de Paris* (algo como Pequenos Editais de Paris), por seu lado, foi um jornal muito antigo de Paris, fundado em 1612; era uma espécie de folha de informações na qual eram impressos os mais diferentes anúncios e comunicações. (N.T.)

"A ausência de direitos no Estado" é superada pelo senhor Sue através da reforma do Code pénal[55] em sua seção sobre o "abus de confiance"[56], e sobretudo através da introdução de *advogados de pobres, pagos*. O senhor Sue considera, portanto, que a ausência de direitos no Estado não aconteça no Piemonte, na Holanda etc., onde existe o advogado dos pobres. A legislação francesa peca unicamente pelo fato de não pagar os advogados dos pobres, por os deixar exclusivamente ao serviço dos pobres e por tornar os limites legais da pobreza demasiado estreitos. Como se a ausência de direitos não começasse precisamente no *processo* em si, e como se na França não se soubesse há muito tempo que o *direito* não concede nada, mas apenas se limita a sancionar o existente. Ao que parece, a distinção já trivial entre *droit* e *fait*[57] segue sendo, para o romancista crítico, um mystère de Paris.

Se ainda acrescentarmos à revelação crítica dos mistérios jurídicos as grandes reformas que Eugène Sue pretende encaminhar em relação aos *huissiers*[58], logo compreenderemos o jornal parisiense *"Satan"*[59]. Ele faz com que um bairro de Paris escreva àquele "grand réformateur à tant la ligne"[60] para dizer-lhe que em suas ruas ainda não existe iluminação a gás. O senhor Sue responde que o ajudará na luta contra esse mal no sexto tomo de seu "Juif errant"[61]. Um outro bairro da cidade se queixa das defeituosas aulas do ensino preparatório. Ele promete a esse bairro levar a cabo a reforma do ensino preparatório no décimo tomo de seu "Juif errant".

4. O mistério revelado do "ponto de vista"

Rodolfo não se detém em seu sublime [!] *ponto de vista*... ele não receia o esforço para adotar, por livre opção, os *pontos de vista* à direita e à esquerda, os de cima e os do fundo. (*Szeliga*)

Um dos mistérios fundamentais da Crítica crítica é o *"ponto de vista"* e a *avaliação a partir do ponto de vista do ponto de vista*. Todo homem, assim como todo produto espiritual, se transforma, para ela, em um ponto de vista.

---

[55] Código penal. (N.E.A.)

[56] "Abuso de confiança". (N.E.A.)

[57] Direito e fato. (N.E.A.)

[58] Contínuos. (N.E.A.)

[59] *Le Satan* (O satã), jornal francês de características burguesas e satíricas, publicado em Paris entre os anos de 1840 e 1844. (N.T.)

[60] "Grande reformador pago por linhas." (N.E.A.)

[61] "Judeu errante". (N.E.A.). O romance *Le juif errant* (O judeu errante) de Eugène Sue foi publicado em 1844 e 1845 e é uma das obras mais famosas sobre o tema indicado no título. (N.T.)

A sagrada família

Nada é mais fácil do que descobrir o mistério do ponto de vista quando já se penetrou no mistério geral da Crítica crítica, que se limita apenas a requentar a velha couve especulativa.

Deixemos, para começar, que *a* própria Crítica, pela boca de seu patriarca – o senhor *Bruno Bauer* – discorra acerca de sua teoria do "ponto de vista".

> A ciência... *jamais* tem algo a ver *com esse indivíduo concreto* ou *com esse ponto de vista determinado...* Por certo ela não deixará de fazê-lo e de *superar* os *limites de um ponto de vista*, se de fato vale a pena fazê-lo e se esse limite realmente tiver um significado humano geral; porém, ela o conceberá como *pura categoria e determinabilidade da autoconsciência* e falará, portanto, apenas para aqueles que tenham audácia para elevar-se à *generalidade da autoconsciência*, quer dizer, para aqueles que não se empenham em se manter a toda força dentro daquele limite. ("Anekdota", Parte II, p. 127)

O *mistério* dessa ousadia baueriana é a *"Fenomenologia" hegeliana*. Como Hegel substitui, nessa obra, o *homem* pela *autoconsciência*, a realidade humana *mais diversa* aparece apenas como uma forma *determinada*, como uma *determinabilidade da autoconsciência*. Mas uma simples determinabilidade da autoconsciência é uma *"categoria pura"*, um mero *"pensamento"*, que eu posso, portanto, superar também no pensar "puro", e através do pensar puro sobrepor-me a ele. Na "Fenomenologia" de Hegel são deixados *em pé* os fundamentos *materiais, sensíveis, objetivos* das diferentes formas estranhadas da autoconsciência humana, e toda a obra destrutiva tem como resultado a *mais conservadora filosofia*, uma vez que acredita ter superado o *mundo objetivo*, o mundo sensivelmente real, tão logo ela o transformou em uma mera *determinabilidade da autoconsciência*, podendo, então, dissolver também o adversário tornado *etéreo* no "éter *do pensamento puro*". A "Fenomenologia" termina, portanto e consequentemente, substituindo toda a realidade humana pelo *"saber absoluto"*... *Saber,* porque essa é a única forma de existência da autoconsciência e porque a autoconsciência se considera como a única forma de existência do homem... E saber *absoluto* precisamente porque a autoconsciência apenas se sabe *a si mesma* e já não se vê mais incomodada por nenhum mundo objetivo. Hegel faz do homem o *homem da autoconsciência*, em vez de fazer da autoconsciência a *autoconsciência do homem*, do homem real, e que, portanto, vive também em um mundo real, objetivo, e se acha condicionado por ele. Ele vira o mundo de *ponta-cabeça*, o que lhe permite dissolver também *na cabeça* todos os limites, e isto os faz, naturalmente, manter-se de pé *para a má sensoriedade*, para o homem *real*. Além do mais, para ele vale como limite tudo o que denuncia a *limitação da autoconsciência geral*, toda a sensoriedade, a realidade e a individualidade do homem e de seu mundo. A "Fenomenologia" inteira quer provar que *a autoconsciência é a única* realidade e *toda a realidade.*

O senhor Bauer, em tempos mais modernos, rebatizou o saber absoluto com o nome de *Crítica,* e a determinabilidade da autoconsciência com o nome de *ponto de vista,* nome que aliás soa profano. Nas "Anekdotis" os dois nomes ainda aparecem juntos e o ponto de vista ainda é comentado pela determinabilidade da autoconsciência.

Porque o *"mundo religioso enquanto mundo religioso"* apenas existe na condição de mundo da *autoconsciência,* o Crítico crítico – teólogo ex professo – nem sequer chega ao pensamento de que existe um mundo no qual *consciência* e *ser* são coisas distintas, mundo que segue em pé como antes, se eu apenas superar sua existência intelectiva, sua existência como categoria, como ponto de vista, quer dizer, se eu modificar minha própria consciência subjetiva sem mudar com isso a realidade objetiva de maneira realmente objetiva, quer dizer, sem mudar minha própria realidade *objetiva,* a minha e a das outras pessoas. Por isso a *identidade mística* especulativa entre *ser* e *pensamento* se repete, na Crítica, como a mesma *identidade mística* entre a *práxis* e a *teoria.* Daí sua contrariedade em relação à práxis, que pretende ser algo distinto da teoria e contra a teoria, que aspira a ser algo distinto da dissolução de uma determinada *categoria* na *"generalidade ilimitada da autoconsciência".* Sua própria teoria se limita a explicar tudo o que é determinado como a antítese da generalidade ilimitada da autoconsciência e, portanto, a declará-lo nulo, conforme ocorre, por exemplo, com o Estado, com a propriedade privada e assim por diante. Tem de se mostrar, ao contrário, como o Estado, a propriedade privada e assim por diante transformam os homens em abstrações, ou como os produtos são homens *abstratos,* em vez de serem a realidade do homem individual e concreto.

Naturalmente se compreende por si mesmo, enfim, que se a "Fenomenologia" de Hegel, apesar de seu pecado original especulativo, oferece em muitos pontos os elementos de uma característica real das relações humanas, o senhor Bruno e consortes apenas nos oferecem, ao contrário, uma caricatura carente de conteúdo, uma caricatura que se contenta em arrancar de um produto espiritual, ou inclusive das relações e dos movimentos reais, uma determinabilidade, convertendo essa determinabilidade logo a seguir em uma determinabilidade do pensamento, em uma *categoria,* e fazendo essa categoria passar pelo *ponto de vista* do produto, da relação e do movimento, a fim de, logo depois, com a sabedoria velha e esperta do ponto de vista da abstração, da categoria geral, da autoconsciência geral, poder baixar os olhos triunfalmente sobre essa determinabilidade.

Assim como para Rodolfo todos os homens se situam no ponto de vista do bem ou no do mal, e são sentenciados a partir dessas duas ideias fixas, assim também para o senhor Bruno Bauer e consortes os homens se situam ou no ponto de vista da *crítica* ou no da *massa.* Mas ambos – Rodolfo e a Crítica crítica – transformam os *homens reais* em *pontos de vista abstratos.*

5. Revelação do mistério da utilização dos instintos humanos, ou Clémence d'Harville

Até aqui Rodolfo soube apenas recompensar os bons a seu modo e castigar os maus a seu modo. Agora nós o veremos, através de um exemplo, utilizar também as *paixões* e "conceder um desenvolvimento adequado ao belo temperamento natural de Clémence d'Harville".

> Rodolfo [diz o senhor Szeliga] mostra a ela o lado *divertido* da *caridade*. Um pensamento que brota de um conhecimento da humanidade, que não pode provir *senão dele,* do interior de Rodolfo, que passou pela provação que passou.

As expressões que Rodolfo emprega em sua conversação com Clémence: "faire *arrayant*", "*utiliser le goût naturel*", "*régler l'intrigue*", "*utiliser les penchants à la dissimulation et à la ruse*", "changer en qualités généreuses des instincts impérieux, inexorables"[62] etc.; essas expressões, tanto quanto os próprios *instintos*, que aqui são atribuídos preferencialmente à natureza da mulher, *denunciam* a fonte secreta da qual emana a sabedoria de Rodolfo... *Fourier.* Não resta a menor dúvida de que lhe caiu às mãos uma versão popular da doutrina fourieriana.

E a *aplicação* da doutrina é, mais uma vez, propriedade exclusiva de Rodolfo, nem mais nem menos que a aplicação anterior da teoria de Bentham.

Não é na caridade *tal como ela é* que a jovem marquesa deve encontrar uma satisfação para seu ser moral, um conteúdo e um objetivo humanos para a atividade, e por isso também um entretenimento. A caridade oferece, muito antes, apenas o motivo externo, apenas o *pretexto*, apenas a *matéria* para uma espécie de entretenimento, que poderia muito bem apresentar outra matéria como seu conteúdo. A miséria é explorada conscientemente a fim de proporcionar "o aspecto picante do romance, satisfação da curiosidade, aventura, disfarces, gozo da própria excelência, estremecimentos nervosos" àquele que pratica a beneficência.

Com isso Rodolfo proclama, sem o saber, o mistério há muito tempo descoberto de que a miséria humana em si, a abjeção infinita – que é obrigada a esmolar – servem à aristocracia do dinheiro e da cultura como um *joguinho* para a satisfação de seu amor-próprio, para fazer cócegas em sua soberba, para diverti-la.

As várias sociedades beneficentes que funcionam na Alemanha, as várias ligas de caridade existentes na França, as numerosas quixoterias beneficentes na Inglaterra, os concertos, bailes, comédias, comida para os pobres, até mesmo as subscrições públicas destinadas a socorrer as vítimas

---

[62] "Fazer *atrativo*", "*utilizar o gosto natural*", "*regulamentar a intriga*", "*utilizar as inclinações à dissimulação e à astúcia*", "transformar em qualidades generosas os instintos imperiosos e inexoráveis". (N.E.A.)

dos acidentes não têm outra finalidade a não ser essa. Nesse sentido, aliás, poderíamos dizer que há muito tempo a beneficência está *organizada* como um entretenimento.

A mudança repentina e imotivada da marquesa, ao apenas ouvir a palavra "divertido", nos leva a duvidar da estabilidade de sua cura ou, muito antes, essa mudança é apenas aparente, uma vez que é repentina e imotivada e só passa a atuar quando a charité[63] é caracterizada como um divertimento. A marquesa *ama* Rodolfo e Rodolfo quer disfarçar-se *com ela*, fazer intrigas, lançar-se a aventuras de caridade. Mais tarde, em uma visita caritativa da marquesa na prisão Saint-Lazare, também se manifestariam seus ciúmes em relação a Fleur de Marie, e, devido à caridade em relação aos seus próprios ciúmes, ela não fala da detenção de Marie a Rodolfo. Mas no melhor dos casos Rodolfo terá conseguido fazer com que uma mulher desgraçada represente com outro ser desgraçado uma comédia estúpida. O mistério da *filantropia* tramada por ele é denunciado por aquele Dandin[64] de Paris que, depois da dança, convida sua dama a cear com estas palavras:

> Ah madame! Ce n'est pas assez d'avoir dansé au bénéfice des pauvres Polonais... soyons philanthropes jusqu'au bout... allons *souper* maintenant au *profit des pauvres!*[65]

6. Revelação do mistério da emancipação das mulheres, ou Louise Morel

Com a detenção de *Louise Morel*, Rodolfo se deixa levar por reflexões que podem assim ser resumidas:

> O senhor muitas vezes corrompe a criada, seja através do medo, da surpresa ou através do aproveitamento de outras oportunidades que a natureza da *relação de servidão* proporciona. Ele as lança à desgraça, à ignomínia e ao crime. A *lei* permanece *alheia* a tudo isso... O criminoso, que praticamente obrigou a moça ao infanticídio, permanece *impune*.

As reflexões de Rodolfo nem sequer chegam a se estender a ponto de submeter as *relações de servidão* a sua augusta crítica. Na condição de *pequeno* soberano, ele é um *grande* protetor das relações de servidão. A reflexão de Rodolfo está ainda mais longe de compreender os aspectos desumanos da situação geral da mulher na sociedade de hoje. Completamente fiel a sua

---

[63] Caridade. (N.E.A.)

[64] Outro nome, que também tem seu significado e é mantido em francês no original. *Dandin* significa também "bobo" na língua de François Villon. (N.T.)

[65] "Ah, senhora! Não basta ter dançado em benefício destes pobres poloneses... sejamos filantropos até o fim... e vamos *cear* agora em *benefício dos pobres!*" (N.E.A.)

teoria desenvolvida até agora, ele não sente a falta de nada além de uma *lei* que *castigue* o sedutor e associe o arrependimento e a penitência a uma pena terrível.

Bastaria a Rodolfo voltar a vista para as leis vigentes em outros países. A legislação *inglesa* preenche todos os seus desejos. Ela chega, em seus delicados sentimentos – que *Blackstone* ressalta com tanto fervor –, a declarar culpado de *felonia* inclusive aquele que seduz uma moça-dama.

O senhor Szeliga faz soar os clarins da *fanfarra*:

Isso!... pensai!... Rodolfo!... e agora contrastai *essas ideias* com vossas *fantasias* acerca da *emancipação da mulher!* O fato da emancipação *quase* pode ser tocado com as mãos dentro delas, ao passo em que vós sois, por natureza, pessoas demasiado práticas, razão que explica vosso fracasso seguido tantas vezes após vossas simples tentativas.

Em todo caso, devemos ao senhor Szeliga a revelação do mistério de que quase se pode tocar com as mãos um fato constituído à base de ideias. No que se refere a sua divertida comparação de Rodolfo com os homens que ensinaram a emancipação da mulher, não é preciso mais do que comparar os *pensamentos* de Rodolfo com as seguintes fantasias de *Fourier*:

Adultério e sedução honram o sedutor, são coisas de bom tom... Contudo, pobre moça! E o infanticídio, que crime! Se a moça seduzida quer seguir na condição de honrada, ela tem de apagar as manchas de sua desonra, e se sacrifica seu filho aos preconceitos do mundo, a ignomínia que cai sobre ela é ainda maior e ela se vê exposta aos preconceitos da lei... Esse é o *ciclo vicioso* que descreve qualquer mecanismo civilizado.

A jovem filha, por acaso ela não é uma mercadoria oferecida à venda a quem melhor pagar para adquirir a propriedade exclusiva sobre ela?... De même qu'en grammaire deux négations valent une affirmation, l'on peut dire qu'en *négoce conjugal deux prostitutions valent une vertu*.[66]

A mudança de uma época histórica pode ser sempre determinada pela atitude de progresso da mulher perante a liberdade, já que é aqui, na relação entre a mulher e o homem, entre o fraco e o forte, onde a vitória da natureza humana sobre a brutalidade, que ela aparece de modo mais evidente. O grau da emancipação feminina constitui a pauta natural da emancipação geral.

A humilhação do sexo feminino é uma característica essencial tanto da civilização quanto da barbárie, porém com a diferença de que a ordem civilizada eleva todos os vícios que a barbárie comete de um modo simples a um modo de pensar bem mais complexo, de duplo sentido, equívoco e hipócrita... A

---

[66] "Assim como na gramática duas negações equivalem a uma afirmação, poder-se-ia dizer que no *negócio conjugal duas prostituições equivalem a uma virtude.*" (N.E.A.)

pena por manter a mulher na escravidão não atinge a ninguém de um modo mais profundo do que ao próprio homem. *(Fourier.)*[67]

Diante do pensamento de Rodolfo é inútil apontar para a caracterização magistral do *casamento* encaminhada por Fourier, assim como para os escritos da fração materialista do comunismo francês.

Os mais tristes despojos da literatura socialista, assim como os encontramos no romancista, ainda continuam revelando "mistérios" desconhecidos para a Crítica crítica.

7. Revelação dos mistérios da economia política
a) Revelação teórica dos mistérios da economia política

Primeira revelação: A riqueza frequentemente leva ao esbanjamento, o esbanjamento leva à ruína.

Segunda revelação: As consequências da riqueza que acabam de ser descritas se originam de uma deficiência na instrução da juventude rica.

Terceira revelação: A *herança* e a *propriedade privada* são e *têm de ser* sagradas e invioláveis.

Quarta revelação: O rico está *moralmente* obrigado a prestar contas a respeito do emprego de sua fortuna aos operários. Uma grande fortuna é um depósito hereditário – uma *encomenda feudal* –, confiado a mãos inteligentes, firmes, hábeis e generosas, encarregadas, ao mesmo tempo, de fazê-la frutificar e empregá-la de tal maneira que tudo aquilo que tenha a *sorte* de se achar no âmbito da irradiação brilhante e salutar da grande fortuna prospere, viva e se torne melhor.

Quinta revelação: O Estado tem o dever de proporcionar à juventude rica e inexperiente os *rudimentos* da *economia individual*. Ele tem o dever de moralizar a fortuna.

Sexta revelação: Por fim, o Estado deve abordar o enorme problema da *organização do trabalho*. Deve dar o exemplo salutar da *associação dos capitais e do trabalho* e, concretamente, através de uma associação que seja honesta, inteligente e justa, assegurar o bem-estar do *operário sem* menoscabar a *fortuna* do *rico*, e estabelecer *laços* de afeto e de reconhecimento *entre* essas *duas classes*, a fim de assegurar *para sempre* a paz do próprio Estado.

Uma vez que o Estado de momento não se presta a pôr em prática essa teoria, o mesmo *Rodolfo* se encarrega de oferecer alguns exemplos práticos. Eles revelarão o mistério de que para o senhor Sue, para o senhor Rodolfo

---

[67] Esses quatro trechos citados por Marx são tirados das seguintes obras de Charles Fourier: *Théorie des quatre mouvements et des destinées générales* (Teoria dos quatro movimentos e das determinações gerais), de 1808, *Le nouveau monde industriel et sociétaire* (O novo mundo industrial e societário), de 1829, e *Théorie de l'unité universelle* (Teoria da unidade universal), obra de 1822. (N.T.)

e para a Crítica crítica as *relações econômicas* mais conhecidas e mais simples permanecem sendo "mistérios".

b) "O banco dos pobres"
Rodolfo funda um *banco dos pobres*. Os estatutos desse banco dos pobres *crítico* são os seguintes:

O banco deverá amparar trabalhadores honestos, que tiverem família, durante o período em que estiverem desempregados. Ele substituirá as esmolas e as casas de penhor. Disporá de uma renda anual de 12 mil francos e distribuirá empréstimos de socorro de 20 a 40 francos, sem interesses. Seu raio de ação começará abarcando o *sétimo* arrondissement[68] de Paris, no qual vivem a maior parte dos operários. Os operários e operárias com direito a receber essa classe de socorro deverão possuir um certificado de seu último patrão, no qual seja declarada sua boa conduta e indicada a causa pela qual ficaram sem trabalho e a partir de quando. Esses empréstimos deverão ser amortizados mensalmente, em sexta ou duodécima parte, conforme a escolha daquele que receber o empréstimo, a partir do dia em que voltar a trabalhar. Como garantia de pagamento valerá a obrigação da palavra de honra. Mais dois outros operários deverão ser fiadores da parole jurée[69] daquele que toma o empréstimo. Como a finalidade crítica que se persegue com o banco dos pobres não é outra que não remediar um acidente mais grave na vida do operário, a *interrupção do trabalho*, dispõe-se que esses socorros apenas beneficiem os artesãos desempregados. O senhor Germain, gerente dessa instituição, receberá um salário anual de 10 mil francos.

Lancemos agora um olhar massivo à práxis da economia política crítica. A renda anual corresponde a 12 mil francos. As ajudas oscilam entre 20 e 40 francos por pessoa, o que quer dizer que a média é de 30 francos. A cifra dos operários do sétimo arrondissement classificados oficialmente como "em estado de miséria" chega pelo menos a 4 mil. O banco pode socorrer anualmente 400 operários, quer dizer, a décima parte dos operários mais necessitados de ajuda no sétimo arrondissement. Em Paris estaremos contando pouco se calcularmos que *a média* do tempo em que um operário permanece desempregado perfaz (muito por baixo) quatro meses, ou seja, 16 semanas por ano. 30 francos divididos em 16 semanas perfazem pouco menos de 37 sous e 3 centimes por semana, o que vem a significar 27 centimes por dia. O gasto diário calculado para *cada indivíduo preso* nos cárceres da França corresponde, em média, a algo mais do que 47 centimes, dos quais 30, ou pouco mais, correspondem apenas à comida. Pois bem, o operário socorrido pelo senhor Rodolfo ainda tem uma família por

---

[68] Distrito (N.T.)

[69] Palavra de honra. (N.E.A.)

certo. E se levarmos em conta que esta é formada, em média, por dois filhos, marido e mulher, teremos, ao final das contas, 27 centimes divididos entre quatro pessoas. Descontando a moradia – ou seja, no mínimo 15 centimes por dia –, restam 12 centimes para quatro pessoas. O *pão* que *um único* preso consome custa, em média, 14 centimes. O que quer dizer que o trabalhador e sua família, não contadas todas as outras necessidades, não poderão comprar nem a quarta parte do pão necessário consumido por um preso com o socorro que recebem do banco dos pobres crítico, e serão obrigados a morrer de fome, caso não recorrerem precisamente aos meios que o banco dos pobres busca evitar, ou seja, às casas de penhor, à mendicância, ao roubo e à prostituição.

Tanto mais brilhante é, no entanto, a sorte que o homem da crítica implacável destina ao gerente do banco dos pobres. A renda anual administrada corresponde a 12 mil francos, o salário do gerente a 10 mil francos. Os gastos de administração correspondem, portanto, a 45%, quase o triplo do que custa a administração das casas de beneficência de Paris, que custa aproximadamente 17%.

Mas suponhamos, por um momento, que a ajuda concedida pelo banco dos pobres seja uma ajuda efetiva, e não puramente ilusória: nesse caso resultaria que toda a trama deste mistério de todos os mistérios, por fim revelado, repousava sobre a quimera de que, para que o operário pudesse viver o ano inteiro, seria necessário apenas proceder a uma *distribuição* diferente do salário.

Falando em termos prosaicos, a renda de 7.500.000 operários franceses corresponde a 91 francos por cabeça, ao passo que a renda de outros 7.500.000 operários franceses corresponde a 120 francos por cabeça, o que quer dizer que 15 milhões de operários franceses ganham menos do que o absolutamente necessário para viver.

A ideia do banco dos pobres crítico – caso fosse concebida diferente e racionalmente – se reduz a descontar do salário do operário, durante o tempo em que estiver ocupado, tanto quanto for necessário para viver durante o tempo em que estiver desempregado. Se eu lhe antecipo uma determinada soma em dinheiro durante o tempo em que estiver desempregado e ele me devolve essa soma durante o tempo em que estiver trabalhando, ou se ele me der uma determinada soma durante o tempo em que estiver trabalhando a fim de que eu lha devolva quando estiver desempregado é uma única e a mesma coisa. Ele sempre estará me dando, durante o tempo em que estiver trabalhando, aquilo que eu lhe devolverei durante o tempo em que estiver desempregado.

Portanto, o "puro" *banco dos pobres* apenas se distingue das *caixas econômicas* massivas por duas qualidades bastante originais e assaz críticas: uma delas é que o banco empresta seu dinheiro a *fond perdu*[70], partindo do pres-

---

[70] *A fundo perdido.* (N.E.A.)

A sagrada família

suposto estúpido de que o operário poderá devolvê-lo, caso quiser, e de que ele sempre quererá devolvê-lo, caso puder devolvê-lo; a outra reside no fato de que o banco não paga nenhum *juro* às somas depositadas pelos operários. Posto que as somas depositadas aparecem sob a forma de adiantamento, o banco já faz grande coisa em não exigir que os operários paguem juro algum.

Conforme vemos, o banco dos pobres crítico se distingue das caixas econômicas massivas apenas pelo fato de o operário perder seus juros e o banco perder seu capital.

c) Granja modelo em Bouqueval

Rodolfo funda também uma *granja modelo* em *Bouqueval*. O lugar é escolhido de maneira tanto mais feliz pelo fato de ainda carregar recordações feudais... ou seja, um château seigneurial[71].

Cada um dos seis trabalhadores masculinos empregados na granja recebe 150 écus ou 450 francos de salário anual, e cada uma das trabalhadoras femininas recebe 60 écus ou 180 francos. Além disso, eles têm comida e habitação grátis. O menu diário usual dos trabalhadores de Bouqueval consiste em uma "formidável" travessa de presunto, em uma travessa não menos tremenda de carne de cordeiro e, por último, em um pedaço não menos massivo de carne de vitelo, que são acompanhados por dois tipos de salada de inverno, dois queijos grandes, batatas, cidra etc. Cada um dos seis trabalhadores masculinos trabalha o *dobro* do que trabalha um diarista agrícola francês comum.

Como o total da renda produzida anualmente pela França, dividida em partes iguais, daria apenas 93 francos por cabeça e a população francesa que trabalha diretamente na agricultura representa 2/3 da população total, podemos chegar a entender com facilidade que revolução se operaria, não apenas na distribuição, mas também na produção da riqueza nacional, caso a granja modelo do califa alemão encontrasse imitadores por todos os lados.

Conforme vemos, Rodolfo conseguiu incrementar a produção em proporções tão imensas apenas pelo fato de cada operário trabalhar o dobro do que até agora trabalhava, comendo seis vezes mais.

Uma vez que o agricultor francês é muito trabalhador, os trabalhadores que trabalharem o *dobro* do que eles trabalham têm de ser *atletas sobre-humanos*, coisa que pode ser admitida, sem dúvida, caso forem consideradas aquelas formidáveis travessas de carne. Podemos aceitar, portanto, que cada um desses seis trabalhadores devore pelo menos meio quilo de carne por dia.

Se toda a carne produzida na França fosse distribuída do mesmo modo, cada um dos franceses não receberia mais do que 125 gramas de carne por dia. Vê-se, portanto, que revolução o exemplo de Rodolfo não acarretaria, também nesse sentido, caso encontrasse imitadores. *Somente* a população rural consumiria

---

[71] Castelo senhorial. (N.E.A.)

mais carne do que a França inteira produz, de modo que, graças a essa reforma crítica, a França se veria privada de toda sua criação de gado num instante.

A quinta parte do rendimento bruto, que Rodolfo – segundo as informações do gerente de Bouqueval, o pai Chatelain[72] – destina aos trabalhadores, além do alto salário e do sustento luxuoso, não é nada mais do que sua *renda básica*. Supõe-se, com efeito, partindo de um cálculo médio, que em geral, depois de deduzidos todos os custos de produção e o lucro que corresponde ao capital investido, sobre ao proprietário de terras da França a quinta parte do rendimento bruto ou, dito em outras palavras, que sua cota de renda representa a quinta parte do rendimento bruto. E, ainda que não reste dúvida de que Rodolfo reduz desproporcionadamente os lucros de seu capital investido, ao aumentar de um modo desproporcional os gastos com os trabalhadores – segundo Chaptal ("De l'industrie française", I, p. 239), o preço pago em média a um diarista agrícola francês é de 120 francos – e apesar de ele presentear toda sua renda básica aos trabalhadores, o pai Chatelain ainda nos informa que Monseigneur vê crescer suas rendas graças a esses procedimentos, o que deve animar outros proprietários de terra acríticos a aplicar o mesmo sistema.

A Granja modelo de Bouqueval é uma aparência puramente fantástica, seu *fundo oculto* não é o solo *natural* de Bouqueval, mas sim o fabuloso saquinho de Fortunato[73] que Rodolfo possui!

A Crítica crítica arma o maior escarcéu:

Vê-se à *primeira vista* que *todo esse plano* não é *nenhuma utopia*.

Só a Crítica crítica é capaz de ver, à primeira vista, que *um saquinho de Fortunato* não é nenhuma utopia. A primeira vista crítica é... o "olhar maldoso"!

8. Rodolfo, "o mistério revelado de todos os mistérios"

O meio milagroso usado por Rodolfo para encaminhar todas as suas redenções e suas curas milagrosas não é o uso de suas belas palavras, mas sim seu *dinheiro vivo*. Assim são os moralistas, diz Fourier. A gente tem de ser milionário para conseguir imitar seus heróis.

A moral é a *"impuissance mise en action"*[74]. O número de vezes que ela se põe a combater um vício é também o número de seus fracassos. E Rodolfo

---

[72] Outro nome mantido em francês pelo autor. *Chatelain* é o mesmo que "castelão". (N.T.)

[73] O "saquinho de Fortunato" (*Fortunatussäckel*) é uma bolsa de dinheiro inesgotável que Fortunato – o afortunado – possui, segundo a saga popular alemã homônima. A narrativa foi publicada pela primeira vez por volta do ano 1400. Além do saquinho, Fortunato possui também um "chapeuzinho dos desejos", em razão do qual ele e sua família acabam sucumbindo. (N.T.)

[74] *"Impotência posta em ação"*. (N.E.A.)

não se eleva sequer ao ponto de vista da moral independente, que se baseia, pelo menos, na consciência da *dignidade humana*. Sua moral repousa, ao contrário, sobre a consciência da debilidade humana. Ele é a moral *teológica*. Nós perseguimos até o último detalhe as façanhas heroicas que ele levou a cabo com suas ideias *cristãs fixas*, através das quais ele mede o mundo, com a "charité", com o "dévouement", com a "abnégation", com o "repentir", com os "bons" e os "méchants", com a "recompense" e a "punition", com os "châtiments terribles", com o "isolement", com o "salut de l'âme"[75] etc. e tal, e provamos que são apenas travessuras desprovidas de sentido. Aqui nos falta falar apenas do caráter *pessoal* de Rodolfo, o "mistério revelado de todos os mistérios" ou o mistério revelado da "Crítica *pura*".

A antítese entre "bem" e "mal" foi revelada ao nosso Hércules crítico já na juventude, em duas personificações diferentes: *Murph* e *Polidori* são, ambos, os professores de Rodolfo. O primeiro educa-o no bem, e é "*o bom*". O segundo o educa no mal, e é "o *mau*". E, para que essa concepção não deixe absolutamente nada a desejar por sua trivialidade, se a compararmos com as trivialidades parecidas que vemos em outros romances morais, "*o bom*", Murph, não deve der "savant"[76], quer dizer, não devem ser "destacadas nele, de um modo especial, as qualidades espirituais". Em compensação ele é *honrado, simples, lacônico,* sabe-se grande em relação ao mal, que ele fustiga como algo *vergonhoso* e *infame;* ademais, ele sente um verdadeiro horror[77] ante tudo o que é *baixo*. Ele compõe, para dizê-lo conforme Hegel, de maneira honrada a melodia do bem e da verdade em tons iguais, quer dizer, *em uma só nota*.

Polidori, ao contrário, é uma maravilha em inteligência, conhecimentos e cultura, mas de uma "imoralidade perigosíssima", e possui – concretamente – algo que Eugène Sue, na condição de membro da burguesia jovem e devota, jamais deixaria de esquecer de maneira assim tão fácil: *"le plus effrayant scepticisme"*[78]. A energia espiritual e a cultura de Eugène Sue e de seu herói podem bem ser julgadas a partir desse medo cheio de pânico ante o *ceticismo*.

> Murph [diz o senhor Szeliga] "é ao mesmo tempo a dívida eternizada do treze de janeiro e o saldo eterno dessa dívida mediante um amor e um sacrifício incomparáveis pela pessoa de Rodolfo.

---

[75] "Caridade", "espírito de sacrifício", "abnegação", "arrependimento", "bons", "maus", "recompensas", "punições", "castigos terríveis", "isolamento", "salvação da alma". (N.E.A.)

[76] Sábio. (N.E.A.)

[77] Horror. (N.E.A.)

[78] "O ceticismo mais espantoso". (N.E.A.)

Assim como Rodolfo é o deus ex machina[79] e o mediador do universo, Murph é o deus ex machina e o mediador pessoal de Rodolfo.

> Rodolfo e a salvação da humanidade, Rodolfo e a personificação das perfeições essenciais do homem formam, para Murph, uma unidade inseparável, à qual ele não se entrega com a submissão estúpida e canina do escravo, mas de um modo consciente e independente.

Murph é, portanto, um escravo esclarecido, consciente e independente. Assim como todos os criados dos príncipes, ele personifica em seu senhor a salvação da humanidade. *Graun* exalta a Murph chamando-o de *"intrépide farde du corps"*[80]. O próprio Rodolfo chama-o de *modèle d'un valet,* e não cabe dúvida de que se trata de um *criado modelo.* Quando ele se dirige a Rodolfo tête-à-tête, conforme noticia Eugène Sue, nunca deixava de chamá-lo de monseigneur. Falando com outros, no entanto, devido ao sigilo, chama-o de *monsieur* com os lábios, mas no coração murmura *monseigneur.*

> Murph ajuda a levantar o véu dos mistérios, mas apenas por causa de Rodolfo. Ele ajuda no trabalho de destruir o poder dos mistérios.

A densidade do véu que esconde as mais simples situações de mundo aos olhos de Murph pode ser imaginada através de sua conversação com o embaixador Graun. Partindo do direito da legítima defesa em caso de necessidade, ele chega à conclusão de que Rodolfo agiu licitamente, na condição de *juiz secreto e todo-poderoso*[81], ao cegar o maître d'école encadeado e "indefeso". Sua descrição de como Rodolfo irá narrar suas "nobres" ações ante o tribunal, dando vazão a sua bela retórica e abrindo seu coração grandioso, torna-o digno de um ginasiano que acabou de ler "Die Räuber"("Os bandoleiros"), de Schiller. O único mistério que Murph deixa ao mundo para que o decifre é a pergunta se ele emporcalhou sua cara com pó de carvão ou com tinta preta ao fazer o papel de charbonnier[82].

---

[79] Literalmente: Deus saído da máquina (no teatro antigo, uma aparição divina trazida ao palco através de um efeito maquinal, que intervinha na trama e a solucionava); em sentido figurado: o aparecimento inesperado de uma pessoa que salva a situação. (N.E.A.)

[80] "Intrépido guarda-costas". (N.E.A.)

[81] O autor usa a expressão *Femrichter,* referindo os juízes da *Feme* – que tinham os poderes e a virtude mencionada na tradução escolhida –, o tribunal antigo da Vestefália. O nome tem origem nos antigos tribunais de condados francônios, feitos ao ar livre, sob uma tília (*Femlinde*). A partir do século XV o julgamento típico desse tribunal foi perdendo importância e era apenas aplicado em tribunais camponeses sem muita importância. Por volta de 1810, com a ocupação francesa, eles foram definitivamente abolidos. (N.T.)

[82] Carvoeiro. (N.E.A.)

Os anjos sairão e separarão justos de injustos. (Mateus, 13, 49) Aflição e temor sobre todas as almas dos homens que fazem o mal; mas honra e paz àqueles que praticam o bem. (Paulo aos Romanos, 8, 7)

Rodolfo faz de si mesmo um desses *anjos*. Ele sai ao mundo com a missão de separar os justos dos injustos, os bons dos maus, de punir os últimos e recompensar os primeiros. A ideia do mal e do bem se gravou de tal modo em seu cérebro fraco, que ele até acredita em Satanás personificado e se empenha em agarrar o diabo vivo, como um dia fez o professor *Sack* em Bonn. E, por outro lado, tenta copiar amiúde a antítese do diabo, *Deus*. Ele gosta "de jouer un peu le rôle de la providence"[83]. E, assim como na *realidade todas* as diferenças vão se fundindo cada vez mais na diferença entre *pobres* e *ricos*, na *ideia todas* as diferenças aristocráticas se reduzem à antítese entre o *bem* e o *mal*. Essa diferenciação é a forma final que o aristocrata dá a seus preconceitos. Rodolfo, de sua parte, classifica a si mesmo entre os bons, e os maus apenas existem para permitir a ele o ato de gozar a fruição de sua própria bondade. Consideremos "o bom" um pouco mais de perto.

O senhor Rodolfo pratica uma caridade e um esbanjamento semelhantes aos do califa de Bagdá nas Mil e Uma Noites. Ele não pode levar esse modo de vida sem sugar como um vampiro, até a última gota de sangue, sua pequena terrinha alemã. Segundo as informações do próprio senhor Sue, ele figuraria entre os príncipes alemães mediatizados[84], se a proteção de um *marquês* da França não o tivesse salvo da abdicação forçada. A extensão de suas terras pode ser apreciada através desse dado. Quão *criticamente* Rodolfo *julga suas próprias condições* pode bem ser visto no fato de que ele, o pequeno Sereníssimo alemão, acredita ter de levar uma vida um tanto sigilosa em Paris, a fim de não chamar demasiadamente a atenção. Ele mantém junto de si um *chanceler* por uma razão crítica: para que ele represente a seu lado "le côté théâtral et puéril du pouvoir souverain"[85]; como se um pequeno Sereníssimo necessitasse, além de sua própria pessoa e de seu espelho, ainda de um terceiro representante do lado teatral e pueril do poder soberano. Rodolfo soube muito bem, ademais, inculcar em suas gentes esse mesmo *desconhecimento crítico* da sua situação. Assim, o criado *Murph* e o embaixador *Graun* não se dão conta de como o homme d'affaires parisiense, monsieur *Badinot*, ri-se

---

[83] "Representar um pouco o papel da providência". (N.E.A.)

[84] Os pequenos príncipes alemães cujo poder e cujas terras acabaram se tornando nulos depois das mudanças territoriais na Alemanha durante as guerras napoleônicas e depois do Congresso de Viena (1814-1815). Seus principados eram simplesmente anexados ao grande Estado alemão. (N.T.)

[85] "O lado teatral e pueril do poder soberano". (N.E.A.)

deles quando aparenta acreditar que seus assuntos privados são negócios de Estado, quando papeia sarcasticamente acerca dos

> rapports occultes que peuvent exister entre les intérêts le plus divers et les *destinés des empires*.[86] Sim [informa o embaixador de Rodolfo], ele tem a sem-vergonhice de lhe dizer, às vezes: "Quantas complicações ignoradas pelo povo existem no governo de um Estado! Quem diria, senhor barão, que as notas que vos entrego influem também, a sua maneira, na marcha dos *assuntos europeus*?"

O embaixador e Murph não acham que a sem-vergonhice está precisamente no fato de que se lhes atribua influência sobre os assuntos europeus, mas sim no fato de Badinot idealizar a tal ponto sua vil profissão.

Chamemos à memória, antes de tudo, uma cena da vida doméstica de *Rodolfo*. Ele conta a Murph que "se acha nos momentos de seu maior orgulho e de sua maior beatitude". E, imediatamente a seguir, enfurece-se porque Murph não quer responder a uma pergunta sua. "Je vous ordonne de parler"[87]. Murph não quer permitir que o mandem. E Rodolfo lhe diz: "Je n'aime pas les réticences"[88]. Fora de si, ele chega à vulgaridade de insinuar a Murph que lhe *paga* todos os seus serviços. O moço não recobra a calma antes que Murph o lembre do treze de janeiro. Posteriormente, torna-se manifesta a natureza servil de Murph, que por um momento parecia ter se escondido. Ele se arranca os "cabelos", que por sorte já não possui mais, e mostra-se desesperado pelo fato de ter se comportado de um modo um tanto áspero em relação a seu augusto senhor, que o chamara de "modelo de criado", que o chama de "seu bom, seu velho e seu fiel Murph".

Depois dessas amostras da maldade que há dentro dele, Rodolfo repete suas ideias fixas acerca do "bem" e do "mal" e fala dos progressos que alcança no caminho do bem. Ele chama as esmolas e a compaixão de consoladoras castas e devotas de *sua* alma desgarrada. Prostituí-las entregando-as a seres indignos e repudiáveis seria horrível, ímpio, seria um *sacrilégio*. Compreenda-se, compaixão e esmolas são consoladoras de *sua* alma. Por isso é que profaná-las seria um verdadeiro sacrilégio. Seria tanto como "semear a dúvida a respeito de Deus, e aquele que dá, tem de fazer com que se acredite nele". Dar uma esmola a um depravado... só o pensamento já é algo inconcebível!

Cada um dos movimentos de sua alma tem, para Rodolfo, uma importância infinita. Por isso ele os observa e os calcula a cada passo. De modo que o tolo

---

[86] "As relações ocultas que podem existir entre os mais diversos interesses e os destinos dos impérios." (N.E.A.)

[87] "Eu vos ordeno que faleis". (N.E.A.)

[88] "Eu não gosto de reticências." (N.E.A.)

se consola com Murph dizendo-lhe que Fleur de Marie o comoveu. "Senti-me estremecido até às lágrimas e me acusam de ser duro, indiferente e insensível!" E, depois de *ter provado, assim, sua própria bondade*, ele se exalta falando *do "mal"*, da maldade da desconhecida mãe de Marie e se volta para Murph, para lhe dizer com toda a solenidade do que ele se sente capaz: "Tu le sais – certaines vengeances me sont bien chères, certaines souffrances bien précieuses"[89]. E, ao dizer isso, faz uns gestos tão diabólicos que o fiel criado se assusta e exclama: "Hélas, Monseigneur!"[90] Esse augusto senhor se parece com os membros da *Jovem Inglaterra*[91] que, desejosos também de reformar o mundo, realizam atos nobres e se deixam levar por semelhantes ataques de histeria.

A chave para compreender as aventuras e situações provocadas por Rodolfo pode ser encontrada, antes de tudo, em seu *temperamento aventureiro*. Rodolfo gosta da "intriga do romance, da diversão, da aventura e dos disfarces", sua "curiosidade" é "insaciável", ele sente "necessidade de emoções fortes e estimulantes", está sempre "ansioso por *violentas sacudidas nervosas*".

Esse seu temperamento se vê reforçado por seu afã de *fazer o papel de providência*, e ele organiza o mundo conforme suas ideias fixas.

Suas relações com terceiros são comandadas ou por uma ideia fixa abstrata, ou então por motivos totalmente pessoais e contingentes.

E, dessa maneira vemos como ele dá a liberdade a seu médico negro David e à amante deste, não pela simpatia humana direta que essas pessoas inspiram nele, não para dar-lhes a liberdade a elas *mesmas*, mas sim para *brincar de providência* diante do escravista Willis e punir sua *falta de fé em Deus*. Pela mesma razão, aliás, o maître d'école lhe parece um belo bocado no qual pode *aplicar* a teoria das penas que de há muito vem tramando. A conversação de Murph com o embaixador Graun, por outro lado, nos permite fincar olhos profundos nos motivos puramente pessoais que determinam as nobres ações de Rodolfo.

O interesse de monseigneur em Fleur de Marie mexe, conforme diz Murph, "à part"[92] na compaixão que a pobre inspira nele, por pensar que a filha, cuja perda ele chora com amargura, teria agora a mesma idade que ela. O interesse de Rodolfo pela marquesa de Harville responde, também "à

---

[89] "Tu sabes bem que certas vinganças me são bem caras e certos sofrimentos bastante preciosos." (N.E.A.)

[90] "Oh, magnânimo senhor!" (N.E.A.)

[91] Young England. Círculo de aristocratas, políticos e literatos ingleses fundado em 1842, que formou fileiras ao lado do Partido Conservador (Tories). Os representantes mais afamados da "Jovem Inglaterra" foram Benjamin Disraeli (1804-1881) e Thomas Carlyle (1795-1881). No *Manifesto do Partido Comunista* Marx e Engels caracterizam os pontos de vista desse círculo de "socialismo feudal". (N.T.)

[92] "A parte". (N.E.A.)

part", a suas manias filantrópicas, ao motivo pessoal de que, não fosse pelo velho marquês de Harville e sua amizade com o imperador Alexandre, o pai de Rodolfo teria sido eliminado da lista dos soberanos alemães.

Sua caridade em relação a madame George e seu interesse pelo filho dela, Germain, têm também o mesmo motivo. Madame George pertence à família dos Harville.

> C'est non moins à ses malheurs et à ses vertus qu'à *cette parenté* que la pauvre madame George a dû les incessantes bontés de son Altesse.[93]

O apologeta Murph trata de esfumar o duplo sentido das motivações de Rodolfo com volteios do tipo "surtout, à part, non moins que"[94].

O caráter inteiro de Rodolfo se resume, enfim, na *"pura" hipocrisia* com que sabe apresentar, perante si mesmo e perante os demais, os *arrebatamentos de suas más paixões* como se fossem *atitudes estúpidas da massa*, seus ressentimentos odiosos contra o desenvolvimento do mundo exterior como se fossem ressentimentos do mundo exterior a ele contra o desenvolvimento e, ao fim e ao cabo, seu egoísmo, que acredita haver absorvido em si mesmo todo o espírito, como se fosse a contradição egoísta da massa contra o espírito.

Nós haveremos de demonstrar a "pura" hipocrisia de *Rodolfo* em seu comportamento para com o *maître d'école*, para com a condessa *Sarah Mac Gregor* e para com o notário *Jacques Ferrand*.

Rodolfo induziu o *maître d'école* a cometer um assalto em sua casa, a fim de atraí-lo à cilada e assim tê-lo em seu poder. E, ao fazê-lo, age movido por um interesse puramente pessoal e não por um interesse geral humano. Com efeito, o maître d'école se acha na posse do *portfólio da condessa Mac Gregor*, e Rodolfo está bastante interessado em apoderar-se desse *portfólio*. Por ocasião do tête-à-tête com o maître d'école se diz, expressamente:

> Rodolphe se trouvait dans une anxiété cruelle; s'il laissant *échapper cette occasion de s'emparer du maître d'école*, il ne la retrouverait sans doute jamais; ce brigand *emporterait les secrets* que Rodolphe avait tant d'intérêt à savoir.[95]

Ao apoderar-se do *maître d'école*, portanto, Rodolfo na verdade está se apoderando do *portfólio* da condessa Mac Gregor; ele se *apodera* do maître d'école por interesse pessoal; ele o *cega* para satisfazer uma paixão pessoal.

---

[93] "Por isso a pobre madame George recebeu, não apenas devido a seu infortúnio e sua virtude, mas também devido *a esse parentesco,* tantos benefícios de Sua Alteza." (N.E.A.)

[94] "Sobretudo, à parte, não menos do que". (N.E.A.)

[95] "Rodolfo era preso de uma cruel ansiedade: se *deixava escapar essa ocasião de apoderar-se do mestre-escola,* jamais voltaria a ter, sem dúvida, outra igual; esse bandido acabaria *levando consigo os segredos* que Rodolfo estava tão interessado em conhecer." (N.E.A.)

Quando Chourineur conta a Rodolfo a luta entre o maître d'école e Murph e explica sua resistência dizendo que o primeiro sabia o que o aguardava, Rodolfo responde: "Ele não sabia" e disse isso "d'un air sombre, les traits contractés par cette expression presque féroce, dont nous avons parlé"[96]. A ideia da vingança cruza por sua cabeça e ele parece saborear de antemão o gozo selvagem que encontrará na punição bárbara que maquina infligir a sua vítima.

E assim vemos Rodolfo exclamar, ao ver o médico negro David, a quem destina ser o instrumento de sua *vingança,* entrando:

> "*Vengeance!...* Vengeance!" s'écria Rodolphe avec une *fureur froide* et *concentrée.*[97]

Uma raiva fria e concentrada trabalha dentro dele. Em seguida, ele murmura seu plano ao ouvido do médico, e quando vê que este retrocede, assustado, sabe dar de imediato um motivo teórico "puro" para sua *vingança pessoal*. Trata-se apenas, é o que ele diz, da *"aplicação de uma ideia"* que muitas vezes passou por sua augusta mente, e não se esquece de acrescentar, em palavras bastante empomadadas: "Ele ainda haverá de ver o horizonte infinito do arrependimento se abrindo para ele." Com isso, Rodolfo imita a Inquisição espanhola que, depois de entregar ao braço da justiça secular o desgraçado condenado a morrer na fogueira, suplicava hipocritamente que se tivesse misericórdia para com o pecador arrependido.

Naturalmente o magnânimo senhor, quando ocorrem o interrogatório e a execução do maître d'école, está sentado bem tranquilo em seu gabinete altamente confortável, envolto em seu roupão altamente negro e longo, com o rosto banhado por uma palidez altamente interessante e tendo diante de si, para copiar com fidelidade a imagem de um tribunal, uma longa mesa coberta de provas acusadoras. Agora ele tem também de apagar de seu rosto a expressão de selvageria e de vingança com que havia comunicado a Chourineur e ao médico seu plano de cegar o maître d'école, a fim de adotar a atitude altamente cômica e solene de um juiz universal declarado à força do próprio punho "sereno, triste e comedido".

Para que não reste nem um pingo de dúvida acerca de qual era o motivo "puro" do ato de cegar o maître d'école, o estúpido Murph confessa ao embaixador Graun:

> A punição cruel do maître d'école objetivava, *prioritariamente,* permitir minha *vingança* contra aquele *assassino.*

Em um tête-à-tête com Murph, Rodolfo assim se expressa:

---

[96] "Com ar sombrio e os traços do rosto contraídos por aquela expressão quase feroz da qual já falamos". (N.E.A.)

[97] " *Vingança!...* Vingança!' grita Rodolfo com uma *raiva fria* e *concentrada.*" (N.E.A.)

Ma haine des méchants... est devenue plus vivace, mon aversion pour *Sarah* augmente en raison sans doute du chagrin que me cause la mort de ma fille.[98]

Rodolfo nos ensina, pois, como se reavivou seu ódio contra os maus. É óbvio que seu ódio é um ódio crítico, puro, moral, que é o ódio contra os maus simplesmente *porque* são maus. É por isso que ele considera esse ódio um progresso que ele mesmo faz no caminho do bem.

Mas ao mesmo tempo ele acaba revelando que esse recrudescimento do ódio moral não é outra coisa que *sensação hipócrita* através da qual ele atenua o incremento de sua *aversão pessoal* por Sarah. Essa aversão tem um fundamento mui natural e individual: sua mágoa pessoal. Essa mágoa é a medida de sua aversão. Sans doute![99]

Uma hipocrisia ainda mais repugnante fica evidente no encontro de Rodolfo com a moribunda condessa Mac Gregor.

Depois da revelação do mistério de que Fleur de Marie é filha de Rodolfo e da condessa Sarah Mac Gregor, o mesmo Rodolfo se aproxima da condessa, "l'air menaçant, impitoyable"[100]. Ela implora por misericórdia. "Pas de grâce", ele responde, "malédiction sur vous... vous... mon mauvais génie et celui de ma race"[101]. Ele quer vingar a "race", pois. E em seguida informa à condessa que, em penitência pelo assassinato de seu pai, ele se pôs a caminho pelo mundo, com a missão de recompensar os bons e punir os maus. Rodolfo atormenta a condessa, deixa-se levar por sua própria *irritação*, embora a seus olhos não esteja fazendo mais do que levar adiante o ministério que havia imposto a si mesmo desde o dia treze de janeiro: "poursuivre le mal"[102].

Quando ele está indo embora, Sarah exclama:

" Pitié! Je meurs!" "Mourez donc, maudite!" dit Rodolphe effrayant de fureur.[103]

Nessas últimas palavras, "effrayant de *fureur"*, são denunciados os motivos puros, críticos e morais de seu modo de agir. Foi justamente essa raiva que o fez desembainhar a espada contra seu, conforme o senhor Szeliga o chama, *bem-aventurado* pai. Ao invés de combater esse mal dentro de si mesmo, ele o combate, na condição de Crítica pura, nos outros.

---

[98] "Meu ódio contra os malvados... se reavivou e minha aversão por *Sarah* aumentou, sem dúvida em razão da amargura que me causa a morte de minha filha." (N.E.A.)

[99] Sem dúvida. (N.E.A.)

[100] "De expressão ameaçadora, implacável". (N.E.A.)

[101] "Nada de piedade. Caia a maldição sobre vós... vós... meu gênio maléfico e gênio maléfico de minha linhagem." (N.E.A.)

[102] "Perseguir o mal." (N.E.A.)

[103] "'Piedade! Eu morro!' 'Então morra, maldita!' diz Rodolfo, espantoso em seu furor." (N.E.A.)

A sagrada família

No final, o próprio Rodolfo supera sua teoria penal católica. Ele queria acabar com a pena de morte e transformar a pena em penitência, mas apenas enquanto o criminoso assassinava pessoas estranhas e deixava em paz os membros da família rodolfiana. Rodolfo volta a adotar a pena de morte assim que o assassinato transforma um dos seus em vítima; ele necessita de uma legislação dupla, portanto, uma para sua própria pessoa pura e outra para as demais pessoas profanas.

Através de Sarah ele fica sabendo que Jacques Ferrand provocou a morte de Fleur de Marie. Ele diz com seus botões:

> Não! Ainda não é o bastante!... Que ardor por vingança!... que sede de sangue!... que raiva serena e reflexiva!... *Enquanto eu não sabia* que *uma* das vítimas desse monstro *era minha filha,* eu dizia para mim mesmo: a morte desse homem seria infrutífera... a vida sem dinheiro, a vida sem a saciação de seus frenéticos apetites sensuais seria uma tortura longa e dupla para ele... *Mas ela é minha filha!...* Eu haverei de *matar* esse homem!

E ele se lança porta afora a fim de matá-lo, mas o encontra numa situação que torna o assassinato supérfluo.

O "bom" Rodolfo! Tomado pela febre ardente do desejo de vingança, pela sede de sangue, pela raiva serena e reflexiva, pela hipocrisia, que sabe embelezar casuisticamente qualquer emoção má, ele possui exatamente todas as paixões do *mau,* que ele castiga no outro furando-lhe os olhos. Apenas uma série de acasos felizes, dinheiro e posição salvam o *"bom"* de ir em cana.

"O *poder da crítica",* para compensar sua nulidade restante, faz desse Dom Quixote um "bon locataire", "bon voisin", "bon ami", "bon père", "bon bourgeois", "bon citoyen", "bon prince"[104], e assim por diante, seguindo a escala de arpejos que o senhor Szeliga canta em seu louvor. *Isso é mais* do que *todos os resultados* que "a *humanidade* alcançou em *toda* sua *história".* E é o bastante para que *Rodolfo salve* "o *mundo"* por duas vezes do *"naufrágio"!*

---

[104] "Bom inquilino", "bom vizinho", "bom amigo", "bom pai", "bom burguês", "bom cidadão", "bom príncipe". (N.E.A.)

IX

O juízo final crítico
(Karl Marx)

Através de *Rodolfo*, a Crítica crítica salva o mundo por duas vezes do naufrágio, mas apenas a fim de encerrar *ela mesma* o *naufrágio do mundo*.

E eu vi e escutei um anjo vigoroso, o senhor *Hirzel*, que, partindo de Zurique, voou alto, cortando o céu pelo meio. E ele tinha nas mãos um livrinho aberto, semelhante ao quinto caderno do "Jornal Literário Geral"; e ele assentou sua pata direita sobre a massa e a esquerda sobre Charlotemburgo; e ele gritou em alta voz, como se fosse um leão a rugir, e suas palavras levantaram voo como um pombo – frufru! – à região do *páthos* e em direção ao *juízo final crítico* e seus aspectos tonitruantes.

> Quando enfim *tudo* se une contra a crítica, e – em verdade, em verdade vos digo, esse dia não vai longe – quando o mundo inteiro prestes a se desintegrar – vos foi dado brigar com os santos – se agrupar em volta dela para o ataque final, *aí então* a coragem da crítica e sua importância terão achado o maior reconhecimento. Não devemos temer pelo desenlace. Tudo haverá de acabar no ato de acertarmos as contas com os diferentes grupos – e nós saberemos separá-los uns dos outros, semelhante ao pastor que separa as ovelhas dos bodes, e nós haveremos de pôr as ovelhas à nossa direita e os bodes à nossa esquerda – e estenderemos um certificado geral de pobreza aos cavaleiros inimigos – eles são os espíritos do demônio, eles saem e se espalham por todas as partes do mundo a fim de se reunirem para o combate naquele grande Dia de Deus, o Todo-poderoso – e os que habitam sobre a terra haverão de se admirar.[1]

E, ao grito do anjo, sete trovões espalharam sua voz:

---

[1] Neste trecho Marx cita – fazendo acréscimos irônicos – passagens da "Correspondência de Zurique", escrita por Hirzel no Caderno V do *Jornal Literário Geral*, de abril de 1844. Anteriormente, e em todo o presente capítulo, o mesmo Marx agudiza a linguagem bíblica – apocalíptica – que já aplicava anteriormente (lembrar que Engels também o faz, sobretudo no primeiro capítulo). O "Epílogo" é um fecho de ouro; um arremate breve de realidade em oposição ao nefelibatismo da Crítica crítica. (N.T.)

Dies irae, dies illa
Solvet saeclum in favilla.
Iudex ergo cum sedebit,
Quidquid latet apparebit,
Nil inultum remanebit,
Quid sum miser tunc dicturus?[2] etc.

Vós ouvireis guerras e estrépito guerreiro. É necessário que tudo isso aconteça antes. Pois haverão de surgir falsos Cristos e falsos profetas, o senhor *Buchez* e *Roux-Lavergne* de Paris, o senhor *Friedrich Rohmer* e o senhor *Theodor Rohmer* de Zurique, e eles dirão: Aqui está Cristo! Mas então surgirá o sinal dos irmãos *Bauer* na Crítica, e então se cumprirá a palavra da Escritura que diz, acerca da *obra dos Bauer:*

Quand les bœufs vont deux à deux
Le *labourage* en va mieux![3]

---

[2] "No dia da ira, naquele dia o mundo se desmanchará em cinzas. E quando o juiz se sentar ao tribunal, virá à luz o que permanecia oculto, e nada ficará sem castigo. O que eu, miserável, direi então?" (N.E.A.) Os versos são de um famoso *requiem*, divulgado pelos franciscanos e atribuído a Tomás de Celano, monge da Ordem dos Frades Menores (séc. XIII), discípulo e primeiro biógrafo de são Francisco de Assis. (N.T.)

[3] "Quando os bois andam aos pares, o *trabalho no campo* anda melhor!" (N.E.A.). A ironia é voluptuosa. Marx sugere, nas entrelinhas, que os famosos irmãos sejam postos – ou já andam – à canga! Assim como bois! Ao fim e ao cabo resta dizer que Marx e Engels – resguardadas as diferenças de opinião entre sua visão adiantada da realidade socioeconômica e a visão atrasada da "sagrada família" – não criticam a "família Bauer" pelo fato de ela criticar a realidade que lhe era cotidiana, mas sim pelo fato de ela esquecer seu objeto devido ao *modus operandi* de sua crítica, transformada em mero jogo intelectual e espelho de uma fogueira das vaidades, que inclusive corrompe e deturpa os autores analisados em favor de conceitos preestabelecidos, sem trazer absolutamente nada de novo ou revolucionário. (N.T.)

EPÍLOGO HISTÓRICO

Conforme ficamos sabendo posteriormente, não foi o mundo que naufragou, mas sim o "Jornal Literário" crítico.

ÍNDICE ONOMÁSTICO

ALEXANDRE I (1777-1825). Czar russo entre os anos de 1801 e 1825. p. 230

ALISON, Sir Archibald (1792-1867). Historiador inglês e economista, membro do Partido Conservador (*tory*). p. 23

ANAXÁGORAS de Clazomena (cerca de 500-428 a.C.). Filósofo materialista grego. p. 147

ANTÔNIO (Marco Antônio) (c. 82-30 a.C.). Militar e estadista romano; grande estrategista, um dos principais auxiliares de Júlio César, integrou com Otávio e Lépido o segundo triunvirato. p. 140

ARISTIDES (c. 540-467 a.C.). Estadista e militar ateniense; militava no partido aristocrático. Seu conflito com Temístocles levou-o ao ostracismo, no ano 482 a.C; mais tarde, reabilitou-se conduzindo Atenas à vitória em várias batalhas, entre elas a de Salamina. p. 140

ARKWRIGHT, Sir Richard (1732-1792). Empresário inglês no período da Revolução Industrial; um dos principais artífices da indústria têxtil na Inglaterra, construiu várias máquinas de fiar. p. 22

ARNAULD, Antoine (1612-1694). Filósofo metafísico francês, seguidor da teoria do conhecimento de Descartes; teólogo, crítico dos jesuítas e defensor ardoroso do jansenismo; doutor pela Sorbonne, de onde foi expulso, exilou-se em Bruxelas e lá escreveu a maior parte de sua obra. p. 146

ASHLEY. Ver COOPER, Anthony Ashley.

BABEUF, François-Noël (GRACCHUS) (1750-1797). Revolucionário francês, comunista utópico, organizador da "Conspiração dos Iguais". Fundador da variante do comunismo conhecida como babovismo. p. 59, 138

BACON, Francis (1561-1626). Filósofo inglês, criou a "teoria dos ídolos" e propôs o método indutivo como nova maneira de estudar os fenômenos naturais. p. 147, 148

BAUER, Bruno (1809-1882). Filósofo, historiador da religião e publicista; jovem hegeliano; criticou a Bíblia e o conceito ortodoxo de Deus a partir do ponto de vista idealista; foi hegeliano de esquerda – e demitido da Universidade de Bonn por seu radicalismo –, depois passou a conservador, defendendo a reação prussiana. p. 15, 26, 27, 48, 51, 53, 95, 96, 102, 103, 104, 105, 106, 107, 108, 109, 110, 111, 112, 113, 118, 119, 120, 121, 122, 123, 124, 125, 126, 127, 128, 129, 130, 131, 132, 134, 137, 150, 151, 154, 155, 156, 157, 158, 159, 161, 162, 165, 166, 167, 168, 169, 170, 174, 175-176, 177, 178, 179, 180, 215, 216, 236

BAUER, Edgar (1820-1886). Irmão de Bruno, publicista, jovem hegeliano, viveu em várias cidades da Europa depois da Revolução de 1848 e, assim como mudou de cidade, mudou também de ponto de vista político; a partir de 1861 tornou-se funcionário do governo prussiano. p. 29, 31, 32, 34, 35, 38, 45, 46, 49, 50, 51, 52, 54, 55, 57, 61, 63, 64, 65, 66, 95, 104, 166, 168, 178, 179, 211, 236

BAYLE, Pierre (1647-1706). Filósofo francês, cético, crítico do dogmatismo religioso. Seu *Dicionário histórico e crítico* é uma das obras precursoras do Iluminismo. p. 146

BEAUMONT de la Bonninière, Gustave-Auguste (1802-1866). Publicista e político francês, autor de livros acerca da escravidão e dos órgãos penais nos Estados Unidos; membro da Câmara dos Deputados, inclinava-se à oposição; como republicano moderado, foi membro da Assembleia Nacional. p. 210

BENDA, Daniel Alexander (1786-1870). Publicista liberal. p. 19

BENTHAM, Jeremy (1748-1832). Escritor e jurista inglês; fundador da escola utilitarista, que defendia a obtenção do bem-estar do indivíduo pela organização pragmática da sociedade; "um gênio da estupidez burguesa", segundo Marx. p. 150, 151, 153, 201, 211, 217

BÉRAUD, F. F. A. Comissário de polícia de Paris; funcionário do departamento da polícia dos costumes. p. 31, 178

BLACKSTONE, Sir William (1723-1780). Jurista e parlamentar inglês; autor de um estudo que se tornou a base da educação legal em seu país e nos Estados Unidos. p. 219

BODZ. Ver DICKENS, Charles.

BÖHME, Jakob (1575-1624). Filósofo alemão; suas ideias protestantes influenciaram todo o pensamento místico alemão pós-kantiano. p. 147

BONAPARTE, Napoleão (1769-1821). Imperador da França de 1804 a 1814; gênio militar e político, figura influente na Europa nos vinte anos que se seguiram à Revolução Francesa. p. 19, 99, 108, 141, 142, 143

BOURBON. Antiga dinastia da Europa, à qual pertenceram reis de diversos países, sobretudo da França e da Espanha. A casa de Bourbon governou na França entre 1589 e 1792, nos anos de 1814 e 1815 e entre 1815 e 1830. p. 99, 143

BRIGHT, John (1811-1889). Fabricante e político inglês que, com Richard Cohen, criou a "Liga contra a Lei do Grão, em 1838, em Manchester, na Inglaterra. p. 23

BRÜGGEMANN, Karl Heinrich (1810-1887). De 1846 a 1855, foi redator-chefe do *Kölnische Zeitung* (Jornal de Colônia); economista e publicista liberal. p. 18, 19

BRUNO. Ver BAUER, Bruno.

BRUTO, Marco Júnio (85-42 a.C.). Político romano; participou da conspiração que culminou no assassinato de Júlio César. p. 140

BUCHEZ, Philippe-Joseph-Benjamin (1796-1865). Filósofo e político francês; partidário do carbonarismo e das doutrinas de Saint-Simon, participou da organização de uma aliança entre a ortodoxia católica e as teorias socialistas; defendeu a criação de associações de produção com crédito do Estado. p. 138, 236

BUONARROTI, Filippo Michele (1761-1837). Revolucionário italiano; comunista utópico; amigo de Babeuf; um dos participantes da conspiração dirigida por ele. p. 138

CABANIS, Pierre-Jean-George (1757-1808). Médico, filósofo materialista e escritor francês; figura de destaque do grupo dos ideólogos, que pretendia estudar a origem das ideias. p. 144, 145

CABET, Éttiene (1788-1856). Escritor e político francês; carbonário, participou da revolução de 1830; fracassou ao tentar fundar uma comunidade socialista nos Estados Unidos; autor de uma novela comunista utópica intitulada *Viagem a Icária*. p. 150

CARLYLE, Thomas (1795-1881). Historiador e ensaísta inglês, de cunho idealista; um dos expoentes do "socialismo feudal". Marx destaca nele o mérito de "se haver manifestado, já ao começo, contra a burguesia, em uma época em que as concepções desta mantinham subjugada toda a literatura oficial inglesa", mas espicaça, ao mesmo tempo, suas posições reacionárias diante da classe operária, bem como sua "apoteose anti-histórica da Idade Média" e seu culto aos heróis. A obra de Carlyle é marcada por uma concepção original da história, como fruto da vontade divina e do heroísmo dos grandes homens. p. 23, 229

CASSIO, Longino (morto em 42 a.C.). Político romano; organizou a conspiração contra Júlio César e participou de seu assassinato em 44 a.C. p.140

CATÃO, Márcio Pórcio (234-149 a.C.). Dito, o Censor; estadista romano durante a época das guerras púnicas e o mais antigo dos prosadores latinos; famoso por sua luta pela regeneração dos costumes em Roma, tornou-se protótipo do homem virtuoso. p. 140

CATILINA, Lúcio Sérgio (108-62 a.C.). Político romano; líder de uma conspiração popular contra a república, foi uma das figuras mais controversas da Roma antiga. p. 140

CELANO, Tomás de. Primeiro biógrafo de são Francisco, ingressou na ordem em 1215, de onde partiu para missões franciscanas. p. 236

CÉSAR, Júlio (100-44 a.C.). Militar e estadista romano; instaurador da ditadura militar dos escravistas; personalidade célebre do império, seu nome até hoje é símbolo de poder e prestígio e tornou-se título honorífico dos sucessores. p. 140

CHAPTAL, Jean-Antoine-Claude (1756-1832). Químico e político francês; ministro do Interior de 1800 a 1804, construiu estradas e canais, fundou o primeiro liceu de artes e ofícios e criou as câmaras de comércio; implantou as primeiras indústrias químicas na França. p. 224

CLÓDIO Pulcro, Públio (c. 93-52 a.C.). Político romano; tribuno da plebe, excitou o povo contra Cícero e promulgou leis demagógicas; colaborador de Júlio César, conquistou grande poder em Roma. p. 140

COBDEN, Richard (1804-1865). Fabriante e político inglês que fundou, em 1838, juntamente com John Bright, a "Liga contra a Lei do Grão", em Manchester, na Inglaterra. p. 23

COLLINS, John Anthony (1676-1729). Filósofo inglês; deísta, antidogmático e livre-pensador, preocupava-se com a crítica dos textos bíblicos e das religiões positivistas. p. 148

COMTE, François-Charles-Louis (1792-1837). Político e publicista liberal francês. p. 35, 56, 57, 58, 59

CONDILLAC, Étienne-Bonnot du (1715-1780). Filósofo e economista francês, próximo do materialismo; sua filosofia sensualista, que proclamava que todos os conhecimentos derivavam das sensações, acabou levando o filósofo ao idealismo; na condição de economista foi partidário do sistema fisiocrático. Condillac foi amigo dos enciclopedistas e principal divulgador das ideias de Locke na França; foi também o primeiro a elaborar uma teoria psicológica da utilidade como base de valor. Suas principais obras são *Tratado dos sistemas* (1749), *Tratado das sensações* (1754), *Tratado dos animais* (1755). p. 146, 148

CONSIDÉRANT, Victor Prosper (1808-1893). Discípulo de Fourier. Defensor do federalismo, propôs a instauração de uma federação europeia, através de um Estado unitário e centralizado que respeitaria o direito das nacionalidades. p. 174

COOPER, Anthony Ashley, Earl of Shaftesbury (1801-1885). Político e reformador social britânico; líder do movimento evangélico dentro da Igreja Anglicana, promoveu reformas sociais e trabalhistas; preconizou a redução

A sagrada família

da jornada de trabalho nas fábricas e opôs-se ao trabalho de mulheres e crianças nas minas. p. 24

COWARD, William (1657-1725). Médico e filósofo inglês; combateu a teoria da imortalidade da alma. p. 148

CRÉMIEUX, Isaac Adolphe (1796-1880). Jurista e político francês; depois de 1830, defendeu – na condição de advogado – vários escritores e políticos da oposição. p. 134

CROMPTON, Samuel (1753-1827). Mecânico e inventor inglês; criou a fiandeira mecânica, de grande influência na indústria têxtil, por permitir a produção em larga escala de fios de alta qualidade. p. 22

DANTON, Georges-Jacques (1759-1794). Político francês; figura célebre da Revolução Francesa, notável orador e líder de massas; caiu em desgraça ao romper com o regime de Robespierre e foi guilhotinado. p. 140

DEMÓCRITO de Abdera (c. 460-c. 370 a.C.). Filósofo materialista grego; pré-socrático, formulador da teoria atomista, segundo a qual a matéria se constitui de partículas minúsculas chamadas átomos. p. 145, 147

DEMÓSTENES (c. 384-322 a.C.). Político ateniense e orador famoso; um dos maiores mestres da eloquência e da declamação do mundo antigo. p. 140

DESCARTES, René (1596-1650). Filósofo e matemático francês; criador do sistema filosófico conhecido como cartesianismo; fundador da geometria analítica. Descartes desenvolve, com sua metafísica, os rudimentos do materialismo mecanicista; sua concepção mecanicista do mundo orgânico – incluindo o próprio homem – é a filosofia característica do período manufatureiro. p. 144, 145, 148, 149, 151

DESTUTT de Tracy, Antoine-Louis-Claude (1754-1836). Filósofo sensualista e político liberal francês; nomeado senador durante o consulado de Napoleão e par da França com a Restauração; seu pensamento foi influenciado por John Locke. Destutt de Tracy é o fundador da "teoria da ideologia"; defendeu os interesses da burguesia contra a classe operária. p. 45

DÉZAMY, Théodore (1803-1850). Comunista utópico e revolucionário francês; de início, partidário de Cabet; mais tarde se aproximou de Blanqui e tomou parte na revolução de 1848. p. 150

DICKENS, Charles (1812-1870). Escritor inglês; o mais célebre romancista da era vitoriana, autor de vasto painel sobre os efeitos da industrialização em Londres. p. 17

DIDEROT, Denis (1713-1784). Escritor e filósofo francês; desempenhou papel de destaque como criador do clima ideológico que desencadeou a Revolução Francesa. Diderot foi o escritor mais importante do iluminismo francês e o principal expoente dos enciclopedistas; materialista e ateu militante.

Índice onomástico

Engels disse que o seu romance *O sobrinho de Rameau* é "uma obra-prima da dialética". p. 149

DISRAELI, Benjamin (1804-1881). Escritor e primeiro-ministro britânico, pertencente ao Partido Conservador, exerceu enorme influência na política de seu país. p. 229

DODWELL, Henry (1641-1711). Teólogo inglês, professor da Universidade de Oxford; combateu a teoria da imortalidade da alma. p. 148

DUNS Escoto, John (c.1266-1308). Filósofo e teólogo escocês; um dos primeiros defensores da doutrina da imaculada conceição da Virgem Maria. p. 146

DUPUIS, Charles-François (1742-1809). Filósofo materialista francês. p. 149

EDGAR. Ver BAUER, Edgar.

EGIDIUS, H. L. Ver WEILL, Karl.

ENGELS, Friedrich. p. 9, 11, 15, 16, 17, 18, 21, 25, 27, 29, 30, 31, 32, 35, 44, 72, 110, 111, 112, 119, 173, 174, 175, 229, 235, 236

EPICURO (341-270 a.C.). Filósofo grego; sua filosofia – o epicurismo – é baseada na busca da ataraxia, ou imperturbabilidade do espírito diante das vicissitudes da vida; sua concepção materialista do mundo repousava sobre a teoria atômica de Demócrito. p. 145

FAUCHER, Julius (Jules) (1820-1872). Economista vulgar e escritor burguês; hegeliano de esquerda; partidário do livre-câmbio; no início dos anos 1850 apostrofava pontos de vista individualistas, burgueses e anárquicos. p. 15, 21, 50, 52, 95, 98, 104

FAUCHET, Claude (1744-1793). Político francês, atuou na linha de frente durante a Revolução Francesa, defendendo ardentemente os interesses do povo. p. 138

FEUERBACH, Ludwig (1804-1872). Filósofo alemão; influenciou os pensadores socialistas e existencialistas do século XIX, com sua crítica das religiões e o conceito de alienação; ideólogo das camadas democráticas mais radicais da burguesia alemã, interessadas em liberdades de cunho democrático e cidadão. Segundo Engels, Feuerbach "evoluiu, ainda que não de um modo inteiramente ortodoxo, de Hegel para o materialismo". p. 11, 51, 52, 70, 100, 110, 111, 112, 144, 146, 159, 161, 168

FICHTE, Johann Gottlieb (1762-1814). Filósofo alemão; um dos representantes do idealismo derivado do pensamento de Imannuel Kant; precursor de Hegel no desenvolvimento da dialética; entusiasta da Revolução Francesa; reitor da Universidade de Berlim de 1811 a 1812. Lênin chamou-o de "representante clássico do idealismo subjetivo". p. 10, 11

FLEISCHHAMMER, Emil. Colaborador, em Breslau, do *Allgemeine Literatur-Zeitung* (Jornal Literário Geral). p. 166, 167

FOURIER, Charles (1772-1837). Pensador francês; socialista utópico, autor de um ambicioso e sistemático projeto de reforma social; sua crítica da ordem social vigente é aguda e decidida. p. 43, 81, 99, 101, 105, 150, 174, 217, 219, 220, 224

FOY, Maximilien-Sébastien (1775-1825). General e deputado liberal francês. p. 90

FRANCISCO de Assis, são (1181-1226). Filho de um rico comerciante de tecidos, renunciou a tudo para dedicar-se à vida religiosa pobre e humilde. Desertado pelo pai, passou a pregar até que lhe vieram os estigmas, o que causaria sua morte. p. 236

FROMENT, M. Funcionário da polícia de Paris no período da Restauração. p. 90

GANS, Eduard (1798-1838). Jurista, adversário da escola histórica do direito; editor das *Grundlinien der Philosophie des Rechts* (Linhas fundamentais da filosofia do direito), de Hegel. p. 202

GASKELL, Peter. Médico liberal em Manchester, autor de várias obras sobre a situação da classe operária inglesa. p. 23

GASSENDI, Pierre (1592-1655). Teólogo, matemático e filósofo materialista francês; tentou conciliar a teoria atomista da Antiguidade com a crença cristã na imortalidade da alma, no livre-arbítrio e num Deus infinito. p. 145

GAY, Jules (1807-1876). Comunista francês; editor da revista *Le Comuniste*. p. 150

GOETHE, Johann Wolfgang von (1749-1832). Escritor alemão; poeta, dramaturgo e figura fundamental da literatura alemã universal. p. 77, 162, 198

GOLIZIN, Dimitri Alekseiéwitch. (1793-?). Embaixador russo na Holanda e em Viena. p. 148

GRAHAM, Sir James of Netherby (1782-1861). Político e estadista inglês do partido *whig*. p. 24, 26

GROTIUS, Hugo (Huigh de Groot) (1583-1645). Pensador e jurista holandês; fundador do direito internacional, destacou-se também como escritor e historiador. p. 61

GRUPPE, Otto Friedrich (1804-1876). Filósofo e escritor anti-hegeliano. p. 179

GUIZOT, François (1787-1874). Historiador e político conservador francês. Ao lado de Pierre-Paul Royer-Collard, era o mais conhecido entre os doutrinários. p. 103

Índice onomástico

HARGREAVES, James (1710-1778). Mecânico e inventor inglês; criador da máquina de fiar, a que chamou de *spinning Jenny* em homenagem à filha mais velha; patenteou o invento em 1770 e fundou uma tecelagem. p. 22

HARTLEY, David (1705-1757). Filósofo e médico inglês; fundador da teoria da associação das ideias; pioneiro na definição dos fenômenos mentais a partir de uma fisiologia psicológica. Sua principal obra é *Observações sobre o homem, sua constituição, deveres e esperanças.* p. 148

HARÚN-al-Raschid (766-809). Nobre persa; quinto califa da dinastia abássida, responsável pelo apogeu do império islâmico; imortalizado no clássico *As mil e uma noites.* p. 203

HÉBERT, Jacques-René (1754-1794). Jornalista francês; jacobino e dirigente do grupo mais radical da Convenção; porta-voz dos *sans-culotte*, assalariados e comerciantes durante a Revolução Francesa, liderou a pressão sobre o governo jacobino para a instituição das reformas democráticas mais radicais; foi executado no governo de Robespierre. p. 133

HEGEL, Georg Wilhelm Friedrich (1770-1831). Filósofo alemão; último dos grandes criadores de sistemas filosóficos dos tempos modernos, lançou as bases das principais tendências posteriores. Hegel foi o maior expoente do "idealismo alemão", uma decorrência da filosofia kantiana – surgida em oposição a ela – que começou com Fichte e Schelling; esses dois pensadores trataram a realidade como se fosse baseada num só princípio, a fim de superar o dualismo existente entre sujeito e objeto – estabelecido por Kant –, segundo o qual apenas era possível conhecer a aparência fenomenológica das coisas e não sua essência. Para Hegel, o fundamento supremo da realidade não podia ser o "absoluto" de Schelling nem o "eu" de Fichte e sim a "ideia", que se desenvolve numa linha de estrita necessidade; a dinâmica dessa necessidade não teria sua lógica determinada pelos princípios de identidade e contradição, mas sim pela "dialética", realizada em três fases: tese, antítese e síntese; de maneira que toda e qualquer realidade primeiro "se apresenta", depois nega-se a si mesma e num terceiro momento supera e elimina essa contradição. Conforme a célebre correção de Marx, a dialética de Hegel foi concebida de maneira invertida, todavia. p. 10, 11, 13, 16, 22, 28, 32, 33, 48, 52, 75, 96, 100, 103, 104, 105, 107, 110, 122, 132, 144, 149, 150, 151, 157, 158, 159, 160, 161, 190, 202, 215, 216, 225

HEINE, Heinrich (1797-1856). Poeta e publicista alemão. Jornalista combativo e crítico de profundidade, influenciou decisivamente autores como Dostoiévski, Nietzsche, Heinrich, Mann e Brecht. p. 179

HELVETIUS, Claude-Adrien (1715-1771). Filósofo francês; materialista, reduziu as ideias às sensações provocadas pelos objetos materiais; um dos precursores ideológicos da revolução francesa. Com Helvetius "o materialismo adquire seu verdadeiro caráter francês, ao ser aplicado à vida social", segundo Marx. p. 146, 148, 149, 150, 151, 152

HERWEGH, George (1817-1875). Poeta revolucionário e democrata alemão, traduziu Shakespeare e Lamartine em seu país. p. 126

HESS, Moses (1812-1875). Filósofo alemão, primeiro jornalista a defender publicamente as ideias socialistas na Alemanha. Embora seus caminhos tenham-no separado de Marx e Engels em 1848, Marx o considerava um representante do verdadeiro socialismo. p. 11

HINRICHS, Hermann Friedrich Wilhelm (1794-1861). Velho hegeliano, professor de Filosofia da Universidade de Halle. p. 108, 109, 110, 111, 112, 116, 122, 127, 157, 158, 159, 160, 161

HIRSCH, Samuel (1809-1889). Rabino em Dessau; escreveu vários textos acerca da religião. p. 105, 106

HIRZEL, Konrad Melchior (1793-1843). Estadista e publicista suíço; colaborador do *Allgemeine Literatur-Zeitung* em Zurique. p. 166, 167, 168, 169, 235

HOBBES, Thomas (1588-1679). Filósofo britânico; defensor do poder absoluto do monarca e do materialismo filosófico; sistematizador do materialismo de Bacon, cujos prejuízos teístas ele combate e destrói; autor das teses sobre o contrato social reinterpretadas por Rousseau; partidário da monarquia absoluta. p. 145, 147, 148

HOLBACH, Paul-Henri, barão de (Paul Henri Dietrich) (1723-1789). Filósofo materialista francês nascido na Alemanha; colaborou com verbetes para a *Encyclopédie* e foi inimigo radical da religião; ideólogo da burguesia revolucionária francesa. Suas principais obras são *O cristianismo desvendado* (1767), *O espírito do judaísmo* (1770) e *Sistema da natureza* (1770). p. 149, 151, 152

HOMERO (séc. IX a.C.). Poeta grego; segundo a tradição é o autor dos épicos *Ilíada* e *Odisseia*. p. 59, 213

JANSEN, Cornelius (1585-1638). Teólogo holandês e bispo de Ypres, conhecido no Brasil por Jansênio. Angariou seguidores, os jansenistas. p. 145

JUNGNITZ, Ernst (? - 1848). Publicista e historiador; colaborador do *Allgemeine Literatur-Zeitung*. p. 27

JUSTINIANO (527-564). O mais célebre governante do Império Bizantino, compilou o direito romano em quatro partes: Código, Digesto, Intitutas e Novelas, cuja unidade é chamada *Corpus Juris Civilis*. p. 41

KANT, Immanuel (1724-1804). Filósofo alemão, professor da Universidade de Königsberg; seu realismo transcendental, ou crítico, é um marco importante

Índice onomástico

da filosofia ocidental. A filosofia de Kant expressa, segundo Marx, "a impotência, a mesquinhez e a pequenez dos burgueses alemães"; com sua teoria da "coisa em si" – incognoscível –, o filósofo nega, da mesma maneira que Hume, "a possibilidade de conhecer o mundo ou, pelo menos, de chegar a conhecê-lo de maneira completa", conforme Engels. p. 10, 83, 202

KRUG, Wilhelm Traugott (1770-1842). Escritor filosófico. p. 171

LAMETTRIE (ou La Mettrie), Julien Offray de (1709-1751). Médico e filósofo francês; divulgador do materialismo francês, desenvolvido por ele com base na filosofia mecanicista da natureza, de Descartes; perdeu o posto de médico das guardas francesas por ter escrito *História natural da alma*, em 1742. p. 144, 149

LAW, John (1671-1729) Financista escocês; elaborou o plano de reforma bancária adotado pela França e fundou o Banco Central em Paris, em 1716, associado à Companhia do Ocidente; suas atividades elevaram as ações em até quarenta vezes e a emissão do dinheiro foi superior às reservas de valores, o que gerou inflação. p. 145

LECLERC, Jean-Baptiste (1756-1826). Revolucionário francês. p. 138

LEHON. Notário de Paris. p. 86

LEIBNIZ, Gottfried Wilhelm (1646-1716). Filósofo idealista e matemático alemão; descobriu os princípios do cálculo diferencial, ao mesmo tempo que Newton; defendeu uma linguagem científica universal que, complementada por um sistema dedutivo simbólico, pudesse substituir a argumentação discursiva pelo cálculo em todos os campos do saber. p. 117, 144, 145, 146, 148, 149

LÊNIN, Vladimir (1870-1924). Revolucionário russo, seguidor de Marx e Engels, liderou a Revolução Bolchevique de 1917 e foi nomeado presidente do Conselho dos Comissários do Povo. p. 175

LEROY, Georges (1723-1789). Filósofo francês; partidário do cartesianismo. p. 144

LOCKE, John (1632-1704). Filósofo inglês; teórico político, sistematizou o empirismo, que enfatiza a primazia da experiência no conhecimento e combate a teoria cartesiana das ideias inatas; fundador da corrente filosófica do sensualismo metafísico, da qual partem, de um lado, a filosofia de Berkeley e, de outro, o materialismo. p. 144, 146, 148, 150, 151

LOUSTALOT, Elysée (1762-1790). Jornalista revolucionário francês. p. 100

LUÍS FILIPE I (1773-1850). Rei da França após a revolução liberal de 1830. p. 71.

LUÍS XIV (1638-1715). Rei da França de 1643, depois da morte do pai, a 1715; cognominado o Rei Sol; símbolo do absolutismo, seu reinado representou um dos momentos culminantes da história do país. p. 70

MALEBRANCHE, Nicolas (1638-1715). Filósofo francês; criador do ocasionalismo, que buscava harmonizar o agostinismo e o neoplatonismo (de santo Agostinho) com as doutrinas de Descartes. p. 144, 146, 148, 149

MANDEVILLE, Bernhard de (1670-1773). Escritor e filósofo inglês, nascido na Holanda; defendeu a instauração de sistemas sociais egoísticos semelhantes aos de Hobbes e Helvetius, e suas ideias eram dirigidas principalmente contra o idealismo de Shaftesbury. Grande satírico, Mandeville espicaçou a hipocrisia burguesa e seu mandado da moral e da abstinência; Marx disse que ele era "infinitamente mais atrevido e mais honesto que os filisteus e apologistas da sociedade burguesa". Suas principais obras são *A fábula das abelhas* (1705) e *Vícios privados, benefícios públicos* (1714). p. 150

MARAT, Jean-Paul (1743-1793). Político e jornalista francês; porta-voz radical dos setores populares do jacobinismo durante a Revolução Francesa; membro da Convenção (1792), presidente do Clube dos Jacobinos (1793) e editor do periódico *L'Ami du Peuple*. p. 99

MARMONTEL, Jean-François (1723-1799). Escritor e historiógrafo francês, autor da comédia de um ato intitulada *Lucile*. p. 165

MARTIN, Nicolas-Ferdinand-Marie-Louis-Joseph (Martin du Nord) (1790-1847). Dirigente dos liberais franceses; de 1836 a 1839 foi ministro de Obras Públicas; de 1840 a 1847, ministro da Agricultura e Comércio. p. 134, 135

MARX, Karl. p. 9, 10, 11, 12, 13, 15, 16, 25, 30, 31, 32, 34, 35, 43, 44, 45, 46, 48, 57, 67, 69, 72, 73, 74, 77, 82, 95, 100, 103, 104, 105, 106, 108, 111, 113, 117, 118, 119, 125, 126, 155, 159, 165, 168, 170, 175, 176, 185, 220, 229, 235, 236

MENZEL, Wolfgang (1798-1873). Crítico literário e historiador alemão; representante da concepção de mundo "germano-cristão"; denunciou os escritores da Jovem Alemanha, movimento de jovens escritores que tinha em Heine, Börne e Büchner seus maiores nomes (democráticos, engajados e iluministas), cujas obras foram proibidas na Alemanha. p. 175, 176

MILCÍADES (c. 554-489 a.C.). Militar grego; famoso por ter comandado as tropas de Atenas na vitoriosa batalha de Maratona, contra os persas. p. 140

MILL, James (1773-1836). Filósofo, historiador e economista escocês, foi adepto da filosofia utilitarista e criticou o sistema colonial britânico. p. 11

MIRABAUD, Jean-Baptiste de (1675-1760). Secretário perpétuo Academia Francesa, de 1742 a 1755. p. 149

MOLIÈRE (1622-1673). Jean-Baptiste Poquelin, dramaturgo francês; um dos grandes recriadores da comédia moderna, sua obra reflete a luta da burguesia nascente contra o feudalismo moribundo e mostra aguda percepção do absurdo da vida cotidiana. p. 69

Índice onomástico

MONIER de la Sizeranne, Henri (1797-1878). Publicista e dramaturgo francês. p. 91

MONTEIL, Amans-Alexis (1769-1850). Historiador francês; defensor das ideias da Revolução Francesa. p. 86

MONTYON, Jean-Baptiste-Antoine Auget, barão de (1733-1820). Filantropo francês, consagrava grande parte de seus ganhos a um "prêmio da virtude", concedido anualmente. p. 213

NAUWERCK, Karl Ludwig Theodor (1810-1891). Publicista e político alemão; colaborador dos *Hallische Jahrbücher* (Anais de Halle) e dos *Deutsch-franzosische Jahrbücher* (Anais franco-alemães), entre outros periódicos; fez parte do chamado círculo dos "livres" e foi membro da Assembleia Nacional de Frankfurt. p. 26, 27, 28

NEWTON, Isaac (1643-1727). Matemático, físico e astrônomo inglês; criador da ciência da mecânica; descobridor da lei da gravitação universal; suas descobertas e pesquisas representaram uma verdadeira revolução na história de diversas ciências. p. 144

ORÍGENES (c. 185-c. 254). Religioso grego nascido no Egito; destacado exegeta bíblico da Igreja grega primitiva, acusado de heresia por aplicar métodos filosóficos e filológicos a problemas de teologia. Mencionado duas vezes por Marx, Orígenes foi o mais destacado exegeta bíblico da Igreja grega primitiva e influiu em todo o pensamento cristológico oriental posterior. A mutilação que o religioso – a condição de religioso aumenta o poder da citação, uma vez que aproxima Orígenes da "sagrada família" – impôs a si mesmo é ironizada e utilizada como metáfora em ambas as situações. p. 181, 201

OWEN, Robert (1771-1858). Pensador britânico; personalidade representativa do socialismo utópico do início do século XIX, criou várias comunidades industriais; influiu no progresso das ideias dos operários ingleses; defendeu inovações pedagógicas como o jardim de infância, a escola ativa e os cursos noturnos. p. 101, 150, 211

PAALZOW, Henriette von (1788-1858). Romancista alemã de marca menor. p. 31

PARNY, Evariste-Desiré, Visconde de (1753-1814). Poeta erótico francês. p. 84

PHILIPPSON, Gustav (1814-1880). Pedagogo e publicista. p. 105

PISÃO, Lúcio Calpúrnio (c. 170-c. 120 a.C.) Tribuno do povo romano, cônsul e censor. p. 140

PLANCK, Karl Christien (1819-1880). Filósofo panteísta. p. 122

PLATÃO (c. 428-c. 348 a.C.). Filósofo grego, ideólogo da classe escravista; um dos pensadores mais influentes de todos os tempos, estabeleceu – junto com

Sócrates e Aristóteles – as bases da filosofia ocidental. Platão foi o fundador do idealismo objetivo; segundo sua doutrina, as ideias das coisas existem eterna e invariavelmente fora do tempo e do espaço; em seus *Diálogos,* aparecem alguns elementos da dialética idealista. p. 202

POLYDORUS, Virgilius (1470-1555). Historiador inglês. p. 87

PRIESTLEY, Joseph (1733-1804). Filósofo materialista, teólogo e cientista inglês; um dos precursores da química moderna, famoso por haver descoberto o oxigênio, com Lavoisier; emigrou para a América devido à simpatia pela Revolução Francesa. p. 148

PROUDHON, Pierre-Joseph (1809-1865). Filósofo francês e socialista pequeno-burguês; suas ideias exerceram grande influência sobre o desenvolvimento do anarquismo e de todos os movimentos federalistas e libertários. Marx acusou Proudhon de converter "as categorias econômicas em categorias eternas" e de retornar, através desse rodeio, "ao ponto de vista da economia burguesa" e polemizou com ele em *Miséria da filosofia,* uma resposta ao escrito *Filosofia da miséria,* publicado pelo filósofo francês. p. 11, 34, 35, 36, 37, 38, 39, 40, 41, 42, 43, 44, 45, 46, 47, 50, 51, 52, 53, 54, 55, 56, 57, 58, 59, 60, 61, 62, 63, 64, 65, 66, 72, 178, 179

QUESNAY, François (1694-1774). Médico e economista francês, fundador e principal representante da escola fisiocrática (século XVIII). p. 43

REICHARDT, Carl Ernst. Mestre encadernador e impressor; pertencia ao círculo de Bruno Bauer e foi colaborador do *Allgemeine Literatur-Zeitung.* p. 17, 18, 19, 50, 95

RICARDO, David (1772-1823). Economista inglês; um dos principais – e o último – representantes da escola de economia clássica; parte, em sua doutrina, da determinação do valor pelo tempo de trabalho e põe de manifesto o antagonismo econômico entre as classes, ainda que sem chegar a compreender o caráter histórico e transitório do regime capitalista. p. 43, 45

RIESSER, Gabriel (1806-1865). Político alemão; lutou pela equiparação dos direitos políticos dos judeus; membro da Assembleia Nacional de Frankfurt, na qual defendeu a unificação alemã; em 1823 fundou a revista *Der Jude* (O judeu). p. 113, 114, 115, 116, 132

RIVIÈRE, Paul-Pierre Mercier de la (1720-1793). Fisiocrata, um dos proponentes do pensamento liberal. p. 43

ROBESPIERRE, Maximilien de (1758-1794). Político francês; líder jacobino, uma das principais figuras da Revolução Francesa, estabeleceu um governo ditatorial baseado no terror. p. 138, 140, 141

ROBERTS, Richard (1789-1864). Criador do tear mecânico, aplicado em Manchester, onde os operários se recusavam a trabalhar tanto como antes. p. 22

Índice onomástico

ROBINET, Jean-Baptiste-René (1753-1820). Filósofo e naturalista francês; adversário do materialismo. p. 149

ROHMER, Friedrich (1814-1856). Escritor filosófico e político; considerava-se uma espécie de messias da política. p. 236

ROHMER, Theodor (1816-1856). Irmão e colaborador de Friedrich Rohmer. p. 236

ROTTECK, Karl Wenzeslaus von (1775-1840). Historiador e político liberal alemão. p. 142

ROUX, Jacques (1752-1794). Revolucionário francês, membro da Comuna jacobina de 1792; seguiu publicando o jornal de Marat intitulado *L'ami du peuple*. p. 138

ROUX-LAVERGNE, Pierre-Célestin (1802-1874). Historiador francês e filósofo idealista. p. 236

ROYER-COLLARD, Pierre-Paul (1763-1845). Figura abstrusa, cuja posição se opunha às conquistas do materialismo francês do século XVIII e aos ideais democráticos da revolução burguesa. Ao lado de François Guizot, era um dos nomes mais conhecidos entre os doutrinários. p. 103

RUGE, Arnold (1802-1880). Publicista radical alemão e hegeliano de esquerda; defensor da unificação alemã sob um regime liberal, adaptou as ideias de Hegel ao liberalismo; fundou – junto com E. T. Echtermeyer, em 1837 – a revista *Anais de Halle para arte e ciência alemãs* e, em 1844, os *Anais franco-alemães*, com Karl Marx. Ruge foi membro da Assembleia Nacional de Frankfurt, atuando na extrema esquerda; no exílio em Londres foi um dos dirigentes da ala democrática; na década de 1860 fez as pazes com os nacionalistas de tendência bismarckiana. p. 44, 118, 177

RUSSELL, John (1792-1878). Estadista liberal inglês do partido *whig*; chegou a se tornar primeiro-ministro da Inglaterra por duas vezes. p. 25

SACK, Carl Heinrich (1790-1875). Teólogo protestante; representante da ala direita da escola de Schleiermacher, o filósofo alemão. p. 227

SAINT-JUST, Louis de (1767-1794). Político francês; figura controvertida da Revolução Francesa, destacou-se como apologista do terror, ideólogo do novo governo e defensor de Robespierre. p. 140, 141

SAINT-SIMON, conde de (1760-1825). Claude-Henri de Rouvroy, filósofo francês; suas ideias influenciaram profundamente o movimento romântico e o socialismo utópico. Pensador de visão genial, os escritos de Saint-Simon contêm – conforme a afirmação de Engels – "em gérmen quase todas as ideias não estritamente econômicas dos socialistas posteriores". p. 43

SAY, Jean-Baptiste (1767-1832). Economista francês; defensor do liberalismo econômico, ajudou a divulgar as ideias de Adam Smith. Marx acusou Say de "ocultar sua vacuidade e as mediocridades de Adam Smith sob o esplendor de uma fraseologia genérica". p. 43, 55, 56

SCHELLING, Friedrich Wilhelm Joseph von (1775-1854). Filósofo idealista alemão; sustentou uma série de ideias religiosas – entre elas a de que a fé em Deus era a força suprema do universo – e destacou-se como um dos principais pensadores do idealismo em seu país. p. 113, 114, 176

SCHILLER, Friedrich von (1759-1805). Poeta, ensaísta e dramaturgo alemão; renovou a literatura de seu país, com uma obra marcada pelo amor à liberdade e à fraternidade humanas. p. 33, 226

SCHMIDT, Johann Kaspar. Ver STIRNER, Max

SCHWEITZER, M. Redator do periódico *Sozial-Demokrat*. p.34

SHAFTESBURY. Ver COOPER.

SHAKESPEARE, William. (1564-1616). Escritor inglês; poeta nacional da Inglaterra; escreveu suas obras para um pequeno teatro de repertório, no final do século XVI e início do XVII; quatrocentos anos depois, suas peças ainda encantam plateias em todo o mundo e são mais lidas e encenadas do que as de qualquer outro autor teatral. p. 86

SIÈYES, Emmanuel-Joseph (1748-1836). Político e religioso francês; membro dos Estados Gerais, da Assembleia Nacional, da Convenção Nacional, do Conselho dos Quinhentos e do Diretório, participou da reforma administrativa na França; foi um dos organizadores do golpe de Estado de 1799, que elevou Napoleão a primeiro-cônsul. p. 44

SISMONDI, Jean-Charles-Léonard-Sismonde de (1773-1842). Economista e historiador suíço; criticou a economia clássica a partir do ponto de vista do romanticismo econômico; denunciou os perigos inerentes à industrialização e ao desenvolvimento desordenado do capitalismo. Sismondi assinalou as contradições do capitalismo, mas "se limitou a uma crítica sentimental do capitalismo, partindo de um ponto de vista pequeno-burguês", segundo Lênin. p. 45

SMITH, Adam (1723-1790). Economista e filósofo britânico; fundador da economia liberal clássica. Marx chama Smith de "economista do período manufatureiro"; suas teorias da divisão do trabalho, do trabalho produtivo e da mais-valia tiveram grande importância no desenvolvimento das ciências econômicas. p. 43, 45, 62

SPINOZA, Baruch (1632-1677). Filósofo holandês; autor de um sistema metafísico completo e coerente, defendeu a liberdade de pensamento e propôs a interpretação histórica dos textos bíblicos. Engels diz que Spinoza é um expoente brilhante da dialética na filosofia moderna; panteísta, foi partidário do livre-arbítrio. p. 143, 144, 146, 148, 149, 150, 158

Índice onomástico

STEIN, Heinrich Friedrich (1757-1831). Político alemão; um dos grandes estadistas do século XIX; realizou reformas liberais após a derrota da Prússia para a França de Napoleão. p. 18

STEIN, Lorenz von (1815-1890). Sociólogo alemão, professor das Universidades de Kiel e de Viena; jurista e teórico da administração pública, foi o primeiro autor a estudar de modo objetivo os movimentos socialistas e comunistas europeus do século XIX. p. 154

STIRNER, Max (1806-1856). Pseudônimo de Johann Kaspar Schmidt, filósofo alemão e crítico religioso radical. p. 170

STRAUSS, David Friedrich (1808-1874). Filósofo e teólogo alemão; hegeliano de esquerda; sua obra abriu um novo campo de interpretação bíblica, ao explicar mitologicamente – e interpretar historicamente – os relatos sobre a vida de Jesus. p. 105, 122, 157, 158, 162

SUE, Eugène (1804-1857). Escritor francês; autor de romances-folhetins que abordam aspectos sensacionalistas da vida urbana. Suas obras, malgrado a ingenuidade econômica e o tom melodramático, situam-se entre as primeiras a abordar os problemas sociais decorrentes da revolução industrial na França. Os romances de Sue demonstram algumas tendências socialistas, e o mais característico nesse sentido é *Les Mystères de Paris* (Os mistérios de Paris, 1842-1843). Após participar da revolução liberal de 1848, Eugène Sue foi eleito deputado socialista em 1850. Em 1851, em consequência da oposição ao golpe de Estado de Luís Napoleão, exilou-se em Annecy, na Savoia, então independente da França. p. 67, 69, 70, 71, 72, 76, 77, 81, 82, 83, 84, 86, 89, 90, 91, 92, 187, 189, 191, 194, 203, 204, 206, 208, 209, 210, 211, 213, 214, 220, 225, 226, 227

SZELIGA. Na verdade Franz Szeliga Zychlin von Zychlinky (1816-1900). General prussiano; na juventude, atuou como escritor, participando do movimento dos neo-hegelianos; foi colaborador do *Allgemeine Literatur-Zeitung* e intimamente ligado ao grupo de Bruno Bauer. p. 15, 67, 69, 70, 71, 72, 75, 76, 77, 78, 79, 80, 81, 82, 84, 85, 86, 87, 88, 89, 90, 91, 92, 93, 104, 185, 186, 188, 189, 190, 191, 199, 201, 202, 203, 209, 213, 214, 217, 219, 225, 232, 233

TOCQUEVILLE, Alexis-Charles-Henri Clérel (1805-1859). Escritor, economista e político francês; pioneiro no estudo dos fundamentos do liberalismo e das instituições democráticas e liberal moderado; em 1848, membro da Assembleia Nacional, ministro no gabinete de Odilon Barrot. p. 210

TRISTAN, Flora (1803-1844). Escritora francesa; socialista utópica, lutou pelo internacionalismo no movimento operário. p. 29, 30, 211

TROSNE, Guillaume Le (1728-1780). Fisiocrata francês, discípulo de François Quesnay. p. 43

A sagrada família

TURGOT, Anne-Robert (1727-1781). Político e economista, foi um dos principais representantes, ao lado de François Quesnay, da escola fisiocrática (França, século XVIII). p. 43

VIDOCQ, François-Eugène (1775-1857). Aventureiro; funcionário da polícia de Paris. p. 89, 186

VILLON, François (1431-1489). Francês, mistura de bandoleiro e poeta marginal, foi um dos escritores europeus mais extraordinários de todos os tempos. p. 218

VOLNEY, Constantin-François Chasseboeuf, conde de (1757-1820). Escritor francês; materialista; em 1789, membro da Assembleia Nacional; adversário de Robespierre. p. 149

VOLTAIRE (1694-1778). François-Marie Arouet, escritor francês. Uma das figuras mais influentes do Iluminismo francês no pensamento europeu no século XVIII; notável por seu combate ao clericalismo e à intolerância; partidário consequente de Locke; embora não tenha chegado ao materialismo, considerava a experiência a fonte do conhecimento. p. 145

VOSS, Johann Heinrich (1751-1826). Filólogo e poeta alemão; autor de obras idílicas sobre a vida pastoril; suas traduções de Homero tornaram-se clássicas na literatura alemã. p. 213

WATT, James (1736-1819). Engenheiro e mecânico escocês; inventor da moderna máquina a vapor, que teve importância significativa para a Revolução Industrial; seu nome é ligado à unidade de potência de energia "watt". p. 171

WEILL, Alexander (1811-1899). Escritor e político. p. 168

WEILL, Karl (1806-1878). Publicista liberal; mais tarde, pôs-se a serviço do governo austríaco. p. 185

WELCKER, Karl Theodor (1790-1869). Teórico do direito público; político; dirigiu a oposição liberal na Câmara de Baden; um dos iniciadores da Câmara Nacional de Frankfurt, em cuja esquerda militou. p. 142

WOLFF, Christian (1679-1754). Filósofo idealista e matemático alemão; um dos principais pensadores do Iluminismo alemão; criador do termo "monismo", no século XVIII; a essência de seu sistema filosófico é formada pelo racionalismo e pela metodologia matemática. *Filosofia primeira,* de 1729, é sua obra mais conhecida. p. 83

ZERRLEDER (algo como "couro retorcido"). Provável pseudônimo de Bruno Bauer. p. 166, 167

ÍNDICE DE PERSONAGENS LITERÁRIAS, BÍBLICAS E MITOLÓGICAS

ABRAÃO. Patriarca hebreu, uma das grandes figuras do Antigo Testamento; Abraão é o pai das religiões cristã, muçulmana e judaica, representante da transição do politeísmo para a crença num Deus único. p. 19, 120, 124, 126

APOLO. Depois de Zeus, foi o deus mais venerado no panteão grego. Complexo e enigmático, transmitia aos homens o segredo da vida e da morte. p. 110

ATAR GULL. Personagem da novela de Eugène Sue *Os mistérios de Paris*. p. 72

BADINOT. Personagem da novela de Eugène Sue *Os mistérios de Paris*. p. 227, 228

BRADAMANTI. Ver POLIDORI.

BRAS ROUGE. Em português, "braço vermelho"; personagem da novela de Eugène Sue *Os mistérios de Paris*. p. 90, 204

CABRION. *Cabri*, em francês, significa "cabrito" em português; personagem da novela de Eugène Sue *Os mistérios de Paris*. p. 91, 92

CAÇADOR. Figura do "livro popular" alemão intitulado *Die sieben Schwaben* (Os sete suábios). p. 186

CECILY. Personagem da novela de Eugène Sue *Os mistérios de Paris*. p. 84, 85

CHATELAIN. Em português, "castelão"; personagem da novela de Eugène Sue *Os mistérios de Paris*. p. 224

CHOUETTE. Em português, "coruja"; personagem da novela de Eugène Sue *Os mistérios de Paris*. p. 203, 204, 205, 206, 207, 208, 209, 210

CHOURINEUR. Personagem da novela de Eugène Sue *Os mistérios de Paris*. p. 186, 187, 188, 191, 192, 203, 206, 231

CODRO (ou Kodros). Segundo a lenda, o último rei de Atenas. p. 140

DAVID. Personagem da novela de Eugène Sue *Os mistérios de Paris*. p. 84, 187, 200, 229, 231

DOM QUIXOTE. Protagonista do famoso romance do escritor espanhol Miguel de Cervantes, publicado em duas partes em 1605 e 1615; a obra conta – mui *grosso modo* – a história e os delírios de um fidalgo castelhano que passa a imitar os feitos dos heróis de romances de cavalaria. p. 233

ÉLÉONORE. Personagem das *Poésies erotiques* de Parny. (Ver Parny, Índice onomástico)

ESQUELETO. Personagem da novela de Eugène Sue *Os mistérios de Paris*. p. 188

FARAÓ. Soberano do antigo Egito, monarca absoluto respeitado como o representante direto da divindade máxima. p. 120, 179

FAUSTO. Personagem de Goethe. O livro de mesmo título, escrito entre os séculos XVIII e XIX e inspirado num mito alemão, mistura fantasias góticas com o primado da ciência. p. 77

FERRAND, Jacques. Personagem da novela de Eugène Sue *Os mistérios de Paris*. p. 85, 86, 87, 230, 233

FLEUR DE MARIE. Personagem da novela de Eugène Sue *Os mistérios de Paris*. p. 186, 189, 190, 191, 192, 193, 194, 195, 196, 197, 198, 199, 203, 206, 209, 210, 218, 229, 232, 233

FORTUNATO. Personagem de uma saga popular alemã; dono de um saco de dinheiro infindável mais um "chapeuzinho de desejos". p. 224

GEORGE, Madame. Personagem da novela de Eugène Sue *Os mistérios de Paris*. p. 193, 194, 195, 196, 230

GERMAIN. Personagem da novela de Eugène Sue *Os mistérios de Paris*. p. 188, 221, 230

GRAUN. Personagem da novela de Eugène Sue *Os mistérios de Paris*. p. 226, 227, 229, 231

HARVILLE, Clémence d', Marquise. Personagem da novela de Eugène Sue *Os mistérios de Paris*. p. 78, 79, 217, 229

HARVILLE, Marquis d'. Personagem da novela de Eugene Sue *Os mistérios de Paris*. p. 230

HÉRCULES. Herói lendário, filho de Zeus e Alcmena, conhecido sobretudo pela realização dos "doze trabalhos"; é considerado a personificação da força e da tenacidade; chamado pelos gregos de Héracles. p. 155, 225

JEOVÁ (JAVÉ). No Antigo Testamento, termo de origem hebraica que designa o nome próprio de Deus. p. 131

JESUS CRISTO. p. 80, 123, 124, 184, 236

LAPORTE. Personagem da novela de Eugène Sue *Os mistérios de Paris*. p. 194, 195, 196

Índice de personagens

LICURGO. Personalidade possivelmente lendária a que alguns historiadores atribuem a fundação da maior parte das instituições políticas e militares de Esparta. p. 140

LÓ. Figura bíblica do antigo testamento; sobrinho de Abraão; habitou Sodoma e foi salvo, junto com sua família, da ira de Deus por um anjo; quando sua mulher – mencionada diretamente n'*A sagrada família* – voltou os olhos para a cidade em chamas, foi transformada em estátua de sal (Gênesis 19:26); Ló e suas filhas são os antepassados dos moabitas e amonitas. p. 18

LUCENAY, duquesa de. Personagem da novela de Eugène Sue *Os mistérios de Paris*. p. 79

MAC GREGOR, Sarah. Personagem da novela de Eugène Sue *Os mistérios de Paris*. p. 78, 80, 82, 230, 232, 233

MÃE DE DEUS. Ver Maria, Virgem.

MAÎTRE D'ÉCOLE. "Mestre-escola". Personagem da novela de Eugène Sue *Os mistérios de Paris*. p. 186, 188, 200, 201, 202, 203, 204, 205, 206, 207, 208, 209, 210, 226, 229, 230, 231

MARIA, Virgem. Segundo a Bíblia, filha de santa Ana e Joaquim e mãe imaculada de Jesus. p. 126, 189, 190

MARIA. Ver Fleur de Marie.

MATEUS, São. Segundo a Bíblia, um dos 12 discípulos, autor do primeiro Evangelho sinótico, o mais utilizado pela Igreja. p. 227

MOISÉS. Segundo a Bíblia, religioso, profeta e legislador hebreu; fundador da nacionalidade e da religião de Israel; tirou seu povo do Egito e o levou à Terra Prometida. p. 108

MOLOCH. Deus semita, mencionado no Antigo Testamento, venerado através de sacrifícios humanos. Por extensão, símbolo de tudo aquilo que devora homens ou bens valiosos. p. 31

MOREL, Louise. Personagem da novela de Eugène Sue *Os mistérios de Paris*. p. 218

MOREL, O lapidário. Personagem da novela de Eugène Sue *Os mistérios de Paris*. p. 70

MURPH. Personagem da novela de Eugène Sue *Os mistérios de Paris*. p. 92, 188, 225, 226, 227, 228, 229, 230, 231

PAULO, são (c. 10-c. 67). Cognominado o Apóstolo dos Gentios, foi decisivo na difusão do cristianismo; é autor dos Atos dos Apóstolos e de várias Epístolas. p. 227

PIPELET, Alfred. Personagem da novela de Eugène Sue *Os mistérios de Paris*. p. 88, 90, 91, 92, 93

PIPELET, Anastasie. Personagem da novela de Eugène Sue *Os mistérios de Paris*. p. 77, 90, 91

PÍTIA. Sacerdotisa de Delfos, intermediária entre os gregos e Apolo. Em estado de transe, comunicava às pessoas a resposta do deus à sua pergunta. Foi Pítia quem disse a Sócrates ser ele o homem mais sábio de todos em Atenas. p. 110

PLICK e PLOCK. Personagens da novela de Eugène Sue *Os mistérios de Paris*. p. 72

POLIDORI. Personagem da novela de Eugène Sue *Os mistérios de Paris*. p. 87, 89, 225

RIGOLETTE. Personagem da novela de Eugène Sue *Os mistérios de Paris*. p. 90, 91, 92

RODOLFO, Príncipe de Geroldstein. Personagem da novela de Eugène Sue *Os mistérios de Paris*. p. 77, 78, 90, 93, 185, 186, 187, 188, 189, 190, 191, 192, 193, 194, 195, 196, 198, 199, 200, 201, 202, 203, 204, 205, 206, 208, 209, 210, 211, 213, 214, 216, 217, 218, 219, 220, 221, 223, 224, 225, 226, 227, 228, 229, 230, 231, 232, 233, 235

ROLAND, Madame. Personagem da novela de Eugène Sue *Os mistérios de Paris*. p. 87

SALAMANDRA. Personagem da novela de Eugène Sue *Os mistérios de Paris*. p. 72

SARA. Figura bíblica cuja história é narrada no Gênesis; mulher de Abrãao e mãe de Isaac, teria vivido 127 anos e morrido em Quiriate-Arba, na Terra de Canaã. p. 120

SARA. Ver MAC GREGOR, Sarah.

TORTILLARD. Algo como "retorcidinho", em português. Personagem da novela de Eugène Sue *Os mistérios de Paris*. p. 204, 210

VISHNU. Deus do hinduísmo, protetor e preservador do mundo, restaurador da ordem natural. A ironia de Marx é grandiosa, uma vez que Vishnu é uma figura sincrética e absorveu muitas divindades menores ou semideuses e heróis locais; Vishnu é conhecido sobretudo através de suas reencarnações, entre elas Krishna e Rama. p. 67, 69

WILLIS. Personagem da novela de Eugène Sue *Os mistérios de Paris*. p. 84, 229

RELAÇÃO GERAL DAS OBRAS CITADAS
(Mencionando as já traduzidas no Brasil)

BAUER, Bruno. *Das entdeckte Christenthum. Eine Erinnerung an das achtzehnte Jahrhundert und ein Beitrag zur Krisis des neunzehnten.* Zürich und Winterthur, 1843. (O cristianismo descoberto. Uma lembrança do século XVIII e uma contribuição sobre a crise do XIX)

_____. *Die Judenfrage,* Braunschweig, 1843. (A questão judaica)

_____. *Kritik der evangelischen Geschichte der Synoptiker,* Bd. I/II, Leipzig, 1841, Bd. III, Braunschweig, 1842. (Crítica da história evangélica dos sinópticos)

_____. *Die evangelische Landeskirche Preußens und die Wissenschaft,* Leipzig, 1840. (A igreja nacional evangélica da Prússia e a ciência)

_____. *Die gute Sache der Freiheit und meine eigene Angelegenheit,* Zürich und Winterthur, 1842. (A boa causa da liberdade e meu próprio pleito)

_____. *Staat, Religion und Parthei,* Leipzig, 1843. (Estado, religião e partido)

BAUER, Edgar. "Es leben feste Grundsätze!" in *Berliner Novellen,* Alexander Weill un Edgar Bauer (orgs.), Berlin, 1843. ("Vivam os princípios firmes!" em Novelas berlinenses)

BENTHAM, Jeremy. *Théorie des peines et des récompenses,* 3ème éd., T. I/II, Paris 1825/1826. (*Teoria das penas e das recompensas*). [Edição brasileira: *O panóptico,* São Paulo, Autêntica, 2000.] A obra trata de assunto paralelo à obra referida por Marx.

BÉRAUD, F. F. A. *Les filles publiques de Paris et la police qui les régit,* T. I/II, Paris /Leipzig, 1839. (As filhas públicas de Paris e a polícia encarregada de vigiá-las)

CABANIS, Pierre-Jean-George. *Rapports du physique et du moral de l'homme,* T. I/II, Paris, 1824. (Relações entre o físico e a moral do homem)

CHAPTAL, Jean-Antoine-Claude. *De l'industrie française* T. I/II, Paris, 1819. (Da indústria francesa)

COMTE, Charles. *Traité de la propriété,* T. I/II, Paris, 1834. (Tratado da propriedade)

CONDILLAC, Étienne-Bonnot du. *Essai sur l'origine des connaissances humaines*, Amsterdam, 1746. (Ensaio sobre a origem dos conhecimentos humanos). [Ed. bras.: *Tratado das sensações*, Campinas, Editora da Unicamp.]

CORPUS JURIS CIVILIS, Vol. I, *Institutiones et Digesta*.

EGIDIUS, H. L. *Emigranten und Märtyrer. Ein Beitrag zur Charakteristik der deutsch-französischen Jahrbücher*, in *Konstitutionelle Jahrbücher*, herausgegeben von Dr. Karl Weill, 1844, Bd. II. S. 110. (Emigrantes e mártires. Contribuição para a caracterização dos anais franco-alemães)

FEUERBACH, Ludwig. *Grundsätze der Philosophie der Zukunft*, Zürich und Winterthur, 1843. (Princípios da filosofia do futuro) [Eds. bras.: *A essência do cristianismo*, Campinas, Papirus; e *Preleções sobre a essência das religiões*, Campinas, Papirus.]

FOURIER, Charles. "Théorie de l'unité universelle"; *Oeuvres complètes*, T. III, Paris, 1841. ("Teoria da unidade universal")

_____. "Théorie des quatre mouvements"; *Oeuvres complètes*, T. I, 2ème éd., Paris, 1841. ("Teoria dos quatro movimentos")

_____. *Le nouveau monde industriel et sociétaire*, *Oeuvres complètes*, T. III, 2ème éd., Paris, 1841. (O novo mundo industrial e societário).

FROMENT, M. *La police dévoilée depuis la restauration et notamment sous messieurs Franchet er Delavau, et sous Vidocq, chef de la police de sûreté*, T. I-III, Paris, 1830. (A polícia desmascarada, desde a Restauração, e especialmente sob os senhores Franchet e Delavau, e sob Vidocq, chefe da polícia de segurança)

GOETHE, Johann Wolfgang von. *Faust*. [Ed. bras.: *Fausto*, Belo Horizonte, Itatiaia, 5ª ed., 2002.]

_____. "Zahme Xenien". ("Xênias mansas").

GRUPPE, O. F.. *Bruno Bauer und die akademische Lehrfreiheit*, Berlin, 1842. (Bruno Bauer e a liberdade de cátedra).

HEGEL, Georg Wilhelm Friedrich. *Grundlinien der Philosophie des Rechts*; Werke, Bd. VIII, Berlin, 1833. (Linhas fundamentais da filosofia do direito). [Eds. bras.: *Princípios da filosofia do direito*, São Paulo, Martins Fontes, s. d.; *Princípios da filosofia do direito*, São Paulo, Ícone, 1997.]

_____. *Phänomenologie des Geistes;* Werke, Bd. XV, Berlin, 1841. [Ed. bras.: *Fenomenologia do espírito*, Petrópolis, Vozes, 2002.]

_____. *Vorlesungen über die Geschichte der Philosophie;* Werke, Bd. XV, Berlin, 1836. [Eds. bras.: *Introdução à história da filosofia*, São Paulo, Ediouro-Tecnoprint; *Introdução à história da filosofia*, São Paulo, Hemus, 1983.]

_____. *Wissenschaft der Logik;* Werke, Bd. III-V, Berlin, 1833-1834. (Ciência da lógica)

Relação geral das obras citadas

HEINE, Heinrich. *Die Nordsee*, 2. Ziklus. (Mar do Norte)

HELVÉTIUS, C. A. *De l'esprit*, T. I/II, Paris, 1822. (Do espírito).

_____. *De l'homme, de ses facultés intellectuelles et de son éducation*, T I/II, Londres, 1773. (Sobre o homem, suas faculdades intelectuais e sua educação).

HOLBACH, P. H. de. *Système de la nature, ou des lois du monde physique et du monde moral*, Paris. (Sistema da natureza, ou das leis do mundo físico e do mundo moral).

_____. *Système social, ou principes naturels de la morale et de la politique*, T. I/III, Londres, 1774. (Sistema social, ou princípios naturais da moral e da política).

HOMERO. *Ilíada*. [Ed. bras.: Ilíada. Trad. Haroldo de Campos. São Paulo: Arx, 2002.]

LA METTRIE, J. O. "L'homme machine"; *Oeuvres philosofiques*, Londres, 1751. ("O homem máquina" em *Obras filosóficas*).

LOCKE, John. *An essay concerning human undestanding*, Londres, 1690. (Ensaio sobre o entendimento humano). [Eds. bras.: *Dois tratados sobre o governo*, São Paulo, Martins Fontes, s. d.; *Segundo tratado sobre o governo civil*, Petrópolis, Vozes, 1994.]

MANDEVILLE, Bernard de. *Fable of the bees, or private vices made public benefits*, Londres, 1714. (Fábula das abelhas, ou de como os vicíos privados provocam benefícios públicos).

MARMONTEL, J. E. "Lucile"; *Oeuvres*, T. V., Paris, 1820. (Obras).

MOLIÈRE, Jean-Baptiste. *Le bourgeois gentilhomme*. (O burguês fidalgo). [Ed. bras.:*O burguês ridículo*, Rio de Janeiro, Sette Letras, 1996.]

MONTEIL, Amans-Alexis. *Histoire des français des divers états ou Histoire de France aux cinq derniers siècles*, T. I-X, Paris, 1827. (História dos franceses dos diversos estados, ou História da França durante os cinco últimos séculos).

PARNY, Evariste-Desiré, Visconde de. *Poésies érotiques; Oeuvres*, T. I, Paris, 1831. (Poesias eróticas).

POLIDORUS, Virgilius. *De invetoribus rerum*, 1499. (Sobre os inventores das coisas).

PROUDHON, Pierre-Joseph. *Avertissement aux propriétaires, ou Lettre à M. Considérant, rédacteur de la Phalange, sur une défense de la propriété*, Paris, 1842. (Advertência aos proprietários, ou Carta ao senhor Considérant, redator da Falange, sobre uma defesa da propriedade).

_____. *Qu'est-ce que la propriété? ou recherches sur le principe du droit et du gouvernement. Premier mémoire*, Paris, 1840. (Que é a propriedade?, ou investigações sobre o princípio do direito e do governo. Primeira memória).

_____. *Qu'est-ce que la propriété? Deuxième mémoire, Lettre à M. Blanqui, professeur d'economie politique au conservatoire des arts et métiers. Sur la propriété,* Paris, 1841. (Que é a propriedade? Segunda memória, carta ao senhor Blanqui, professor de Economia política no Conservatório de Artes e Ofícios. Sobre a propriedade). [Ed. bras.: *O que é a propriedade?,* São Paulo, Martins Fontes, s. d.]

ROBESPIERRE, Maximilien. "Rapport sur les principes de morale politique qui doivent guider la Convention nationale dans l'administrations intérieures de la République, fait au nom du comité de salut public, à la séance du 5 février (17 pluviose) 1794 ", in BUCHEZ e ROUX, *Histoire parlementaire de la Révolution Française,* T. 31, p. 171. ("Ditame sobre os princípios de moral política que devem guiar a Convenção nacional no governo interior da República, apresentado em nome do Comitê de Saúde Pública, na sessão de 5 de fevereiro (17 pluvioso) de 1794").

ROBINET, Jean-Baptiste-René. *De la nature,* T. I-IV, 1761-1766. (Da natureza).

ROSSEAU, Jean-Jacques. *Du contrat social,* Londres, 1782. [Eds. bras.: *O contrato social,* São Paulo, Martins Fontes, s. d.; *Discurso sobre economia política e Contrato social,* Petrópolis, Vozes, s. d.; *Do contrato social,* São Paulo, Martin Claret, 2002; *Do contrato social: discurso sobre economia política,* São Paulo, Hemus, 1994; *O contrato social,* São Paulo, Cultrix, s. d.]

SAINT-JUST, Louis. "Au nom des comités de salut public et de sûreté générale. Convention nationale. Séance du 31 mars (11 germinal), 1794", in BUCHEZ e ROUX, *Histoire parlementaire de la révolution française,* T. 32, p. 101. ("Em nome dos comitês de saúde pública e de seguridade geral. Convenção nacional. Sessão de 31 de março (11 germinal) de 1794").

_____. "Rapport sur la police générale. Du 26 germinal an 2 (25 avril 1794)", in BUCHEZ e ROUX, *Histoire parlementaire de la révolution française,* T. 32, p. 323. ("Informe sobre a polícia geral. De 26 germinal ano 2 (25 de abril de 1794)").

SAY, Jean-Baptiste. *Traité d'economie politique, ou simple exposition de la manière dont se forment, se distribuent et se consomment les richesses,* T I/II, 3ème. éd., Paris, 1817. (Tratado de Economia política, ou simples exposição do modo como se formam, se distribuem e se consomem as riquezas).

SCHILLER, Friedrich. "Das Mädchen aus der Fremde". ("A moça do estrangeiro").

_____. *Die Räuber.* [Ed. bras.: *Os bandoleiros,* trad. de Marcelo Backes, Porto Alegre, L&PM, 2001.]

SHAKESPEARE, William. *All's Well That Ends Well,* 1602-1603 (Tudo fica bem quando acaba bem)

SIÈYES, Emmanuel-Joseph. *Qu'est-ce que le tiers État?,* Paris, 1789. (Que é o terceiro Estado?).

SMITH, Adam. *An inquiry into the nature and causes or the wealth of nations,* London, 1776. (Investigação sobre a natureza e causas da riqueza das nações). [Eds. bras.: *Investigação sobre natureza e causa da riqueza das nações,* São Paulo, Hemus, 2001; *Investigações sobre natureza e causa da riqueza das nações,* São Paulo, Ediouro-Tecnoprint, s. d.]

STEIN, Lorenz. *Der Sozialismus und Communismus des heutigen Frankreichs. Ein Beitrag zur Zeitgeschichte,* Leipzig, 1842. (O socialismo e o comunismo da França atual. Uma contribuição à história de nosso tempo)

SUE, Eugène. *Le juif errant,* T, I-X, Paris, 1844-1845. (O judeu errante)

_____. *Les mystères de Paris,* T. I-XI, Bruxelles, 1845. (Os mistérios de Paris)

TRISTAN, Flora. *L'union ouvrière,* Paris, 1843. (A união obreira)

PERIÓDICOS E ARTIGOS

Allgemeine Literatur-Zeitung (Jornal Literário Geral). Órgão mensal, editado por Bruno Bauer em Charlotemburgo.

Anekdota zur neuesten deutschen Philosophie und Publicistik (Anedotas sobre a novíssima filosofia e publicística alemãs). Dois volumes editados por Arnold Ruge, Zurique e Winterthur, 1843.

BAUER, Bruno. "Charakteristik Ludwig Feuerbachs" ("Caracterização de Ludwig Feuerbach"), in *Wigand's Vierteljahresschrift* (*Publicação Trimestral de Wigond)*, 1845, Dritter Band, S. 86-146.

_____. "Die Fähigkeit der heutigen Juden und Christen, frei zu werden", in *Einundzwanzig Bogen aus der Schweiz*, S. 56-71, Zürich und Winterthur, 1843. ("A capacidade de judeus e cristãos de hoje em dia se tornarem livres", em *Vinte e uma folhas da Suíça*)

BAUER, Edgar. Todos os artigos de Edgar Bauer, analisados por Marx e Engels foram publicados no *Allgemeine Literatur-Zeitung*.

Démocratie Pacifique, La. Journal des intérêts des gouvernements et des peuples. Rédacteur en chef: Victor Considérant. Paris, Août 1843-Novembre 1851. (A democracia pacífica. Jornal dos interesses dos governos e dos povos).

Deutsche Jahrbücher für Wissenschaft und Kunst, herausgegeben von Arnold Ruge und Theodor Echtermeyer, Leipzig, 1841-1843. (Anais alemães para a ciência e a arte)

Deutsch-Französische Jahrbücher, herausgegeben von Arnold Ruge und Karl Marx, 1. und 2. Lieferung, Paris, 1844. (Anais franco-alemães)

Einundzwanzig Bogen aus der Schweiz, herausgegeben von Georg Herwegh. Erster Teil, Zürich und Winterthur, 1843.

ENGELS, Friedrich. "Umrisse zu einer Kritik der Nationalökonomie", in *Deutsch-Französische Jahrbücher*, S. 86-114. ("Esboço de uma crítica da economia política").

FAUCHER, Julius. Publicou todos os artigos analisados por Marx e Engels – e já citados nas notas de rodapé quando analisados – no *Allgemeine Literatur-Zeitung*.

Periódicos e artigos

FEUERBACH, Ludwig. "Vorläufige Thesen zur Reformation der Philosophie", in *Anekdota zur neuesten deutschen Philosophie und Publicistik,* Bd. II, S. 62-86. ("Teses provisórias para a reforma da filosofia").

Hallische Jahrbücher für Deutsche Wissenschaft und Kunst, herausgegeben von Arnold Ruge und Theodor Echtermeyer, Leipzig, 1838-1841. (Anais de Halle para a ciência e a arte alemãs).

Journal des Débats politiques e littéraires. (Jornal dos debates políticos e literários).

MARX, Karl. "Zur Judenfrage", in *Deutsch-Französische Jahrbücher,* S. 182-214. ("Sobre a questão judaica".)

_____. "Zur Kritik der Hegel'schen Rechts-Philosophie, Einleitung", in *Deutsch-Französische Jahrbücher,* S. 71-85. ("Sobre a crítica da filosofia do direito de Hegel, Introdução")

Petits Affiches de Paris, ou Journal général d'annonces, d'indications et de correspondence commerciale, politique et littéraire. (Pequenos anúncios de Paris, ou Diário geral de anúncios, indicações e correspondência comercial, política e literária).

Révolutions de Paris. Dédiées à la Nation et au District des Petits Augustins, 1789-1794. (Revoluções de Paris. Dedicadas à nação e ao distrito dos pequenos augustinos).

Rheinische Zeitung für Politik, Handel und Gewerbe, Köln, 1. Januar 1842 bis 31. März 1843. (Jornal renano de política, comércio e pequena indústria).

Satan, Le, 1842-1844. (O satã)

Siècle, Le, 1836-1866. (O século)

Zeitschrift für spekulative Theologie, in Gemeinschaft mit einem Verein von Gelehrten, herausgegeben von Bruno Bauer, Bd. I-III, Berlin, 1856-1858. (Revista de teologia especulativa, editada por Bruno Bauer em conjunto com uma associação de sábios)

CRONOLOGIA RESUMIDA

	Karl Marx	Friedrich Engels	Fatos históricos
1818	Em Trier (capital da província alemã do Reno), nasce Karl Marx (5 de maio), o segundo de oito filhos de Heinrich Marx e de Enriqueta Pressburg. Trier na época era influenciada pelo liberalismo revolucionário francês e pela reação ao Antigo Regime, vinda da Prússia.		Simón Bolívar declara a Venezuela independente da Espanha.
1820		Nasce Friedrich Engels (28 de novembro), primeiro dos oito filhos de Friedrich Engels e Elizabeth Franziska Mauritia van Haar, em Barmen, Alemanha. Cresce no seio de uma família de industriais religiosa e conservadora.	George IV se torna rei da Inglaterra, pondo fim à Regência. Insurreição constitucionalista em Portugal.
1824	O pai de Marx, nascido Hirschel, advogado e conselheiro de Justiça, é obrigado a abandonar o judaísmo por motivos profissionais e políticos (os judeus estavam proibidos de ocupar cargos públicos na Renânia). Marx entra para o Ginásio de Trier (outubro).		Simón Bolívar se torna chefe do Executivo do Peru.

Cronologia resumida

	Karl Marx	Friedrich Engels	Fatos históricos
1830	Inicia seus estudos no Liceu Friedrich Wilhelm, em Trier.		Estouram revoluções em diversos países europeus. A população de Paris insurge-se contra a promulgação de leis que dissolvem a Câmara e suprimem a liberdade de imprensa. Luís Filipe assume o poder.
1831			Morre Hegel.
1834		Engels ingressa, em outubro, no Ginásio de Elberfeld.	A escravidão é abolida no Império Britânico. Insurreição operária em Lyon.
1835	Escreve *Reflexões de um jovem perante a escolha de sua profissão*. Presta exame final de bacharelado em Trier (24 de setembro). Inscreve-se na Universidade de Bonn.		Revolução Farroupilha, no Brasil. O Congresso alemão faz moção contra o movimento de escritores Jovem Alemanha.
1836	Estuda Direito na Universidade de Bonn. Participa do Clube de Poetas e de associações de estudantes. No verão, fica noivo em segredo de Jenny von Westphalen, sua vizinha em Trier. Em razão da oposição entre as famílias, casar-se-iam apenas sete anos depois. Matricula-se na Universidade de Berlim.	Na juventude, fica impressionado com a miséria em que vivem os trabalhadores das fábricas de sua família. Escreve *Poema*.	Fracassa o golpe de Luís Napoleão em Estrasburgo. Criação da Liga dos Justos.

A sagrada família

	Karl Marx	Friedrich Engels	Fatos históricos
1837	Transfere-se para a Universidade de Berlim e estuda com mestres como Gans e Savigny. Escreve *Canções selvagens* e *Transformações*. Em carta ao pai, descreve sua relação contraditória com o hegelianismo, doutrina predominante na época.	Por insistência do pai, Engels deixa o ginásio e começa a trabalhar nos negócios da família. Escreve *História de um pirata*.	A rainha Vitória assume o trono na Inglaterra.
1838	Entra para o Clube dos Doutores, encabeçado por Bruno Bauer. Perde o interesse pelo Direito e entrega-se com paixão ao estudo da Filosofia, o que lhe compromete a saúde. Morre seu pai.	Estuda comércio em Bremen. Começa a escrever ensaios literários e sociopolíticos, poemas e panfletos filosóficos em periódicos como o *Hamburg Journal* e o *Telegraph für Deutschland*, entre eles o poema "O beduíno" (setembro), sobre o espírito da liberdade.	Richard Cobden funda a Anti-Corn-Law-League, na Inglaterra. Proclamação da Carta do Povo, que originou o cartismo.
1839		Escreve o primeiro trabalho de envergadura, *Briefe aus dem Wupperthal* [Cartas de Wupperthal], sobre a vida operária em Barmen e na vizinha Elberfeld (*Telegraph für Deutschland*, primavera). Outros viriam, como *Literatura popular alemã*, *Karl Beck* e *Memorabilia de Immermann*. Estuda a filosofia de Hegel.	Feuerbach publica Zur Kritik der Hegelschen Philosophie [Crítica da filosofia hegeliana]. Primeira proibição do trabalho de menores na Prússia. Auguste Blanqui lidera o frustrado levante de maio, na França.
1840	K. F. Koeppen dedica a Marx o seu estudo *Friedrich der Grosse und seine Widersacher* [Frederico, o Grande, e seus adversários].	Engels publica *Réquiem para o Aldeszeitung alemão* (abril), *Vida literária moderna*, no *Mitternachtzeitung* (março-maio) e *Cidade natal de Siegfried* (dezembro).	Proudhon publica O que é a propriedade? [Qu'est-ce que la propriété?].

Cronologia resumida

	Karl Marx	Friedrich Engels	Fatos históricos
1841	Com uma tese sobre as diferenças entre as filosofias de Demócrito e Epicuro, Marx recebe em Iena o título de doutor em Filosofia (15 de abril). Volta a Trier. Bruno Bauer, acusado de ateísmo, é expulso da cátedra de Teologia da Universidade de Bonn, com isso Marx perde a oportunidade de atuar como docente nessa universidade.	Publica *Ernst Moritz Arndt*. Seu pai o obriga a deixar a escola de comércio para dirigir os negócios da família. Engels prosseguiria sozinho seus estudos de filosofia, religião, literatura e política. Presta o serviço militar em Berlim por um ano. Frequenta a Universidade de Berlim como ouvinte e conhece os jovens hegelianos. Critica intensamente o conservadorismo na figura de Schelling, com os escritos *Schelling em Hegel, Schelling e a revelação* e *Schelling, filósofo em Cristo*.	Feuerbach traz a público *A essência do cristianismo* [*Das Wesen des Christentums*]. Primeira lei trabalhista na França.
1842	Elabora seus primeiros trabalhos como publicista. Começa a colaborar com o jornal *Rheinische Zeitung* [Gazeta Renana], publicação da burguesia em Colônia, do qual mais tarde seria redator. Conhece Engels, que na ocasião visitava o jornal.	Em Manchester assume a fiação do pai, a Ermen & Engels. Conhece Mary Burns, jovem trabalhadora irlandesa, que viveria com ele até a morte. Mary e a irmã Lizzie mostram a Engels as dificuldades da vida operária, e ele inicia estudos sobre os efeitos do capitalismo no operariado inglês. Publica artigos no *Rheinische Zeitung*, entre eles "Crítica às leis de imprensa prussianas" e "Centralização e liberdade".	Eugène Sue publica *Os mistérios de Paris*. Feuerbach publica *Vorläufige Thesen zur Reform der Philosophie* [Teses provisórias para uma reforma da filosofia]. O Ashley's Act proíbe o trabalho de menores e mulheres em minas na Inglaterra.

A sagrada família

	Karl Marx	Friedrich Engels	Fatos históricos
1843	Sob o regime prussiano, é fechado o *Rheinische Zeitung*. Marx casa-se com Jenny von Westphalen. Recusa convite do governo prussiano para ser redator no diário oficial. Passa a lua de mel em Kreuznach, onde se dedica ao estudo de diversos autores, com destaque para Hegel. Redige os manuscritos que viriam a ser conhecidos como *Crítica da filosofia do direito de Hegel* [*Zur Kritik der Hegelschen Rechtsphilosophie*]. Em outubro vai a Paris, onde Moses Hess e George Herwegh o apresentam às sociedades secretas socialistas e comunistas e às associações operárias alemãs. Conclui *Sobre a questão judaica* [*Zur Judenfrage*]. Substitui Arnold Ruge na direção dos *Deutsch-Französische Jahrbücher* [Anais Franco-Alemães]. Em dezembro inicia grande amizade com Heinrich Heine e conclui sua "Crítica da filosofia do direito de Hegel – Introdução" [*Zur Kritik der Hegelschen Rechtsphilosophie – Einleitung*]	Engels escreve, com Edgar Bauer, o poema satírico "Como a Bíblia escapa milagrosamente a um atentado impudente ou O triunfo da fé", contra o obscurantismo religioso. O jornal *Schweuzerisher Republicaner* publica suas "Cartas de Londres". Em Bradford, conhece o poeta G. Weerth. Começa a escrever para a imprensa cartista. Mantém contato com a Liga dos Justos. Ao longo desse período, suas cartas à irmã favorita, Marie, revelam seu amor pela natureza e por música, livros, pintura, viagens, esporte, vinho, cerveja e tabaco.	Feuerbach publica *Grundsätze der Philosophie der Zukunft* [Princípios da filosofia do futuro].

Cronologia resumida

	Karl Marx	Friedrich Engels	Fatos históricos
1844	Em colaboração com Arnold Ruge, elabora e publica o primeiro e único volume dos *Deutsch-Französische Jahrbücher*, no qual participa com dois artigos: "A questão judaica" e "Introdução a uma crítica da filosofia do direito de Hegel". Escreve os *Manuscritos econômico-filosóficos* [*Ökonomisch-philosophische Manuskripte*]. Colabora com o *Vorwärts!* [Avante!], órgão de imprensa dos operários alemães na emigração. Conhece a Liga dos Justos, fundada por Weitling. Amigo de Heine, Leroux, Blanc, Proudhon e Bakunin, inicia em Paris estreita amizade com Engels. Nasce Jenny, primeira filha de Marx. Rompe com Ruge e desliga-se dos *Deutsch-Französische Jahrbücher*. O governo decreta a prisão de Marx, Ruge, Heine e Bernays pela colaboração nos *Deutsch-Französische Jahrbücher*. Encontra Engels em Paris e em dez dias planejam seu primeiro trabalho juntos, *A sagrada família* [*Die heilige Familie*]. Marx publica no *Vorwärts!* artigo sobre a greve na Silésia.	Em fevereiro, Engels publica *Esboço para uma crítica da economia política* [*Umrisse zu einer Kritik der Nationalökonomie*], texto que influenciou profundamente Marx. Segue à frente dos negócios do pai, escreve para os *Deutsch-Französische Jahrbücher* e colabora com o jornal *Vorwärts!*. Deixa Manchester. Em Paris torna-se amigo de Marx, com quem desenvolve atividades militantes, o que os leva a criar laços cada vez mais profundos com as organizações de trabalhadores de Paris e Bruxelas. Vai para Barmen.	O Graham's Factory Act regula o horário de trabalho para menores e mulheres na Inglaterra. Fundado o primeiro sindicato operário na Alemanha. Insurreição de operários têxteis na Silésia e na Boêmia.
1845	Por causa do artigo sobre a greve na Silésia, a pedido do governo prussiano Marx é expulso da França, juntamente com Bakunin, Bürgers e Bornstedt. Muda-se para Bruxelas e, em colaboração com Engels, escreve e publica em Frankfurt *A sagrada família*. Ambos começam a	As observações de Engels sobre a classe trabalhadora de Manchester, feitas anos antes, formam a base de uma de suas obras principais, *A situação da classe trabalhadora na Inglaterra* [*Die Lage der arbeitenden Klasse in England*] (publicada primeiramente em alemão;	Criada a organização internacionalista Democratas Fraternais, em Londres. Richard M. Hoe registra a patente da primeira prensa rotativa moderna.

A sagrada família

Karl Marx	Friedrich Engels	Fatos históricos
escrever *A ideologia alemã* [*Die deutsche Ideologie*] e Marx elabora "As teses sobre Feuerbach" [*Thesen über Feuerbach*]. Em setembro nasce Laura, segunda filha de Marx e Jenny. Em dezembro, ele renuncia à nacionalidade prussiana.	a edição seria traduzida para o inglês 40 anos mais tarde). Em Barmen organiza debates sobre as ideias comunistas junto com Hess e profere os *Discursos de Elberfeld*. Em abril sai de Barmen e encontra Marx em Bruxelas. Juntos, estudam economia e fazem uma breve visita a Manchester (julho e agosto), onde percorrem alguns jornais locais, como o *Manchester Guardian* e o *Volunteer Journal for Lancashire and Cheshire*. Lançada *A situação da classe trabalhadora na Inglaterra*, em Leipzig. Começa sua vida em comum com Mary Burns.	
1846 Marx e Engels organizam em Bruxelas o primeiro Comitê de Correspondência da Liga dos Justos, uma rede de correspondentes comunistas em diversos países, a qual Proudhon se nega a integrar. Em carta a Annenkov, Marx critica o recém-publicado *Sistema das contradições econômicas ou Filosofia da miséria* [*Système des contradictions économiques ou Philosophie de la misère*], de Proudhon. Redige com Engels a *Zirkular gegen Kriege* [Circular contra Kriege], crítica a um alemão emigrado dono de um periódico socialista em Nova York. Por falta de editor, Marx e Engels desistem de publicar *A ideologia alemã* (a obra só seria publicada em 1932, na União Soviética). Em dezembro nasce Edgar, o terceiro filho de Marx.	Seguindo instruções do Comitê de Bruxelas, Engels estabelece estreitos contatos com socialistas e comunistas franceses. No outono, ele se desloca para Paris com a incumbência de estabelecer novos comitês de correspondência. Participa de um encontro de trabalhadores alemães em Paris, propagando ideias comunistas e discorrendo sobre a utopia de Proudhon e o socialismo real de Karl Grün.	Os Estados Unidos declaram guerra ao México. Rebelião polonesa em Cracóvia. Crise alimentar na Europa. Abolidas, na Inglaterra, as "leis dos cereais".

Cronologia resumida

	Karl Marx	Friedrich Engels	Fatos históricos
1847	Filia-se à Liga dos Justos, em seguida nomeada Liga dos Comunistas. Realiza-se o primeiro congresso da associação em Londres (junho), ocasião em que se encomenda a Marx e Engels um manifesto dos comunistas. Eles participam do congresso de trabalhadores alemães em Bruxelas e, juntos, fundam a Associação Operária Alemã de Bruxelas. Marx é eleito vice-presidente da Associação Democrática. Conclui e publica a edição francesa de *Miséria da filosofia* [*Misère de la philosophie*] (Bruxelas, julho).	Engels viaja a Londres e participa com Marx do I Congresso da Liga dos Justos. Publica *Princípios do comunismo* [*Grundsätze des Kommunismus*], uma "versão preliminar" do *Manifesto Comunista* [*Manifest der Kommunistischen Partei*]. Em Bruxelas, junto com Marx, participa da reunião da Associação Democrática, voltando em seguida a Paris para mais uma série de encontros. Depois de atividades em Londres, volta a Bruxelas e escreve, com Marx, o *Manifesto Comunista*.	A Polônia torna-se província russa. Guerra civil na Suíça. Realiza-se em Londres, o II Congresso da Liga dos Comunistas (novembro).
1848	Marx discursa sobre o livre-cambismo numa das reuniões da Associação Democrática. Com Engels publica, em Londres (fevereiro), o *Manifesto Comunista*. O governo revolucionário francês, por meio de Ferdinand Flocon, convida Marx a morar em Paris depois que o governo belga o expulsa de Bruxelas. Redige com Engels "Reivindicações do Partido Comunista da Alemanha" [*Forderungen der Kommunistischen Partei in Deutschland*] e organiza o regresso dos membros alemães da Liga dos Comunistas à pátria. Com sua família e com Engels, muda-se em fins de maio para Colônia, onde ambos fundam o jornal *Neue Rheinische Zeitung* [Nova Gazeta Renana], cuja primeira edição é publicada em 1º de junho com o subtítulo *Organ der Demokratie*. Marx começa a dirigir a Associação Operária de Colônia e acusa a burguesia alemã de traição. Proclama o terrorismo revolucionário como único meio de amenizar "as dores de parto" da nova sociedade. Conclama ao boicote fiscal e à resistência armada.	Expulso da França por suas atividades políticas, chega a Bruxelas no fim de janeiro. Juntamente com Marx, toma parte na insurreição alemã, de cuja derrota falaria quatro anos depois em *Revolução e contrarrevolução na Alemanha* [*Revolution und Konterevolution in Deutschland*]. Engels exerce o cargo de editor do *Neue Rheinische Zeitung*, recém-criado por ele e Marx. Participa, em setembro, do Comitê de Segurança Pública criado para rechaçar a contrarrevolução, durante grande ato popular promovido pelo *Neue Rheinische Zeitung*. O periódico sofre suspensões, mas prossegue ativo. Procurado pela polícia, tenta se exilar na Bélgica, onde é preso e depois expulso. Muda-se para a Suíça.	Definida, na Inglaterra, a jornada de dez horas para menores e mulheres na indústria têxtil. Criada a Associação Operária, em Berlim. Fim da escravidão na Áustria. Abolição da escravidão nas colônias francesas. Barricadas em Paris: eclode a revolução; o rei Luís Filipe abdica e a República é proclamada. A revolução se alastra pela Europa. Em junho, Blanqui lidera novas insurreições operárias em Paris, brutalmente reprimidas pelo general Cavaignac. Decretado estado de sítio em Colônia em reação a protestos populares. O movimento revolucionário reflui.

	Karl Marx	Friedrich Engels	Fatos históricos
1849	Marx e Engels são absolvidos em processo por participação nos distúrbios de Colônia (ataques a autoridades publicados no *Neue Rheinische Zeitung*). Ambos defendem a liberdade de imprensa na Alemanha. Marx é convidado a deixar o país, mas ainda publicaria *Trabalho assalariado e capital* [*Lohnarbeit und Kapital*]. O periódico, em difícil situação, é extinto (maio). Marx, em condição financeira precária (vende os próprios móveis para pagar as dívidas), tenta voltar a Paris, mas, impedido de ficar, é obrigado a deixar a cidade em 24 horas. Graças a uma campanha de arrecadação de fundos promovida por Ferdinand Lassalle na Alemanha, Marx se estabelece com a família em Londres, onde nasce Guido, seu quarto filho (novembro).	Em janeiro, Engels retorna a Colônia. Em maio, toma parte militarmente na resistência à reação. À frente de um batalhão de operários, entra em Elberfeld, motivo pelo qual sofre sanções legais por parte das autoridades prussianas, enquanto Marx é convidado a deixar o país. Publicado o último número do *Neue Rheinische Zeitung*. Marx e Engels vão para o sudoeste da Alemanha, onde Engels envolve-se no levante de Baden-Palatinado, antes de seguir para Londres.	Proudhon publica *Les confessions d'un révolutionnaire*. A Hungria proclama sua independência da Áustria. Após período de refluxo, reorganiza-se no fim do ano, em Londres, o Comitê Central da Liga dos Comunistas, com a participação de Marx e Engels.
1850	Ainda em dificuldades financeiras, organiza a ajuda aos emigrados alemães. A Liga dos Comunistas reorganiza as sessões locais e é fundada a Sociedade Universal dos Comunistas Revolucionários, cuja liderança logo se fraciona. Edita em Londres a *Neue Rheinische Zeitung* [Nova Gazeta Renana], revista de economia política, bem como *Lutas de classe na França* [*Die Klassenkämpfe in Frankreich*]. Morre o filho Guido.	Publica *A guerra dos camponeses na Alemanha* [*Der deutsche Bauernkrieg*]. Em novembro, retorna a Manchester, onde viverá por vinte anos, e às suas atividades na Ermen & Engels; o êxito nos negócios possibilita ajudas financeiras a Marx.	Abolição do sufrágio universal na França.

Cronologia resumida

	Karl Marx	Friedrich Engels	Fatos históricos
1851	Continua em dificuldades, mas, graças ao êxito dos negócios de Engels em Manchester, conta com ajuda financeira. Dedica-se intensamente aos estudos de economia na biblioteca do Museu Britânico. Aceita o convite de trabalho do *New York Daily Tribune*, mas é Engels quem envia os primeiros textos, intitulados "Contrarrevolução na Alemanha", publicados sob a assinatura de Marx. Hermann Becker publica em Colônia o primeiro e único tomo dos *Ensaios escolhidos de Marx*. Nasce Francisca (28 de março), quinta de seus filhos.	Engels, juntamente com Marx, começa a colaborar com o Movimento Cartista [Chartist Movement]. Estuda língua, história e literatura eslava e russa.	Na França, golpe de Estado de Luís Bonaparte. Realização da primeira exposição universal, em Londres.
1852	Envia ao periódico *Die Revolution*, de Nova York, uma série de artigos sobre *O 18 de brumário de Luís Bonaparte* [*Der achtzehnte Brumaire des Louis Bonaparte*]. Sua proposta de dissolução da Liga dos Comunistas é acolhida. A difícil situação financeira é amenizada com o trabalho para o *New York Daily Tribune*. Morre a filha Francisca, nascida um ano antes.	Publica *Revolução e contrarrevolução na Alemanha* [*Revolution und Konterevolution in Deutschland*]. Com Marx, elabora o panfleto *O grande homem do exílio* [*Die grossen Männer des Exils*] e uma obra, hoje desaparecida, chamada *Os grandes homens oficiais da Emigração*; nela, atacam os dirigentes burgueses da emigração em Londres e defendem os revolucionários de 1848-9. Expõem, em cartas e artigos conjuntos, os planos do governo, da polícia e do judiciário prussianoś, textos que teriam grande repercussão.	Luís Bonaparte é proclamado imperador da França, com o título de Napoleão Bonaparte III.

A sagrada família

	Karl Marx	Friedrich Engels	Fatos históricos
1853	Marx escreve, tanto para o *New York Daily Tribune* quanto para o *People's Paper*, inúmeros artigos sobre temas da época. Sua precária saúde o impede de voltar aos estudos econômicos interrompidos no ano anterior, o que faria somente em 1857. Retoma a correspondência com Lassalle.	Escreve artigos para o *New York Daily Tribune*. Estuda o persa e a história dos países orientais. Publica, com Marx, artigos sobre a Guerra da Crimeia.	A Prússia proíbe o trabalho para menores de 12 anos.
1854	Continua colaborando com o *New York Daily Tribune*, dessa vez com artigos sobre a revolução espanhola.		
1855	Começa a escrever para o *Neue Oder Zeitung*, de Breslau, e segue como colaborador do *New York Daily Tribune*. Em 16 de janeiro nasce Eleanor, sua sexta filha, e em 6 de abril morre Edgar, o terceiro.	Escreve uma série de artigos para o periódico *Putman*.	Morte de Nicolau I, na Rússia, e ascensão do czar Alexandre II.
1856	Ganha a vida redigindo artigos para jornais. Discursa sobre o progresso técnico e a revolução proletária em uma festa do *People's Paper*. Estuda a história e a civilização dos povos eslavos. A esposa Jenny recebe uma herança da mãe, o que permite que a família mude para um apartamento mais confortável.	Acompanhado da mulher, Mary Burns, Engels visita a terra natal dela, a Irlanda.	Morrem Max Stirner e Heinrich Heine. Guerra franco-inglesa contra a China.

Cronologia resumida

	Karl Marx	Friedrich Engels	Fatos históricos
1857	Retoma os estudos sobre economia política, por considerar iminente nova crise econômica europeia. Fica no Museu Britânico das nove da manhã às sete da noite e trabalha madrugada adentro. Só descansa quando adoece e aos domingos, nos passeios com a família em Hampstead. O médico o proíbe de trabalhar à noite. Começa a redigir os manuscritos que viriam a ser conhecidos como *Grundrisse der Kritik der Politischen Ökonomie* [Esboços de uma crítica da economia política], e que servirão de base à obra *Para a crítica da economia política* [*Zur Kritik der Politischen Ökonomie*]. Escreve a célebre *Introdução de 1857*. Continua a colaborar no *New York Daily Tribune*. Escreve artigos sobre Jean-Baptiste Bernadotte, Simón Bolívar, Gebhard Blücher e outros na *New American Encyclopaedia* [Nova Enciclopédia Americana]. Atravessa um novo período de dificuldades financeiras e tem um novo filho, natimorto.	Adoece gravemente em maio. Analisa a situação no Oriente Médio, estuda a questão eslava e aprofunda suas reflexões sobre temas militares. Sua contribuição para a *New American Encyclopaedia* [Nova Enciclopédia Americana], versando sobre as guerras, faz de Engels um continuador de Von Clausewitz e um precursor de Lenin e Mao Tsé-Tung. Continua trocando cartas com Marx, discorrendo sobre a crise na Europa e nos Estados Unidos.	O divórcio, sem necessidade de aprovação parlamentar, se torna legal na Inglaterra.
1858	O *New York Daily Tribune* deixa de publicar alguns de seus artigos. Marx dedica-se à leitura de *Ciência da lógica* [*Wissenschaft der Logik*] de Hegel. Agravam-se os problemas de saúde e a penúria.	Engels dedica-se ao estudo das ciências naturais.	Morre Robert Owen.

A sagrada família

	Karl Marx	Friedrich Engels	Fatos históricos
1859	Publica em Berlim *Para a crítica da economia política*. A obra só não fora publicada antes porque não havia dinheiro para postar o original. Marx comentaria: "Seguramente é a primeira vez que alguém escreve sobre o dinheiro com tanta falta dele". O livro, muito esperado, foi um fracasso. Nem seus companheiros mais entusiastas, como Liebknecht e Lassalle, o compreenderam. Escreve mais artigos no *New York Daily Tribune*. Começa a colaborar com o periódico londrino *Das Volk*, contra o grupo de Edgar Bauer. Marx polemiza com Karl Vogt (a quem acusa de ser subsidiado pelo bonapartismo), Blind e Freiligrath.	Faz uma análise, junto com Marx, da teoria revolucionária e suas táticas, publicada em coluna do *Das Volk*. Escreve o artigo "Po und Rhein" [Pó e Reno], em que analisa o bonapartismo e as lutas liberais na Alemanha e na Itália. Enquanto isso, estuda gótico e inglês arcaico. Em dezembro, lê o recém-publicado *A origem das espécies* [*The Origin of Species*], de Darwin.	A França declara guerra à Áustria.
1860	Vogt começa uma série de calúnias contra Marx, e as querelas chegam aos tribunais de Berlim e Londres. Marx escreve *Herr Vogt* [Senhor Vogt].	Engels vai a Barmen para o sepultamento de seu pai (20 de março). Publica a brochura *Savoia, Nice e o Reno* [*Savoyen, Nizza und der Rhein*], polemizando com Lassalle. Continua escrevendo para vários periódicos, entre eles o *Allgemeine Militar Zeitung*. Contribui com artigos sobre o conflito de secessão nos Estados Unidos no *New York Daily Tribune* e no jornal liberal *Die Presse*.	Giuseppe Garibaldi toma Palermo e Nápoles.
1861	Enfermo e depauperado, Marx vai à Holanda, onde o tio Lion Philiph concorda em adiantar-lhe uma quantia, por conta da herança de sua mãe. Volta a Berlim e projeta com Lassalle um novo periódico. Reencontra velhos amigos e visita a mãe em Trier. Não consegue recuperar a nacionalidade prussiana. Regressa a Londres e participa de uma ação em favor da libertação de Blanqui. Retoma seus trabalhos científicos e a colaboração com o *New York Daily Tribune* e o *Die Presse* de Viena.		Guerra civil norte-americana. Abolição da servidão na Rússia.

Cronologia resumida

	Karl Marx	**Friedrich Engels**	**Fatos históricos**
1862	Trabalha o ano inteiro em sua obra científica e encontra-se várias vezes com Lassalle para discutirem seus projetos. Em suas cartas a Engels, desenvolve uma crítica à teoria ricardiana sobre a renda da terra. O *New York Daily Tribune*, justificando-se com a situação econômica interna norte-americana, dispensa os serviços de Marx, o que reduz ainda mais seus rendimentos. Viaja à Holanda e a Trier, e novas solicitações ao tio e à mãe são negadas. De volta a Londres, tenta um cargo de escrevente da ferrovia, mas é reprovado por causa da caligrafia.		Nos Estados Unidos, Lincoln decreta a abolição da escravatura. O escritor Victor Hugo publica *Les misérables* [Os miseráveis].
1863	Marx continua seus estudos no Museu Britânico e se dedica também à matemática. Começa a redação definitiva de *O capital* [*Das Kapital*] e participa de ações pela independência da Polônia. Morre sua mãe (novembro), deixando-lhe algum dinheiro como herança.	Morre, em Manchester, Mary Burns, companheira de Engels (6 de janeiro). Ele permaneceria morando com a cunhada Lizzie. Esboça, mas não conclui, um texto sobre rebeliões camponesas.	
1864	Malgrado a saúde, continua a trabalhar em sua obra científica. É convidado a substituir Lassalle (morto em duelo) na Associação Geral dos Operários Alemães. O cargo, entretanto, é ocupado por Becker. Apresenta o projeto e o estatuto de uma Associação Internacional dos Trabalhadores, durante encontro internacional no Saint Martin's Hall de Londres. Marx elabora o Manifesto de Inauguração da Associação Internacional dos Trabalhadores.	Engels participa da fundação da Associação Internacional dos Trabalhadores, depois conhecida como a Primeira Internacional. Torna-se coproprietário da Ermen & Engels. No segundo semestre, contribui, com Marx, para o *Sozial-Demokrat*, periódico da social-democracia alemã que populariza as ideias da Internacional na Alemanha.	Dühring traz a público seu *Kapital und Arbeit* [Capital e trabalho]. Fundação, na Inglaterra, da Associação Internacional dos Trabalhadores. Reconhecido o direito a férias na França. Morre Wilhelm Wolff, amigo íntimo de Marx, a quem é dedicado *O capital*.

A sagrada família

	Karl Marx	Friedrich Engels	Fatos históricos
1865	Conclui a primeira redação de *O capital* e participa do Conselho Central da Internacional (setembro), em Londres. Marx escreve *Salário, preço e lucro* [*Lohn, Preis und Profit*]. Publica no *Sozial-Demokrat* uma biografia de Proudhon, morto recentemente. Conhece o socialista francês Paul Lafargue, seu futuro genro.	Recebe Marx em Manchester. Ambos rompem com Schweitzer, diretor do *Sozial-Demokrat*, por sua orientação lassalliana. Suas conversas sobre o movimento da classe trabalhadora na Alemanha resultam em artigo para a imprensa. Engels publica *A questão militar na Prússia e o Partido Operário Alemão* [*Die preussische Militärfrage und die deutsche Arbeiterpartei*].	Assassinato de Lincoln. Proudhon publica *De la capacité politique des classes ouvrières* [A capacidade política das classes operárias]. Morre Proudhon.
1866	Apesar dos intermináveis problemas financeiros e de saúde, Marx conclui a redação do primeiro livro de *O capital*. Prepara a pauta do primeiro Congresso da Internacional e as teses do Conselho Central. Pronuncia discurso sobre a situação na Polônia.	Escreve a Marx sobre os trabalhadores emigrados da Alemanha e pede a intervenção do Conselho Geral da Internacional.	Na Bélgica, é reconhecido o direito de associação e a férias. Fome na Rússia.
1867	O editor Otto Meissner publica, em Hamburgo, o primeiro volume de *O capital*. Os problemas de Marx o impedem de prosseguir no projeto. Redige instruções para Wilhelm Liebknecht, recém-ingressado na Dieta prussiana como representante social-democrata.	Engels estreita relações com os revolucionários alemães, especialmente Liebknecht e Bebel. Envia carta de congratulações a Marx pela publicação do primeiro volume de *O capital*. Estuda as novas descobertas da química e escreve artigos e matérias sobre *O capital*, com fins de divulgação.	
1868	Piora o estado de saúde de Marx, e Engels continua ajudando-o financeiramente. Marx elabora estudos sobre as formas primitivas de propriedade comunal, em especial sobre o *mir* russo. Corresponde-se com o russo Danielson e lê Dühring. Bakunin se declara discípulo de Marx e funda a Aliança Internacional da Social-Democracia. Casamento da filha Laura com Lafargue.	Engels elabora uma sinopse do primeiro volume de *O capital*.	Em Bruxelas, acontece o Congresso da Associação Internacional dos Trabalhadores (setembro).

Cronologia resumida

	Karl Marx	Friedrich Engels	Fatos históricos
1869	Liebknecht e Bebel fundam o Partido Operário Social-Democrata alemão, de linha marxista. Marx, fugindo das polícias da Europa continental, passa a viver em Londres, com a família, na mais absoluta miséria. Continua os trabalhos para o segundo livro de *O capital*. Vai a Paris sob nome falso, onde permanece algum tempo na casa de Laura e Lafargue. Mais tarde, acompanhado da filha Jenny, visita Kugelmann em Hannover. Estuda russo e a história da Irlanda. Corresponde-se com De Paepe sobre o proudhonismo e concede uma entrevista ao sindicalista Haman sobre a importância da organização dos trabalhadores.	Em Manchester, dissolve a empresa Ermen & Engels, que havia assumido após a morte do pai. Com um soldo anual de 350 libras, auxilia Marx e sua família; com ele, mantém intensa correspondência. Começa a contribuir com o *Volksstaat*, o órgão de imprensa do Partido Social-Democrata alemão. Escreve uma pequena biografia de Marx, publicada no *Die Zukunft* (julho). Lançada a primeira edição russa do *Manifesto Comunista*. Em setembro, acompanhado de Lizzie, Marx e Eleanor, visita a Irlanda.	Fundação do Partido Social-Democrata alemão. Congresso da Primeira Internacional na Basileia, Suíça.
1870	Continua interessado na situação russa e em seu movimento revolucionário. Em Genebra instala-se uma seção russa da Internacional, na qual se acentua a oposição entre Bakunin e Marx, que redige e distribui uma circular confidencial sobre as atividades dos bakunistas e sua aliança. Redige o primeiro comunicado da Internacional sobre a guerra franco-prussiana e exerce, a partir do Conselho Central, uma grande atividade em favor da República francesa. Por meio de Serrailler, envia instruções para os membros da Internacional presos em Paris. A filha Jenny colabora com Marx em artigos para *A Marselhesa* sobre a repressão dos irlandeses por policiais britânicos.	Engels escreve *História da Irlanda* [*Die Geschichte Irlands*]. Começa a colaborar com o periódico inglês *Pall Mall Gazette*, discorrendo sobre a guerra franco-prussiana. Deixa Manchester em setembro, acompanhado de Lizzie, e instala-se em Londres para promover a causa comunista. Lá continua escrevendo para o *Pall Mall Gazette*, dessa vez sobre o desenvolvimento das oposições. É eleito por unanimidade para o Conselho Geral da Primeira Internacional. O contato com o mundo do trabalho permitiu a Engels analisar, em profundidade, as formas de desenvolvimento do modo de produção capitalista. Suas conclusões seriam utilizadas por Marx em *O capital*.	Na França são presos membros da Internacional Comunista. Nasce Vladimir Lenin.

A sagrada família

	Karl Marx	Friedrich Engels	Fatos históricos
1871	Atua na Internacional em prol da Comuna de Paris. Instrui Frankel e Varlin e redige o folheto *Der Bürgerkrieg in Frankreich* [A guerra civil na França]. É violentamente atacado pela imprensa conservadora. Em setembro, durante a Internacional em Londres, é reeleito secretário da seção russa. Revisa o primeiro volume de *O capital* para a segunda edição alemã.	Prossegue suas atividades no Conselho Geral e atua junto à Comuna de Paris, que instaura um governo operário na capital francesa entre 26 de março e 28 de maio. Participa com Marx da Conferência de Londres da Internacional.	A Comuna de Paris, instaurada após revolução vitoriosa do proletariado, é brutalmente reprimida pelo governo francês. Legalização das trade unions na Inglaterra.
1872	Acerta a primeira edição francesa de *O capital* e recebe exemplares da primeira edição russa, lançada em 27 de março. Participa dos preparativos do V Congresso da Internacional em Haia, quando se decide a transferência do Conselho Geral da organização para Nova York. Jenny, a filha mais velha, casa-se com o socialista Charles Longuet.	Redige com Marx uma circular confidencial sobre supostos conflitos internos da Internacional, envolvendo bakunistas na Suíça, intitulado *As pretensas cisões na Internacional* [*Die angeblichen Spaltungen in der Internationale*]. Ambos intervêm contra o lassalianismo na social-democracia alemã e escrevem um prefácio para a nova edição alemã do *Manifesto Comunista*. Engels participa do Congresso da Associação Internacional dos Trabalhadores.	Morrem Ludwig Feuerbach e Bruno Bauer. Bakunin é expulso da Internacional no Congresso de Haia.
1873	Impressa a segunda edição de *O capital* em Hamburgo. Marx envia exemplares a Darwin e Spencer. Por ordens de seu médico, é proibido de realizar qualquer tipo de trabalho.	Com Marx, escreve para periódicos italianos uma série de artigos sobre as teorias anarquistas e o movimento das classes trabalhadoras.	Morre Napoleão III. As tropas alemãs se retiram da França.
1874	Negada a Marx a cidadania inglesa, "por não ter sido fiel ao rei". Com a filha Eleanor, viaja a Karlsbad para tratar da saúde numa estação de águas.	Prepara a terceira edição de *A guerra dos camponeses alemães*.	Na França, são nomeados inspetores de fábricas e é proibido o trabalho em minas para mulheres e menores.
1875	Continua seus estudos sobre a Rússia. Redige observações ao Programa de Gotha, da social-democracia alemã.	Por iniciativa de Engels, é publicada *Crítica do Programa de Gotha* [*Kritik des Gothaer Programms*], de Marx.	Morre Moses Heß.

Cronologia resumida

	Karl Marx	Friedrich Engels	Fatos históricos
1876	Continua o estudo sobre as formas primitivas de propriedade na Rússia. Volta com Eleanor a Karlsbad para tratamento.	Elabora escritos contra Dühring, discorrendo sobre a teoria marxista, publicados inicialmente no *Vorwärts!* e transformados em livro posteriormente.	Fundado o Partido Socialista do Povo na Rússia. Crise na Primeira Internacional. Morre Bakunin.
1877	Marx participa de campanha na imprensa contra a política de Gladstone em relação à Rússia e trabalha no segundo volume de *O capital*. Acometido novamente de insônias e transtornos nervosos, viaja com a esposa e a filha Eleanor para descansar em Neuenahr e na Floresta Negra.	Conta com a colaboração de Marx na redação final do *Anti--Dühring* [*Herrn Eugen Dühring's Umwälzung der Wissenschaft*]. O amigo colabora com o capítulo 10 da parte 2 ("Da história crítica"), discorrendo sobre a economia política.	A Rússia declara guerra à Turquia.
1878	Paralelamente ao segundo volume de *O capital*, Marx trabalha na investigação sobre a comuna rural russa, complementada com estudos de geologia. Dedica-se também à *Questão do Oriente* e participa de campanha contra Bismarck e Lothar Bücher.	Publica o *Anti-Dühring* e, atendendo a pedido de Wolhelm Bracke feito um ano antes, publica pequena biografia de Marx, intitulada *Karl Marx*. Morre Lizzie.	Otto von Bismarck proíbe o funcionamento do Partido Socialista na Prússia. Primeira grande onda de greves operárias na Rússia.
1879	Marx trabalha nos volumes II e III de *O capital*.		
1880	Elabora um projeto de pesquisa a ser executado pelo Partido Operário francês. Torna-se amigo de Hyndman. Ataca o oportunismo do periódico *Sozial-Demokrat* alemão, dirigido por Liebknecht. Escreve as *Randglossen zu Adolph Wagners Lehrbuch der politischen Ökonomie* [Glosas marginais ao tratado de economia política de Adolph Wagner]. Bebel, Bernstein e Singer visitam Marx em Londres.	Engels lança uma edição especial de três capítulos do *Anti-Dühring*, sob o título *Socialismo utópico e científico* [*Die Entwicklung des Sozialismus Von der Utopie zur Wissenschaft*]. Marx escreve o prefácio do livro. Engels estabelece relações com Kautsky e conhece Bernstein.	Morre Arnold Ruge.

A sagrada família

	Karl Marx	Friedrich Engels	Fatos históricos
1881	Prossegue os contatos com os grupos revolucionários russos e mantém correspondência com Zasulitch, Danielson e Nieuwenhuis. Recebe a visita de Kautsky. Jenny, sua esposa, adoece. O casal vai a Argenteuil visitar a filha Jenny e Longuet. Morre Jenny Marx.	Enquanto prossegue em suas atividades políticas, estuda a história da Alemanha e prepara *Labor Standard*, um diário dos sindicatos ingleses. Escreve um obituário pela morte de Jenny Marx (8 de dezembro).	Fundada a Federation of Labour Unions nos Estados Unidos. Assassinato do czar Alexandre II.
1882	Continua as leituras sobre os problemas agrários da Rússia. Acometido de pleurisia, visita a filha Jenny em Argenteuil. Por prescrição médica, viaja pelo Mediterrâneo e pela Suíça. Lê sobre física e matemática.	Redige com Marx um novo prefácio para a edição russa do *Manifesto Comunista*.	Os ingleses bombardeiam Alexandria e ocupam Egito e Sudão.
1883	A filha Jenny morre em Paris (janeiro). Deprimido e muito enfermo, com problemas respiratórios, Marx morre em Londres, em 14 de março. É sepultado no Cemitério de Highgate.	Começa a esboçar *A dialética da natureza* [*Dialektik der Natur*], publicada postumamente em 1927. Escreve outro obituário, dessa vez para a filha de Marx, Jenny. No sepultamento de Marx, profere o que ficaria conhecido como *Discurso diante da sepultura de Marx* [*Das Begräbnis von Karl Marx*]. Após a morte do amigo, publica uma edição inglesa do primeiro volume de *O capital*; imediatamente depois, prefacia a terceira edição alemã da obra, e já começa a preparar o segundo volume.	Implantação dos seguros sociais na Alemanha. Fundação de um partido marxista na Rússia e da Sociedade Fabiana, que mais tarde daria origem ao Partido Trabalhista na Inglaterra. Crise econômica na França; forte queda na Bolsa.
1884		Publica *A origem da família, da propriedade privada e do Estado* [*Der Ursprung der Familie, des Privateigentum und des Staates*].	Fundação da Sociedade Fabiana de Londres.
1885		Editado por Engels, é publicado o segundo volume de *O capital*.	

Cronologia resumida

	Karl Marx	Friedrich Engels	Fatos históricos
1887		Karl Kautsky conclui o artigo "O socialismo jurídico", resposta de Engels a livro do jurista austríaco Anton Menger, e o publica sem assinatura na *Neue Zeit*.	
1889			Funda-se em Paris a II Internacional.
1894		Também editado por Engels, é publicado o terceiro volume de *O capital*. O mundo acadêmico ignorou a obra por muito tempo, embora os principais grupos políticos logo tenham começado a estudá-la. Engels publica os textos *Contribuição à história do cristianismo primitivo* [*Zur Geschischte des Urchristentums*] e *A questão camponesa na França e na Alemanha* [*Die Bauernfrage in Frankreich und Deutschland*].	O oficial francês de origem judaica Alfred Dreyfus, acusado de traição, é preso. Protestos antissemitas multiplicam-se nas principais cidades francesas.
1895		Redige uma nova introdução para *As lutas de classes na França*. Após longo tratamento médico, Engels morre em Londres (5 de agosto). Suas cinzas são lançadas ao mar em Eastbourne. Dedicou-se até o fim da vida a completar e traduzir a obra de Marx, ofuscando a si próprio e a sua obra em favor do que ele considerava a causa mais importante.	Os sindicatos franceses fundam a Confederação Geral do Trabalho. Os irmãos Lumière fazem a primeira projeção pública do cinematógrafo.

Este livro foi composto em Palatino Linotype,
10/12, e reimpresso em papel Avena 80 g/m²
pela gráfica Lis para a Boitempo, em novembro
de 2021, com tiragem de 1.000 exemplares.